21世纪高等教育工程管理系列规划教材

房地产估价

主　编　张洪力
副主编　吕剑亮　周　霞
参　编　赵　旭　邢秀青
主　审　薛　姝

机械工业出版社

房地产估价是现代房地产管理、投资、开发、交易、抵押贷款、征用赔偿、保险、课税、入股合营以及房地产纠纷处理等的一项基础性工作。本书重点介绍了房地产估价的基本原理和估价方法，并通过实例对房地产估价方法的应用与实务操作进行了阐述与分析，其主要内容包括房地产与房地产估价、房地产价格、房地产估价原则与估价程序、市场比较法、成本法、收益法、假设开发法、其他估价方法、房地产估价报告等。本书每章后均有适量的思考与练习题，便于学习与参考。

本书可作为高等学校工程管理、房地产经营与管理、土地资源与管理等专业的教材，也可供从事房地产开发、经营、管理与服务等方面的专业人员学习、参考。

图书在版编目（CIP）数据

房地产估价/张洪力主编．—北京：机械工业出版社，2009.1
（2023.8 重印）
（21 世纪高等教育工程管理系列规划教材）
ISBN 978-7-111-25496-6

Ⅰ．房…　Ⅱ．张…　Ⅲ．房地产-价格-评估-高等学校-教材
Ⅳ．F293.35

中国版本图书馆 CIP 数据核字（2008）第 186108 号

机械工业出版社（北京市百万庄大街 22 号　邮政编码 100037）
责任编辑：冷　彬　版式设计：霍永明　责任校对：李秋荣
封面设计：张　静　责任印制：张　博
北京雁林吉兆印刷有限公司印刷
2023 年 8 月第 1 版第 5 次印刷
169mm×239mm · 19.5 印张 · 371 千字
标准书号：ISBN 978-7-111-25496-6
定价：48.00 元

电话服务
客服电话：010-88361066
010-88379833
010-68326294

网络服务
机　工　官　网：www.cmpbook.com
机　工　官　博：weibo.com/cmp1952
金　　书　　网：www.golden-book.com
机工教育服务网：www.cmpedu.com

序

随着21世纪我国建设进程的加快，特别是经济的全球化大发展和我国加入WTO以来，国家工程建设领域对从事项目决策和全过程管理的复合型高级管理人才的需求逐渐扩大，而这种扩大又主要体现在对应用型人才的需求上，这使得高校工程管理专业人才的教育培养面临新的挑战与机遇。

工程管理专业是教育部将原本科专业目录中的建筑管理工程、国际工程管理、投资与工程造价管理、房地产经营管理（部分）等专业进行整合后，设置的一个具有较强综合性和较大专业覆盖面的新专业。应该说，该专业的建设与发展还需要不断的改革与完善。

为了能更有利于推动工程管理专业教育的发展及专业人才的培养，机械工业出版社组织编写了一套该专业的系列教材。鉴于该学科的综合性、交叉性以及近年来工程管理理论与实践知识的快速发展，本套教材本着“概念准确、基础扎实、突出应用、淡化过程”的编写原则，力求做到既能够符合现阶段该专业教学大纲、专业方向设置及课程结构体系改革的基本要求，又可满足目前我国工程管理专业培养应用型人才目标的需要。

本套教材是在总结以往教学经验的基础上编写的，主要注重突出以下几个特点：

(1) 专业的融合性　工程管理专业是个多学科的复合型专业，根据国家提出的“宽口径、厚基础”的高等教育办学思想，本套教材按照该专业指导委员会制定的四个平台课程的结构体系方案，即土木工程技术平台课程及管理学、经济学和法律专业平台课程来规划配套。编写时注意不同的平台课程之间的交叉、融合，不仅有利于形成全面完整的教学体系，同时可以满足不同类型、不同专业背景的院校开办工程管理专业的教学需要。

(2) 知识的系统性、完整性　因为工程管理专业人才是在国内外工程建设、房地产、投资与金融等领域从事相关管理工作，同时可能是在政府、教学和科研单位从事教学、科研和管理工作的复合型高级工程管理人才，所以本套教材所包含的知识点较全面地覆盖了不同行业工作实践中需要掌握的各方面知识，同时在组织和设计上也考虑了与相邻学科有关课程的关联与衔接。

(3) 内容的实用性　教材编写遵循教学规律，避免大量理论问题的分析和讨论，提高可操作性和工程实践性，特别是紧密结合了工程建设领域实行的工程项目管理注册制的内容，与执业人员注册资格培训的要求相吻合，并通过具体的案例分析和独立的案例练习，使学生能够在建筑施工管理、工程项目评价、项目招投标、工程监理、工程建设法规等专业领域获得系统深入的专业知识和基本训练。

(4) 教材的创新性与时效性　本套教材及时地反映工程管理理论与实践知识的更新，将本学科最新的技术、标准和规范纳入教学内容，同时在法规、相关政策等方面与最新的国家法律法规保持一致。

我们相信，本套系列教材的出版将对工程管理专业教育的发展及高素质的复合型工程管理人才的培养起到积极的作用，同时也为高等院校专业的教育资源和机械工业出版社专业的教材出版平台的深入结合，实现相互促进、共同发展的良性循环而奠定基础。

前　言

房地产是一种稀缺的资源、重要的生产要素和人们生活的必需品，是一种特殊的商品。这种特殊性使房地产估价在理论上不仅非常必要，在现实上更由于其是现代房地产管理、投资、开发、交易、抵押贷款、征用赔偿、保险、课税、入股合营以及房地产纠纷处理等方面的一项基础性工作而具有重要作用。近年来，我国房地产业快速发展，已经成为国民经济中具有重要地位和重大影响的产业，房地产估价作为进一步完善房地产市场、推动房地产市场发展的一项重要工作，房地产估价行业作为社会主义市场经济中一个重要的中介服务行业，都有了很大的发展，并越来越受到人们的重视。

本书作者长期从事房地产估价的理论教学和研究工作，在编写过程中，广泛参考了国内外学者的研究成果，总结了多年来教学的实践经验，使本教材具备以下特色：在结构安排上，各章节之间内容保持较强的条理性、联系性；在内容取舍上，注意新颖性与实践性，既适当介绍了房地产估价理论和实践方面的最新研究成果，又注重理论与实务结合，在实践上具有可操作性；在语言表达上，尽量通俗易懂、文字简练。

本书的编写分工具体如下：河南城建学院张洪力担任主编，负责全书的统稿、定稿工作，并编写第一章、第二章；长春工程学院吕剑亮担任副主编，并编写第八章、第九章；北京建工学院周霞担任副主编，并编写第三章、第六章、第七章；湖南城市学院赵旭编写第四章；石家庄经济学院邢秀青编写第五章。

在本书的编写过程中，湖南城市学院薛姝教授给予了大力支持与热忱帮助，提出了宝贵的意见和建议并担任了本书的主审工作，在此深表谢意。

由于编者水平有限，书中若有不当或错误之处，恳请同行和读者批评指正。

编　者

目　　录

第一章 房地产与房地产估价

1

学习要求

了解房地产产权、不动产与动产的概念；房地产估价的特点和两种类型的房地产估价；房地产估价制度。熟悉房地产的概念；房地产的类型；房地产估价的必要性。掌握房地产的特性；房地产估价的概念。

第一节 房地产的概念

要理解和掌握房地产估价的具体内容，首先需要对作为估价对象的房地产本身有一个较为全面的认识，这可以从房地产以及土地、建筑的概念等方面加以了解。

一、房地产

(一) 房地产的定义

各个国家或地区对房地产内涵的界定有所不同，目前国际上最有代表性、使用最为广泛的是英美国家的房地产概念。英语中房地产为 real estate 或 real property。real estate 是指土地及永久定着在土地上的人工改良物，如构筑物和房屋；real property 是指 real estate 及其附带的各种权益，包括所有权以及与此相关的占有权、支配权、使用权和收益权等产权。因此，英国和美国的不动产概念包含两个递进层次：一是土地和房屋构筑物等固着物的整体；二是土地和房屋构筑物以及所附带的各种权益的整体。

由此可见，房地产的概念应包含三个基本内涵，即物质内涵、产权内涵和财产内涵，相应有三个属性，即自然属性、法律属性和经济属性。就房地产的物质内涵——自然属性而言，是指房地产包括土地、建筑物和定着物，这是房地产中看得见、摸得着的物质实体部分，其又可进一步分为有形的实体、实体的质量以及组合的功能三个方面。显然，房地产的内涵不仅仅限于其物质内涵，因为它总是存在于一定的社会关系之中，表现出突出的产权内涵。如某宗房地产属于甲先生而不属于乙先生，或由甲先生使用而不是由乙先生使用，并不是因为甲先生正占有或使用该房地产，而是由于甲先生拥有了该房地产的有关权证（如土地使用权证、房屋所有权证、房地产租赁合同等），而这些权证是由法律所认定的，也为法律所保护。这就是房地产的产权内涵，即法律属性，它是房地产中无形的、不可触摸的部分，包括权利、利益和收益。在房地产的物质内涵和产权内涵的基础上，拥有房地产的人就拥有了相应的财产，既可以房地产为生产要素进行生产经营活动而产生收益，也可以房地产为生活资料满足自身的消费需求，这就是房地产的财产内涵，即经济属性。

因此，本书中所提的房地产是指土地、建筑物及固着于土地、建筑物上的定着物和附带的各种权益的整体。

定着物是指与土地、建筑物不能分离，或虽然能够分离，但分离后会破坏土地、建筑物的完整性、使用价值或功能的物品。例如为了提高土地或建筑物的使用价值或功能，种植在地上的树木、花草，埋设在地下的管线、设施，在地上建造的庭院、花园、假山、围墙，建筑物内安装的水、暖、电、卫生、通风、电梯设备等。由于定着物往往可以看做是土地或建筑物的构成部分，因此，就房地产的自然属性而言，房地产包括土地和建筑物两个部分。

依托于土地、建筑物所附带的权益主要包括所有权、使用权、抵押权和租赁权等。其中，所有权是指在法律规定的范围内自由支配房地产并排除他人干涉的权利。使用权主要是土地的使用权，是指国家或农民集体所有的土地占有、使用、收益的权利。租赁权是指支付租金从房屋所有人或土地使用权人那里获得的占有、使用房地产的权利。抵押权是指债权人对债务人或者第三人不转移占有而供作债权担保的房地产，在债务人不履行债务时，就该房地产的变价款优先受偿的权利。

在不同类型的资产中，物质实体和权益对价值的影响是不同的。一般的有形资产（如机器、设备、家具等），主要是实体的价值，即实体的好坏决定着价值的高低；一般的无形资产（如专利权、专营权、商标专用权、商誉、有价证券等），主要是权益的价值，因为其通常不具有实物形态，有的虽然依附在某种实物上，但该实物本身的好坏对其价值影响不大，甚至可以忽略不计。对房地产而言，房地产的实体和权益在价值决定中都很重要，物质实体是权益的载体，而最终体现房地产价值的是其权益。同一物质实体或两宗实体状况相同的房地产，如果附着于其上的权益不同，评估出的客观合理价格或价值会有所不同；反之，两宗权益状况相同的房地产，如果实体状况不同，评估出的客观合理价格或价值也会有所不同。

(二) 房地产的存在形态

从房地产的自然属性，即狭义角度看，房地产虽然包括土地和建筑物两大部分，但并不意味着只有土地与建筑合成一体时才被称为房地产，单纯的土地或单纯的建筑物都属于房地产，是房地产的一种存在形态。

1. 土地

土地是指单纯的土地。在现实房地产估价中包含两种情况：一是指城市中一块没有建筑物的空地；二是指实物形态上土地与建筑物合成一体，但根据需要，只要求评估土地部分的价值，这种情况可将房地产设想为没有建筑物的空地，或者考虑建筑物存在对土地价值的影响。如为征收土地税费或者确定划拨土地使用权进入市场需要补交的土地使用权出让金数额等。

2. 建筑物

建筑物是指单纯的建筑物。建筑物虽然必须建筑在土地之上，但在某些特定的情况下需把它单独看待，只评估其中的建筑物的价格。如在房地产投保火灾险时评估其保险价值，灾害发生后评估其损失，为计算建筑物折旧服务的估价等。具体评估时，或者无视土地的存在，将房地产设想为空中楼阁；或者考虑土地存在对建筑物价值的影响。

3. 房地

房地是指在实物形态上土地和建筑物合成一体，且在估价时也把它们作为一个整体来看待，这是最为常见的房地产估价的情况。

(三) 不动产与动产的概念

1. 不动产

所谓不动产，是指不能被移动或移动后会破坏其功能或损失其价值的财产。由于房地产具有相对稳定、不可移动、使用耐久和保值增值等特性，房地产通常也被称为不动产。

在英、美、法、意、日等许多国家和地区，房地产都称为不动产。英语中 real estate 或 real property，直译为不动产。法国《民法典》第五百一十六条规定：“一切财产，或为动产，或为不动产。”对动产与不动产的划分，通常是依据其自然性质是否可以移动为标准的。一般来说，凡是自行能够移动或者用外力能够移动，且又不改变其性质和价值的财产，像牲畜、家禽和家具、器皿之类，属于动产；而像土地、房屋等不可移动的财产，属于不动产。意大利《民法典》第八百一十二条规定：“土地、泉水、河流、树木、房屋和其他建筑物，即使是临时附着于土地的建筑物以及在一般情况下那些或是自然或是人为地与土地结为一体的物品是不动产。固定河岸或者河床之上并且为永久使用而建造的磨坊、浴场以及其他漂浮在水面上的建筑视为不动产。”日本《民法》第八十六条界定：“土地及其定着物为不动产”。我国台湾地区《民法》第六十六条规定：“称不动产者，谓土地及其定着物。不动产之产出物，尚未分离者，为该不动产之部分。”在我国港澳地区，通常有物业一词。如香港李宗锷先生对物业的解释是：“物业是单元性地产。一住宅单位是一物业，一工厂楼宇是一物业，一农庄也是一物业。故一物业可大可小，大物业可分割为小物业。”[㊀]显然，这里的物业是指单元性不动产，但整个城市或整个国家的房地产就不能称为物业，即物业不是不动产的全部，物业只是单元性房地产。

2. 动产

所谓动产，是指除不动产以外的为所有者拥有的各种财产，诸如货币、证券、流通的票据以及任何价值的个人财产。动产分为有形动产和无形动产。有形动产是指有一定实物形态的动产，如家具、各种电器、设备、工具等。无形动产是指无实物形态的动产，如货币、证券、出版权、创造发明的专利、商标等。

二、土地

（一）土地的定义

由于生活、生产的不同需要或者研究目的和学科的不同，人们对土地有不同的认识和定义。农民可以把土地仅视为耕作的田地，城市居民可以把土地看成牺息、娱乐的场地，地学研究者可以把土地当做自然综合体，经济学家可以用土地去概括一切区别于劳动、资本、经营的自然资源（现在经济学家一般把生产要素归纳为土地、劳动、资本和经营四种）。

在房地产估价中，土地是指地球的表面及其上下的一定空间，即对房地产估价来说，土地不只是平面，而是指地球的表面及其上下一定范围内的立体空间。从“横”的方面看，一宗土地的地面范围是地球表面的该宗土地的四至范围所围绕的面积。从“纵”的方面看，一宗土地的上下空间，理论上指地球表面的该宗土地的边界向上扩展到无限高度和向下呈锥形延伸到地心的空间，现实中是地面以上一定高度和地面以下一定深度的空间。

（二）对一宗土地的基本认识

从房地产估价的角度来看，对一宗土地的基本认识主要包括以下几个方面。

1. 坐落位置

对于其所处区域、城市、周围环境、市场状况和具体地点的认识，在房地产估价报告中可按街道门牌号码的方式来描写。宗地的坐落位置对于地价有着决定性的影响。

㊀ 李宗锷．香港房地产法［M］．5版．香港：商务印书馆，1994.

2. 面积大小、形状和四至

土地本为连绵无垠之物，似无范围和“边界”可言，但在现实中人为地划野分疆，使土地有了一块一块或一宗一宗具体地块的概念，也使土地有了面积大小、形状和四至。面积大小指某宗土地的“边界”所围绕的面积。例如，政府出让土地使用权的地块，其范围通常是根据标有坐标点的用地红线图，由城市规划管理部门或土地管理部门，在地块各转点钉桩、埋设混凝土界桩或界石来确认，面积大小依水平投影面积计算。按经济学的一般规律，土地面积大容易开发利用，相对单位价格高，相反则单位价格低。

宗地形状通常用图（如宗地图）来说明。注意考察土地形状是否规则，是否有利于开发建设。通常认为宗地形状以矩形为佳，形状规则的土地容易开发建设，相对单位价格高，相反则单位价格低。

四至指一宗地四个方位与相邻土地的交接界线，对宗地描述的顺序一般为东、南、西、北。

3. 权属状况

权属状况主要了解是国家所有的土地还是农民集体所有的土地；是出让土地使用权还是划拨土地使用权；属于出让土地使用权的，其剩余土地使用年限有多长及可否续期；土地取得手续是否完备；是否抵押、典当或为他人提供担保；是否涉案；产权是否有争议；是否为临时用地；是否属于违法占地等。

4. 利用现状

利用现状如现状用途，土地上有无建筑物、其他附着物。如果有建筑物、其他附着物，还需要进一步了解该建筑物、其他附着物的情况。

5. 规划限制条件

规划限制条件包括土地用途、建筑高度（由室外明沟面或散水坡面量至建筑物主体最高点的垂直距离）、容积率、建筑覆盖率、建筑后退红线距离（是规定建筑物应距离城市道路或用地红线的要求，通常以下限控制）、建筑间距、绿地率（是指用地红线内绿化用地总面积占土地总面积的比例）、交通出入口方位（规划地块内允许设置出入口的方向和位置，具体可分为机动车出入口方位、禁止机动车开口地段、主要人流出入口方位等指标）、停车泊位、建筑体量、体型、色彩、地面标高及其他要求等。

6. 周围环境、景观

周围环境主要包括自然和人文环境条件及环境质量。环境质量是指区域大气、水、噪声的污染程度。景观包括人文景观和自然景观。周围环境、景观通常用图片来说明。

7. 基础设施完备程度和土地平整程度

基础设施完备程度和土地平整程度是指道路、给水、排水、电力、通信、燃气、热力等设施的完备程度和土地的平整程度，即通常所说的“三通一平”（路通、水通、电通和场地平整）、“五通一平”（道路通、给水通、排水通、电力通、通信通和场地平整）、“七通一平”（道路通、给水通、排水通、电力通、通信通、燃气通、热力通以及场地平整）。

8. 地势

地势包括地势高低、自然排水状况、被洪水淹没的可能性等。

9. 地质、水文和气象条件

地质条件决定着土地的承载力。地质坚实，承载力较大，有利于建筑使用，反之亦然。水文指地下水及其附近沟渠、河流、江湖等的基本情况。好的水文条件是土地开发、营造自然景观的重要前提。气象条件是指风力、气温、湿度、降水量等，是土地开发的先决条件。

一般的土地了解上述1~4项即可，待开发或再开发的土地还需了解后几项。1~4项的信息通常可由地籍资料了解。所谓地籍，是指反映土地的坐落位置（地界、地号）、形状、面积大小、权属、用途（地类）和使用情形等基本状况的簿籍（或清册），也称土地的户籍，以便明了土地状况，确定土地产权，从而成为土地管理的依据。

（三）土地利用所受的限制

拥有一宗土地并不意味着在该土地的空间范围内可以随心所欲地开发、利用，而是要受到多方面的限制，这些限制包括拥有者自身能力的限制和自身能力以外的限制。一宗土地所受限制的种类和程度，对其价值有着重大影响。房地产估价应充分调查、了解土地所受的各种限制及其内容和程度，以评估出合理的价值。对土地利用的限制主要有以下三个方面。

1. 土地使用管制所受的限制

土地使用管制所受的限制主要体现在城市规划对土地用途、建筑高度、建筑容积率和建筑覆盖率等指标的规定。其中，建筑容积率是一块土地上建筑物的总建筑面积与该块土地总面积的比值，即建筑容积率 = 总建筑面积/土地总面积。例如某物业用地面积10000m^2，建筑物10层，1~3层每层建筑面积6000m^2，4~10层每层建筑面积4000m^2，则建筑容积率为4.6。

建筑覆盖率又称建筑密度，是指一块土地上所有建筑物的基底总面积占该块土地总面积的比值，即建筑覆盖率 = 建筑基底面积/土地总面积。例如某物业用地面积10000m^2，建筑物地上10层，地下2层。地上1~3层每层建筑面积6000m^2，4~10层每层建筑面积4000m^2，则建筑覆盖率为60%。

2. 土地权利设置以及行使的限制

我国在土地上设置的权利主要包括所有权、使用权、租赁权、抵押权、典权、地役权（easement）。其中，所有权属于自物权，其余属于他物权。他物权是对他人之物所拥有的权利，是对所有权的限制。抵押权是债务人或第三者作为担保的房地产，在债务不能履行时，有将其售卖得到清偿的权利。债务人对抵押房地产有占有权和使用权，能够以其收益作为债务的清偿资金；债权人无须自己直接管理抵押物，而只需以其价值作为担保，促使债务人履行义务。抵押权是抵押标的物所有担保价值的权利，对于不妨碍标的物的处置及使用，并无干涉的必要。因而抵押权设定后，可以依序再设定抵押权或将标的物使用在新用途上，甚至将其出卖。房地产所有人因担保多项债权，就同一房地产设定多项抵押权，这些抵押权行驶的相互次序，在很多国家一般是按登记的先后来定。地役权是指土地所有人或土地使用权人为使用其土地的方便与利益而利用他人土地的权利，如在他人土地通行的权利，这种地役权有时称为通行权。地役权在给他人方便时，土地所有人或土地使用权人有可能受到某种损失。因此，地役权的存在会降低土地的价值。

此外，地下矿藏、埋藏物等是否自动地归属于土地拥有者，各个国家和地区的规定不一。《中华人民共和国民法通则》第七十九条规定："所有人不明的埋藏物、隐藏物，归国家所有。"《中华人民共和国城镇国有土地使用权出让和转让暂行条例》第二条规定："国家按照所有权与使用权分离的原则，实行城镇国有土地使用权出让、转让制度，但地下资源、埋藏物和市政公用设施除外。"

3. 房地产相邻关系的限制

房地产相邻关系的限制是指房地产所有人或使用人在行使房地产的权利时，担负有注意防免损害相邻房地产的义务，而相邻房地产所有人或使用人则享有请求房地产所有人、使用人注意防免损害发生的权利。在实际操作中，主要存在以下两类相邻关系：① 通风、采光、排水、排污的相邻关系；② 险情危害的相邻关系。《中华人民共和国民法通则》第八十三条规定："不动产的相邻各方，应当按照有利生产、方便生活、团结互助、公平合理的精神，正确地处理截水、排水、通行、通风、采光等方面的相邻关系。给邻方造成妨碍或者损失的，应当停止侵害，排除妨碍，赔偿损失。"

三、建筑物

（一）建筑物的定义

建筑物是指按照规划、设计的要求，通过施工安装，将各种建筑材料、建筑构配件和设备等有机组合而成的人工整体结构物，包括房屋和构筑物两大类。其中房屋是指能够遮风避雨并供人居住、工作、娱乐、储藏物品、纪念或进行其他活动的空间场所，一般由基础、墙、门、窗、柱、梁和屋顶等主要构件组成，包括住宅、商业、仓储、办公、教育、医疗、体育等各种用房。构筑物则是指房屋以外的工程建筑，人们一般不直接在内进行生产和生活活动，如水塔、烟囱、桥梁等。

（二）对建筑物的基本认识

从房地产估价的角度来看，对建筑物的基本认识主要包括下列几个方面。

1. 坐落位置

建筑物的坐落位置与其占用的宗地相同，包括建筑物所处区域、城市、周围环境、市场状况和具体地点。对于房地形态的房地产来说，建筑物的坐落位置对房价有着非常大的影响。

2. 面积大小

对于建筑物而言，面积的概念包括占地面积、建筑面积、使用面积和套内面积等。房地产估价中要考虑到不同类型的建筑物有不同的计算面积的方法，如住宅重视建筑面积和使用面积，旅馆可用床位数或房间（标准间）数量来衡量，电影院、剧院可用座位数来衡量，写字楼重点考察可出租面积，商业建筑物重点考察可营业面积等。

3. 层数、高度

通常按照层数和高度，将建筑物分为低层建筑（1~3层）、多层建筑（4~7层）、高层建筑。对于高层建筑，国际上通行的做法是将其划分为四类，各类的主要特征为：第一类，层数8~16层，房屋的高度在25~50m之间；第二类，层数在17~25层，最高达75m；第三类，层数26~40层，最高达100m高；第四类，层数在40层以上，高度超过100m，称为超高层建筑。目前世界上建成超高层建筑的高度已超过了500m。在房地产估价中要考虑到建筑物高度与成本造价之间的关系以及建筑物高度与基础深度和造价之间的关系。

5. 建筑结构

建筑结构是指建筑物中由承重构件（基础、墙、柱、梁、屋架、支撑、屋面板等）组成的体系。这里主要是指大类结构，一般分为钢结构、钢筋混凝土结构、砖混结构、砖木结构和简易结构。如果能在大类建筑结构下再细分出小类建筑结构则更好，如砖木结构，可进一步分为砖木一等、二等结构。建筑物的建筑结构不同，成本造价明显不同。

6. 用途

建筑物的主要用途有居住、商业、工业、办公等。不同用途的建筑物，其建筑结构、平面布置与配套设备有很大不同，对建筑物的成本造价有很大影响。

7. 装修情况

装修分为内装修和外装修。需要了解装修的标准和程度，所用材料的品质及装修质量等。装修标准包括毛坯房、初装修、普通装修、高档装修等。

8. 附属建筑设备

附属建筑设备是指建筑物各类设备的质量和维修情况，主要包括给排水、采暖、通风、空调、电气及智能化楼宇设备。需要了解它们的配置和性能、质量和维修保护情况。

9. 建成年月和使用保养情况

建成年月是指建筑物竣工日期，建筑物使用保养情况包括建筑物新旧程度、地基的稳定性、沉降情况（沉降是否均匀及其程度）等。重点考察建筑物新旧程度和建成年月、使用保养情况之间的关系。

10. 公共配套设施完备程度

公共配套设施完备程度包括城市基础设施和社会公共服务设施两部分。反映其完备程度的指标主要有设施水平、设施的保证率和齐备程度。

11. 产权状况

在我国，建筑物与土地的所有制不同，土地全部是公有的，建筑物可以私人所有。根据房屋所有权主体的不同，可以把房屋所有权分为以下几种：① 国有房屋所有权是指全民所有制房屋的所有权。② 集体房屋所有权是指集体企、事业单位对归其自有的房屋享有的所有权。③ 私人房产所有权是指公民个人、家庭、数人共有或私营企业拥有的房产所有权。④ 外商投资企业的外产房屋所有权。外商投资企业主要指“三资企业”，其在我国境内投资兴建或购买的房产的所有权受我国法律保护，其中中外合资企业和中外合作企业的房产又称为中外共有产。外产房屋是指外国政府、社会团体、国际机构和外国侨民在我国境内建造或购买的房屋。⑤ 其他房产所有权，如宗教团体房产所有权等。按房屋所有权主体的构成不同，可以把房屋所有权分为以下几种：① 单独所有房屋所有权，即由单个独立承担民事责任的民事主体独有的房屋所有权。② 共同所有房屋所有权，即数人对一项房产共同享有所有权，包括共同共有和按份共有。前者要求共有人在共有期间不能按确定份额分割和单独处分共有的房产，共有人平等地行使权利和承担义务；后者的特点是共同所有权人对共有一项房产的权利义务可分割为若干份额，共有人按其所占的份额享有权利和承担义务。建筑物区分所有权是指多个区分所有权人共同拥有一座区分所有建筑物时，各区分所有权人对建筑物专有部分所享有的专有部分所有权、对建筑物共同部分所享有的部分持分权以及因区分所有人之间的共同关系所产生的成员权的总称。建筑物区分所有权包括专有部分所有权、共用部分持分权及因共同关系而产生的成员权三位一体的复合性物权，其中专有部分所有权处于主导地位。建筑物的专有部分是指建筑物中具有构造上和使用上的独立性的部分，由一定平面的长度与一定立体的厚度构成，与其他专有部分或共有部分以墙壁、天花板、地板相间隔。区分所有权人对其专有部分予以自由使用、收益及处分的权利，其性质就是单独所有权。建筑物的共有部分是指供区分所有人共用、属于区分所有人共有的部分。由法律直接规定属于共有的部分为法定共有；由区分所有人约定使某专有部分成为共有部分称为约定共有。建筑物的共有部分一般包括共有、共用的门厅、阳台、屋面、楼面、厨房、厕所以及院落、上下水设施等。共有所有权是指建筑物区分所有权人依照法律或管理约定，对区分所有建筑物的共有部分所享有的占有、使用及收益的权利。按照我国法律规定，建筑物的共有部分在使用上坚持共同共有的原则，不分份额在面积分担上则采用按份共有的形式，并规定所有人和使用人对建筑物共有部分应共同合理使用并承担相应的义务。建筑物区分所有权的成员权，是指建筑物区分所有权人基于在一栋建筑物的构造、权利归属及使用上的不可分离的共同关系而产生的，作为建筑物的一个团体组织的成员而享有的权利与承担的义务。成员权的内容是对全体区分所有权人的共同事务所享有的权利和承担的义务，它是财产关系和管理关系的结合。成员权从权利的角度主要包括参与管理权、选举权、选聘权、监督权、对公共管理事项及公共利益的应得份额所享有的请求权等。

另外，要了解是完全产权还是部分产权；是否已出租（已出租的房屋再转让时要受原租约的限制）；是否抵押、典当或为他人提供担保；是否涉案；产权是否有争议；是否为临时建筑；是否属于违法建筑。还要了解所坐落的土地的权利状况，因为房屋所有权还受土地使用权的约束，如在有限期土地使用权的土地上建造的房屋所有权，实际上也是有限期的。

12. 其他

还有一些需要明确的情况，如采光、通风、隔声、隔热、层高、物业管理；单套房评估还要了解楼层、朝向等；新建建筑物要注意其施工期质量；期房还需要了解其建设单位、勘察单位、设计单位、施工单位、工程监理单位以及预计交付使用的日期等。

第二节 房地产的类型与特性

一、房地产的类型

在房地产估价中，主要按照房地产的开发程度、用途、是否产生收益和经营使用方式对房地产进行分类，如图 1-1 所示。

（一）按开发程度来划分

房地产按开发程度来划分，主要划分为以下五类：

（1）生地　生地是指不具有城市基础设施的土地，如荒地、农地。

（2）毛地　毛地是指具有一定城市基础设施，但地上有待拆迁房屋的土地。

（3）熟地　熟地是指具有完善的城市基础设施、土地平整，能直接在其上进行房屋建设的土地。

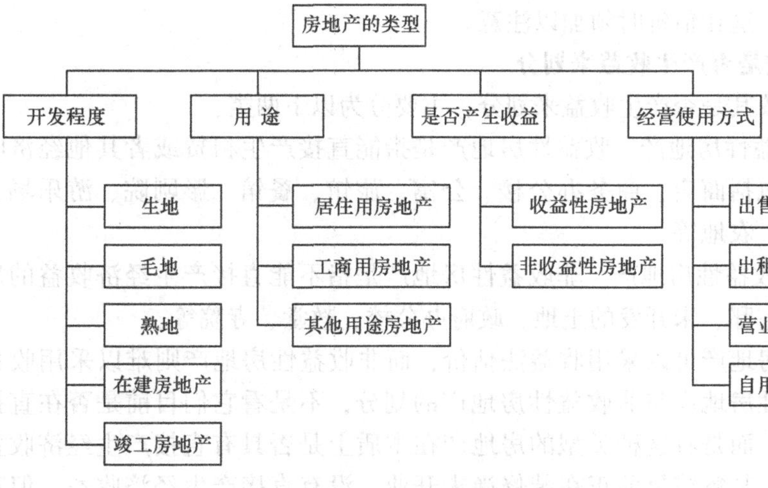

图 1-1　房地产类型示意图

（4）在建房地产　在建房地产是指地上建筑物已开始建设但尚未建成，不具备使用条件的房地产。该房地产不一定正在建设，也可能停工了多年。

（5）竣工房地产　竣工房地产是指地上建筑物已建成，可直接使用的房地产。它可能是新的，也可能是旧的。

（二）按用途来划分

房地产按用途来划分，主要分为以下三大类：

（1）居住用房地产　居住用房地产是指各种直接为居住使用的房地产，可分为住宅和集体宿舍两类。其中住宅包括普通住宅、高档公寓、别墅等。

（2）工商用房地产　工商用房地产是指各种为办公、商贸及工业用途使用的房地产，可分为办公用房地产、商贸用房地产、工业用房地产三类。其中，办公用房地产主要包括商务写字楼、政府办公楼；商贸用房地产主要包括商业用房地产（百货商场、购物中心、商业店铺、超级市场、批发市场等）、旅馆用房地产（饭店、宾馆、旅店、招待所、度假村等）、餐饮用房地产（酒楼、美食城、餐馆、快餐店等）、金融用房地产（银行大厦、保险大楼、信用社等）、娱乐用房地产（游乐场、娱乐城、康乐中心、俱乐部、夜总会、影剧院、高尔夫球场等）；工业用房地产则主要包括各类工厂、车间、手工作坊、发电厂、仓库、油库等。

（3）其他用途房地产　除上述两种用途外，将其余房地产都归入其他用途房地产一类。其他用途房地产仍可进一步分为农业用房地产（农地、农场、林场、牧地、果园等）、公共设施和公益用房地产（车站、机场、医院、学校、教堂、寺院、墓地等）、军事用房地产（军营、军事基地等）。

需要指出的是，在实际房地产使用中，大量房地产是同时具有两种或两种以上用途的，这在估价时须加以注意。

（三）按是否产生收益来划分

房地产按其是否产生收益来划分，主要分为以下两类：

（1）收益性房地产　收益性房地产是指能直接产生租赁或者其他经济收益的房地产，包括商店、商务办公楼、公寓、旅馆、餐馆、影剧院、游乐场、加油站、厂房、农地等。

（2）非收益性房地产　非收益性房地产是指不能直接产生经济收益的房地产，如私人宅邸、未开发的土地、政府办公楼、教堂、寺院等。

收益性房地产可以采用收益法估价，而非收益性房地产则难以采用收益法估价。收益性房地产与非收益性房地产的划分，不是看它们目前是否在直接产生经济收益，而是看这种类型的房地产在本质上是否具有直接产生经济收益的能力。例如，某餐馆目前正在装修尚未开业，没有直接产生经济收益，但其仍然属于收益性房地产，因为同类的餐馆大部分都在营业，在直接产生经济收益。

（四）按经营使用方式来划分

房地产按其经营使用方式来划分，主要分为以下四类：

（1）出售型房地产　出售型房地产是指采用买卖交易经营方式的房地产。工商类房地产（除政府办公楼、工业用房地产外）、住宅类房地产都适合采用这种经营方式而成为出售型房地产。

（2）出租型房地产　出租型房地产是指采用租赁经营方式，以能直接产生房地产租赁收益为目的而出租的房地产，包括商务办公楼、公寓、住宅等都可以是出租型房地产。

（3）营业型房地产　营业型房地产是指采用生产产品或提供服务为经营方式而使用的房地产，即一般企业用房地产，包括工厂、商店、旅馆、餐馆、影剧院、游乐场、加油站等都可以采用这种经营方式而成为营业型房地产。

（4）自用型房地产　自用型房地产是指不以收益为目的，不采用交易、租赁和营业经营方式，只是自我使用的房地产，包括政府办公楼、学校房屋、住宅、公寓等都可以是自用型房地产。

有的房地产既可以出售，也可以出租、营业，如商店、餐馆；有的房地产既可以出租、出售，也可以自用，如商务办公楼、公寓；有的房地产主要是自用，如政府办公楼、学校房屋。这种分类对于选用估价方法特别有用，例如，出售型房地产可以采用比较法估价；出租型房地产可以采用收益法估价；自用型房地产可以采用成本法估价。

二、房地产的特性

在市场经济中，房地产是一种人们最为重视的特殊商品。尤其是土地，由于土地所有权具有特别高尚的形式，人们往往把购买土地看做是一种可靠的投资。所以，房地产商品与一般商品有着本质的区别，其特性也有本质的不同，这种区别和不同从根本上说是来源于房地产本身所固有的自然属性、法律属性和经济属性。房地产的特性包括自然特性和人文特性两个方面。自然特性是大自然所赋予的、房地产本身所固有的性质是房地产自然属性的体现；而人文特性是指在房地产自然特性基础上，融入人类活动后形成的房地产的社会经济属性，是房地产法律和经济属性的体现。

（一）房地产的自然特性

1. 不可移动性（固定性）

土地是自然生成物，它存在于一定的空间，固定在一定地段上，其经纬度不会发生变化，具有空间位置的不可移动性，虽然曾出现过大规模的“沧海桑田”的变迁，但这早已成为历史的陈迹，从理论上说部分土地表层的移动是可能的，但数量有限、代价昂贵。建筑物由于定着在土地之上，所以往往也是不可移动的。房地产的不可移动性是房地产一切特性的基础，它决定了房地产不能像一般商品，如日用百货、衣帽服饰等一样任意流动或异地搬运。房地产的流动是房地产权益的流动，而非实体的流动。

房地产位置的不可移动性，使得房地产具有独占性。一定位置，特别是好位置的房地产被人占用之后，占用者则可以获得生活或工作场所，并享受特定的光、热、空气、雨水和风景，还可以支配相关的自然资源和生产力。

此外，正是由于房地产的不可移动性，房地产市场中的消费者与投资者对当前及未来的房地产市场行情、走势往往缺乏充分地了解，加之房地产是一类价值量巨大的商品，人们不能随意进入或退出房地产市场。因此，房地产市场是一类典型的不完全市场（后面详细阐述）。

2. 个别性（异质性或独一无二性）

房地产的个别性也称为异质性或独一无二性，是指由于房地产位置的不可移动性，房地产不像其他产品一样可以整齐划一，可以说没有两宗房地产是完全相同的。纵使两处建筑物一模一样，但由于其坐落位置不同，每宗房地产的温度、湿度、日照、交通、周围环境、景观、与市中心的距离等不可能完全相同，从而形成了每宗房地产独有的自然地理位置和社会经济位置，即各自不同的区位使两宗房地产不能完全相同。可见，房地产的个别性主要在于房地产区位的不同，在城市房地产，尤其是商业与服务业型房地产中表现尤为突出。所谓“房地产投资第一重要的是位置，第二重要的是位置，第三重要的仍然是位置”的说法，就是这个道理。当然，这里的位置并不只是指房地产的自然地理，而是包括了房地产的社会经济位置在内的区位。要注意的是房地产的自然地理位置虽然固定不变，但其社会经济位置却是可以发生变化的，因为周围环境、交通条件、市场位置等均可能发生变化，这些均可以影响房地产的社会经济位置，导致房地产区位发生改变。

房地产的个别性也是房地产市场具有不完全性的另一个重要原因，它使得相同的房地产不可能大量供给，从而房地产之间不能实现完全替代，房地产市场不能实现完全竞争，房地产价格千差万别并容易受到交易者个别行为的影响。此外，房地产交易难以采用样品交易的方式，必须到实地观察，房地产估价也要进行实地查勘。

需要指出的是，房地产尽管有个别性，但很多房地产之间仍然有一定的替代性，从而彼此之间有一定的竞争性，在价格上也有一定的牵掣，个别性并不否认房地产的替代性原则，房地产估价的比较法正是基于这一点。

3. 使用耐久性

土地是自然的产物，它不因人类的合理或不合理利用而失效或灭失。即使被海水淹没、洪水冲毁，或遭受其他严重的自然灾害，如地震塌陷、沙漠化等，其土地本身仍是存在的，在地球表面所标明的场所、作为空间位置是永存的，只是其地貌形态及对土地的利用方式将产生重大的变化。因此，可以说土地具有不可毁灭性，土地是持久的、永续的，对土地的利用也是持久的。这与一般物品，如机器设备、建筑物等人工产品存在的折旧现象完全不同，一般物品都会在使用过程中发生自然磨损和功能损耗，甚至经济磨损。

建筑物虽然不像土地那样具有不可毁灭性，但建筑物的使用寿命也通常可达几十年，甚至上百年，在正常情况下，建筑物不会发生倒塌，只是为了土地的更好利用或更高价值才会被拆除。建筑物具有显著的耐用性。

房地产由于具有使用耐久性，可以给其占用者带来持续不断的利益。这一点对房地产估价的收益法有重要意义。

值得注意的是，上述土地持久性、建筑物耐用性是指对土地和建筑实体的耐久性。如果就土地、建筑物产权而言，则是指土地、建筑物的所有权及其相应权利，如占有权、使用权、收益权、处分权等。在我国，实行有偿、有期限的城市土地有偿使用制度，房地产的使用耐久性受到了有期限的土地使用权的制约。我国关于土地使用权的最高年限规定为：居住用地 70 年，工业用地 50 年，商业、旅游、娱乐用地 40 年，综合或其他用地 50 年。

（二）房地产的人文特性

1. 地区性

房地产的地区性是指由于房地产位置的不可移动性，决定了任何一宗房地产只能就地开发、利用或消费，而且要受制于其所在的空间环境，不像其他商品，不能把它从不景气的城市市场移动到另一个景气的城市市场。因此，房地产市场不存在全国性市场，更不存在全球性市场，而是一个地区性市场，其供求状况、价格水平和价格走势等都是就当地情况而言，在不同地区之间各不相同。

2. 用途多样性

用途多样性主要是对土地而言的。土地上一旦建有建筑物，用途即被限定，一般难以改变。因为改变的费用很高或者受原有建筑物结构的限制。土地就其本身来看，可以为多种不同的用途所使用，如用于商业、办公、居住、工业、道路、农业、林业、放牧等。在不同用途中还可以选择不同的利用方式，如居住用地，既可以建一般的平房，也可以建楼房；既可以建多层、高层的普通住宅或公寓，也可以建花园式别墅等。房地产由于具有用途多样性，使得同一宗房地产的利用在不同用途及利用方式之间出现了竞争和优选的问题。在市场经济条件下，房地产拥有者都趋向于将房地产用于预期可以获得最高收益的用途，这正是房地产估价的最高最佳使用原则发生作用的基础和背景。从经济角度来看，土地利用的一般顺序是：商业、办公、居住、工业、耕地、牧场、放牧地、森林、不毛荒地。

3. 数量有限性（供给的稀缺性）

地球是大自然的产物，作为地球地表的土地是有限的、不可再生的，其面积是固定的。人类可以不断改变和革新土地利用技术，如移山填海、提高容积率建造高楼和地下建筑等，但这些措施并未增加土地面积，仅仅改变了土地利用类型及强度。由于人口不断增加和社会经济文化的发展，对土地需求量不断扩大，而可供利用的土地又是有限的，这就导致了土地供给，以致房地产供给的稀缺性。这种供给的稀缺性，不但表现为土地供给总量与土地需求总量的矛盾，更重要的是由于土地空间位置的固定性和个别性导致某些地区（如经济文化发达、人口稠密地区）和某种用途的土地的稀缺上。房地产的数量有限性对房地产市场供需双方的特性分析具有重要的指导意义。

此外，尽管土地的绝对数量，即土地的自然供给是有限的，缺乏弹性的，但随着社会经济的发展、科学技术的进步、土地利用强度的加强，土地的经济供给存在一定的弹性或变化幅度，当然这一弹性仍是有限的。

4. 易受限制性

政府对房地产的限制一般通过以下四种特权来实现：① 警察权。政府为增进公众安全、健康、道德和一般福利，可以直接限制某些房地产的使用，如通过城市规划对土地用途、建筑高度、容积率、建筑密度和绿地率等作出规定。② 征用权。政府为了社会公共利益的需要，如修公路、建学校等，可以强行取得单位和个人的房地产，即使违反这些被征用人的意图，但要给予补偿。③ 征税权。政府为了提高财政收入，可以对房地产征税或提高房地产税收，只要这些税收是公平课征的。④ 充公权。政府可以在房地产业主死亡或消灭而无继承人或亲属的情况下，无偿收回房地产。此外，房地产由于不可搬走，也不可隐藏，因此逃避不了未来制度、政策变化的影响。这一点既说明了房地产投资的风险性，也说明了政府制定长远房地产政策的重要性。

5. 外部性（相互影响性）

经济学上的外部性是指生产者或消费者的某项经济活动影响了社会上其他人的经济条件或经济环境。由于房地产总是与一定的空间位置相结合，其开发利用必然影响某一区域内的自然生态环境、经济效益和经济发展，因此房地产外部性问题突出。如城市开发中土地增值收益的分配、相邻房地产利用时的干扰、居住区中的环境污染等，从而使当事人的私人利益（成本）与社会收益（成本）不一致，使具有正外部性的产品或服务供给过少，具有负的外部性的产品或服务供给过多。

从房地产估价的角度看，房地产的外部性直接表现为相互影响性，即房地产的价值不仅与其本身的状况有直接关系，还取决于周围其他房地产的状况，受邻近房地产用途和开发利用的影响。例如，兴建一座购物中心，修筑一条道路，架设一段轻轨或建设一段地铁线路，可能对其周围房地产的价值有着很大的影响。在一幢住宅楼附近兴建一座工厂，可导致该住宅的价值下降；反之，如果在其旁边建起一个绿化公园，可使其价值上升等。

6. 价值高大性

房地产的价值具有高大性。价值高是指房地产单位价值（价格）高，如一平方米土地或建筑面积房屋的价格，少则数百元，多则数千元，甚至上万元。价值大是指房地产总体价值大，如一套住房的价格，比一件家具或一台电视机、电冰箱的价格要大得多，按一般的收入房价比在1:6~10考虑，普通居民不吃不喝要10年左右才能购买一套住房，住宅的价值确实很大。

7. 难以变现性

房地产由于价值高大，加上不可移动性和独一无二性，使得同一宗房地产的买卖不频繁，一旦需要买卖，要花费相当长的时间来寻找合适的买者和进行讨价还价。所以，当急需资金或有其他急需时，不易将房地产变成现款；如果快速变现，只采取相当幅度的降价。

8. 保值增值性

影响房地产价格上升的原因主要有四个方面：① 对房地产本身进行的投资改良，如装修改造，更新或添置设备，改进物业管理；② 通货膨胀；③ 需求增加导致稀缺性增加，如人口或收入增加；④ 外部经济或相互影响，如交通条件或周围环境改善。

从我国住宅市场价格的变化情况来分析，在过去几年中价格的年平均增长幅度超过了同期通货膨胀率15%的平均水平。美国、英国和香港地区的研究资料表明，房地产价格的年平均上涨率大约是同期年通货膨胀率的两倍。

第三节 房地产估价概述

房地产估价与房地产业是相伴而生的，相对于古老的房地产业而言，房地产估价应该说同样历史悠久。但现代意义的房地产估价起源于英国，20 世纪 70 年代初期英国发生的房地产危机促使房地产评估标准的产生。当时很多英国金融界的银行家、会计师、收购伙伴等对房地产的贬值感到非常失望，认为在房地产价格评估中房地产价值的确定缺乏规范，经过较长时期的讨论，英国皇家特许测量师学会制定了关于评估标准的红皮书，以后又经过多次修订。随着经济的发展，不动产评估界需要相互加深理解，1997 年欧洲不动产评估组织（TEGOVOFA）成立，之后出版了适合全欧洲的评估标准《蓝色纲领》，其第一套修订标准在《不动产公告》上发表。

一、房地产估价的概念

房地产估价（real estate appraisal，property valuation），也称为房地产价格评估或房地产评估。房地产估价在日本、韩国称为不动产鉴定评价，简称不动产鉴定；我国台湾地区称为不动产估价或不动产鉴定；我国港澳地区则通称为物业估价。

所谓房地产估价，是指专业估价人员根据估价目的，遵循估价原则，按照估价程序，选用适宜的估价方法，并在综合分析影响房地产价格因素的基础上，对房地产在估价时点的客观合理价格或价值进行估算和判定的活动。

（一）房地产估价定义中有关术语的含义

1. 专业估价人员

专业估价人员是指经房地产估价人员资格考试合格，由有关主管部门审定注册，专门从事房地产估价的人员。专业估价人员应遵循的职业道德包括：房地产估价人员和估价机构不得为了自身利益，迎合委托人的不合理要求，有意高估或低估房地产价格，或者歪曲甚至捏造事实，损害其他当事人的利益；如果遇到由于自己专业能力有限，难以评估出某房地产的客观合理价格或价值时，原则上不应接受该项估价委托。但如确有必要接受委托的，应至少聘请两人以上的专家参加，并在估价报告中予以说明；除要妥善保管委托人的文件资料外，还应尽保密之责。具体可根据委托人的文件资料的重要程度，确定其保管和保密的时效。其中涉及国家机密的，应按国家的有关保密规定执行。

2. 估价目的

估价目的是指一个具体估价项目估价结果的期望用途，或者说，完成后的估价报告拿去做什么用，是为了满足何种涉及房地产的经济活动或者政府、民事行为的需要。不同的估价目的来源于对估价的不同需要，不同的估价目的将影响估价结果。对于同一估价对象，估价目的不同，估价依据以及采用的价值标准会有所不同，评估出的客观合理价格或价值也会有所不同。例如，在买卖的情况下，虽然实际的成交价格有高有低，但有其正常的买卖价格；在抵押的情况下，也有其正常的抵押价值；在拆迁补偿的情况下，有其合理的补偿额。而正常的买卖价格、正常的抵押价值、合理的补偿额，又不完全是相同的。

在估价中，有许多情况需要采用公开市场价值标准。采用公开市场价值标准，是指所评估出的客观合理价格或价值应是在公开市场上最可能形成或成立的价格。而所谓公开市场，是指一个竞争性的市场，在该市场上交易各方进行交易的目的在于最大限度地追求经济利益，他们并且都掌握了必要的市场信息，有比较充裕的时间进行交易，对交易对象具有必要的专业知识。此外，市场交易条件公开并不具有排他性，即所有市场主体都可以平等自由地参与交易。

3. 估价原则

估价原则是指人们在房地产估价的反复实践和理论探索中，在对房地产价格形成和运动的客观规律认识的基础上，总结出的一些简明扼要的、在估价活动中应当遵循的准则或法则。在后面第三章中，将详细讨论房地产估价原则。

4. 估价程序

估价程序是指房地产估价全过程中的各项具体工作，按照其内在联系所排列出的先后次序进行。房地产估价的一般程序是：① 获取估价业务；② 受理估价委托及明确估价基本事项；③ 拟定估价作业方案；④ 搜集估价所需资料；⑤ 实地查勘估价对象；⑥ 选定估价计算方法；⑦ 确定估价结果；⑧ 撰写估价报告；⑨ 交付估价报告；⑩ 估价资料归档。

5. 估价方法

由于每种估价方法本身的局限性（每种估价方法的适应对象和适用条件不同），同时也由于估价中所采用的各种数据资料具有一定的不确定性，在运用各种估价方法进行估价时，都不可避免地需要进行估算和判定。因此，采用任何一种估价方法都难以确保真正准确地反映估价对象的客观合理价格或价值。由于每种估价方法的估算判定的角度不同，所依据的估价数据和资料不同。因此，数据资料的不确定性对各种估价对象应同时选用两种以上的估价方法进行估价，有助于各种估价方法之间的互相补充，消除数据资料的不确定性对估价结果准确性的影响。市场比较法是最能体现房地产估价的基本原理，是最直观、适应性最广、也最容易准确把握的一种估价方法，因此在有条件选用市场比较法估价时，应当首选市场比较法。本书第四章至第八章都为房地产估价方法的详细论述。

6. 影响房地产价格的因素

影响房地产价格的因素繁多而复杂，从大的方面来说，包括环境、人口、经济、社会、行政、心理、国际等因素。在不同地区、不同时期，各种影响房地产价格变动的方向和幅度是不尽相同的。在本书第二章中，将详细介绍影响房地产价格的因素问题。

7. 估价时点

估价时点是指估价结果对应的日期，即在该日期上估价对象才有该价值，通常用公历表示，并精确到日。由于同一宗房地产在不同时点价值会有所不同，所以，估价通常仅是对估价对象在某一时点的价值作出估计。估价时点不是随意给定的，它需要估价人员根据估价目的来确定。在估价之前，它说明了估价中需要估算和判定的是哪个具体日期的客观合理价格或价值；当估价结果作出之后，它说明了该估价结果是在哪一个时间上的客观合理价格或价值，以便于应用。

8. 客观合理价格或价值的估算和判定

客观合理价格或价值是估价对象在某种估价目的的特定条件下形成的正常价格，它能为当事人或社会一般人所信服和接受。房地产估价中所确定的客观合理价格或价值，其实质是房地产的经济价值，它体现在房地产的使用过程中。

估算和判定是一种估计。既然是估计，就会有误差或偏差，但这种误差或偏差不能是无限度的，必须在一个合理的范围内。一般来说，误差或偏差在上下15%之内是允许的。㊀

（二）房地产估价概念的核心点

全面认识什么是房地产估价，最核心的是把握以下三点。

1. 房地产估价是科学与艺术的有机结合

房地产价格的准确推测与判断，必须以一套科学严谨的房地产估价理论和方法为基础，但又不能完全拘泥于有关的理论和方法，还必须依赖于估价人员的经验，因为房地产价格形成的因素复杂多变，不是简单地套用某些数学公式就能够计算出来的。为此，世界上许多国家和地区都建立了房地产估价制度，规定要成为估价师，不仅需具备相当程度的估价理论水准，还必须具有一定年限以上的估价实践经验，并且取得了估价师资格，才能独立地开展估价业务。

2. 房地产估价不是对房地产估价的主观给定，而是把房地产客观实在的价值通过评估活动正确地反映出来

尽管房地产估价表现为一种主观活动，甚至有时带有一些主观色彩，但房地产估价是基于对房地产客观实在价值的认识，运用科学的理论、方法和长期

㊀ F. 普丽玛，等. 房地产估价导论［M］. 胡至廉，等译. 北京：中国建筑工业出版社，1996：5.

积累的经验将其表达出来，而不是把某个主观想象的数据强加给被估价的房地产。为此，许多国家和地区在建立的房地产估价制度中，都制定了估价规范或标准，防止无统一准则而导致不同的估价人员对同一估价对象的估价结果出现较大偏差。

3. 房地产估价与房地产定价不同

房地产定价是指政府、房地产商、房地产交易双方对拟出让的土地价格、拟出售或租赁的商品房价格、拟交易的房地产价格的确定决策。尽管房地产定价属于房地产估价的范畴，但两者实质不同，其区别有两点：① 估价、定价与当事人的关系不同。估价不是当事人的行为，只是为当事人提供公平可信的价格参考依据，并不取代当事人的民事权利，只是参与决策，而不决策。定价往往是当事人的行为，是对价格的最终决策。② 估价、定价主体与估价、定价对象的关系不同。估价对象不属于估价主体所有，而定价对象往往属于定价主体所有。房地产的最终成交价格应由当事人自己决定，当事人出于某种目的可以使其成交价格高于或低于正常价格。

二、房地产估价的必要性

无论是从理论还是从现实角度来看，房地产估价都是十分必要的。

（一）理论上房地产估价的必要性

虽然任何资产在交易中都需要衡量和确定价格，但并不一定都需要专业估价。一般来说，一种资产只有具备了独一无二性和价值量较大两个条件才真正需要专业估价。条件一：独一无二性。如果一种资产不具有独一无二性，相同的很多，可以直接比较，价格普遍存在、人人皆知，就不需要专业估价。条件二：价值量较大。一种资产虽然具有独一无二性，但如果价值量不大，请人估价的花费与资产的价值相比较高，甚至高过资产本身的价值，就不值得请人估价。因此，真正需要专业估价的，主要是房地产、珠宝玉石、古董、名家艺术品以及商标等无形资产和企业整体资产。由前述房地产特性可知，房地产具有不可移动性、独一无二性和价值高大性，完全满足上述需要专业估价的两个条件。

在经济学上，完全市场是指同时具备以下八个条件：① 同质商品，买者不在乎从谁手里购买；② 买者和卖者的人数众多；③ 买者和卖者能够自由进出市场；④ 买者和卖者都掌握价格的完全信息；⑤ 就成交总额而言，每个买者和卖者的购销额是无关紧要的；⑥ 买者和卖者无串通共谋行为；⑦ 消费者要求总效用最大化，销售者要求总利润最大化；⑧ 商品可转让且可发生空间位置的移动。现实中完全满足上述八个条件的完全市场几乎不存在，但人们通常认为，证券市场和小麦市场是最接近完全市场的实例，而房地产市场不满足上述①、④、

⑧条的要求，属于典型的不完全市场。

由于房地产市场是不完全市场，因而不会自动地形成众人都容易识别的适当价格，同时由于有许多阻碍房地产价格合理形成的因素，并且在其判断中要求有专门的知识和经验。所以，需要专业估价人员提供市场信息，进行替代市场的估价。

（二）现实中对房地产估价的需要

现实中对房地产估价的需要是多方面的，包括：① 房地产交易；② 房地产抵押；③ 房地产典当；④ 房地产保险和损害赔偿；⑤ 房地产税收；⑥ 农民集体土地征用和城市房屋拆迁补偿；⑦ 房地产纠纷处理；⑧ 企业合资、合作、合并、兼并、分立、买卖、租赁经营、承包经营、改制、上市、破产清算；⑨ 政府财产管理等方面，房地产估价都发挥着重要的作用。房地产估价成为保护资产所有者、使用者和经营者及有关利益各方权益的一个重要手段，有利于国家对房地产市场进行宏观调控，提高房地产管理水平。

三、房地产估价的特点

房地产估价作为一项专业业务工作，具有政策性强、地方性强、技术性强、针对性强、经验预测性强、综合性强的特点。

1. 政策性强

房地产价格的确定具有比较明确的政策法规依据。如土地的征用费用必须按照《中华人民共和国土地管理法》确定的原则和有关规定执行；政府公布的土地基准地价、土地宗地底价是土地价格估算的基本依据；房屋建筑的造价，必须按照国家现行工程造价的定额标准、单位估价表及有关取费标准来确定；建设项目的有关配套费用，必须依照现行的有关政策文件及税法确定；国家统计机构公布的房地产价格变动指数，是房地产价格估算的重要参数等。因此，房地产估价具有很强的政策性，估价工作者要具备较高的政策法规水平，才能搞好估价工作。

2. 地方性强

由于社会经济发展的不平衡性，各地区、各城市经济发展水平、消费水平存在着很大的差异，这种差异必然要在房地产市场上反映出来。而房地产是不动产，具有地区性的特性，这决定了房地产市场是地区性市场，从而使各地的房地产价格存在着量的差别。各地区、各城市都依法制定有自己的房地产基准价格标准。评估时，房地产估价工作者除掌握估价的一般原理、方法和国家政策以外，必须具体了解当地的有关政策与法规，必须深入调查当地的房地产市场价格行情，取得当地的房地产费用标准、价格标准作为价格测算依据，才能得出正确的结论。

3. 技术性强

正确估算房地产的价格，必须具备房地产方面的专门知识，如勘估房地产的质量、成新状况、尚可使用时间，熟悉施工图、了解房屋结构、掌握工程造价规则，评定土地等级、测量房屋面积及土地面积，选择估价方法并进行估价、界定环境状态等，都是技术性很强的工作。估价人员必须刻苦钻研，提高专业技术水平。

4. 针对性强

房地产估价虽有一套较为完善的理论、程序和方法可循，但在选择价格依据和测定价格参数时，不可能千篇一律，一蹴而就，即必须针对评估对象的具体评估目的、所在的具体地区和地段环境、具体的实体和产权状况，才能有的放矢。如按同一套图施工建筑的两栋同面积、同结构的房屋，由于地区不同、地点不同、环境不同以及使用过程中的维修保养不同，其价格也就不同。针对具体对象，才能体现出据实评估的要求。

5. 经验预测性强

房地产价格评估带有评判、估计、测算的含义，是科学与艺术的有机结合。所以，尽管评估主体可以依据设计施工图、财务等原始资料，可以遵循国家政策、法律规定，但对评估对象实地勘估资料的取舍，有关估价参数的选用与测算，各种结论的评断，总带有一定的经验性、预测性。因此，房地产估价工作者除了具备必需的专业知识和技能之外，还必须不断地积累和总结经验，在实践中提高估价技术水平。同时，要注重良好的职业道德修养，把主观随意性对估价的影响降低到最小程度。

6. 综合性强

房地产估价是一项复杂细致的工作，也是综合性很强的工作，房地产估价工作者必须具备较高的综合概括能力。如考虑房地产使用价值与交换价值、房价与地价、房地产价格与市场状况之间的联系，房地产价格与时间、环境、用途等因素之间的联系，分析各种因素对房地产价格的影响并使之量化，提出房地产估价报告，这些都需要具备很高的综合概括能力。

四、两种类型的房地产估价

从房地产实体组成和所具备使用功能的程度来看，房地产估价可分为房产评估与地产评估、单项评估与整体评估。

（一）房产评估与地产评估

房产评估是以房屋为估价对象，以估价时点的价格来反映房产价值的技术经济活动。房产评估可分为两种情况：一是房产所有权的估价；二是保留房产所有权的房产租赁价格的评估，其实质是房产使用权零星出售价格的估算，出租价格构成项目为：折旧费、修缮费、管理费、利息、地租、保险费、税金和利润八个因素。

地产评估是以土地为估价对象，以估价时点的价格来反映地产价值的技术经济活动。地产评估也可分为两种情况：一是土地产权转移价格的评估，包括土地所有权的转移和使用权的转让两种类别。前者发生在集体土地向国有土地转移的过程中，这种转移同时伴随着土地上一切附着物及土地所有权、使用权、收益权、最终处置权的转移。评估范围包括土地所有权费用、土地使用权费用（如劳动力安置费等）、附着物补偿费用（如房屋建筑补偿费、青苗补偿费等）三个方面。后者常指国有土地使用权在法律允许范围内的出让与转让，其评估范围包括土地使用权价格和附着物的补偿价格。二是保留土地权属的土地租赁价格评估，其实质是对一定期限内土地总收益的年折算费用的估算。费用构成项目包括附着物的年折旧费、管理费、绝对地租、级差地租、税金和利润。

房产评估与地产评估的主要联系是：房离不开地，房产转移时，地产也随之转移；地上有房，地产转让时房产也随同转移。房产估价时要考虑地，地价成为房价的一个因子。地产估价时要考虑房，房价成为地价的一个因素。两者的主要区别是：房产评估以房占主导地位，房产是交易的主体，交易的目的是保留现有房产的继续使用，地产只是房产继续使用的一个条件。地产评估以地占主导地位，地产是交易的主体，取得地产是目的，土地上的房屋及其他附着物只是一个关键因素，对土地权属获得者来说，其使用价值退居次要地位，或仅仅只考虑其残值。因此，两者无论是在评估方法、价格构成项目上，还是在评估的重点上，都有一定的区别。

（二）单项评估与整体评估

房地产单项评估是指对具备完整或相对独立或可确指分割使用功能的房地产作为估价对象的评估。具备完整使用功能的单项房地产，如一栋房屋；具备相对独立使用功能的房地产，如一个建筑群体中具有某一特殊功能的局部房地产；具备可确指分割使用功能的房地产，如一栋房屋中的一套房间，这些都可作为单项评估对象。或者说，房地产单项评估是对可确指的、具有相对独立使用功能的、并能单独界定其产权的单项房地产所进行的评估。像一栋房屋下面的 $1m^2$ 土地、$1m^2$ 建筑面积，尽管在事实上它可确指，但它不具有相对独立的使用功能，不能作为单项资产进行评估。再如，房屋中的楼梯，既可确指，也有独立的使用功能，但不能单独界定其产权（事实上不可从房屋中将它分割出来），因而，它也不能作为单项资产进行评估。

将单项房地产资产评估价格汇总，可以求出一个相对完整的房地产综合体的总价格。按照系统论的观点，考虑单项房地产组合的群体效应及综合环境效应，房地产群体的总价值应大于单项房地产价值之和。因此，对一组建筑群体、或一个相对独立的城市地段单元、甚至一个城镇，就存在着整体评估问题。

房地产整体评估是对某一特定地段的地产、房屋及基础设施，如大型工业企业、居住小区、商业街、小集镇等作为一个估价对象所进行的综合估价。如对某一工业区房地产进行整体评估，各单项房产、地产的价格之和，只能作为整体的基础价格。除了考虑各单项资产的价格之外，还应考虑以下八大因素：① 生产性房产的质量及整体功能；② 非生产性房产的整体质量及与生产性房产的比例关系；③ 基础设施的质量、功能状态及与生产性和非生产性房产的配套性；④ 土地等级及其使用结构；⑤ 周边环境状态；⑥ 工业区的发展前景；⑦ 隐含的无形资产价值；⑧ 潜在的相关收益能力。只有将这些因素综合起来考虑，才能正确判断该房地产综合体的整体价值。

目前，我国房地产的成片出让、房地产整体的产权变更的现象已有发生，但对整体评估主要是从综合收益的角度进行评价，或采用单项评估汇总并用一定系数作调整来估价，忽视了整体房地产的综合价值效应、环境波及效应、潜在收益因素、无形资产价值等方面的作用。对房地产整体评估，建立一套科学方法是房地产估价工作者、理论研究工作者值得重视的一个重大课题。

第四节 房地产估价制度简介

房地产估价制度是指为合理评估房地产价格，维护房地产估价的正常秩序及相关各方的权益，加强房地产估价市场的管理，提高估价人员的道德与职业水准，而对从事房地产估价的人员与机构就房地产估价的条件及行为进行某种约束，并令其对所评估的结果承担责任的制度。随着社会进步、经济繁荣，这种制度日益增加其重要性。

目前，世界许多市场经济较为发达的国家和地区，如英国、美国、日本、韩国、新加坡、新西兰、德国、澳大利亚和我国港台地区等，经过多年的发展，房地产估价制度已发展得较为完备。一般来说，世界各国和地区的房地产估价制度包括的内容基本相同，主要是都设立了房地产估价管理机构，并通过严格的考核，培养和选拔专业的房地产估价人员，对专业估价人员的资格进行严格的审查和登记注册，制定明确的法律规范和职业道德修养准则，建立相应的惩罚制度，加强对房地产估价行业和人员的管理等。但是在具体的房地产估价制度及采取的措施上，各国和地区也不完全相同。

一、我国房地产估价制度的建立与发展

我国的房地产估价是在1978 年以后的改革开放大潮中，随着实行房屋商品化、改革城镇住房制度和城市土地使用制度，使房地产成为商品进入市场流通

而出现的。虽然其起步较晚，但发展很快，并得到了政府和社会的高度重视，突出表现在以下几个方面：

（1）房地产估价成为国家法定制度 1994年7月5日颁布的《中华人民共和国城市房地产管理法》第三十三条规定："国家实行房地产价格评估制度；"第五十八条规定："国家实行房地产价格评估人员资格认证制度。"

（2）房地产估价实行了国家统一考试和统一注册管理 1993年和1994年，建设部和人事部先后认定了两批共346名房地产估价师。1995年3月22日，建设部和人事部联合发布第147号文件，公布《房地产估价师执业资格制度暂行规定》和《房地产估价师执业资格考试实施办法》。从1995年起，取得房地产估价师资格的唯一途径是通过全国房地产估价师执业资格考试。1998年8月颁布了《房地产估价师注册管理办法》，自1998年9月1日起施行，该办法第三十四条规定：房地产估价人员须经全国房地产估价师执业资格统一考试合格，按规定注册，取得房地产估价师注册证，才能从事房地产估价活动。

（3）房地产估价执业制定了国家统一标准 1999年2月12日建设部会同国家质量技术监督局联合发布了《房地产估价规范》（code for real estate appraisal GB/T50291—1999），自1999年6月1日起施行。其内容包括总则、术语、估价原则、估价程序、估价方法、不同估价目的下的估价、估价结果、估价报告和职业道德等。

（4）房地产估价行业成立了全国自律性组织 1994年8月成立了中国房地产估价师学会（china institute of real estate appraisers，简称为CIREA），它是隶属于国家建设部的全国性社会团体。其主要职责是：开展房地产估价理论和方法研究，制定、修订房地产估价标准、规范和进行解释，协助政府有关主管部门进行房地产估价师执业资格考试、注册和房地产估价机构资质等级评审、管理工作，组织房地产估价专业培训和注册房地产估价师继续教育，调处房地产估价纠纷，开展国际学术交流等。目前中国房地产估价师学会现有团体会员近100个。学会下设6个专业委员会，分别为：考试注册委员会、教育培训委员会、学术委员会、国际交流委员会、估价标准委员会、纪检仲裁委员会，并创办了《中国房地产估价师》杂志，开设了中国房地产估价师学会网站。中国房地产估价师学会现主要通过以下几项工作开展行业自律管理：① 开展行业自律情况的调研工作，为政府制定有关政策提供意见和建议；② 建立行业内部的自律规则，制止低价竞争和价格垄断行为，维护行业内部公平竞争；③ 制定行业规范和从业人员道德规范，实施房地产估价继续教育工作；④ 参与房地产价格评估机构资质管理规定和标准的制定工作，实施跟踪管理。

我国房地产估价行业经过十几年的发展，已经逐步从小到大发展成为社会主义市场经济中一个重要的中介服务行业，成为不可缺少的组成部分。随着社会主义市场经济的深入发展，房地产估价的作用还会越来越大，服务的领域也将越来越广。

二、国外房地产估价制度的比较

（一）对房地产估价机构设置的比较

世界各个国家房地产估价机构的设置，归纳起来有以下三种类型。

1. 政府机构型

在国家各级政府机构中设置房地产估价机构，行使政府权利，管理房地产估价行业及人员。采用这种类型的有日本、韩国、德国。日本的房地产估价工作是由政府建设部大臣主管，不动产鉴定士和不动产鉴定士补的考试登记、注册等工作由日本国土厅、土地鉴定委员会以及都道府县负责管理。韩国房地产估价制度是由政府主管部门负责管理的，并且按法律规定执行，这样使得房地产估价工作达到了法律化、统一化、标准化和规范化。韩国的房地产估价制度分为土地评价士制度和公认鉴定士制度两种形式。一般来说，土地评价士制度由建设部主管，公认鉴定士制度由财务部主管。德国的地产估价及其他估价是专门独立的估价委员会来负责的，这是德国建设法所规定的。一般在德国的市、县都设有估价委员会、地区设有高级估价委员会、负责区内的估价工作。各估价委员会都设有办公室，一般都挂靠同级的地籍局，负责日常组织管理工作。

2. 行业组织型

国家政府承认的行业协会或学会管理房地产估价行业。此种类型主要是英国、新西兰。英国测量师学会，创立于1868年并由维多利亚女王授予该会“皇家特许”状，并获“皇家赞助”荣誉的测量估价行业组织。它分为六个部门，其中房地产估价师和动产估价师是产业测量师。英国房地产估价师的建立，是由英国皇家特许测量师学会主管，并由该学会负责考试及吸收会员。新西兰的主管机构是新西兰估价师协会，它是由奥克兰估价师与仲裁者协会，北岛土地估价师协会和新西兰政府估价师协会合并成立的。成立时分三个部门、七个分支，有200名会员，该会主要是为了提高会员的估价工作水平，并提出法律案，该法案通过后形成法律，得到政府的承认。同时，该法设立估价师注册制度及估价师注册委员会，委员会的主要任务是为土地估价师提供注册、纪律、上诉、财政支援和其他行政措施等各项服务。

3. 政府机构与行业组织混合型

国家政府及房地产估价行业组织共同管理房地产估价行业。此种类型主要是在美国实施，它的房地产估价行业是由联邦政府和全国性的估价协会共同管理。美国的估价协会是由房地产估价师协会和房地产估价师学会合并成立的，估价协会对其会员提供在职培训，以提高专业服务水平。政府有关机构如住房与城市发展部、联邦房产委员会、退伍军人管理局和联邦住房抵押贷款公司要求估价师在进行估价工作时要遵循这些机构所制定的有关标准。

（二）对从事房地产估价的专业人员的资格比较

世界上许多国家对从事房地产估价的专业人员有很严格的资格要求，在一些国家的房地产估价制度中规定了房地产估价人员的考试次数和科目以及实践业务的要求和估价人员资格的名称。若干国家房地产估价专业人员资格要求的有关情况见表1-1。

表1-1　若干国家房地产估价专业人员资格要求比较

比较 国家	估价人员资格名称	考试科目	考试次数	年龄、实践业务专业、学历等
英国	土地估价师 不动产估价师	土地估价师 第一次考试：估价Ⅰ、法律Ⅰ、土地使用与开发、经济学Ⅰ、建筑Ⅰ、数量方法 第二次考试：估价Ⅱ、法律Ⅱ、城乡规划、经济学Ⅱ、建筑Ⅱ、税收 第三次考试：估价Ⅲ、估价Ⅳ、法律Ⅲ、市地开发、不动产代理	第一至第三次考试	1. 有 A Lever 成绩，具有 2 年以上实务经验（提交训练日记） 2. 取得与估价有关学科的学士学位，具有 2 年以上实务经验（提交训练日记） 3. 满 35 岁，从事有关估价工作 15 年以上 （注：高中毕业后读 1 年取得 Olever 成绩，可申请就读理工学院，再读 1 年可取得 A Lever 成绩，可申请进入大学学习）
美国	估价协会会员（MAI） 高级住宅估价师（SRA）	MAI 通过 7 门课程考试，包括：估价原理、基本估价程序、资本化原理和方法、不动产实例研究、从业准则、估价分析、估价报告书的书写 SRA 通过 3 门或 3 门以上的考试	一次考试	MAI 要求 1. 具有大学学位 2. 参加估价协会举办的“从业准则/估价报告书、估价分析”课程学习 3. 提交一份估价报告 4. 4 500 个小时商业、工业、租售、多个单元住宅不动产等方面的估价经验 SRA 要求 1. 具有大学学位 2. 参加“从业准则”课程学习 3. 提交一份住宅估价报告 4. 3 000 个小时有关 1 ~ 4 个单元住宅不动产的估价经验

（续）

比较 / 国家	估价人员资格名称	考试科目	考试次数	年龄、实践业务专业、学历等
日本	不动产鉴定士	第一次考试：国语、数学、论文 第二次考试：民法、与不动产相关的行政法规、经济学、会计学、不动产估价理论 第三次考试：不动产评价实务	第一至第三次考试	1. 下列条件可免第一次考试：①大专毕业；②旧制高等学校高等科、大学预科或专科学校毕业或修完学分者；③高等考试鉴定考试、司法官考试第一次考试或公认会计士考试第一次考试及格者；④具备上列学历的同等学历者 2. 下列条件可免第二次考试：①在大专等学校讲授法律科目3年以上的（副）教授或法律博士，免考民法；②在大专等学校讲授经济学科目3年以上的（副）教授或经济学博士，免考经济学；③在大专等学校讲授商学科目3年以上的（副）教授或商学博士，免考会计学；④参加民法、经济学、会计学等相关的高等考试、司法官考试第二次考试或公认会计士考试第二次考试及格者，其考试及格科目免考 3. 具备不动产鉴定士补资格，2年以上实务经验，接受1年以上的实务补习
韩国	土地评价士 公认鉴定士	土地评价士 第一次考试：民法（限总则）、经济概论、土地公法、国土利用管理法规、土地征用法规、城市规划法规、公共用地取得及损失补偿特别法规 第二次考试：不动产评价的理论、土地补偿法规、民法（限物权）	第一、第二两次考试	土地评价士 1. 具有一定的经历者，可免除第一次考试，主要包括：①从事国土规划、城市规划、土地利用规划、土地行政、土地法制、土地税制、土地征用（征收）不动产注册、拍卖或有关民事诉讼的监察等业务8年以上的公务员；②在银行、韩国鉴定院、土地金库从事鉴定评价业务，在土地评价士事务所从事土地评价业务的辅助业务8年以上者；③从事有关地籍行政、不动产取得与管理、不动产注册与拍卖及民事诉讼业务10年以上的公务员；④在

（续）

比较 国家	估价人员资格名称	考试科目	考试次数	年龄、实践业务专业、学历等
韩国	土地评价士 公认鉴定士	公认鉴定士 第一次考试（选择型）：民法（限总则）、有关鉴定评价的方法和鉴定评价理论、经济学原理、会计学 第二次考试（论文型）：民法（限物权）、有关不动产的法规、鉴定评价理论、鉴定评价实务	第一、第二两次考试	银行、保险会社、证券会社、资本金100亿元以上法人团体从事不动产取得与管理业务10年以上者；⑤从事地籍测量、诉讼师业务10年以上者；⑥具有公认鉴定士资格者；⑦在专科大学以上的学校讲授土地法律、经济学、不动产学、城市区域规划学等达5年以上者 2. 土地评价士必须在建设部长官指定的机构经过1年以上的实习 公认鉴定士 1. 由公认鉴定士考试委员会审议有关考试资格事宜 2. 具有下列经历者，可免除第一次考试：①在财务部长官指定的机构中完成5年以上鉴定评价实习者；②公认会计士在财务部长官指定的机构中完成2年以上鉴定评价实习者 3. 具有2年以上鉴定评价实习实务经验

除以上国家外，德国是采用聘用制，选用具有一定条件的房地产估价人员，它对不动产估价师的资格要求为：①毕业于建筑学、建筑工程学、测量学或其他有关专业并已从事实际工作5年以上；②没有上述专业学历但在不动产经济领域从事实际工作已达10年以上；③具备必要的经济知识、技术知识、法律知识、估价理论及方法运用知识。新西兰对注册估价师的资格要求有：①年满23岁；②取得林肯学院、梅西大学、奥克兰大学中相关学科的学士学位；③申请注册前10年内至少有3年的专业实务经验；④估价师注册委员会要求的从业品德。

（三）房地产估价制度有关法规的比较

世界各国政府为了约束与规范房地产估价机构和估价人员，都制定了有关的法规。日本于1936年制定了《不动产鉴定评价法》，全文共有60条，分总则、不动产鉴定士及不动产鉴定士补、不动产鉴定业、监督、杂则和罚则六要素。新西兰主要法规有1896年的《政府估价法》、1951年的《土地估价法》和

1948年的《估价师法》，该法对估价师的划分设立注册、组织及任务都有明确的规定。韩国土地评价法包括在《国土利用管理法》中，其公认鉴定包括在《国有财产法》中。此外，在国家征用公共用地、私人不动产、企业不动产时需对征用对象进行价值补偿等方面，在不动产转让税、土地增值税、综合土地税、财产继承税、财产赠与税等税收方面，在其他有关保险、信托等方面，韩国都制定了有关鉴定评价的法律。德国有关房地产估价的法规主要有《建设法典》，其规定了进行不动产价格评估的专门机构及任务和权限，规定了开展估价业务的一整套细则。《不动产交易底价评估条例》规定了在评估不动产交易底价时，必须以评估基准日的不动产市场情况为准，还规定了不动产交易底价评估方法为比较法、收益法和成本法。此外，德国还制定了《建设使用条例》。

思考与练习题

1. 什么是房地产？房地产有哪三种存在形态？

2. 实物形态上土地与建筑物合成一体时，是否可能只单独评估土地价格或单独评估建筑物价格？试举例说明。

3. 房地产的实体状况与权益状况如何区别？实体状况好的房地产，其价值一定大吗？

4. 简述土地的利用主要受哪些方面的限制。

5. 从房地产估价的角度看，对一宗土地和一座建筑物的基本认识主要包括哪些方面？

6. 按经营使用方式来划分，房地产有哪些类型？

7. 房地产的自然与经济特性有哪些？

8. 什么是房地产估价？如何认识房地产估价？

9. 房地产估价和房地产定价有什么不同？

10. 阐述房地产估价的必要性。

11. 何谓房地产整体评估，其评估思路如何？

12. 甲方（开发公司）于1998年7月委托乙方（建筑公司）建造两幢（分别称为A座和B座）8层共5000m^{2}的商品房。至1998年12月止甲方共支付乙方工程款1500万元，此时A座建至4层，B座建到5层，工程到此停工。此后甲、乙双方为工程款发生纠纷，甲方认为工程款实际发生1400万元，乙方应返还100万元；乙方则认为工程款实际发生1580万元，甲方尚应再付80万元。双方争执不下，至2000年7月甲方向法院起诉，法院委托估价机关对甲方实际应支付给乙方的工程款进行评估。

（1）确定评估结论的依据应是（　　）。

A. 以1500万元作为评估值

B. 以（1400+1580）万元÷2=1490万元作为评估值

C. 以2000年7月的预算定额、材料差价等资料为依据，按该两幢商品房到停工之日止实际发生的工程量计算估价值

D. 以1998年7～12月的预算定额、材料差价等资料为依据，按该两幢商品房到停工之日止实际发生的工程量计算估价值

（2）如果该开发公司拥有全部合法开发手续、欲将整体项目转让，则估价时点应为（　　）。

A. 1998 年 12 月　　B. 2000 年 7 月

C. 项目转让日期　　D. 项目建成日期

（3）该商品房预计 2003 年 5 月建成，要估测建成时的售价，则估价对象状况和房地产市场情况应是（　　）。

A. 估价对象状况及房地产市场情况均为 2000 年 5 月的状态

B. 估价对象状况及房地产市场情况均为 2003 年 5 月的状态

C. 估价对象状况为 2003 年 5 月的状态，房地产市场情况为 2000 年 7 月的状态

D. 估价对象状况为 2000 年 7 月的状态，房地产市场情况为 2003 年 5 月的状态

第二章 房地产价格

学 习 要 求

了解房地产价格的形成条件。熟悉房地产价格的类型和房地产价格的影响因素。掌握房地产价格的概念和房地产价格的特征。

第一节 房地产价格的概念、形成条件与特征

房地产价格是房地产经济中的一个核心问题，它关系到房地产所有权和使用权在经济上的实现，房地产市场运行的秩序和房地产资源的优化配置。同时，无论何种房地产的估价，最后都要以评定的该房地产的价格作为结果。因此，房地产价格是房地产估价工作中所涉及的最基本概念之一。

一、房地产价格的概念

（一）房地产价格的定义

关于价格，有多种定义和解释，其中最典型的为下列两种：

1）“价格是为获得一种商品或劳务所必须付出的东西，它通常用货币来表示，虽然不一定要用货币形式来补偿。”㊀

2）“价格是商品价值的货币表现；价值是凝结在商品中的抽象人类劳动。”㊁

上述两种价格的定义，第一种是站在现象的角度来认识，第二种是从本质的角度来看待。在市场经济条件下，房地产是商品，一般商品价格的定义自然也适

㊀ 戴维 W. 皮尔斯. 现代经济学词典［M］. 宋承先，等译. 上海：上海译文出版社，1988：476.

㊁ 许涤新. 政治经济学词典［M］. 北京：人民出版社，1980：379.

用于房地产这种特定的商品。由于房地产估价主要是从现象上把握房地产价格的"数量"，因此可将房地产价格定义为：房地产价格是人们和平地获得他人房地产所必须付出的代价，通常用货币表示，惯例上也是用货币形式来偿付，但也可以用实物、劳务等其他形式来偿付，如以房地产作价入股换取设备、技术等。

（二）房地产价格的形成原因

房地产价格的形成原因来源于以下两个方面：

一是来源于从规划设计、土地开发到房屋施工安装等过程凝结了物化劳动和活劳动所形成的地产价值和房产价值。这部分价值表现出的房地产价格与一般商品价格的形成机理一样是由社会必要劳动时间决定的，即在社会正常生产条件下，在社会平均劳动熟练程度和强度下，开发某一土地或建造某一房产所花费的必要劳动时间决定的。价值由（$C+V+M$）三部分组成。C 是开发土地或建造房屋过程中消耗的生产资料的价值，包括所用固定资产折旧和建筑材料、构配件等流动资产价值的转移；V 是劳动者为自己劳动所创造的价值，包括劳动者的工资及工资性的各种津贴；M 是劳动者为社会创造的价值，包括利润和税金。

二是来源于资本化的地租，即土地使用权价格（或所有权价格）。对于没有经过开发，处于自然物质状态的土地来说，是天然形成的，不是劳动的产物，因而本身没有价值。但没有价值不等于没有价格，土地是有价格的，否则，现实中普遍存在的土地价格就不能被理解。所以说，土地是一种特殊商品（导致房地产也为特殊商品的根本原因），土地价格不是对土地实体的购买价格，而是对土地预期收益的购买价格。在土地所有权的情况下，其土地价格为

$$土地价格=地租/资本化率 \quad (2\text{-}1)$$

对土地价格的深入分析见有关地租理论和价格理论。

二、房地产价格的形成条件

任何商品之所以有价格，需要满足三个条件：①效用性；②相对稀缺性；③有效需求。房地产价格的形成条件也是如此。

效用是一项产品满足人类意愿、需求或欲望的能力。房地产的效用性是指房地产消费者对消费房地产所产生的主观和心理上的满足程度。由于房地产在诸多方面的不可替代性，人们生活、学习、居住、工作等均离不开房地产这一最基本的要素，因此房地产的效用性是毋庸置疑的。房地产如果没有效用，人们就不会产生占有房地产的要求或欲望，更谈不上花钱去消费，从而也就不会有价格。同时，各宗房地产的效用性一般来说是不相同的，因而会有不同的价格。

房地产仅具有效用性还不能使其有价格。例如像空气这样的物品，尽管对人类至关重要，没有它人类一天也生存不下去，但由于数量丰富，供给充足，人们随时随地都能自由取用，不具有可界定的经济价值，因而它无法形成价格。

因此，房地产要形成价格，还必须要具有稀缺性。房地产的稀缺性是指房地产的数量相对于人们的欲望而言处于相对不足的状态，即尚不够满足每个人的欲望或需要。随着经济、社会的发展和人们生活水平的提高，加上人的欲望永无止境的本质以及自然资源尤其是不可再生资源的有限性特点，自然资源的稀缺性是绝对的。但在一定社会经济发展时期，这种绝对性表现为一定程度的不足，即相对稀缺性。房地产中，土地是有限的不可再生的资源，建筑物是人工建造之物，相对于人的欲望而言，都是不足的。

有了效用性和相对稀缺性，房地产是否就有了价格呢？答案是否定的。房地产的效用性和相对稀缺性是房地产价格形成的必要条件，要使房地产真正具有价格，还必须再加上房地产有效需求这一条件。

有效需求是个人或团体参与市场，用现金或其他等值物以取得物品或劳务的能力。房地产的有效需求是指消费者经济上能够承受、有现实支付能力的房地产需求。广义来讲，人类的需要欲望是无限的，就住房消费而言，人人都希望拥有比目前面积更大、质量更好、功能更全、区位更优的住房，客观上都存在购买欲望和需要，但如果没有足够的钱，即现实购买力，只会有价无市，不能实现消费行为。分清需要欲望与有效需求是非常重要的，只考虑人们的需要欲望而不考虑有效需求，盲目投资开发房地产，必将产生房地产的积压和浪费，导致投资失败。我国20世纪90年代初的房地产投资热潮，尤其是某些沿海地区的房地产盲目投资，形成泡沫经济，造成大量的房地产积压就是这样的实例，应引以为戒。

综上所述，任何一个房地产价格的形成都要同时具备房地产的效用性、相对稀缺性和有效需求这三个条件，它们构成了房地产价格的要素，任何影响房地产价格的具体因素都是通过这三者起作用的。不同房地产的价格之所以有高有低，同一房地产的价格之所以有变化，归结起来是由于这三者的程度不同及其变化引起的。

三、房地产价格的特征

房地产价格与其他一般商品价格相比，既有共同之处，也有不同之处。其共同之处是都为价格，用货币表示，受价值规律影响，其不同之处就体现为房地产价格的特征。房地产价格的特征主要是由房地产的特性所决定的，本质上是由土地的特性所决定的。

（一）地价与一般物品价格的不同

地价与一般物品价格相比而言，其差异主要体现在以下六个方面。

1. 供求变化不同

由于土地不可移动，且数量难以增加或减少，从全社会的角度来看，土地的自然供给是完全无弹性的，不会随着地价的变化而增减。但由于现实中，对土地的需求是一种“引致”需求，即由对土地上产品和服务的需求而引起的需求，只能说土地的供给弹性较小，地价主要决定于需求方面的影响。尤其是对于特定用途的土地来说，土地的供给是有弹性的。因为土地往往可以在不同的用途之间进行选择，从而一种用途可以挤占其他用途的土地。

2. 生产成本不同

一般物品是劳动的产物，其价格必然含有生产成本因素。而土地本质上不是劳动创造的，是大自然的产物，所以土地的价格不一定含有生产成本因素。例如，一块地理位置和自然风光较好、适宜建造别墅的未开发土地，价格可能很高，但在此之前并未投入劳动。从本质上看，一般物品的价格是劳动价值的货币表现，围绕着劳动价值上下波动；地价不是劳动价值的货币表现，是地租的资本化。

3. 折旧不同

一般物品的寿命有限，可以大量重复生产，其价值通常随着时间的流逝而降低，故有折旧。而土地由于具有不可毁灭性，不能再生产，其价格不仅无折旧，而且通常会随着时间的流逝而自然增值。但在我国现行的土地使用权有出让期限的土地制度下，土地应计提折旧。因为该地价是一种有限年的使用权价格，这种使用权随着剩余使用年限的缩短而逐渐减少，当达到规定的使用年限后将会被国家无偿收回，因而购地者必须在土地使用年限内将包括购地资本在内的所有投入收回。而如果是无期限的土地使用权，就无需计提折旧。

4. 市场性质不同

一般物品的市场是较完全市场，形成的价格较为客观，受主观因素影响较小；而土地市场是典型的不完全市场，形成的地价受主观因素的影响较大。

5. 价格差异不同

一般物品，如工业设备、家用电器、汽车等，人们可以大量生产制造，市场上同一规格、型号的物品很多，其价格基本一致。而土地具有个别性，不存在两宗完全一致的土地，所以基本上是一宗土地一个价格，而且不同的土地之间价格差异较大。在大城市的商业中心地段，地价可能寸土寸金；而在边远的荒漠地区，地价可能一文不值。

6. 价格形成时间不同

一般物品的市场是较完全市场，相同的很多，物品易于比较，且价值不很大，因此其价格形成的时间通常较短。而土地市场是不完全市场，土地具有个别性，不易于比较，且价值大，其交易一般需要经过长期反复考虑后才能达成，因此地价形成的时间通常较长。

（二）房地产价格的特征

房地产价格的特征主要有以下八个。

1. 房地产价格具有区位性

区位是指地球上某一事物与其他事物在空间方位和距离上的关系，除了地理坐标位置，还包括可及性，与其他地方往来的便捷性，与重要场所的距离（距离有空间直线距离、交通路线距离和交通时间距离。人们越来越重视交通时间距离而不是空间直线距离），周围环境、景观，在城市区域中的地位等。区位是一个综合的概念，除解释为地球上某一个事物的空间几何位置外，还强调自然界的各种地理要素和人类社会经济活动之间的相互联系和相互作用在空间位置上的反映。也就是说，区位是自然地理区位、经济地理区位和交通地理区位在空间地域上有机结合的具体表现。

由于土地区位不同，土地价格变化很大，因此房地产价格受区位的影响非常明显。区位对房地产价格的影响可分为两个方面，一是地区性，主要反映在不同城市区域之间的房地产差价。一般来讲，相应土地和同质房屋，其价格大城市大于中小城市，沿海城市高于内地城市，市场经济发达的城市高于发展中城市。另一方面是地段性，主要表现在同一城市市区范围内，有好地段与差地段的区别，不同地段之间存在较大的房地产差价。一般来说，土地和同质房屋的价格，城市中心区地段高于一般市区地段和郊区地段，街角地和临街地（商业房地产用地）高于附近非街角地和非临街的土地等。

2. 房地产价格实体具有双重性

房地产是以土地和固着在土地之上的房屋设施为主要物质形态的财产及其权属关系，这就规定了房地产价格在其内涵上具有双重的实体性基础，其中一部分来源于土地开发和房屋建筑安装劳动所形成的价值，另一部分则来源于土地使用权（或所有权）价格。这一特征指出了房地产商品的物质构成，明确房地产是房屋设施与土地的有机统一体。

3. 房地产价格具有权益性（产权性）

由于房地产自然地理位置的不可移动性，其交易中可以转移的不是房地产的实物，而是房地产的所有权、使用权及其他物权。例如，人们在商场购买电视机，一般说其权益和实物两种转移同时进行，在电视机的所有权从商家转移到消费者的同时，电视机实物从商场所在地转移到消费者家中。而房地产交易只有一种转移，即单一权益转移，并且通常房地产价值量大，使得人们对房地产权益的转移更加慎重，因而房地产权益转移的过程和程序变得较一般商品复杂得多。

实物状态相同的房地产，权益状态可能有很大差异，甚至实物状态尚好的房地产，由于权益过小，如土地使用年限很短、产权不完全或有争议，价值较低；相反，实物状态差的房地产，由于权益较大，如产权清晰、完全，价值可能较高。即使同一宗房地产，转移的权益不同，价格也不相同。从这个意义上说，房地产价格是房地产权益的价格。对房地产估价时，一定要充分了解与把握房地产的权益状况。

4. 房地产价格形式具有双重性

由于房地产寿命长、价值大，同一宗房地产可以有买卖和租赁两种经营方式，甚至某些房地产如商务办公楼、公寓、宾馆等租赁经营是主要形式。因而，房地产同时有价格和租金两种价格形式相对应。房地产价格与租金之间存在一定的转换关系，就如同资本的本金与利息的关系一样。若要求取房地产价格，需要将租金资本化；相反，若需求取租金，只要把握价格和资本化率，也可求得。

5. 房地产价格形成具有长期性

一宗房地产通常与周围其他房地产构成某一特定地区，但该地区并非固定不变，其社会经济位置等经常处在变化过程之中；同时，房地产本身也在随时间发生着变化。所以房地产价格是在考虑该房地产过去如何使用，预计将来能作何种使用，总结这些考虑结果后才能形成房地产现在的价格（或某特定时刻的价格）。

6. 房地产价格具有个别性

一方面，没有完全相同的房地产，除了地理位置绝对不可能相同外，在建造条件、建造标准、设施配套等方面也往往千差万别，价格自然会有不同；另一方面，房地产不同于其他一般商品，不易具备交易市场上的行情，不能够进行样品交易，品名交易。房地产价格如何，易受交易主体之间个别因素（如偏好、讨价还价能力、感情冲动等）的影响。不同的交易主体，就会产生不同的房地产价格。

7. 房地产价格具有敏感性

房地产是人类最基本的生活和消费资料，人类通过对居住性房地产的消费，才能实现生命的各种机能，才能促进社会文明的进步和发展。同时，房地产也是最重要的生产资料之一，人类需要通过使用它来生产生产资料和消费资料，需要通过使用它来进行商贸、政治、社会活动等。因此，房地产价格的变化，不仅影响到经济的发展，而且还涉及广大人民的生活，涉及社会生活和政治局势等方面。

8. 房地产价格具有增值性

随着人口的增加、经济与社会的发展和人民生活水平的提高，房地产价格在总体上呈现不断上升的趋势。当然，这种上升是呈“波浪形”发展的，即房地产价格的上升总体上不是直线性的，而是有“波动”的。造成房地产价格具有增值性的最主要原因是：土地资源的有限性及土地投资的积累性；房地产开发建造周期长，投资风险大。

房地产价格的增值程度在不同社会经济状态和不同区位是不同的。一般而言，社会稳定、经济发展的时候，房地产增值性较明显；城市市区和郊区土地的增值性较大。

房地产价格的增值性不是绝对的，在有些情况下可能出现相反的趋势，如土地使用年限接近到期、国民经济处于衰退阶段、废弃的矿区等。

第二节　房地产价格的类型

从事房地产估价，必须弄清房地产价格的类型和每一种房地产价格的确切含义，以正确理解和把握待估房地产价值或价格的内涵。本书把房地产价格类型按以下角度考虑划分。

一、按房地产价格形成基础划分

按房地产价格形成基础的不同，房地产价格可划分为市场价格、理论价格和评估价格，这是一组分别从现实、理论和评估角度考虑的房地产价格类型。

1. 市场价格

市场价格是指某区域某类房地产在市场上的一般、平均水平价格，是该类房地产大量成交价格的抽象结果。它是已经发生的价格，具有统计的意义。

2. 理论价格

理论价格是经济学理论中认为的房地产“公开市场价值”，即如果将该房地产放到合理的市场上交易，它应该实现的价格，或者说是真实需求与真实供给相等的条件下形成的价格。它与市场价格相比，市场价格是短期均衡价格，而理论价格是长期均衡价格。在正常市场情况下，市场价格基本上与理论价格相吻合，围绕着理论价格上下波动。

3. 评估价格

评估价格简称评估价，是估价人员对房地产客观合理价格作出的估计、判断的结果。评估价格不是已发生的价格，它是市场交易价格的参考依据。同一宗房地产利用不同的评估方法，可能得出不同的评估价格；同时由于评估人员的知识、经验、职业道德情况的不同，评估结果也有可能不同。但正常情况下不应该有大的差距。从理论上说，一个良好的评估价格 = 市场价格 = 理论价格。

二、按房地产实体存在形态划分

房地产实体有三种存在形态，按房地产实体存在形态的不同，房地产价格可划分为土地价格、建筑物价格和房地价格。

1. 土地价格

土地价格简称地价，单纯的土地及附有建筑物的土地的价格都是土地价格。土地位置不同，其价格会不同；同一块土地，其开发条件不同，也会有不同的价格。根据土地的生熟程度不同，土地可以粗略地分为生地、毛地和熟地，相应地有生地价、毛地价和熟地价。生地价是指未开发的农地、荒地的价格；毛地价一般指城市中需拆迁而未拆迁的土地的价格；熟地价是指经过开发和拆迁后可供直接建设使用的土地。

2. 建筑物价格

建筑物价格是指纯建筑物部分的价格，不包含其占用的土地的价格。对建筑物价格是否包含建筑物内的动产和营业设备的价格（价值）需要作仔细分析与说明。

动产包括两个方面，一是不长久附着于房地产（不动产）的可移动财产，如写字楼、宾馆中的办公设备和家具等，不包括嵌入结构体内的装修；另一方面是包括建筑物内的营业设备，也称动产设备，如为使人们舒适而装置的固定建筑设备，包括管线、照明、暖气和空调等，尽管可能是建筑物的定着物，但它不是不动产，为承租人拥有，安置在承租空间或建筑物内，被商业性经营使用。动产不拥有不动产财产所有权的各项权利，因此，建筑物价格一般不包括建筑物内动产的价格（价值），若建筑物价格包含建筑物内的动产的价格，一定要在估价报告中详细说明。

3. 房地价格

房地价格又称房地混合价，即人们平常所说的房价，是指建筑物连同其占用的土地的价格，是一宗房地产的总价格。房地产市场上的商品房价格，通常包含建筑物所占用的土地的价格，与建筑物价格的内涵不同。

“一宗”的含义，就住宅来说，可以是一套住宅，可以是一栋住宅，也可以是整个住宅小区。对于同一宗房地产来说，房地价格 = 土地价格 + 建筑物价格。

需要说明的是，上述土地价格、建筑物价格和房地价格之间的关系是指对于同一宗房地产来说，只存在土地、建筑物、房地三种形态，因此，同一宗房地产的价值只能归属于这三种状态。当房地产在分割、合并的前后，在土地、建筑物各自独立考虑时，上述关系可能不成立。

三、按房地产权属划分

按房地产权属的不同，房地产价格可划分为所有权价格、使用权价格、转让价格、租赁价格和抵押价格。这一组价格类型是依据我国城市房地产管理法所规定的几个主要权利划分的，其中前两个价格类型是一级市场价格，后三个是二级市场价格。

1. 所有权价格

所有权价格是指房地产所有权的价格。所有权是物权的最高形式，是所有权形式中最完整最重要的权利，其他权利只是对其不同程度的分割或削弱，如使用权、地上权、地役权等。当所有权设定其他权利时，其价格将会有所降低。

2. 使用权价格

使用权价格是指房地产使用权的价格。在我国，城市土地的所有权属于国家，不能进入市场流转，土地使用单位（或使用者）可拥有土地使用权，因此地价一般是土地使用权价格。土地使用权价格可因使用年限的不同区分为各种使用年期的价格。尽管在法律含义上说，使用权与所有权具有本质的区别，土地所有权价格高于土地使用权价格，但鉴于我国房地产产权制度中，土地使用权具有较特殊的含义，就价格评估而言，两者差异不大。

3. 转让价格

转让价格是指房地产权利人将其合法的房地产转移给其他人时所形成的价格。转让可以有多种形式，如买卖、继承、赠与等。转让房地产时，应符合国家房地产管理的有关法律法规的规定。

4. 租赁价格

租赁价格通常称为租金，在土地场合称为地租，在房地混合场合称为房租。它是指房地产权利人将其合法的房地产出租给承租人，由承租人定期向房地产权利人所交纳的款项。按租金的内涵划分，主要有毛租金和净租金，其中毛租金中包含由业主出面来支付的绝大部分经营费用和房地产税费，而净租金一般则只含业主的净收益；按租金支付的时间划分，主要有年租金、月租金等；按租金金额是否变化划分，主要有等额租金、增租租金或降租租金、指数租金等。所谓等额租金是指在整个租赁期中保持某一特定金额的租金。与此相反，增租租金或降租租金则是要求在某些特定时间改变租金，一般在开始一段时间租金维持不变，在后续时间段里租金随着上升或下降。指数租金是指根据经济指标变化而进行阶段性调整的租金。消费者物价指数通常用做长期性租约租金金额的调整指标。

5. 抵押价格

抵押价格是指以抵押方式将房地产作为债权担保时的价格，或者说是为获取抵押贷款而评估的房地产价格。由于要考虑抵押贷款清偿的安全性，抵押价格一般比市价要低。

四、按房地产评估价格的内涵划分

按房地产评估价格的内涵不同，房地产价格可划分为基准地价、标定地价和建筑物重置价格。基准地价、标定地价和建筑物重置价格是城市房地产管理法提到的三种价格，都属于评估价格，这一组价格类型不是面对具体的估价对象，尽管与政府主管部门和政府行为有密切关系，但本质上属于日常专业业务管理的范畴。

1. 基准地价

基准地价是政府对城镇各级土地或均质地域及其商业、住宅、工业等土地利用类型分别评估的土地使用权单位面积平均价格，或者说是以一个城市为对象，在该城市一定区域范围内，根据用途相似、地块相连、地价相近的原则划分地价区段，调查评估出的各地价区段在某一时点的平均水平价格。

基准地价的根本特点是基准性：在某一区域内有统一的土地开发程度，土地使用年期为各用途土地的法定最高出让年期。这使其具有宏观控制地价等作用。

2. 标定地价

标定地价是指一定时期和一定条件下，能代表不同区位、不同用途地价水平的标志性宗地的价格。目前，标定地价的实际应用还很少。

3. 建筑物重置价格

建筑物重置价格是某一基准日期，不同建筑结构、用途或等级下的特定状况的房屋，建造它所需的一切合理、必要的费用、税金加上应得的利润。也可定义为，采用估价时点的建筑材料和建筑技术，按估价时点的价格水平，重新建造与估价对象具有同等功能效用的新建筑物的正常价格。建筑物重置价格对于成本法估价方法具有重要意义，关于它的详细内容，参见本书第五章成本法中的有关内容。

五、按政府行为划分

按政府价格行为的不同，房地产价格可划分为土地使用权出让价格、征用价格、课税价格和补地价。这一组价格类型面对具体的估价对象，具有较强的政策性和一定的强制性，评估时需要根据具体的政策规定进行估价，属于政府行为性质。

1. 土地使用权出让价格

土地使用权出让价格是指政府将国有土地使用权在一定年期内出让给土地使用者，并由土地使用者向国家支付土地使用权出让金价款。政府根据城市规划和土地利用要求等情况，确定出让土地的位置、面积及有关使用条件，其出让价格因出让方式的不同而不同（见后面挂牌价格、拍卖价格、招标价格、协议价格）。

2. 征用价格

征用价格是为确定政府强制征用的房地产的补偿额而评定的价格。在旧城改造、基础设施建设、农用地征用中都涉及到征用价格。征用价格一般是一种补偿性价格，远较正常市场价格为低。

3. 课税价格

课税价格是指政府为课征赋税而对房地产评定的价格，是作为对房地产计税依据的价格。课税价格一般要按照政府公布的房地产价格标准并适当参考房地产所在区位等因素，或按市场交易价格的一定比例评定。

4. 补地价

补地价是指更改政府原出让土地时规定的用途，或增加容积率，或转让、出租、抵押划拨土地使用权，或出让的土地使用权续期等需要补交给政府的一笔地价。

对于改变用途来说，补地价的数额通常等于改变用途后与改变用途前的地价的差额，即

$$补地价=改变用途后的地价-改变用途前的地价 \tag{2-2}$$

对于增加容积率来说，补地价的数额可用下式计算

$$补地价=[(增加后容积率-原容积率)\div原容积率]\times原容积率下的地价 \tag{2-3}$$

补地价的实质是把由于政策性原因造成的土地的增值部分补交给土地的所有者——政府。

六、按房地产出让方式划分

在房地产的产权让渡过程中，一般有挂牌（一般用于土地使用权出让）、拍卖、招标和协议四种不同的出让方式，因而相应形成挂牌价格、拍卖价格、招标价格、协议价格四种价格类型。采用挂牌方式交易（出让）房地产而形成的价格称为挂牌价格，采用拍卖方式交易（出让）房地产而形成的价格称为拍卖价格，采用招标方式交易（出让）房地产而形成的价格称为招标价格，采用协议方式交易（出让）房地产而形成的价格称为协议价格。

从我国目前城镇国有土地使用权出让来看，采用挂牌方式出让国有土地使用权，是指出让人发布挂牌公告，按公告规定的期限将拟出让宗地的交易条件在指定的土地交易场所挂牌公布，接受竞买人的报价申请并更新挂牌价格，根据挂牌期限截止时的出价结果确定土地使用者的行为。采用拍卖方式出让国有土地使用权，是指在指定的时间、公开场合，在拍卖主持人的主持下，用公开叫价的方法，最终将土地使用权拍卖给最高应价者。上述两种方式适用于商业、金融、旅游、娱乐和商品住宅等各类竞争性强的、盈利性的经营性用地。挂牌出让与拍卖出让方式既有共同点，又有不同点。其共同点是均具备公开、公平、公正的特点；不同点在于：一是挂牌时间长，且允许多次报价，有利于投资者

理性决策和竞争；二是操作简便，便于开展；三是有利于土地有形市场的形成和运作。采用招标方式出让国有土地使用权，是指出让人发布招标公告，邀请特定或者不特定的公民、法人和其他组织，在指定的期限内，以书面的形式参加国有土地使用权投标，最终择优选择土地受让者的行为。这种出让方式，土地使用权的获得者不一定是出价最高者，不仅要考虑报价，还要考虑开发建设方案、企业资信等其他条件。采用协议方式出让国有土地使用权，一般是政府与特定的用地者协商确定出让价格。这种方式受行政干预较多，所形成的价格是一种优惠性价格。因此，一般适用于市政工程、公益事业、福利设施、基础设施及政府需要扶持的高科技项目的用地出让。通常协议价格最低，拍卖价格最高，招标价格居中。

需要指出，房地产拍卖中存在一类消极性拍卖，即资产处置性拍卖。它是资产变现的手段，以清偿债务为目的，故其拍卖价格往往很低，与竞争性房地产的拍卖具有本质的区别。

七、按商品房销售中出现的价格形式划分

按商品房销售中出现的价格形式的不同，房地产价格可划分为起价、标价、成交价格、均价，这是一组与商品房销售相关联的房地产价格类型。

1. 起价

起价是指所销售的商品房的最低价格。这个价格通常是最差的楼层、朝向、户型的商品房价格，甚至有时这个价格并不存在，仅仅是为了起到广告作用，为吸引人们对所销售商品房的关注而虚设的价格。

2. 标价

标价又称报价、表格价，是商品房出售者在其价格表上标注的不同楼层、朝向、户型的商品房出售价格。一般情况下，这个价格高于成交价格。但购买者可在此价格基础上与出售者讨价还价，可能使实际交易的价格低于标价。

3. 成交价格

成交价格简称成交价，是房地产交易双方实际达成交易的价格。通常所说的成交价格是指狭义的成交价格，也就是买卖价格。成交价格是一个既成的事实。成交价格可分为正常成交价格和非正常成交价格。正常成交价格是指交易双方在正常情况下交易形成的价格，不受一些不良因素的影响。反之则为非正常成交价格。成交价格界于卖者出售所愿意接受的最低卖价（最低界限）与买者购买所愿意接受的最高买价（最高界限）之间，至于具体价位的高低，取决于商品房出售者与商品房购买者双方的谈判能力，以及该种房地产市场是处于卖方市场还是买方市场。在卖方市场下，成交价格往往是偏高的；在买方市场下，成交价格往往是偏低的。

正常成交价格形成的条件：①公开市场，即在市场上交易双方进行交易的目的在于最大限度地追求经济利益，双方都掌握必要的市场信息，有充裕的时间进行交易，对交易对象具有必要的专业知识，交易条件公开并不具有排他性。②交易对象具备市场性。③交易双方都具有完全信息。④交易双方的交易不受任何压力，完全出于自愿。⑤理性的经济行为。

4. 均价

均价是指所销售商品房的平均价格，具体有标价的平均价格和成交价的平均价格。这个价格反映了所销售商品房的价格水平。均价也具有统计的意义，但它与市场价格相比，其范围要小得多。

八、按房地产价格表示单位划分

按房地产价格表示单位的不同，房地产价格可划分为：总价格、单位价格、楼面地价。它是一组主要与价格的内涵、面积范围和面积内涵相联系的房地产价格类型。

1. 总价格

总价格是指一宗房地产的总体价格，可以是一宗土地的土地总价格，也可以是一宗建筑物的建筑物总价格，或是房与地合一的房地产整体价格。

2. 单位价格

单位价格是指分摊到单位面积的价格，通常对土地而言，是单位地价，它是指单位土地面积的土地价格；对建筑物而言，是单位建筑物价格，它是指单位建筑面积上的建筑物价格；对房地产整体而言，是单位房地产价格，它通常是指单位建筑面积上的房地产价格。现在商品房销售上出现一种新的计价方式，即按使用面积计价，其单位房地产价格是指单位使用面积上的房地产价格。房地产的单位价格能反映房地产价格水平的高低，而房地产的总价格一般不能说明房地产价格水平的高低。

弄清单位价格应从两方面考虑，否则只是一个单纯的数字，没有经济意义：①正确理解和把握房地产的价格和面积的内涵；②认清衡量单位即货币单位和面积单位。见表 2-1。

表 2-1 房地产单位价格类型

面积类型 / 实体价格类型	土地面积	建筑面积	建筑物使用面积
土地总价格	单位地价	楼面地价	单位使用面积地价
建筑物总价格	无	单位建筑物价（单位建筑面积建筑物价）	单位使用面积建筑物价

（续）

面积类型 / 实体价格类型	土地面积	建筑面积	建筑物使用面积
房地产总价格	无	单位房地产价格 （单位建筑面积房地产价）	单位使用面积 房地产价

3. 楼面地价

楼面地价又称为单位建筑面积地价，是平均到每单位建筑面积上的土地价格，是一种房地产的单位价格。因为楼面地价 = 土地总价格/建筑总面积，而容积率 = 建筑总面积/土地总面积，所以楼面地价 = 土地单价/容积率。楼面地价在实际工作中有重要意义，其往往比土地单价更能反映土地价格水平的高低，因为土地的单价是针对土地而言的，而楼面地价实质上就是单位建筑面积上的土地成本。例如，有甲、乙两块土地，甲土地的单价是 600 元/m^2，乙土地的单价是 700 元/m^2，如果两块土地的其他条件完全相同，显然，甲土地比乙土地便宜，明智的买者会购买甲土地而不会购买乙土地；但如果甲乙两块土地的容积率不同，甲土地的容积率为 5，乙土地的容积率为 7，除此之外的其他条件都相同，这时仅靠土地单价难以判断两块土地的价格高低，应根据楼面地价来比较。由于甲、乙两块土地的楼面地价分别是 120 元/m^2 和 100 元/m^2，甲土地反而比乙土地贵（每平方米建筑面积贵 20 元），那么，理智的买者会购买乙土地而不会购买甲土地。

九、按估价方法划分

按估价方法的不同，房地产价格划分为：收益价格、比准价格、积算价格。这是一组与房地产估价三种基本估价方法相对应的房地产价格类型，都属于评估价格。房地产估价方法有多种，其中最主要最基本的估价方法是收益法、市场比较法和成本法三种。

收益价格是指采用收益法评估出的房地产试算价格；比准价格是指采用市场比较法评估出的房地产试算价格；积算价格是指采用成本法评估出的房地产试算价格。

第三节　房地产价格影响因素分析

房地产价格具有客观性，影响房地产价格的因素及影响程度也应当是客观的。因此，应当存在一个房地产价格数学模型，将影响某类房地产价格的所有因素综合到该数学模型中，房地产的价格是由所有这些因素综合决定的。设

$$y_i = k_i\ (x_1,\ x_2,\ x_3,\ \cdots,\ x_i,\ \cdots,\ x_n)\qquad i = 1,\ 2,\ 3,\ \cdots,\ n \tag{2-4}$$

式中 y_i——房地产价格；

x_i——影响房地产价格的各种因素；

k_i——影响房地产价格变化的系数。

从理论上讲，房地产价格的变动可以由单个因素 x_i 的变化引起，也可以由多个因素的同时变化引起，就是在同一种因素影响的情况下，由于影响的方向、程度不同，就会有不同的转换系数 k_i。因此，可以认为，有序数对（x_i，y_i）是一组内生变量，其间的函数关系是由因素的运动规律所决定的；而 k_i 是外生变量，是由外部的条件所决定的。

如果式（2-4）的具体函数关系及 k_i 可以完全确定的话，那么用数学计算的方法就可以求出房地产的价格。然而，房地产估价毕竟不是房地产价格“计算”，由于房地产商品是不动产，所涉及的领域广、产品周期长、产业链长、政策性明显等，影响房地产价格的因素众多且极其复杂，某些因素如经济因素中的物价因素、物理因素中的位置因素等较易测算，完全可以用数学模型来衡量外，绝大多数因素为较难测因素或不可测因素，它们的影响是无形的，可以感觉得到的，但却无法用数学模型来衡量，因此式（2-4）只有理论上的意义。尽管如此，它对实际估价工作具有很强的指导作用。事实上，在国内外房地产实际估价工作中，估价人员在运用估价方法初步估算出房地产价格后，还要依靠自己的经验，仔细分析权衡影响该房地产价格的因素，并作出修正调整，以最后确定估价额。这其实是属于式（2-4）的定性分析。所以说，熟练地掌握各种影响房地产价格的因素是如何影响及在什么程度上影响房地产价格，是搞好房地产估价的关键之一。

定性分析影响房地产价格的因素需把握以下三点：

（1）影响方向　各种影响房地产价格的因素对房地产价格的影响方向不尽相同：有的因素降低房地产价格；有的因素则提高房地产价格；有的同一因素对不同类型的房地产，影响方向可能是不同的。

（2）影响程度　各种影响房地产价格的因素对房地产价格的影响程度不尽相同：有的因素对房地产价格的影响较大而成为主要因素；有的因素则对房地产价格的影响较小而作为次要因素。但随着时期、地区、房地产类型的不同，主次要因素的地位会发生变化。

（3）影响关系　各种影响房地产价格的因素与房地产价格之间的影响关系不尽相同：有的因素对房地产价格的影响可看做是线性的；有的因素对房地产价格的影响是非线性的；有的因素对房地产价格的影响不是单向性的，在某种状况下会提高房地产的价格，而在另一种状况下，却会降低房地产的价格；有的因素从某一角度看会提高房地产的价格，而从另一角度看却会降低房地产的价格，其对房地产价格的最终影响如何由这两方面的合力决定。

房地产价格影响因素众多而复杂，需要进行归纳和分类。由于归纳分类的角度不同，分类方法有差异。常见的有两种基本分法，一种是按影响因素的性质分为四类：物理（自然）因素、社会因素、经济因素、行政因素。另一种是按影响因素的范围分为三类：一般因素、区域因素、个别因素。本书的分类方法是以第二种分类方法为主，两种分类方法相结合，同时考虑到房地产供求因素的影响。其房地产价格影响因素体系如图 2-1 所示。这里所谓一般因素，是指

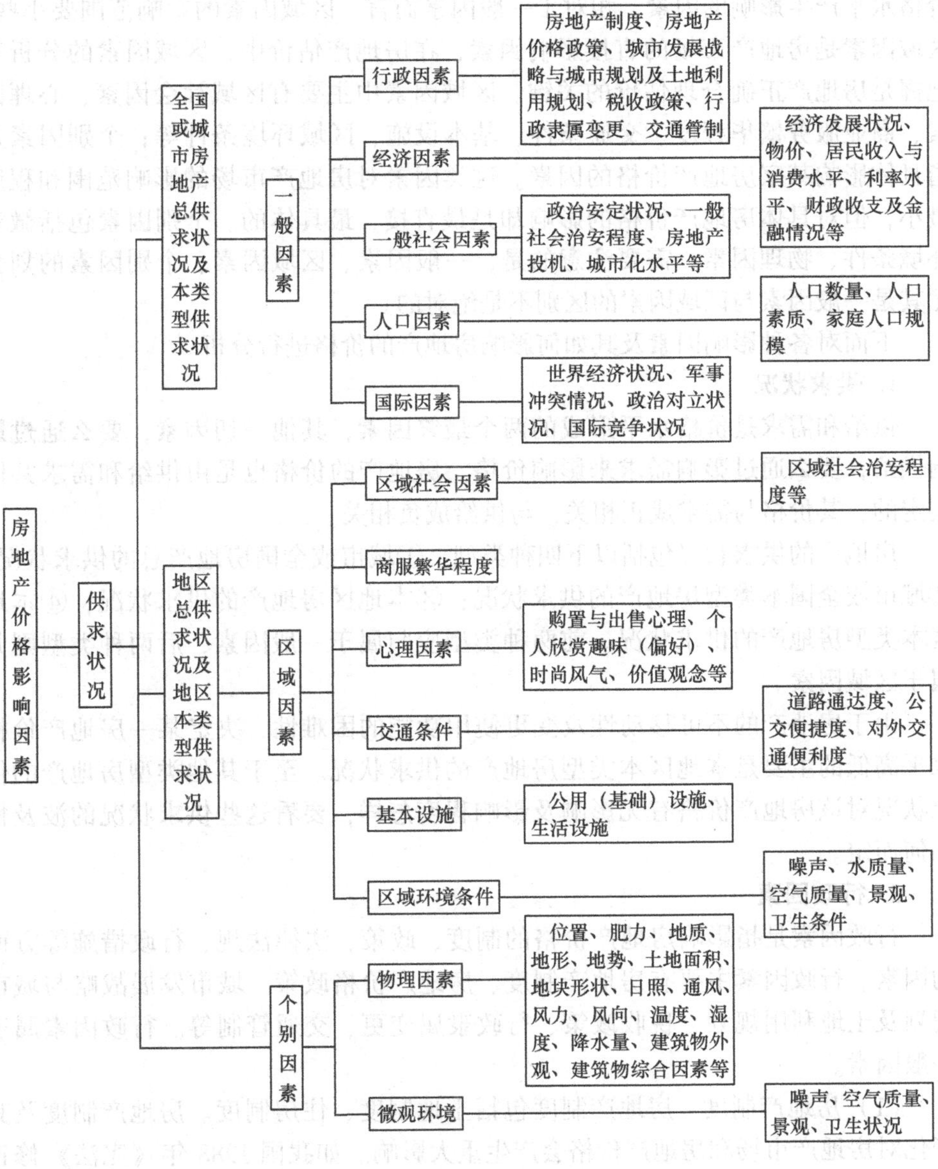

图 2-1　房地产价格影响因素体系

影响一定区域范围内所有房地产价格的一般的、普遍的、共同的因素，这些因素通常会对较广泛地区范围内的各宗房地产的价格产生全局性的影响。显然，这类影响因素对于具体某一宗房地产价格而言，并不直接，但他们往往是决定具体房地产价格及其走势的基础和关键。一般因素中主要有行政因素、经济因素、一般社会因素、人口因素、国际因素等；区域因素是指某一特定区域内的自然条件与社会、经济等因素结合所产生的区域性，对该区域内的各宗房地产价格水平产生影响的因素。相对于一般因素而言，区域因素的影响范围要小些。区域因素是房地产市场的直接影响因素，在房地产估价中，区域因素的分析和把握是房地产正确合理估价的关键。区域因素中主要有区域社会因素、心理因素、商业服务繁华程度、交通条件、基本设施、区域环境条件等；个别因素是指具体影响某宗房地产价格的因素。这类因素对房地产市场的影响范围和程度最小，但对具体房地产价格的影响却是最直接、最具体的。个别因素包括微观环境条件、物理因素。需要注意的是，一般因素、区域因素、个别因素的划分尤其是一般因素与区域因素的区别不是绝对的。

下面对各种影响因素及其如何影响房地产的价格进行分析。

1. 供求状况

供给和需求是价格水平形成的两个最终因素，其他一切因素，要么通过影响供给，要么通过影响需求来影响价格。房地产的价格也是由供给和需求共同决定的，其价格与需求成正相关，与供给成负相关。

房地产的供求状况包括以下四种类型：①城市或全国房地产总的供求状况；②城市或全国本类型房地产的供求状况；③本地区房地产的供求状况；④本地区本类型房地产的供求状况。前两种类型应归属于一般因素，后两种类型则归属于区域因素。

由于房地产的不可移动性及变更使用功能的困难性，决定某一房地产价格水平高低的主要是本地区本类型房地产的供求状况。至于其他类型房地产的供求状况对该房地产价格有无影响及影响程度怎样，要看这些供求状况的波及性如何而定。

2. 行政因素

行政因素是指影响房地产价格的制度、政策、法律法规、行政措施等方面的因素。行政因素主要有房地产制度、房地产价格政策、城市发展战略与城市规划及土地利用规划、税收政策、行政隶属变更、交通管制等。行政因素属于一般因素。

（1）房地产制度　房地产制度包括土地制度、住房制度。房地产制度及其变化对房地产市场和房地产价格会产生重大影响。如我国 1988 年《宪法》修正案中，明确规定“土地可以依照法律转让”，决定了我国土地价格从无到有的根本性转变；而1994年进行的税制改革、土地增殖税的颁布以及1995年城市房地产管理法的实施，有效地规范了我国房地产市场的发育和发展。

(2) 房地产价格政策　房地产价格政策是指政府对房地产价格高低的态度以及采取的干预方式、措施等。简单地说，房地产价格政策可分为两类：①高价格政策，政府对房地产价格在一定程度上放任不管，或者有意通过某些措施来抬高房地产价格，促使房地产价格上涨，维持高价位；②低价格政策，政府采取种种措施来抑制房地产价格的上涨，造成房地产价格下落，处于低价位。影响房地产价格的措施是多种多样的，如制定最高限价或最低限价，规定房地产交易时不得突破此价格；通过调节土地供应，以增加（或减少）房地产的供给，从而平抑（或升高）房地产价格；推行安居工程，以低于市场价格提供经济适用房，在一定程度上抑制了房地产价格的上涨。

(3) 城市发展战略、城市规划及土地利用规划　城市发展战略、城市规划及土地利用规划决定了一个城市的性质、发展方向和发展规模，还决定了城市用地结构、城市景观轮廓线、地块用途、利用程度等。特别是城市详细规划中确定的地块的用途、容积率、覆盖率等指标，对房地产价格有很大的影响。就土地用途和容积率来说，微观上，规定的土地用途限制了地块用途的可选择范围，设定了土地价格的上限，若用途不好还会降低地价；设定的容积率限定了土地的开发利用规模，往往不能满足用地者的需要，这也限制了地价。宏观上，对土地用途和容积率的合理规定有利于形成一个合理的空间地域结构，使城市能发挥最大的整体功能，有利于各种土地利用的相互协调，创造高效、健康、优美的环境，因此有提高地价的作用。

(4) 税收政策　国家通过税收政策调控房地产业的发展。直接或间接的对房地产课税，实际上是减少了利用房地产的收益，因而降低了房地产的价格。不同的税种和税率，对房地产价格的影响是不同的。此外，考虑课税对房地产价格的影响时，必须注意课税可否转嫁的问题。如果可按一定规定或一定途径转嫁出去，则该税种对房地产价格的影响就较小。

(5) 行政隶属变更　行政隶属变更一般可分为两类：一类是级别升格，如非建制镇升格为建制镇，县级市升格为地级市，省辖市升格为直辖市，这无疑会促进该地区的房地产价格上涨；另一类是级别不变，其管辖权发生变化。如果将原属于某一较落后地区的地方划归另一较发达地区管辖，也会促使其房地产价格上涨；相反，则会导致其房地产价格下落。

(6) 交通管制　交通管制包括禁止某类车辆通行，实行单行道、步行街及限制通行时间等。交通管制对房地产价格的影响如何，要看这种管制的内容和房地产的使用性质。实行某种交通管制，对某些房地产来说可能是降价因素，但对另一些房地产，则成为提高价格的因素。如在住宅区内禁止货车通行，可以减少噪声，保持清洁和行人安全，会提高该住宅区住宅的价格。

3. 经济因素

影响房地产价格的经济因素包括：经济发展状况、物价（特别是建筑材料价格）、居民收入与消费水平、利率水平、财政收支及金融情况、房地产投资和建筑人工费等。这些因素对房地产价格的影响都较复杂。经济因素属于一般因素。

(1) 经济发展状况　经济发展状况属于综合概念，经济发展状况好，意味着国民经济增长速度较快，企业经营效益较好，就业岗位和居民收入增加，这必然使投资生产活动活跃，对厂房、办公楼、商场、住宅和各种文娱设施等的需求不断增加，由此引起房地产价格上涨，尤其是引起地价上涨。

(2) 物价　房地产价格是总体物价的一部分，但与一般物价的特性不同。当物价普遍波动时，实质上是货币购买力在变动，即币值发生变动，房地产价格也随之变动。如果其他条件不变，房地产价格变动的百分比相当于物价变动的百分比，且两者变动方向相同；就房地产价格与一般物价的关系而言，一方面，无论一般物价总水平是否变动，其中某些物价的变动也会引起房地产价格的变动，如建筑材料价格、建筑人工费的上涨，会增加房地产的开发成本，从而可能推动房地产价格上涨。另一方面，房地产价格变动也引起其他商品价格的变动。如房地产价格上涨会导致抵押价值增大，引起信用膨胀，即广义货币供应量增加，同时也使企业成本上升，带动商品价格普遍上升，造成物价上涨；由于房地产的稀缺性，从较长时期看，房地产价格（尤其是地价）的上涨率要高于一般物价和国民收入的增长率。

(3) 居民收入与消费水平　居民收入中的个人可支配收入及可任意支配收入越多，居民的实际购买力就越强。对房地产价格可能有影响的是收入中的这一部分。当居民实际收入（即扣除通货膨胀后的收入）增加后，其生活水平将随之提高，对其居住与活动的空间的要求也有所提高，从而对房地产的需求增加，导致房地产价格上涨。收入增加对房地产价格的影响程度要视收入水平与边际消费倾向的大小而定。如果居民收入的增加是由于中、低收入者收入增加的结果，则其边际消费倾向较大，在改善了衣食之后，收入的剩余部分将用于改善居住条件，住宅房地产的需求增加，自然促使住宅价格上涨。但如果居民收入的增加是由于高收入者收入增加的结果，由于他们的生活富足，边际消费倾向较小，其收入增加的大部分甚至是全部都用于储蓄或其他投资，对房地产影响不大。不过，如果高收入者将剩余收入从事房地产投机，则会引起房地产价格上涨。

(4) 利率水平　利率是资金使用成本的反映。利率高则资金使用成本高，资金使用者还息负担重，实际收入少，因而对经济活动具有压抑作用。房地产是资金占用量很大的商品，其价格高低与利率水平有密切关系。一方面，利率水平高低影响房地产消费代价的大小。由于房地产消费中借贷资金的比例大，若利率水平高，则使用者须支付高额的利息，导致房地产消费意欲低，需求不强，价格下降；反之，则导致需求增加，价格上升。另一方面，利率水平的高低影响到社会上投资收益水平的高低。当利率较低时，社会投资意欲较强，对收益率的要求也较低。投资者愿意支付更高的价格去购买产生同样收益的房地产，导致房地产的价格上升。

4. 社会因素

社会因素是指一个国家或地区的社会状况对房地产价格的影响，主要有政治安定状况、社会治安程度、房地产投机、城市化水平等。社会因素中社会治安程度不单纯属于一般因素，也与区域因素有关系。因此，社会因素可分为一般社会因素和区域社会因素。

（1）政治安定状况　政治安定状况是指现有政权的稳固程度，不同政治观点的党派和团体的冲突情况等。一般来说，政治不安定，意味着社会动荡，财产权保障不足，影响人们投资、置业的信心，当然会造成房地产价格低落。

（2）社会治安程度　社会治安程度是指偷盗、抢劫、强奸、杀人等方面的刑事犯罪情况。由于社会治安的不平衡性，一般说来，一个国家（或省区或大城市）的社会治安程度与一个城市（或城市的一个地区）的社会治安程度是不相同的，因此，按影响范围的大小，可进一步区分为一般社会治安程度和区域社会治安程度。对某一具体房地产价格影响大的是区域社会治安程度。房地产所处的地区，若治安混乱，经常发生刑事犯罪案件，则人身安全及财产缺乏保障，长此以往，必然造成房地产价格低落。

（3）房地产投机　房地产投机是指投机者期望并利用房地产价格的变动获得超常利润的行为。房地产投机对房地产价格的影响归为三种情况：当房地产供不应求时，由于投机者的抢购而哄抬房地产价格；当房地产供过于求时，由于投机者的抛售而使房地产价格更为下跌；但在某些情况下，房地产投机可能起着稳定房地产价格的作用：当房地产价格低落时，怀有日后房地产价格会上涨心理的投机者购置房地产，以待日后房地产价格上涨时抛出。这样就会出现，当房地产需求低迷时，投机者购置房地产，造成房地产需求增加，升高房地产价格；而在房地产需求旺盛时，投机者抛售房地产，增加房地产供应，从而平抑房地产价格。

（4）城市化水平　改革开放以来，我国的城市化进程十分迅速，城市化水平不断提高。城市化一词一般有四个涵义：城市中心对农村腹地影响的传播过程；全社会人口逐步接受城市文化的进程；人口集中的过程，包括集中点的增加和每个集中点的扩大；城市人口占全社会人口比例提高的过程。从影响房地产价格的一般意义上说，城市化意味着人口向城市地区集中，造成对城市房地产的需求不断地、持续地增加，从而带动城市房地产价格上涨。

5. 人口因素

房地产的需求主体是人，人的数量、素质决定了房地产的总体需求及使用方式，从而也影响到房地产的价格。人口因素对房地产价格的影响，具体可分为人口数量、人口素质、家庭规模三个方面。

(1) 人口数量　总的来说，人口数量与房地产价格呈正相关。具体分析要考虑：把人口数量分为日间人口和夜间人口，以及常住人口、暂住人口和流动人口的数量，分析他们对不同类型房地产价格的影响；人口数量的相对指标是人口密度，人口密度从两方面影响房地产价格，一方面，人口密度提高有可能刺激商业、服务业等产业的发展，提高房地产的价格；另一方面，人口密度过高将导致生活环境恶化，有可能降低房地产价格，特别是在大量低收入者涌入某一地区时会出现这种情况。

(2) 人口素质　人口素质包括人们的教育水平、公民意识、守法程度、收入水平等，标志着社会的文明程度与经济发展水平，从而影响房地产价格的高低。一个地区的人口素质高，必然要求附近的公共设施充足、完善，居住环境也必然力求宽敞舒适，这些都形成对房地产较强劲的需求，使房地产价格趋高。反之，若某一地区居民素质低，收入微薄，社会秩序欠佳，对房地产需求的数量和质量均低，人们也大多不愿意在此居住，房地产价格必然低落。

(3) 家庭规模　家庭规模是指一个国家或某一地区的家庭平均人口数量。即使人口总数不变，家庭规模的变化也将影响居住单位数量，从而导致房地产需求的变化而影响房地产价格。目前国内家庭日趋小型化，核心家庭日渐普遍，单亲家庭也有所增加，从而造成对住宅单位的需求不断增加，导致房地产特别是住宅价格的升高趋势。

6. 国际因素

现代社会国际交往频繁。国际的政治、军事、经济环境常常影响他国的经济等包括房地产市场和房地产价格。随着全球经济一体化，这些影响将更直接、更明显。我国已加入 WTO，融入全球经济一体化的进程加快，国际的政治、军事、经济等环境如何，很容易对我国的房地产市场和房地产价格产生影响。影响房地产价格的国际因素主要有世界经济状况、军事冲突情况、政治对立状况和国际竞争状况。

(1) 世界经济状况　世界经济状况，尤其是周边国家和地区的经济状况，对房地产价格有较大的影响。如果世界经济发展良好，一般有利于房地产价格上涨。

(2) 军事冲突情况　一旦发生战争，则战争地区的房地产价格会陡然下跌，而那些受到战争威胁或影响的地区，其房地产价格也会有所下降。

（3）政治对立状况 若国与国之间发生政治对立，则很可能出现实行经济封锁、冻结贷款、终止往来等，导致房地产价格下跌。

（4）国际竞争状况 国与国之间为吸引外来投资会展开激烈的竞争。一般来说，采取低地价政策而吸引投资者时，会使房地产价格低落；但如果在其他方面采取优惠政策，吸引了大量外来投资者进入，则对房地产的需求会增加，反而会导致房地产价格上涨。

7. 心理因素

心理方面的因素对房地产价格的影响有时是一个不可忽视的问题，它主要包括：购买与出售心态，个人欣赏趣味（偏好），时尚风气，接近名家住宅心理，讲究门牌号码、楼层数字或土地号数，讲究风水和价值观的变化。

8. 商业服务繁华程度

商业服务繁华程度也称商服繁华程度，是指一个城市或一个地区的商业服务业的集中程度。商业服务繁华程度与一个城市的城市性质、规模、人口数量、经济发展水平等直接相关，并影响所在城市或地区的物质流、信息流和人流数量，从而影响到所在地区的房地产价格。商业服务业的规模等级越高，房地产的使用效益越高，价格相应越高。

9. 交通条件

交通条件是指区域的道路通达度、公共交通的便捷程度以及对外交通的便利程度。交通条件把通行距离和时间作为一个整体，既要求通行距离短，以节省运费，又要求交通顺畅，以减少出行时间。交通条件的优劣将直接影响一个区域人流、物流的通达性及其交通运输成本，明显影响人们的出行方便度，因而影响房地产的价格。

10. 基本设施

基本设施主要是指区域的公用（基础）设施和生活设施。城市的公用（基础）设施包括交通、供电、供热、供气、给排水、通信、环保、抗灾等，是城市发展不可缺少的物质条件，其配套程度和质量直接影响到生产、生活。生活服务设施包括医疗、教育、娱乐、银行、邮政、商业服务网点等，与居民正常生活和工作有密切关系。基本设施的优劣将影响城市功能的发挥，影响人们工作、学习和生活的方便程度，并进而影响房地产价格。

11. 环境条件

环境条件是指那些对房地产价格有影响的房地产周围的物理性状因素，主要有噪声、空气质量、水质量、景观、卫生状况。随着经济发展和生活水平的提高，人们对房地产尤其是住宅房地产的环境要求越来越高，环境条件成为人们选购房地产的重要因素，因而对房地产价格有明显的影响。由于环境条件不单纯地归属于区域或个别因素，而与两者都有关系，因此环境条件可分为区域环境条件和微观环境条件。

区域环境条件是指房地产所在区域的环境质量，包括空气质量、水质量、景观、卫生状况等；微观环境条件是指影响具体房地产或房地产小区的微观环境质量，包括噪声、空气质量、景观、卫生状况等。具体如下：

（1）噪声　汽车、火车、飞机、工厂、农贸市场等，都可能形成噪声。对于住宅、宾馆、办公、学校、科研等类房地产来说，噪声的大小程度与房地产价格呈负相关。

（2）空气质量　房地产所处的地区有无难闻的气味、有害物质和粉尘等，对房地产价格也有很大影响。尤其是化工厂、屠宰场、酱厂、厕所、煤场等都可能造成空气污染，因此，凡接近这些地方的房地产肯定房地产价格较低。

（3）水质量　海洋、江湖、河流、沟渠、地下水等的污染程度如何，对其附近的房地产价格也有很大影响。饮水水源的水质量或受到的污染程度，对附近的房地产价格有更大的影响。

（4）景观　爱美是人的天性，人们都喜欢优美、漂亮的景观。房地产周围安放的东西，如电线杆、广告牌、标示牌等的树立状态和设计是否美观，建筑物之间是否协调，空地是否宽敞，公园、绿地等形成的景观是否赏心悦目，都对房地产价格有影响。

（5）卫生状况　清洁卫生状况，包括垃圾堆放，对房地产价格也有影响。

12. 物理因素

物理因素是指对房地产价格有影响的反映房地产自身的自然物理特性的因素，其状况的好坏，直接关系到房地产价格的高低。这些因素分别为：

（1）位置　各种经济活动和生活活动对房地产位置都有不同要求，位置的优劣直接影响房地产所有者或使用者的经济收益、社会影响或生活满足程度。因此，房地产坐落的位置不同，价格有较大的差异。特别是城市土地，位置因素对其价格有着决定性影响，所以，房地产界流传着一句名言：第一是区位，第二是区位，第三还是区位。尽管位置不能代替房地产的一切，但这句话说明了位置对房地产的重要性。

房地产位置的优劣标准因房地产类型的不同而有差异。一般来说，商业房地产的位置优劣，主要是看商业服务繁华程度、临街状态；居住房地产的位置优劣，主要是看周围微观环境状况尤其是噪声情况、交通是否方便，以及与商业服务中心的距离；工业房地产的位置优劣，通常需要视产业的性质而定。一般来说，如果位置有利于原料和产品的运输，便于废料处理及动力取得，其价格有增高的趋势。

（2）肥力　肥力又称土地肥沃程度，它只与农业用地的价格有关。土地肥沃，地价就高，反之，地价则低。

（3）地质　地质条件决定着土地的承载力。地质越坚实，承载力就越大，从而有利于建筑使用。在现代城市建设高层化楼宇越来越多的情况下，地质条件对地价的影响较大。地价与地质条件的关系的实质，是地质条件的好坏决定着建设费用的大小。地价与地质条件的关系是呈正比关系。

（4）地形、地势　地形是指同一块土地内的地面起伏情况。地势是指本块土地与相邻土地的高低关系，特别是与邻接道路的高低关系。一般来说，土地平坦，地价较高；反之，土地高低不平，地价较低；而地势高的房地产价格要高于地势低的房地产价格。

（5）土地面积、地块形状　同等位置的两块土地，由于面积大小不等，价格会有高低差别。一般来说，凡土地面积过于狭小而不利于经济使用的土地，其地价必低，相反，地价则高。但在相邻土地合并的情况下可能有例外，因为这块土地的存在，可能会降低相邻土地的使用价值，于是该块土地的拥有者可能以居奇的心态，待价而沽，而相邻土地的拥有者为使其土地得到最佳利用，则可能不惜以高价购之。土地面积大小的合适度因不同用途、不同地区、不同消费习惯而有所不同。

土地形状是否规则，对地价也有一定影响。一般认为矩形地容易利用，而其他形状土地如三角形地、平行四边形地及其他形状土地则利用难度会比较大，因此，矩形地的价格较高，而其他形状的土地价格会偏低。

（6）日照、通风、风力、风向　日照有自然状态的日照和受到人为因素影响的日照两种。日照与房地产价格的关系有两个方面：日照对房地产价格有正面影响，建筑物若处于背阳面，或受到其他建筑物的遮挡而日照较少，就会降低房地产价格；日照对房地产价格有负面影响，例如我国南方炎热地区朝向西边的房地产在夏季因日照时间过长而十分炎热，所以西边朝向的房地产价格较低。风状况对房地产价格也有一定影响。在一般情况下，风力越大，房地产的价格越低。但对于一些需要通风的活动来讲，风力与房地产价格的关系可能出现类似于上述日照与房地产价格的关系。风向与房地产价格的关系在城市中比较明显，在上风地区房地产价格一般较高，在下风地区房地产价格一般较低。

（7）温度、湿度、降水量　这三者若过高（过大）或过低（过小），都不利于生产或生活，因而造成房地产价格低下。湿度、降水量往往与地势因素结合形成对房地产价格的影响。城市中地势较低的地段，如果降水量大，则易受水浸，价格因此较低。

（8）天然周期性灾害　凡有天然周期性灾害的地带，土地利用价值必然极低，甚至不能利用。

（9）建筑物外观　建筑物外观包括建筑式样、风格和颜色，对房地产价格有很大影响。若建筑物外观新颖、优美、吸引人，则价格较高；反之，若风格保守，式样过时，颜色不协调，难以引起人们强烈的享受欲望，甚至令人生厌，则价格必低。

（10）建筑物的综合因素　建筑物的综合因素包括建筑物的朝向、建筑结构、内部平面布置、设备配置情况、施工质量等对房地产的价格也有很大的影响。建筑物的朝向前已述及，这里不再叙述；建筑结构与建筑物的强度、刚度、稳定性、耐久性和耐火性能有关，它直接影响建筑物的使用价值；内部平面布置影响建筑物的使用功能。如住宅，旧式的大房小厅设计与现在强调和流行的大厅小房（加大公共活动面积）设计相比，已明显不符合现代人们对使用功能的要求；设备配置情况的优劣除可影响房地产的使用功能外，还可影响房屋的使用、维修成本；施工质量好，可保证建筑物安全，降低建筑物维护费用并延长其耐用年限，与房地产价格呈正比关系。

思考与练习题

1. 地价与一般物价的不同主要体现在哪些方面？
2. 房地产的效用性、稀缺性和有效需求是房地产价格的重要影响因素，它们和其他影响因素一起影响、决定了房地产的价格。这种说法正确吗？请简述。
3. 房地产价格的特征有哪些？其来源于房地产的哪些特性？
4. 简述市场价格、转让价格、成交价格、均价的异同。
5. 正常成交价格与非正常成交价格的含义是什么？
6. 楼面地价有何特殊作用？
7. 掌握单位价格应注意哪些方面？
8. 需要补地价的情形有哪几种？如何计算？
9. 把房地产价格的影响因素分为一般因素、区域因素、个别因素三类有何意义？
10. 简述房地产的供求状况对房地产价格的影响。
11. 不同用途的房地产注重的位置因素有何区别？
12. 什么是影响房地产价格的物理因素？其中主要包括哪些因素？

3

第三章 房地产估价原则与估价程序

学习要求

熟悉房地产估价程序；房地产估价技术原则与行为原则。掌握房地产估价供求原则；替代原则；变动原则；收益与分配原则；均衡原则；收益递增递减原则；贡献原则；适合原则；竞争原则；机会成本原则；独立、客观、公正原则；合法原则；最有效使用原则；估价时点原则；预测原则。

第一节 房地产估价原则

房地产估价是一项涉及诸多因素的错综复杂的经济活动，具有很强的政策性、地方性、技术性、针对性、经验预测性和综合性。为了保证评估结果的客观、公正、真实、准确，人们在房地产估价活动的反复实践和理论探索中，找到了一些在房地产估价活动中必须遵循的房地产价格形成与运行规律的法则，以及必须遵守的行为准则，这就是房地产估价原则。

房地产估价原则是房地产估价理论的重要组成部分，它使不同的估价人员对估价的基本前提具有认识上的一致性，使对同一估价对象在同一估价目的、同一估价时点下的估价结果具有近似性。估价人员都应正确地理解房地产估价原则，并以此作为行动的指南。

一、房地产估价的技术原则、行为原则及其相互关系

关于房地产估价原则的内涵和具体内容，中外房地产估价著作中的表述多有所不同，可谓仁者见仁，智者见智。这一方面是由于研究者的侧重点不同，另一方面是由于各国和各地区的社会经济发展水平和政策制度不同。综合国内

外的认识，取得共识的是，房地产估价原则大致可以划分为两类：一类侧重于从房地产价格形成与运动的客观规律中概括出的价格基本法则，称之为估价的技术原则；另一类侧重于从房地产估价过程中估价人员应当遵守的标准或注意事项中总结出的行为基本准则，称之为估价的行为原则，因而房地产估价原则可分为技术原则与行为原则两个部分。

房地产估价的技术原则与行为原则之间既有明显的区别，也有密切的联系。首先，房地产的技术原则反映了房地产价格形成与变化过程中的基本原理，是客观存在的规律，不因估价师的主观愿望而转移，也与估价活动是否进行无关，即无论是否进行估价，房地产的价格形成与变化都受到技术原则的客观作用。而行为原则是在大量估价活动中总结出来的行为惯例，必然受到客观存在的价格形成法则的支配，即技术原则是行为原则形成的基础，而行为原则是在客观规律基础上的实践产物。其次，技术原则必须通过行为原则得到充分地应用和遵循。尤其是在房地产市场不健全的情况下，违背技术原则的估价结果可能由于缺乏法律约束或相关知识而被认可，必须通过估价人员对行为原则的贯彻来保障技术原则的实现。

由上述分析可知，房地产技术原则是行为原则形成的基础，而行为原则是技术原则在评估中得以实现的保证。估价人员既要熟练掌握并理解房地产技术原则，也要在估价实务中灵活运用和贯彻在技术原则基础上形成的行为原则。

二、房地产估价技术原则的主要内容

房地产估价的技术原则是从房地产价格形成与运动的客观规律中概括出的价格基本法则，是由房地产的自然特征、经济特征以及房地产价格的各种影响因素所决定的。其具体内容主要包括以下十项。

1. 供求原则

房地产商品价格的形成与变化在本质上与一般商品相同，受供求原理的支配，即房地产价格与需求成正相关，与供给成负相关，这就是房地产供求原则。但由于房地产市场是典型的非完全市场，与自由竞争的完全市场之间存在较大差别，房地产供求原则表现出自己的特点，即供求状况的区域性和个别性，个别垄断价格存在的合理性，总体上呈现供不应求的态势等。运用供求原则分析房地产价格时，一般可以通过对当地房地产市场的空置率、交易习惯和房地产一般价格走势来具体判断。通常情况下，空置率低则供小于求，反之，则供大于求；业主普遍只租不售的，说明需求旺盛，反之则需求萎缩；价格不断上涨，多体现供小于求，反之，则供大于求。供求原则与下文的变动原则和竞争原则密切相关，分析时多需要结合这三项原则进行综合分析。

2. 替代原则

替代原则是指在同一市场中，效用相同或大致相似的房地产商品中，价格最低者吸引最大需求，从而类似房地产的价格将相互影响、相互牵制，最终彼此接近。因为，任何理性的经济主体在市场上的行为，都是要以最小的代价取得最大的效益。如果有两个以上相同的商品同时存在，那么明智的买者会选择价格最低的；如果有两个以上价格相同的商品同时存在，那么明智的买者会选择效用最大的。在房地产交易的过程中也同样遵循这一规律。尽管房地产具有独一无二性，但在同一市场上具有相近效用的房地产的价格也是相近的。在现实的房地产交易中，任何理性的买者和卖者都会将其拟交易的房地产与类似房地产进行比较，这样在市场的引导下，最终是类似房地产价格相互牵掣，相互接近。

替代原则要求估价结果不得明显偏离类似房地产在同等条件下的正常价格。其中类似房地产是指与估价对象处于同一供求范围内，并在用途、规模、档次、建筑结构等方面与估价对象相同或相近的房地产。同一供求范围是指与估价对象具有替代关系，价格会相互影响的房地产所处的区域范围。正是由于替代原则的客观存在，估价人员才能以与评估对象具有一定替代性的房地产作为比较参照对象，采用市场比较法通过适当修正确定评估对象的价格。此外，收益法中客观净收益的确定、成本法中重置成本的确定都以替代原则为依据才能成立。因此，替代原则是对理性经济人合理经济行为的真实反映，是房地产价格法则的核心内容之一。

3. 变动原则

变动原则是指由于房地产价格的影响因素经常出于变化之中，因而房地产价格随着其影响因素的变化和影响因素之间的因果互动过程而不断变化。由于房地产价格构成复杂，影响因素众多，与其他商品相比，房地产价格的变动更为复杂、经常和普遍。非常有趣的是，实体形态上的不动产，其经济形态却恰恰为“普动产”，其价格受变动原则的支配比一般商品更为明显。因此，对房地产价格变动规律的把握是否恰当直接影响估价结果的准确性。进行房地产估价时，必须分析该房地产的效用、稀缺性和有效需求，以及使这些条件发生变化的一般因素、区域因素和个别因素，结合价格的长期趋势分析，注意对各因素相互之间的因果关系进行动态把握，运用变动原则对价格走势进行分析判断。可见，变动原则与估价的预测原则密切相关。

4. 收益与分配原则

运用房地产所产生的收益，通常由劳动、资本、经营和土地等四种生产要素组合而产生，应依据适当的标准将该收益分配给各个生产要素，这个基本原理就是经济学的剩余生产力原理，也被称之为收益与分配原则。这里的劳动即工资，资本是指建筑物及其设备等的投资额，经营是指技术、管理等的投入。

依据该原则，可以从运用房地产所获得的总收益中分离出由房地产产生的收益及由土地和建筑物分别产生的收益，进而可以通过资本还原的过程分别求出房地产总价值、土地价值和建筑物价值。这正是收益法（包括土地残余法和建筑物残余法）的理论依据之一。收益与分配原则与均衡原则、贡献原则和适合原则等密切相关。

5. 均衡原则

均衡原则是指房地产价格受房地产内部各生产要素的组合状态影响，当各生产要素的配合处于均衡状态时，房地产的效用得以有效发挥，价格通常较高。换言之，生产要素的供给过剩或不足，都会引起对房地产效用发挥不利的现象。以住宅为例，建筑物与基地比较显得过大或过小，建筑物过于陈旧或准备拆除，建筑物较新而土地使用权接近到期等，都是土地与建筑物均衡受到破坏的情况，因而这时房地产的效用不能得到有效发挥，无论是出售还是出租，其出售价格或租金收益都达不到应有水平。如旧城区某宗住宅楼，该住宅楼已陈旧过时需拆除重建，此时住宅楼的建筑物与基地处于非均衡状态，建筑物对基地的有效利用造成负面影响。所以该宗住宅楼的价格是其恢复到均衡状态时的价格，扣除将其恢复到均衡状态所需的费用，即空地价格减去拆迁建筑物的损失额，这个损失额即为土地的减价额。

【例 3-1】 某宗房地产，土地面积 $700m^2$，建筑面积 $1000m^2$，建筑物的外观及设备均已陈旧过时，需拆除重建，估计拆迁费用为 300 元/m^2（建筑面积），残值为 50 元/m^2（建筑面积），求该宗房地产的土地减价额。

解：拆迁建筑物的损失额，即为土地的减价额。

土地减价额 =（300 元/m^2 − 50 元/m^2）×$1000m^2$ = 250000 元 = 25 万元

若本例中的建筑物尚可使用，其经济寿命为 5 年，则土地的减价额应为 5 年内归属于土地收益的减少额加上拆迁损失的现值之和。如土地收益的年减少额为 2 万元，拆迁损失仍为 25 万元，折现率 i 为 10%，则土地减价额为：

$$土地减价额 = 2\text{ 万元} \times \frac{(1+i)^5-1}{i\,(1+i)^5} + \frac{25\text{ 万元}}{(1+i)^5} = 7.582\text{ 万元} + 15.523\text{ 万元}$$

$$= 23.105\text{ 万元}$$

均衡原则实际上与最有效使用原则（后面将详细讨论）相联系，对判定房地产的最有效使用很有用处。当判定房地产内部构成要素的组合处于均衡状态时，即可视为最有效状态。

6. 收益递增递减原则

收益递增递减原则是指房地产投资同样遵循经济学中的边际收益递增递减原理，即增加各生产要素的单位投入量时，净收益随之增加，但当要素投入量达到一定边际点以后，若继续追加投资，其净收益不与追加投资成比例增加。

收益递增递减原则以构成要素的一定数量递增或递减来发现收益的边际点，以此边际点来检查构成要素是否处于均衡状态。可见利用这一法则，可以辅助确定运用房地产的最大收益点，即最佳使用点，还可以衡量房地产的实际收益是否为客观收益，因此该原则在假设开发法和收益法中均有应用。

7. 贡献原则

贡献原则是指房地产的某一部分对房地产整体收益的贡献程度，会影响整体房地产的价格。房地产的总收益是由土地和建筑物等部分共同作用的结果，其中某一部分带来的收益，对总收益而言是部分与整体的关系。所以，贡献原则其实是关于部分的收益递增递减原则的应用，可以用于土地或建筑物的追加投资，房地产的一部分改良改造等。它能根据房地产整体价格的贡献程度，判断房地产追加投资是否适当，又可应用这项原则判断最有效使用的上升程度。例如，某建筑物添建电梯使收益增加，如果增加的收益超过增加的管理费用与投入电梯设备的资本利息及折旧部分的合计，则该电梯的贡献程度可以说是在“1”以上。该房地产整体价格的上升将超过投入电梯的资本额。这是均衡原则中的接近均衡状态，又是收益递增递减原则中的接近收益边际点的状态。

8. 适合原则

适合原则是指分析房地产是否与环境相适合，即可判定房地产是否为最有效使用。当房地产与其外部环境相协调时，房地产的效用能够充分发挥，其价格处于较高水平。反之，当房地产与其外部环境不协调时，房地产的效用未能充分发挥，价格往往处于最佳水平之下。例如，在日用品零售商店集中地区，开设高级用品专卖商店，不一定能够获得很高的收益。根据适合原则，房地产估价时必须对房地产周边环境进行勘查分析，判断其与所处环境是否协调，这直接关系到该房地产的收益乃至房地产价格。

均衡原则是以房地产内部构成要素的组合是否保持均衡来判定最有效使用的，而适合原则是以对环境等外部情况是否保持均衡来判定最有效使用的。

9. 竞争原则

一般商品的竞争是在供给和需求双方发生的，价格是由竞争结果确定的。由于竞争的作用，供需双方均不能期望得到合理利润之外的超额利润。因此，竞争方式和竞争程度对商品价格有较大的影响，这就是竞争原则。由于房地产存在位置固定性和异质性，供给竞争不充分，价格主要受需求者竞争的影响，需求者之间的竞争使房地产价格提高，尤其是替代性较小的房地产，比如商业用地，需求者之间的竞争更为激烈，则价格提高得更为明显。替代性较大的房地产，比如住宅和住宅用地，如果竞争激烈，则需求就会发生转移，从而使价格提高受到较大的制约。可见，竞争原则与供求原则和替代原则都密切相关。

10. 机会成本原则

所谓机会成本，是指如果一种资源可以用于多个方面，那么该资源用于其他方面可能获得的收入就是该资源实际用于某一方面所得收入的机会成本。由于机会成本的存在，投资者选择购置房地产的条件是：租金收益率大于或等于市场投资利率减去房地产的年增值幅度，否则投资者将不会购置房地产而选择租用。因此房地产价格的形成受租金收益率与市场投资利润率及年增值幅度等因素制约。该原则与房地产估价的市场比较法、收益法和成本法均有密切关系。

上述原则中，收益与分配原则、均衡原则、收益递增递减原则、贡献原则这四项原则，着重于房地产内部构成要素对房地产价格的影响，可作为判定最有效使用的指针，但最有效使用的判定，仅仅依靠这些原则是不够的，还应判定是否适合外部情况。适合原则、竞争原则和机会成本原则着重于分析外部要素对房地产价格的影响，也可成为判定最有效使用的指针。综合来看，房地产技术原则是各种房地产估价方法的理论基础，也是房地产估价原则形成的基础，是不以任何人的意志为转移的客观规律，房地产估价人员必须熟练掌握。

三、房地产估价行为原则的主要内容

房地产估价的行为原则是从房地产估价过程中估价人员应当遵守的标准或注意事项中总结出的行为基本准则。其具体内容主要包括以下7项。

1. 独立与客观、公正原则

独立、客观、公正是市场经济对资产评估中介服务活动的客观要求，是房地产估价的最高原则。所谓独立，一是指估价机构本身应保持独立性，即不依赖于他人、不受他人束缚；二是指估价机构和估价人员应与待估对象及评估各方当事人无任何利害关系；三是指估价机构和估价人员在估价过程中不屈从于任何外部压力，拒绝各种非正常的外部诱惑，凭借自身的专业知识、经验，遵循职业道德的要求进行估价。所谓客观，是指估价机构和估价人员应从客观实际出发，按照事物本来的面目进行估价，而不应受到自身的偏好和情感影响。所谓公正，则是指估价机构和估价人员在估价中应处于中立立场，做到公平正直，不偏袒任何一方，评估出一个对各方当事人来说都公平合理的价格。

如果评估过程不能真正做到独立、客观、公正，则必然损害其中一方当事人的权益，对估价机构、估价人员及整个估价行业的声誉和权威性造成损害，甚至直接影响社会稳定、经济平稳运行。例如，在房地产抵押价格评估时，若评估结果高于客观价值，则可能给借款人带来较大经营风险，影响房地产金融安全，甚至可能引发经济危机；在城市拆迁评估中，如果评估值显失公平，可能由于被拆迁人利益受损导致社会不稳定事件的发生等。因此，在评估过程中，必须从始至终地贯彻独立、客观、公正原则。为此，本原则具体要求如下：

1）估价机构与估价人员应遵守职业道德要求，具备良好的职业道德操守，如与估价当事人有利害关系时，应主动回避；估价机构应建立相关监督机制。

2）估价人员应不断提高估价理论水平，丰富估价经验，并严格遵循估价原则和程序；估价机构应鼓励并建立相关制度支持估价人员的后续业务教育。

3）估价过程中估价人员应假设估价各方当事人均是理性的经济人，并能够站在各方当事人的立场上换位思考，最后再以专家身份反复权衡待估对象价格，评估出对各方当事人来说都公平合理的价格。

此外，估价人员在估价过程中必须贯彻下列具体行为原则，才能确保独立、客观、公正这一最高行为准则的实现。

2. 合法原则

房地产估价的合法原则又称依法、适法原则，是指房地产估价应以估价对象的合法权益，即合法产权、合法使用、合法处分为前提来进行，应符合国家的法律、法规和相关政策以及当地政府的规定。

合法原则是房地产估价过程中必须遵守的首要原则。主要在于：①由于房地产位置的固定性，房地产交易均通过产权流转实现，而产权权能必须通过法律、法规、契约来规范、确认、保障并完成；②市场经济条件下，房地产业的发展必须遵守国家及各级政府制定的有关法律法规及发展战略和利用规划的规定限制，必须接受国家的调控和管理。因此，房地产估价必须依法进行。房地产估价人员不仅应当熟悉这些相关规定，并且在具体评估过程中要严格遵守。

合法原则要求房地产估价必须以合法产权、合法使用、合法处分为前提进行。具体要求如下：

1）应以房地产权属证书和有关证件作为估价对象产权状况是否为合法产权的依据。如前所述，房地产交易中流转的主要是各项产权。因此，房地产估价时必须结合估价对象房地产的权属证书和有关证件，判明其产权状况。房地产权属证书是房地产权利人享有房地产所有权及其他各项权利的合法证明材料。现行的房地产权属证书包括房屋权属证书、土地权属证书和房地合一的房地产权属证书。房屋权属证书主要有：《房屋所有权证》、《房屋共有权证》、《房屋他项权证》，土地权属证书有：《国有土地使用证》、《集体土地所有证》、《集体土地使用证》、《土地他项权利证明书》。房产管理和土地管理工作由统一的部门负责时，可以制作、颁发统一的房地产权证，主要有《房地产权证》、《房地产共有权证》、《房地产他项权证》。

运用该原则时，需要注意到：①任何产权性质的房地产都可以成为估价对象，包括没有合法产权的房地产。如果无法确认估价对象产权的合法性，必须在估价报告中说明估价过程和结论在估价对象具有合法产权的假定前提下有效。②应本着实事求是的原则，按照估价对象的真实产权状况进行估价，不能评估超出其产权范围的价格。如集体土地不能作为国有土地评估，划拨土地使用权不能作为出让土地使用权评估，违章建筑不能作为合法建筑评估，临时建筑不能作为永久建筑评估，有争议的不能作为无争议的等。

2）应以城市规划、土地用途管制中的相关规定作为估价对象是否处于合法使用状态下的依据。房地产利用过程必须符合城市规划、土地用途管制等政府法律、法规的强制性规定，例如城市规划规定了土地的用途、容积率、建筑高度等，房地产估价就必须考虑这些限制，并在限制的范围内进行。在采用假设开发法设定估价对象未来用途时，也必须保证该用途的合法性。

3）以法律法规或合同允许的处分方式作为估价对象房地产的交易或处分方式是否合法的依据。常见的处分方式主要有买卖、租赁、抵押、典当、抵债、赠与等。

以抵押为例，《城市房地产抵押管理办法》第八条规定：权属有争议的房地产；用于教育、医疗、市政等公共福利事业的房地产；列入文物保护的建筑物和有重要纪念意义的其他建筑物；已依法公告列入拆迁范围的房地产；被依法查封、扣押、监管或者以其他形式限制的房地产等均不得设定抵押。此外，《中华人民共和国担保法》和《城市房地产管理法》等法律中对房地产的抵押也有具体规定。在以抵押为目的的房地产估价中，上述法律规定不得抵押的房地产，就不能作为以抵押为目的的估价对象。

4）应注意到评估政府定价或政府指导价的房地产价格必须符合国家相关价格政策的要求。如房改售房价格要符合政府有关该价格测算的要求；经济适用房价格要符合国家规定的经济适用房价格构成和利润率的限定等。

3. 最有效使用原则

最有效使用原则即最高最佳使用原则，它要求房地产估价在合法的基础上，以估价对象的最有效使用为前提进行。所谓最有效使用，是指法律上许可、技术上可能、经济上可行，经过充分合理的论证，能使估价对象产生最高价值的使用。

由于房地产用途具有多样性，而在现实经济活动中，为获取最大经济收益，每个房地产拥有者都试图采用最有效的使用方式，充分发挥其房地产的潜力。因此，房地产评估时，应当在法律法规许可范围内，在可以得到房屋建筑等技术支持的前提下，选择经济上可行的能够为使用者带来最大效益的使用方式进行价格评估。如城市中的某一宗空地，尽管目前的收益为零，甚至为负（如支付必要的管理费用），但并不意味着该宗土地没有价格，只是它目前尚未处于最有效的使用状态。估价时应根据规划要求，设定最佳使用方式进行估价。

（1）具体要求　运用最有效使用原则时，要在用途、规模、集约利用度等方面都要达到最佳。

1）最佳用途。一宗土地可以有多种用途，但是同一地块在不同用途下收益并不相同，最有效使用原则要求在规划等法律法规许可前提下，选择能最大限度发挥房地产效用的用途。例如，城市中心商服繁华地段有一房地产，规划用途为商服业用途，由于历史原因，目前为工业用途或生活服务设施，效益明显偏低，其现状用途未能最大限度地发挥房地产效用。估价时，不应该以现状用途为估价依据，而应以可能的最优用途（商服业）进行估价。

2）最佳规模。根据均衡原则和收益递增递减原则，房地产的诸要素之间必须合理配置，否则不能发挥房地产的最佳效用。如相对于土地而言，建筑物过于破旧；或者相对于建筑物而言，土地面积过小过大等均造成房地产效益的降低。

3）最佳集约利用度。根据适合原则，最有效使用原则还要求房地产中土地、建筑物的规模、数量和分布与周围环境相协调，实现广义的最佳集约利用，即包括生态环境、社会经济要素在内的综合集约利用。

（2）一般程序　实际选择某宗房地产最有效使用方式的一般程序为：

1）列出可能的每一种潜在使用方式，分析其是否为法律所允许。将法律不允许的使用方式淘汰。

2）对于法律允许的每种使用方式，分析其技术上是否能够实现，比如建筑材料性能、施工技术手段等。将技术上不可行的使用方式淘汰。

3）对于法律上允许、技术上可行的每种使用方式，预测其未来的收入和支出现金流，并对两者进行现金流财务分析判断其财务可行性，如进行现值比较，当收入现值大于支出现值时该使用方式可行。将经济上不可行的使用方式淘汰。

4）经过前三步筛选剩下的可选方式中，选择经济价值最大的使用方式，作为该房地产最高最佳使用方式。

在选择和判断最有效使用方式时，可以结合前述均衡原则、适合原则和收益递增递减原则等来辅助确定其最佳使用用途、最佳规模和最佳集约度，即当房地产与外部环境最协调，同时内部构成要素的组合最恰当时，便达到了最有效使用。另外，在选择最有效使用时，应考虑到效用的转换问题，还应从长期角度出发考虑到转换后该最佳效用的持续问题。

（3）估价前提说明　如果估价对象已经做了某种使用，在估价时应根据最有效使用原则对估价前提进行下列之一的判断和选择，并应在估价报告中予以说明。

1）保持现状前提。当估价人员认为保持现状、继续使用最为有利时，应以保持现状、继续使用为前提进行估价。其判断条件是

$$新建房地产价值-拆除现有建筑物费用-建造新建筑物费用<房地产现状价值 \tag{3-1}$$

【例 3-2】　某房地产现状价值为 4000 元/m²，如将其拆除重建，拆除费用

为200元/m^2，建造费用为1800元/m^2，在市场现状条件下新建该房地产的价值为5000元/m^2，则该房地产应以何种前提进行估价？

解：由于判断条件式

$$5000元/m^2 - 200元/m^2 - 1800元/m^2 = 3000元/m^2 < 4000元/m^2$$

所以，该房地产宜以保持现状为前提进行估价。

2）转换用途前提。当估价人员认为转换用途再予以使用最为有利时，应以转换用途后再予以使用为前提进行估价。其判断条件是

转换用途后房地产价值 − 转换用途前房地产价值 > 转换用途费用 (3-2)

【例3-3】 某住宅现状价值为6000元/m^2。如转换用途为宾馆，价值可能上升为8000元/m^2，转换用途所需费用为1000元/m^2，则该房地产应以何种前提进行估价？

解：由于判断条件式

$$8000元/m^2 - 6000元/m^2 = 2000元/m^2 > 1000元/m^2$$

所以，该房地产宜以转换用途为前提进行估价。

3）装修改造前提。当估价人员认为装修改造但不转换用途再予以使用最为有利时，应以装修改造但不转换用途再予以使用为前提进行估价。其判断条件是

装修改造后房地产价值 − 装修改造前房地产价值 > 装修改造费用 (3-3)

【例3-4】 某房地产现状价值为4000元/m^2，对其进行装修改造需花费1000元/m^2，在市场现状条件下其装修改造后的价值可上升为5500元/m^2。则该房地产应以何种前提进行估价？

解：由于判断条件式

$$5500元/m^2 - 1000元/m^2 = 4500元/m^2 > 4000元/m^2$$

所以，该房地产宜以装修改造为前提进行估价。

4）重新利用前提。当估价人员认为拆除现有建筑物再予以利用最为有利时，应以拆除现有建筑物后再予以利用为前提进行估价。其判断条件是

新建房地产价值 − 拆除现有建筑物费用 − 建造新建筑物费用 > 房地产现状价值 (3-4)

【例3-5】 某房地产现状价值为4000元/m^2，如拆除重建，拆除费用200元/m^2，重新建造费用1800元/m^2，现状市场条件下，新建该房地产的价值为6500元/m^2，则该房地产应以何种前提进行估价？

解：由于判断条件式

$$6500元/m^2 - 200元/m^2 - 1800元/m^2 = 4500元/m^2 > 4000元/m^2$$

所以，该房地产宜以重新利用为前提进行估价。

5）上述前提组合。最常见的是第二种转换用途与第三种装修改造的组合，或者可以根据情况设定估价对象房地产的一部分保持现状继续使用，另一部分

装修改造后但不转换用途再予以使用为估价前提。

4. 估价时点原则

估价时点是估价结果对应的具体日期，又称评估基准日、估价期日、评估时日期，不同于估价作业日期。估价作业日期是一个估价作业从开始到结束的时间段。估价时点原则要求估价人员根据估价目的确定估价时点，而房地产估价结果应是在该估价时点时的客观合理价格或价值，两者之间一一对应。该原则强调的是估价结论具有很强的时间相关性和时效性。估价时点确认估价时点的目的是确定责任交待的界限和评估房地产时值的界限。如在采用市场比较法估价时，所选择的可比实例的交易日期均发生在估价时点之前且互不相同，由于交易时点不同，其价格也不同。评估时，必须将可比实例在不同交易时间的价格修正到估价时点上来。

房地产估价过程中必须遵循该原则，主要在于：首先影响房地产价格的因素不断发生变化，房地产市场也是不断变化的，因而房地产价格具有很强的时间性；其次房地产交易是涉及众多法律法规的权益性交易，法律法规或政策的颁布、修订、实施和权益的确认、登记和过户等都有着明显的时间界限；另外各估价方法估算的过程也与估价时点紧密相连，比如折旧的估算必须考虑时间界限，不同时点上发生的现金流量对其价值影响也是不同的等。这些都决定了房地产估价通常仅是求取估价对象在某个特定时间上的价格，即估价时点上的价格。而且这个特定时间必须依据估价目的来确定，非主观随意确定。

确定估价时点时，应注意估价目的、估价时点、估价对象状况和房地产市场状况的内在联系。估价实务中，一般按委托方的要求来确定，如果委托方无特殊要求，评估待估对象现在的价值时，可将估价人员现场实地查勘估价对象期间或估价作业期内的某个日期确定为估价时点。

不同估价目的的房地产估价，其估价时点与估价所依据的估价对象状况和房地产市场情况的关系如图 3-1 所示。

估价时点为过去某一时间点的情形多发生在房地产纠纷案中，特别是对过去的估价结果有异议而引起的复核估价或估价鉴定中。例如，2000 年 1 月 1 日甲企业以名下土地入股，乙企业以资金入股成立丙公司。2007 年 4 月甲企业对当年入股的股权提出异议，并上诉至法院要求对其入股的房地产进行重新估价，法院指定某评估机构进行估价。这种情况下，接受委托和估价作业日期在 2007 年 4 月，但是估价时点为 2000 年 1 月 1 日；估价时点为现在，估价对象为历史状况下的情形，多出现在房地产损害赔偿和保险理赔案中，如已投保的房地产在火灾中烧毁，确定其损失程度和损失价值是应根据其投保时的状况和损毁后的状况对比评估；估价时点为现在，估价对象为现时点的情形，是估价中最常见、大量出现的情况；估价时点为现在，估价对象为未来状况下的情形，如期

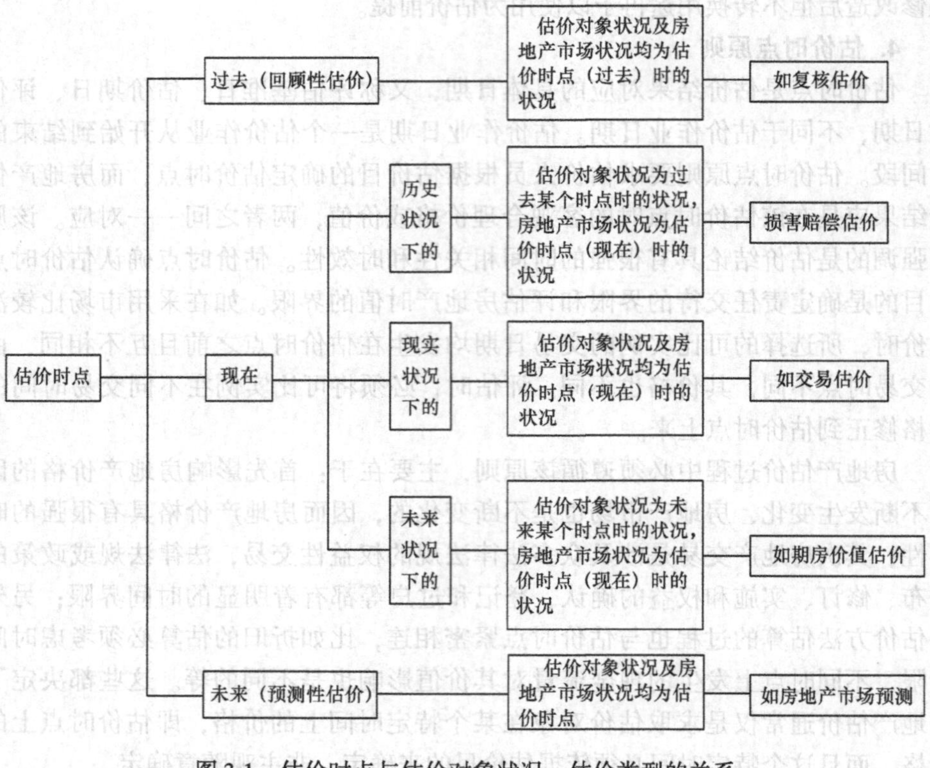

图 3-1　估价时点与估价对象状况、估价类型的关系

房价值评估；估价时点为未来的情形，多出现在房地产市场预测、房地产投资分析中，如假设开发法预测开发完成后的房地产的价值。

5. 预测原则

预测原则要求房地产估价人员在运用收益法及假设开发法等方法评估估价对象未来价值时，应综合分析研究未来的情况及有关因素，依靠正确的资料，应用科学的方法进行预测。

房地产的价值通常不是基于其历史价格、生产它所投入的成本或过去的市场状况，而是基于市场参与者对其未来所能获取的收益或得到的满足、乐趣等的预期。过去收益的重要意义在于为推测未来的收益变化动向提供依据。这就要求估价人员必须了解过去的收益状况并对房地产市场现状、发展趋势、政治经济形势及政策规定对房地产市场的影响进行细致分析和预测，以准确预测估价对象现在以及未来能给权利人带来的利润总和。

第二节　房地产估价程序

房地产估价是一项复杂的专业工作，除了要求估价人员具有坚实的房地产估价理论基础和实务经验，切实遵守房地产估价原则外，还应遵循规范化的房地产估价程序。一套科学严谨的估价工作程序，对于提高估价工作的效率和质量具有相当重要的意义。

一、房地产估价程序的概念

房地产估价程序是指一项房地产估价业务运作全过程中的各项具体工作，按照其相互联系和内在逻辑关系可以排列出现先后进行的次序。即圆满地完成一项房地产估价业务，应当先做什么，后做什么。

《房地产估价规范》中指出自接受估价委托至完成估价报告期间，房地产估价应按下列程序进行：①明确估价基本事项；②拟定估价作业方案；③搜集估价所需资料；④实地查勘估价对象；⑤选定估价方法计算；⑥确定估价结果；⑦撰写估价报告；⑧估价资料归档。根据实务中人们的不同理解，房地产估价程序有狭义和广义之分。狭义的房地产估价程序仅包括从受理估价委托至出具估价报告这一过程中估价本身的具体工作环节；广义的房地产估价程序在狭义估价程序的基础上，加上了受理估价委托之前的获取业务和出具报告之后的资料归档等环节。总的来讲，一项房地产估价业务的实施可以分为三个阶段、九个环节，如图 3-2 所示。

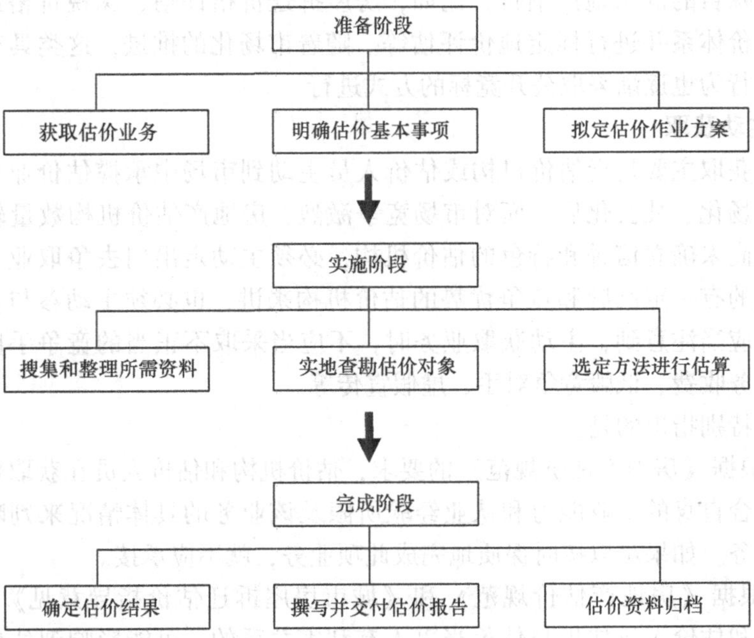

图 3-2　房地产估价程序示意图

二、房地产估价具体程序

结合估价实务和房地产估价规范的要求，广义的估价程序各工作环节包括以下主要内容。

（一）获取估价业务

在市场经济条件下，不断地获取估价业务对房地产估价机构的生存和发展非常重要。获取估价业务的途径主要有被动接受和主动获取两类。

1. 被动接受

被动接受主要是指估价机构坐等委托估价方上门寻求估价服务的方式。委托估价方可能是企业、组织或个人，也可能是政府或某个政府部门；可以是待估房地产的所有者或使用者，也可以不是。这种业务获取方式在房地产市场发育程度较低或者较高的情况下均存在。在市场发育不全的情况下，某些估价机构可能凭借其与管理部门的特殊关系，在行业内居于一定的垄断地位，较容易获取估价业务。随着估价机构脱钩改制和估价市场的逐步发育，部分估价机构可能凭借其优质的服务和过硬的评估技术在市场竞争中树立了企业品牌、拥有良好的商业和市场信誉，对于这类评估机构，即使不主动寻找业务，也会有许多委托方上门要求提供服务。此外，政府相关管理部门有可能指定某些评估机构进行特殊目的的房地产估价，比如，房屋拆迁价格评估、课税价格评估、建立基准地价体系并进行标定地价评估等。随着市场化的推进，这类具有明显政府特色的行为也逐渐采取公开竞标的方式进行。

2. 主动获取

主动获取主要是指估价机构或估价人员主动到市场中承揽估价业务。在估价业务市场化、社会化后，面对市场竞争激烈、房地产估价机构数量较多的情况，不仅尚未确立信誉和特色的估价机构，必须主动走出门去争取业务，对于实力较强的有一定品牌和竞争优势的估价机构来讲，也必须主动参与竞争，获取业务。应当注意到，主动获取业务时，不应当采取不正当的竞争手段，如恶意压低服务收费、诋毁竞争对手、虚假宣传等。

需要特别指出的是：

1）根据《房地产估价规范》的要求，估价机构和估价人员在获取估价业务时，应结合自身的专业能力和从业经验所限及该业务的具体情况来判断是否承接该项业务。如果难以按时保质地完成此项业务，就不应承接。

2）根据《房地产估价规范》和《城市房屋拆迁估价指导意见》的规定，估价机构和估价人员如果与估价当事人有利害关系的，可能影响到估价过程及结果的独立、客观、公正，应主动回避该项业务。

当上述两类情况发生时，估价机构和估价人员可以推荐其他合适的估价机构和人员承接该项业务，或者，经估价当事人同意，与其他估价机构联合承接该业务。

（二）明确估价基本事项，签订估价合同

无论从何种途径获取业务，估价机构都应与委托估价方深入协商并明确估价基本事项、服务收费标准、付费方式、违约责任等估价其他事项，并签订书面委托合同。按照《房地产估价规范》的要求明确估价基本事项主要包括估价目的、估价对象和估价时点。在一个估价项目中，估价目的、估价时点和估价对象有着密切的内在联系，其中估价目的是龙头。

1. 明确估价基本事项

（1）明确估价目的　估价目的是估价结果的期望用途。不同的估价目的形成不同的价格类型，也决定了估价的依据，是基本事项中首先需要明确的。明确了估价目的，有助于明确其他估价事项。估价目的一般应由委托人提出，但在实务中由于委托人可能不懂得如何表达其估价目的，这种情况下，可以由估价人员提出，并得到委托方的认可。对估价目的的明确，应尽可能细化，防止估价过程中由于目的界定笼统出现偏差和纠纷。

（2）明确估价对象　估价对象是一个具体估价项目中需要估价的房地产。明确估价对象包括明确估价对象的区位状况、物质实体状况和权益状况。具体来讲，明确区位状况是指明确估价对象所处的具体位置、交通、环境、配套设施等。明确物质实体状况主要应明确估价对象的构成及各构成部分的范围。对于正在运营的房地产来说，应明确是否包含其动产部分；对于土地，还应明确基础设施完备程度和土地平整程度等；对建筑物来说，应明确其工程进度状况，宗地内基础设施、构筑物等。明确估价对象的权益状况，首先应了解估价对象的产权类型、有无租赁或者抵押行为等权益状况，然后在确定该估价对象实际权益状况的基础上根据估价目的明确是否按照实际权益状况评估。一般情况下，不得随意设定权益状况，应以实际的合法权益状况评估。但是在特殊情况下，可根据估价目的，设定某种权益状况进行估价。比如，城市拆迁评估时，不论被拆迁房屋是否存在租赁、抵押、查封等情况，应评估其完整权利状况下的价值。

估价人员应在委托方指定的基础上，从委托方提交的资料中或通过询问委托方等方式明确估价对象的上述基本情况。

（3）明确估价时点　估价时点是估价结果对应的日期。估价时点不是由委托方或估价人员任意假定的，估价人员应根据估价目的，与委托方协商确定。多数情况下，对现时点价值的评估，可以实地查勘期间或者估价作业期内的某个时点为估价时点。在某些特殊情况下，需要评估过去或未来某个时点的价格时，应根据估价目的进行分析判断。估价时点采用公历表示，通常情况下要具体到日。在同样的条件下，估价时点越具体，要求的估价精度越高，难度也越大。

此外，在估价实务中，这一阶段的协商过程中，委托与受托双方还多会就估价作业日期进行商榷。估价作业日期即某项估价业务的起止年月日。估价作业日期的确定意味着估价报告书交付日期的确定。一般情况下，估价报告交付日期由委托方提出。估价人员应充分考虑估价业务的难度，为估价业务留出足够的时间，如有必要应与委托方商议。一般的单宗房地产估价，所需时间约为5～7个工作日，对于大型综合性房地产，估价时间较长，有的甚至长达数月。

2. 签订书面委托估价合同正式受理估价业务

明确基本事项后，双方可签订委托估价合同或协议，以书面形式约定双方的权利和义务。委托估价合同是指委托方和受委托的房地产估价机构签订的用于明确权利义务关系的协议，属于委托合同，委托方一般为需要对特定的标的物在特定时间对价值进行评估的单位和个人，受委托方为具有评估资格的评估机构。通过签订该合同，委托与受托关系正式成立并受到法律保护，委托人和估价机构的权利与义务得以明确。订立委托估价合同的主要法律依据是1995年1月1日起施行的《中华人民共和国城市房地产管理法》、1996年1月建设部以第50号部长令发布的《城市房地产中介服务管理规定》以及1995年7月建设部和国家计委联合发布的《关于房地产中介服务收费标准》的通知，各省（自治区、直辖市）、市、县各级人民政府也相继制定了本地区的实施细则和实施办法。一些地方还制定出了房地产估价的规范合同文本。这些法规的发布，为签订房地产估价合同提供了法律依据。

委托估价合同的内容一般包括：①签约双方基本情况（包括名称或者姓名、企业法定代表人和住所等）；②估价目的；③估价对象；④估价时点；⑤估价报告交付日期和方式；⑥估价服务费用及其支付方式；⑦委托人应提供的资料，并对提供资料的真实性、合法性的承诺及委托人协助估价人员实地勘查的责任；⑧双方违约责任和解决争议的方法；⑨双方认为需要约定的其他事项。

签订了书面估价委托合同后，估价机构未经委托人书面同意，不得转让或者变相转让委托的估价业务。

（三）拟定估价作业方案

估价作业方案是关于未来如何实施估价项目的一系列行动计划。其核心在于解决要做什么、什么时候做、由谁去做以及如何做。为提高估价工作效率，按照《房地产估价规范》的要求，在明确估价基本事项的基础上，应对估价项目进行初步分析，拟定估价作业方案。估价作业方案主要应包括下列内容：①拟采用的估价技术路线和估价方法；②拟调查搜集的资料及其来源渠道；③预计所需的时间、人力、经费；④拟定作业步骤和作业进度。

1. 确定拟采用的估价技术路线和估价方法

房地产估价的技术路线是指导整个房地产估价过程的技术思路，是估价人员对估价对象房地产的价格形成过程的认识。估价人员确定房地产估价技术路线之前，应充分地认识估价对象房地产本身，并且对交易各方的情况和交易过程有充分的了解。在确定房地产估价技术路线时，首先要充分了解估价基本事项，并明确估价对象的价格内涵，其次要确定其价格形成的过程，然后遵循估价基本原则确定估价需要采用的估价方法和测算思路。如在房地产强制拍卖底价评估时，首先要对当地房地产拍卖市场有较深入的了解，对同类房地产在正常市场的价格水平和拍卖市场的价格水平做出比较分析，确定拍卖市场的成交价格比正常市场成交价格偏低的幅度。然后按正常市场价格对估价对象进行估价，再按照事先确定的偏低幅度对估价结果调减。

由于不同估价方法所需的资料不完全相同，为了避免后续工作中出现不必要的重复劳动，确定估价技术路线时，应该初步选择估价方法。房地产估价方法本身也反映了人们对房地产价格形成过程的认识，可以说，每种房地产估价方法都体现了一种技术路线。例如，市场比较法反映的技术路线是：由于房地产的正常市场价格是该房地产在公开市场上最可能的成交价格，所以选取类似房地产的实际成交价格作为评估价格；成本法反映的技术路线是：由于房地产价格是由其各组成部分的价格逐项累加而成的，所以在无法利用市场比较法的情况下，可先估算各价格组成部分的正常市场价格，再累加作为估价对象的正常市场价格；收益法反映的技术路线是：由于房地产现时点价格是由未来可获得的收益决定的，所以可将购买房地产的投资行为能获得的未来净收益折现之后累加，用该结果作为估价对象的房地产；假设开发法反映的技术路线是：待估价房地产的价格取决于开发完成后的价格与继续开发阶段所需投入的各项成本及相应的利息、利润、税费的差额。可见，同一个估价对象采用不同的估价方法，实际上是在模拟不同的价格形成过程，体现的是不同的估价技术路线。不同的方法从不同的角度来衡量价值，从而使估价结果更为客观合理，所以对同一估价对象，宜选用两种以上的估价方法进行估价。如果估价对象可以同时采用多种方法进行估价，应当同时采用多种方法进行，不得随意取舍；若必须取舍，应在估价报告中予以说明并陈述理由。

一些简单明确的房地产估价往往比较容易确定估价技术路线，确定估价技术路线的过程也通常可以简化为选择确定估价方法。而一些比较复杂的房地产估价则要先明确价格内涵、价格形成过程，再据此确定技术路线，选定估价方法。

2. 确定需要调查搜集的资料及渠道

要根据拟定的估价技术路线和初步选择的估价方法，确定需要调查搜集的资料及渠道。

估价材料是应用估价方法、撰写估价报告的依据。

（1）搜集估价资料的主要渠道　搜集估价资料的主要渠道包括：①委托估价方；②实地勘察；③政府有关部门；④房地产交易市场及有关中介机构；⑤有关当事人；⑥专业性刊物。

（2）需要调查搜集的资料　对于具体的房地产估价项目，如果拟采用的估价方法不同，其所需的估价资料也不完全相同。因此，有些材料是共性的，有些则有所侧重。

其中共性材料主要有：①对房地产价格有普遍影响的资料，主要包括统计资料、法律法规资料、社会经济资料、城市规划资料等；②对估价对象所在地区的房地产价格有影响的资料，主要包括市场交易资料、交通条件资料、基础设施资料、建筑物造价资料、环境质量资料等；③反映估价对象自身状况的资料，特别是各项权证资料如土地使用权证（包括宗地图）、房屋所有权证（包括房屋平面图）、他项权利登记、建设工程许可证、商品房买卖许可证等。

有侧重性的资料主要包括：①拟采用市场比较法时应专门搜集比较案例的情况资料，比如交易价格、交易时间、交易情况、比较案例的各项区域因素资料和微观因素资料等。对于不同的房地产类型，其所关注的重点也是不同的。如商业房地产更为关注商业服务繁华程度，住宅房地产主要关注基础设施和公用设施配套情况、环境状况、交通条件等方面，而工业性房地产则主要关注交通状况、动力供应、集聚规模等。②拟用收益法时应专门搜集与类似房地产的收益、成本等相关的资料，比如估价时点前三年的、类似房地产市场租金和空置率水平资料；估价时点前三年的、类似房地产平均经营收益水平、经营成本与费用资料；估价对象所在地区一年期存贷款利率、同行业及相关行业平均收益率与风险水平、同类物业租售比率等资料。③拟用成本法时应注意搜集与成本、利润、税费相关的资料，比如同一供需圈内的地价资料；前期工程费用资料；市政公共设施建设费用资料；建筑安装工程费用资料；建筑物及设备折旧或成新度评定标准资料；与房地产投资相关的贷款利率、利润、税费资料等。④拟用假设开发法时注意搜集有关房地产建设项目的批准文件资料，如土地使用权出让合同、建设用地规划许可证、建设工程规划许可证、施工许可证等；有关建设用地规划资料，包括土地面积、用途、使用年期、建筑密度、容积率、绿地率等；有关建筑设计资料，包括建筑面积、结构、类型、高度、层数、外观、设备、装修、建设工期等；有关建筑造价资料，包括土地取得成本、前期工程费用、市政公共设施建设费用、建筑安装工程费用、利润率、税金、分年度投资计划等；类似房地产的市场交易价格、租金水平、空置率资料；所在地区贷款利率、销售费用等资料。

3. 预计所需的时间、人力、经费

作为专业服务活动，房地产估价必然涉及人力、物力和财力的动用，特别是人力的动用。根据评估任务的大小、性质、评估难易程度、本机构估价人员的专长和经费状况，可以确定应投入多少人力、物力、经费及如何进行分工安排。有时候，还需要聘请其他领域的专家如造价工程师等予以协助。

4. 拟定作业步骤和作业进度

通过拟定估价作业步骤和作业进度，可以对今后要做的各项工作做出具体安排，以便控制进度及协调合作，主要包括：对后续各项评估工作环节的具体安排以及各项工作环节所需要的时间、人员和经费分配。

对于单宗的小型估价项目，估价作业计划比较容易安排，如有必要可采用横道图的方法进行表述；对于较为复杂的大型项目，可采用网络计划技术的方法制订详细的估价作业计划。

（四）搜集和整理估价所需资料

根据作业计划中拟定的资料搜集渠道，结合所选方法，进行资料搜集。对于所有直接或者间接影响估价对象价格的资料都应尽量搜集。对于搜集到的估价资料，经过核实后，应当及时进行整理、分类，以便后续查阅利用。资料整理时应注意：①由于所搜集的资料可能存在一定的遗漏、虚假或错误，对于这类资料要及时安排补充调查，或予以完善，或予以更正、剔除，以确保整理后的资料具有全面性和正确性。②按资料类型、性质进行整理并归档，使得整理后的资料保持统一性，为建立估价资料数据库打下良好的基础。此外，除了针对特定项目进行的资料搜集外，估价人员在日常工作中应当留意相关评估资料的积累。

（五）实地查勘估价对象

实地查勘是指估价人员亲自去估价对象现场，对委托人提交的以及估价人员搜集与估价对象及其所处市场有关的资料进行全面的核对和查证，亲身感受估价对象的位置、周围环境、景观的优劣，查勘估价对象的外观、建筑结构、装修、设备等状况，并对事先搜集的有关估价对象的坐落、四至、面积、产权等资料进行核实，同时搜集补充估价所需的其他资料，以及对估价对象及其周围环境或临路状况进行拍照。由于房地产具有不可移动性、独一无二性、用途及产权状况的多样性，仅仅根据委托人或有关当事人提供的情况，还不能具体、准确地把握估价对象。因此，估价人员必须亲临现场，实地查明有关情况。

实地查勘的内容主要包括：

1）查勘估价对象的区位。除应查明地号或门牌号码外，还应对照地籍图判明估价对象的四至及其与邻地和道路的关系。同时，还要观察附近的建筑布局、绿化、卫生状况、地势高低、日照、通风、周围土地利用程度等区位条件。

2）查勘估价对象的实物利用现状和权益状况。①要明确估价对象包括所有权、用益物权和担保物权在内的一切权利关系，核实其实际用途与证载用途是否一致，权利状况和数量是否相符，特别是权证的真伪。②对于土地估价对象，应勘查其面积大小、形状、地形、地势、地质条件、基础设施完备程度等；对于建筑物，应勘查其建筑规模、建筑结构、设备、装饰装修、空间布局、工程质量、完损程度，了解建筑面积、使用面积或可供出租和营业用的面积等情况。③应对土地和建筑物实物状况进行实地拍照。如果属于有收益的房地产，还要查明其出租或经营上的收益与费用等。

3）了解当地房地产市场状况并从房地产市场中搜集相关资料，如市场比较法所需的交易实例资料，收益法所需的类似房地产的收入和费用等资料，成本法所需的各项客观成本费用资料等。

对于已经消失的房地产，虽然不能进行完全意义上的实地查勘，但也应去估价对象原址进行必要的调查了解。

实地查勘时估价人员要在事先准备好的表格中将有关情况和数据记录下来，形成实地踏勘记录。完成实地踏勘后，估价人员和委托方陪同人员都应在记录上签字，并注明勘查日期。

（六）选定方法进行估算

每种估价方法都有其适用范围，估价师首先应熟知、理解并能够正确运用常用的估价方法，并应根据实地踏勘的情况，结合估价对象的特点及评估目的等，重新判断作业方案中初步选择的估价方法是否恰当。如有不妥之处，应当及时进行调整。选定估价方法时，主要依据估价对象房地产的类型、各估价方法适用的对象和条件、所搜集资料的数量和质量能否满足该方法的使用等进行综合判定。此外，《房地产估价规范》中明确指出，有条件选用市场比较法进行估价的，应以市场比较法为主要的估价方法；收益性房地产的估价，应选用收益法作为其中的一种估价方法；具有投资开发或再开发潜力的房地产的估价，应选用假设开发法作为其中的一种估价方法；在无市场依据或市场依据不充分而不宜采用市场比较法、收益法、假设开发法进行估价的情况下，可采用成本法作为主要的估价方法。

确定估价方法后，可按照每种方法估算的步骤和技巧，进行具体测算。各方法的具体测算过程在后文各种估价方法中将作详细叙述，此处不再说明。

（七）确定估价结果

运用不同方法估算出来的试算价格可能具有一定差异，必须对初步测算价格进行综合分析并予以调整，最终确定估价结果。

进行综合分析判断时，主要从以下几方面入手：①所选择的估价方法是否得当，是否符合估价对象和估价目的要求。②结合估价方法的运用步骤，判断测算过程是否有误，特别是公式的选取是否恰当；③所搜集的基础数据是否准确翔实；④各项参数选取有无不合理之处；⑤所处房地产市场是否处于非正常状态，比如有无泡沫经济迹象等；⑥测算过程是否存在其他违反房地产估价原则之处。

在确认所有初步测算结果无误后，可选用简单算术平均、加权算术平均、综合法等方法，并充分考虑不可量化的价格影响因素，确定最终结果。当各估算方法可靠性相当，试算价格比较接近时，可采用简单算术平均法；若所选方法的可靠性有一定差异，试算结果也有较明显的区别时，可采用加权算术平均法。采用加权方法确定最终结果时，应注意权重的选取要科学合理；此外，估价人员不必拘泥于数学测算的结果，可在测算结果的基础上，依靠自身专业经验及其他相关专业人士的建议，以某一试算价格为主，适当参考其他试算价格，综合确定估价结果。

无论采用哪种方法，估价人员均应在估价报告中明确上述过程并阐述其理由。

（八）撰写并交付估价报告

估价报告是全面、公正、客观、准确地记述估价过程和估价成果的文件，是估价机构履行委托估价合同的“产品”，也是相关管理部门评估鉴定估价机构工作质量及资质的重要依据，还是估价机构为估价项目承担法律责任的书面文件。估价人员在确定了最终估价结果以后，应当撰写估价报告。

1. 估价报告的审核及交付

估价报告完成后，为保证估价报告质量，估价机构应建立内部审核制度，由资深人员对估价报告进行全面审核，并确认估价结果的合理性。审核过程中，应做好审核记录，并由审核人员在审核记录上签名，注明审核日期。经过审核后，由负责及参加该项目的房地产估价人员、估价机构的法定代表人或合伙人在报告上签名，并以估价机构的名义出具报告，以约定形式交付给委托方。交付时，估价人员可就相关事宜进行说明，委托方应签收，并注明签收人和签收日期。

2. 收取估价服务费用

报告交付后，估价双方按照合同收取或支付估价服务费用。房地产估价服务费用的收取受到有关要求或标准的约束，不完全是估价双方的行为。目前，我国房地产估价服务的收费方式一般按照房地产评估值总额实行差额定率分档累进计费制，但收费标准在土地评估、房地产评估等方面存在一定差异。

1）以房产为主的房地产估价收费，由双方参照原国家计委、建设部 1995 年 7 月发布的《关于房地产中介服务收费的通知》执行，见表 3-1。

表 3-1 房地产估价收费标准

档次	房地产价格总额/万元人民币	累进计费率（%）
1	<100（含 100）	0.5
2	101～1000	0.25
3	1001～2000	0.15
4	2001～5000	0.08
5	5001～8000	0.04
6	8001～10000	0.02
7	>10000	0.01

2）以土地为主的房地产估价收费，由双方参照原国家计委、原国家土地管理局 1994 年 12 月发布的《关于土地价格评估收费的通知》执行，见表 3-2。

表 3-2 一般宗地评估收费标准

档次	土地价格总额/万元人民币	累进计费率（%）
1	<100（含 100）	0.4
2	101～200	0.3
3	201～1000	0.2
4	1001～2000	0.15
5	2001～5000	0.08
6	5001～10000	0.04
7	>10000	0.01

以上两项规定中制定的收费标准为最高限标准，经济特区可适当高于上述标准，但最高不得超过上述标准的 30%。城镇基准地价评估收费不在此列。

3）城镇基准地价评估收费，由评估机构与委托城镇主管部门参照《基准地价评估收费标准》协商确定，见表 3-3。

表 3-3 城镇基准地价评估收费标准

档次	城镇面积/km^2	收费标准/万元人民币
1	5 以下（含 5）	4～8（含 8）
2	5～20（含 20）	8～12（含 12）
3	20～50（含 50）	12～20（含 20）
4	50 以上	20～40

（九）估价资料归档

估价报告交付后，估价人员应及时对评估中涉及的委托估价合同、估价报告（包括附件）、实地查勘记录、估价项目来源和接洽情况、估价中的不同意见和估价报告定稿之前的重大调整或修改意见等资料进行整理并分类保存，即进行归档。估价资料归档的主要目的：①累积资料建立估价资料库。②提高估价机构和估价人员的估价水平。③为日后可能发生的估价纠纷做好资料准备；④为相关管理部门的资质审查和考核保留相关资料。估价机构因建立估价资料归档的相关管理制度，保证估价资料妥善保管并防止毁损和泄密。估价机构终止、分立、合并时，应会同有关人员和单位移交所保管的估价资料。通常情况下，估价资料的保管期限为15年，从出具报告之日算起。当保管期限届满但估价所服务的行为尚未结束时，该期限可以延长。

按照科学、严谨的估价程序开展估价工作，可以使估价工作具有计划性，避免不必要的重复和浪费，提高整个估价工作的效率，防止由于程序上的疏漏，影响估价工作的质量，有利于估价工作的规范化、精细化。因此，房地产估价应当按照上述估价程序进行，不得随意省略其中的工作步骤。当然，在实务中，各个工作环节之间可能会有交叉，甚至为了保证估价结果的合理性，在部分环节上会有一定的反复。

思考与练习题

1. 为什么要区分房地产估价技术原则与行为原则？二者有何关系？
2. 哪些原则从内部构成要素影响房地产价格的形成，哪些原则从外部要素影响房地产价格？
3. 房地产估价的最高原则是什么？有哪些具体要求？
4. 何谓最有效使用？最有效使用原则的具体要求是什么？哪些原则与最有效使用原则有密切关系？
5. 如何选择某宗房地产的最有效使用方式？
6. 什么是合法原则？合法原则的具体要求是什么？
7. 什么是类似房地产？什么是同一供求范围？
8. 何谓替代原则？替代原则与哪些估价方法的运用密切相关？
9. 什么是估价时点原则？如何确定估价时点？估价时点与估价作业日期有何区别？
10. 估价时点是否总为现时点？什么情况下可能产生其他时点？
11. 广义估价程序和狭义估价程序的差别主要在哪里？
12. 估价基本事项包括哪些内容？基本事项的确定一般是由委托人，还是估价人员完成？
13. 何谓估价技术路线？如何确定估价技术路线？
14. 实地查勘时主要查明哪些内容？
15. 如何检查每种方法测算的估价结果是否正确？确定最终估价结果的方法有哪些？
16. 什么是估价报告？估价报告的形式有哪些？每种形式在什么情况下常用？

第四章

市场比较法

学习要求

了解市场比较法的操作步骤；搜集交易实例的途径、内容和方法。熟悉选取可比实例的标准和建立价格可比基础。掌握交易情况修正的含义、造成成交价格偏差的因素、交易情况修正的方法；交易日期修正的含义、交易日期修正的方法；房地产状况修正的含义、房地产状况修正的内容、房地产状况修正的方法；求取比准价格。

市场比较法是房地产估价中最重要、最常用的方法之一。该方法直观，适用范围广，容易准确把握，并能有效体现房地产估价的基本原理。在房地产市场竞争激烈、变化较快的环境下，市场比较法是房地产估价的首选方法。

第一节　市场比较法的基本原理

一、市场比较法的概念

市场比较法又称市场法、比较法，是将估价对象与在估价时点较近时期内已经成交的类似房地产进行比较，对这些类似房地产的成交价格进行适当的修正和调整，以此求取估价对象的客观合理价格或价值的方法。作为比较实例的已成交房地产必须与估价对象具有可比性，因此“类似房地产”在功能、结构、区位环境、交易目的等诸方面应与估价对象相同或相似。运用市场比较法评估出的价格称为比准价格。

二、市场比较法的理论依据

市场比较法的理论依据即为前述的替代原则。

经济学中的替代原则是反映合理经济行为的基本原则，广泛运用于经济活动中。根据一般商品价值关系，在同一市场中存在两种经济行为：一是具有相同使用价值的商品应该具有相同的价格；二是两个以上具有替代关系商品同时存在时，商品的价格是经过两者之间相互竞争后产生，其价格相互影响并趋于一致。

在市场经济中参加交易的经济主体的行为普遍遵循理性原则，在进行交易选择时，都会根据将拟交易物的价格与类似产品的价格相比较，追求效用最大化。由于购买者的行为通常只是为了满足一定的效用需求，在同一市场上出现两种或两种以上效用相同或效用可以相互替代而价格不等的商品时，购买者往往会选择价格低的产品；而当价格相同效用不等时，购买者则会选择效用较大的商品。这样，通过市场供求和竞争机制的作用，最终使得市场上具有同等效用的商品获得相同的市场价格。这一替代原理作用于房地产市场，便表现为效用相同、条件相近的房地产价格总是相互牵引，趋于一致。因此，在房地产市场上，任何有理性的当事人都会以已成交房地产的价格效用比作为指引，根据替代原则进行效用与价格的比较，最终决定其行动。

这种价格上的相互影响、相互制约恰恰构成了市场比较法的基础，即具有相同使用价值的房地产应具有相同的价格，即便效用相同价格不同的房地产通过竞争市场价格也会趋于一致。正是因为在房地产交易中存在上述替代原则，所以在进行房地产评估时，可以采用类似房地产的成交价格去求取估价对象的未知价格。

由于房地产具有位置固定性，它不同于普通商品可以用移动位置的办法对估价对象与类似房地产进行比较，只能在替代原则下用市场比较法进行评估。替代原则在房地产估价中的应用，就是通过比较估价对象与类似房地产的使用效益来调整可比实例的房地产价格，最终得出估价对象的房地产价格。由于房地产具有独一无二性，因此很难找出完全相同的两宗房地产。但是对于购买者，只要支付与比较物相同的价格，购入在功能使用效益上完全相同的房地产即可。这就要求在使用市场比较法对房地产价格进行评估时，所选择的可比实例一定是那些确实在效用上可以相互替代的房地产，即要求可比实例在交易日期、交易目的、交易形式、所处区域、建筑结构以及功能等方面应尽可能相近。这样估价对象的价格才能由具有性质相同的替代房地产价格所决定。

三、市场比较法的适用范围和条件

尽管市场比较法地位重要、应用广泛，但其也有适用的范围和条件。

（一）适用范围

市场比较法主要适用于：①有广泛市场交易的房地产类型。像普通住宅、商铺、写字楼等房地产由于数量众多、交易频繁，可以搜集到大量的交易实例，采用市场比较法则具有使用基础。为了能够获取大量的交易实例，采取市场比较法进行估价的房地产应是较为常见的房地产，对于那些独特的房地产，如占据特殊位置或具有特殊地位的房地产以及那些建筑结构、建筑材料、建筑形式与众不同的房地产，由于不易找到具有可比性的交易实例，因而，往往难以采用市场比较法进行估价。②房地产市场发达、活跃和完善的地区。从我国目前的情况看，各地区房地产市场发展还很不平衡，在房地产市场发育不够充分的地区，较难采用这一方法。即使在房地产市场比较发达的地区，如果委估的房地产较为特殊，也不适宜采用市场比较法。在总体房地产市场活跃，但某一部分市场不够活跃时，也不宜采用市场比较法。

（二）适用条件

应用市场比较法估价，主要需要满足以下两个条件：①充足的市场交易资料。应用市场比较法估价，首先需要收集尽可能多的交易实例，为选择合适的比较交易实例预备一个“资料库”。一般而言，比较实例应有十个以上，其中最基本、与估价对象状况接近的案例至少应有三个，构成一个交易价格系列作为分析、比较的依据。如果可比较的实例太少，评估的价格难免失真。②丰富的估价经验。市场比较法的正确应用，对估价主体也有严格的要求。在运用该方法时，需要选定可比实例与估价对象进行比较分析，并对交易日期，交易情况和房地产状况作出修正，这些都需要多方面的知识和丰富的经验。若不由经验丰富、判断准确，且对当地房地产市场的特点和交易习惯有相当了解的估价人员进行估价，则难以获得合理的估价结果。

第二节 市场比较法的操作步骤

运用市场比较法对某宗房地产进行估价时，其操作步骤包括：①搜集交易实例；②选取可比实例；③建立价格可比基础；④交易情况修正；⑤交易日期修正；⑥房地产状况修正；⑦综合修正计算。

一、搜集交易实例

运用市场比较法估价，需要房地产评估人员搜集大量交易实例，掌握正常市场价格行情。这些是保证准确评估的基本前提之一。

（一）搜集交易实例的途径

1）查阅政府有关部门的房地产交易资料。房地产权利人转让房地产时向政府有关部门申报的成交价格资料，政府出让土地使用权的价格资料，政府或其授权的部门确定、公布的基准地价、标定地价、房屋重置价格以及房地产市场资料。

2）向房地产交易当事人、四邻、促使交易协议达成的经纪人、律师、财务人员、银行有关人员等了解其知晓的房地产成交价格资料和有关交易情况。

3）与房地产出售者，如业主、房地产开发商、房地产经纪人等洽谈，获得其房地产的要价资料。

4）查阅报刊、网络资源上有关房地产出售、出租的广告、信息等资料。

5）参加房地产交易展示会，了解房地产价格行情，搜集有关信息，索取有关资料。

6）同行之间相互提供。估价机构或估价人员可以约定相互交换所搜集的交易实例。

（二）搜集交易实例应包括的内容

搜集内容完整、真实的交易实例，是提高房地产估价精度的一个基本保证。在搜集交易实例时应当尽可能搜集较多的内容，一般应该包括：①交易双方的基本情况及交易目的；②交易实例房地产状况，如坐落位置、用途、土地状况、建筑物状况、周边环境、景观等；③成交价格；④成交日期；⑤付款方式；⑥交易情况，如交易税费的负担方式，有无隐价瞒价、急卖急买、人为哄抬、亲友间的交易等特殊情况；⑦其他一些附加说明（图片资料等）。

为避免在搜集交易实例时遗漏重要内容，并保证所搜集内容的统一性和规范性，最好事先将房地产分为不同的类型，如分为居住、商业、办公、旅馆、餐饮、娱乐、工业、农业等，针对这些不同类型的房地产，将所有搜集的内容制作成统一的表格，即“交易实例调查表”，参见表4-1。

表4-1 交易实例调查表

<table>
<tr><td colspan="2">房地产类型</td><td colspan="2"></td></tr>
<tr><td colspan="2">名　称</td><td colspan="2"></td></tr>
<tr><td colspan="2">坐　落</td><td colspan="2"></td></tr>
<tr><td colspan="2">买　方</td><td colspan="2"></td></tr>
<tr><td colspan="2">卖　方</td><td colspan="2"></td></tr>
<tr><td colspan="2">成交日期</td><td colspan="2"></td></tr>
<tr><td colspan="2">成交价格</td><td colspan="2"></td></tr>
<tr><td colspan="2">付款方式</td><td colspan="2"></td></tr>
<tr><td rowspan="3">房地产状况说明</td><td>实物状况说明</td><td colspan="2"></td></tr>
<tr><td>权益状况说明</td><td colspan="2"></td></tr>
<tr><td>区位状况说明</td><td colspan="2"></td></tr>
<tr><td colspan="2">交易情况说明</td><td colspan="2"></td></tr>
<tr><td colspan="3">位置图</td><td>形象图</td></tr>
</table>

调查人员：　　　　　调查日期：　　　　年　　月　　日

按照事先制作好的“交易实例调查表”填写，不仅能够避免遗漏重要的事项，而且操作十分方便。在实际工作中，还可以将估价人员和交易实例搜集人员分开，某些人专门从事交易实例调查工作。在调查过程中，应对每一个交易实例进行反复的查证核实，确保交易实例的每一项内容都准确无误，以确保估价对象价格评估的准确、合理。

搜集大量的交易实例，也是从事房地产估价的一项基础性工作，是市场比较法的基本需要。因此，对于房地产估价机构和估价人员来说建立房地产交易实例库，不仅可以有效解决房地产估价中运用市场比较法的要求，而且对于房地产估价机构和估价人员来说也是形成其核心竞争力的重要因素之一。交易实例库的建立，有利于交易实例资料的保存和在需要时查找、调用，提高估价工作的效率。建立交易实例库最简单的做法就是将“交易实例调查表”及有关资料，以交易实例卡片或档案袋的形式，分门别类保存起来。由于计算机运用的普及，房地产估价机构，完全可以开发有关的计算机软件，将所搜集到的交易实例信息输入计算机信息库中。

二、选取可比实例

尽管房地产估价机构搜集到的交易实例或房地产交易实例库中存放大量的交易实例，但针对某一具体的估价对象、估价目的和估价时点，不是任何交易实例都可以拿出来进行参照比较，有些交易实例并不适用。因此，对于房地产估价人员在进行某宗具体的房地产估价时，需要从中选择符合相应条件的交易实例，作为参照比较，这种交易实例称为“可比实例”。

房地产估价人员在进行估价时，应根据估价对象的状况、估价目的和估价时点，从搜集的交易实例中选取三个以上的可比实例。所选取的可比实例应符合下列要求：①可比实例应是估价对象的类似房地产；②可比实例的成交日期与估价时点相近，一般不能超过一年；③可比实例的成交价格为正常价格或可修正为正常价格；④可比实例的交易类型应与估价目的吻合。

在实际选取可比实例时，上述四个方面的内容可以具体化为以下九个方面的条件。

（1）可比实例应与估价对象处于同一地区或是处于同一供求范围内的类似地区　房地产区域性在价格评估中起着很大的影响，同样形状面积的土地，相同构造、功能的房屋，由于所处的区域不同，价格会产生很大的差异。位于城市中心、交通方便，环境优美区域的房地产价格肯定要高于其他区域的房地产价格。特别是商服中心的所谓“黄金地段”的房地产价格会几倍甚至几十倍于其他地段的房地产。这种区域性带来房地产价格的极大反差，是房地产不同于一般商品的特殊属性。所以用来比较交易案例应与待估房地产同处于同一区域，或者处于特性相同的不同地区，使其可与待估房地产具有替代关系。

(2) 可比实例的用途应与估价对象的用途相同 这里所指的用途主要是大类用途，如果能够做到小类用途都相同则更好。大类用途一般分为六种：①居住用途；②商业用途；③办公用途；④旅馆用途；⑤工业用途；⑥农业用途。小类用途则可以分为十种类型：①居住房地产，包括普通住宅、高档公寓、别墅、集体宿舍等；②商业房地产，包括商业店铺、百货商场、购物中心、超级市场、批发市场等；③办公房地产，包括写字楼、政府办公楼等；④旅馆房地产，包括宾馆、饭店、酒店、度假村、旅店、招待所等；⑤餐饮房地产，包括酒楼、美食城、餐馆、快餐店等；⑥娱乐房地产，包括游乐场、娱乐城、康乐中心、俱乐部、夜总会、影剧院、高尔夫球场等；⑦工业和仓储类房地产，包括工业厂房、仓库等；⑧农业房地产，包括农地、林场、牧场、果园等；⑨特殊用途房地产，包括车站、机场、医院、学校、教堂、寺庙、墓地等；⑩综合房地产。

(3) 可比实例的规模应与估价对象的规模相当 选取的可比实例规模一般应在估价对象规模的0.5~2范围内，即

$$0.5 \leqslant \frac{\text{可比实例规模}}{\text{估价对象规模}} \leqslant 2$$

(4) 可比实例的档次应与估价对象的档次相当。

(5) 可比实例的建筑结构应与估价对象的建筑结构相同 这里所指的建筑结构主要是大类结构，若能做到小类结构都相同，则更好。大类建筑结构一般分为以下几种类型：①钢结构；②钢筋混凝土结构；③砖混结构；④砖木结构；⑤简易结构。

(6) 可比实例的权利性质应与估价对象的权利性质相同 若两者不相同时，一般不具有可比性。如：国有土地和农村集体土地上的建筑物，由于土地的权利性质不同，因而不具有可比性；商品住宅与经济适用房、房改所购住房的权利性质不同，因而也不能直接进行比较。因此，如果估价对象是出让土地使用权或出让土地使用权土地上的房地产，则应选择出让土地使用权或出让土地使用权土地上的交易实例，而不是选取划拨土地使用权或划拨土地使用权土地上的房地产的交易实例。

(7) 可比实例的成交日期应与估价时点接近 这里的“接近”是相对而言的：如果房地产市场比较平稳，则较早之前发生的交易实例可能仍然有参考价值，也可以被选作可比实例；但如果房地产市场变化快，则此期限应缩短，可能只有近期发生的交易实例才有说服力。一般认为，交易实例的成交日期与估价时点相隔一年以上的不宜采用，因为难以对其进行交易日期调整。有时即使进行交易日期调整，也可能会出现较大的偏差。

(8) 可比实例的交易类型应与估价目的吻合　房地产交易类型主要包括有一般买卖、拍卖、租赁、土地使用权协议出让等。在选择可比实例时，其交易类型应与估价对象的估价目的相吻合，若估价对象的估价目的是抵押、抵债、房屋拆迁，则在选取的可比实例时，其交易类型应为一般买卖。

(9) 可比实例的成交价格应是正常成交价格或能够修正为正常成交价格　当估价对象为单独的土地或单独的建筑物，但缺少相应的交易实例，而有土地与建筑物合成体的交易实例时，则可将此土地与建筑物合成体及其成交价格予以分解，提取出与估价对象同类型部分的房地产及其价格，再以此为可比实例。

选取的可比实例数量从理论上来说是越多越好，但如果选取的数量太多，可能造成后续修正、调整的工作量过大。因此，一般要求选取3个以上（含3个）、10个以下（含10个）的可比实例即可。

三、建立价格可比基础

在对比较实例进行修正前，应先把各可比实例的成交价格调整为在可比实例之间、可比实例与估价对象之间具有比较基础。其中是指：①统一付款方式，即应统一为在成交日期时一次总付清；②统一采用单价，常采用建筑面积单价为多；③统一币种和货币单位，不同币种之间的换算，应按中国人民银行公布的成交日期时的市场汇率中间价计算；④统一面积内涵和面积单位。

（一）统一付款方式

由于房地产价值量大，房地产的成交价格通常采用分期付款的方式进行支付，付款的期限长短不同，付款数额在付款期限内的分布也是不相同的，即使是销售价格相同的房地产产品，也会因不同的付款方式和付款数额在付款期限内的不同分布，其实际价格之间也将存在较大差异。因此，在进行房地产估价时，为了便于估价比较，价格通常以一次性付清所需支付的金额为基准，这就需要根据资金时间价值中的折现计算，将采用不同付款方式的可比实例的成交价格折现为在其成交日期时一次付清的数额。

【例4-1】　某宗房地产交易总价值为50万元，其中首期付款30%，余款于半年后支付。假设月利率为0.5%，试计算该宗房地产在成交日期一次付清的价格。

解：该宗房地产在成交日期一次付清的价格为

$$V=50\text{万元}\times 30\%+\frac{50\text{万元}\times(1-30\%)}{(1+0.5\%)^{6}}=48.97\text{万元}$$

本例中如果已知的不是月利率，而是：①年利率 r，则计算中的 $(1+0.5\%)^6$ 就变为 $(1+r)^{0.5}$；②半年利率 r，则计算中的 $(1+0.5\%)^6$ 就变为 $(1+r)$；③季度利率 r，则计算中的 $(1+0.5\%)^6$ 就变为 $(1+r)^2$。

（二）统一采用单价

单价通常为单位面积上的价格，其中建筑物的单位面积通常有以下几种类型：单位建筑面积、单位套内建筑面积、单位使用面积；土地的单位面积包括单位土地面积和楼面地价。这里所说的单位面积是一个比较单位，根据估价对象的不同，还可以有其他的比较单位，如仓库以单位体积作为比较单位，停车场以每个停车位作为比较单位，电影院以每个座位作为比较单位，医院以每个床位作为比较单位等。

（三）统一币种和货币单位

不同币种的价格换算应采用该价格所对应日期时的汇率。在通常情况下，采用成交日期时的汇率。但若先按原币种的价格进行了交易日期的修正，则对于进行了交易日期的修正的价格，应采用估价时点时的汇率进行换算。汇率的取值，参照国家外汇管理部门公布的外汇牌价的卖出、买入的中间价。

在统一货币单位方面，按照使用习惯，通常将美元、港币等换算成人民币“元”。

【例4-2】 有A、B两个可比实例，A为一宗600亩（1亩 = 666.6m^2）的地块，交易价格为1000万美元，成交当时的美元汇率是8.5∶1；B为一宗55000m^2的地块，成交价为1200万元人民币。现要求将这两个实例调整为以人民币表示的土地单价。

解：A可比实例的土地单价

$$V_A=\frac{10000000\text{ 美元}}{600\text{ 亩}\times 666.67\text{m}^2/\text{亩}}\times 8.5\text{ 元/美元}=212.5\text{ 元/m}^2$$

B可比实例的土地单价

$$V_B=\frac{12000000\text{ 元}}{55000\text{m}^2}=218.2\text{ 元/m}^2$$

（四）统一面积内涵

在实际的房地产交易中，有按照建筑面积计算价格的，有按照套内建筑面积计算价格的，也有照使用面积计算价格的。它们之间的换算如下

$$\text{建筑面积下的价格}=\text{套内建筑面积下的价格}\times\frac{\text{套内建筑面积}}{\text{建筑面积}} \tag{4-1}$$

$$\text{建筑面积下的价格}=\text{使用面积下的价格}\times\frac{\text{使用面积}}{\text{建筑面积}} \tag{4-2}$$

$$\text{套内建筑面积下的价格}=\text{使用面积下的价格}\times\frac{\text{使用面积}}{\text{套内建筑面积}} \tag{4-3}$$

【例4-3】 有甲、乙两个交易实例，甲的使用面积为4800ft^2（平方英尺），成交价为30万美元，1m^2约合10.764ft^2；乙建筑面积为400m^2，成交价为180万人民币，成交当时的美元汇率是8.5∶1。经实地测算，甲的建筑面积与使用面

积之比为1:0.8。现要求将这两个交易实例的价格调整为以美元表示的每平方建筑面积的楼价。

解：甲的单价：$V_{甲}=300000\text{美元}\div\dfrac{4800\text{ft}^2}{10.764\text{m}^2}\times0.8=538.2\text{美元/m}^2$

乙的单价：$V_{乙}=180000\text{元}\div400\text{m}^2\div8.5=529.41\text{美元/m}^2$

(五) 统一面积单位

在面积单位方面，我国大陆通常采用平方米（m^2）（土地面积单位有时还采用公顷（hm^2）、亩等），我国香港地区和美国、英国等习惯采用平方英尺（ft^2），我国台湾地区和日本、韩国一般采用坪。它们之间的换算如下

$$1\text{亩}=666.7\text{m}^2 \tag{4-4}$$

$$1\text{hm}^2=10000\text{m}^2 \tag{4-5}$$

$$1\text{m}^2=10.764\text{ft}^2 \tag{4-6}$$

$$1\text{m}^2=0.303\text{坪} \tag{4-7}$$

相应不同面积单位下单价的换算为：

$$\text{平方米}（\text{m}^2）\text{单位的价格}=\text{亩单位的价格}\div666.67 \tag{4-8}$$

$$\text{平方米单位的价格}=\text{公顷}（\text{hm}^2）\text{单位的价格}\div10000 \tag{4-9}$$

$$\text{平方米单位的价格}=\text{平方英尺}（\text{ft}^2）\text{单位的价格}\times10.764 \tag{4-10}$$

$$\text{平方米单位的价格}=\text{坪单位的价格}\times0.303 \tag{4-11}$$

【例4-4】 搜集了甲、乙两个交易实例，甲交易实例房地产的建筑面积200m^2，成交总价80万元人民币，分三期付款，首期付款16万元人民币，第二期于半年后付32万元人民币，余款32万元人民币于1年后付清，假设当时人民币的年利率为8%。乙交易实例房地产的使用面积2500ft^2，其建筑面积与使用面积的关系为1m^2建筑面积等于0.75m^2使用面积，成交总价15万美元，于成交时一次付清，假设乙交易实例成交当时的人民币与美元的市场汇率为1美元等于8.3元人民币。如果选取该两个交易实例作为可比实例，试在对其成交价格作有关修正、调整之前进行“建立价格可比基础”处理。

解：对甲、乙两个交易实例进行“建立价格可比基础”处理，包括统一付款方式、统一采用单价、统一币种和货币单位、统一面积内涵和面积单位。

(1) 统一付款方式。

以在成交日期一次付清为基准，则

甲交易实例总价：$16\text{万元人民币}+\dfrac{32\text{万元人民币}}{(1+8\%)^{0.5}}+\dfrac{32\text{万元人民币}}{(1+8\%)}=76.422$万元人民币

乙交易实例总价：15万美元

(2) 统一采用单价。

甲交易实例单价：$\frac{764220\text{元人民币}}{200\text{m}^2\text{（建筑面积）}}=3821.1\text{元人民币/m}^2\text{（建筑面积）}$

乙交易实例单价：$\frac{150000\text{美元}}{2500\text{ft}^2\text{（使用面积）}}=60\text{美元/ft}^2\text{（使用面积）}$

（3）统一币种和货币单位。

甲交易实例单价：$\frac{764220\text{元人民币}}{200\text{m}^2\text{（建筑面积）}}=3821.1\text{元人民币/m}^2\text{（建筑面积）}$

乙交易实例单价：60 美元 ×8.3 元人民币/美元 =498 元人民币/ft^2（使用面积）

（4）统一面积内涵。

甲交易实例单价：3821.1 元人民币/m^2（建筑面积）

乙交易实例单价：498 元人民币/ft^2（使用面积）×0.75 建筑面积/使用面积 =373.5 元人民币/ft^2（建筑面积）

（5）统一面积单位。

甲交易实例单价：3821.1 元人民币/m^2（建筑面积）

乙交易实例单价：373.5 元人民币/ft^2（建筑面积）×10.764ft^2/m^2 = 4020.354 元人民币/m^2（建筑面积）

四、交易情况修正

在选取比较参照交易实例时，一般对非正常交易实例已予以剔除。但当可供选择的交易实例较少，或者有特殊原因必须保留时，就不得不选用一些特殊情况下的交易实例，这样就需要对实例交易情况进行修正。

交易情况修正是排除房地产交易中一些特殊因素所造成的交易价格偏差，使其显现出房地产真正本质上的价格。由于房地产市场的特殊性，如交易物的不可移动、市场的不完全性等，其交易价格都是个别交易过程中形成的，因此其价格极易受到特殊因素的影响造成偏差。而要求评估的估价对象的价格是客观合理的，所以，如果可比实例的成交价格是不正常的，则应将其调整为正常。经过交易情况修正，我们就将可比实例的非正常价格变成了正常的价格。

（一）造成成交价格偏差的原因

造成房地产非正常交易的原因很复杂，归结起来主要有以下几种：

（1）有利害关系人之间的交易　如父子之间的交易、兄弟之间的交易、亲友之间的交易、公司与其员工之间的交易，其成交价格往往低于正常的市场价格。

（2）急于出售或购买情况下的交易　通常急于出售的交易价格往往低于正常的市场价格，而急于购买的交易价格往往高于正常的市场价格。如债务到期要偿还，无奈之下出售房地产进行偿还，这时的交易价格往往低于正常的市场价格。

(3) 交易双方或一方对市场行情缺乏了解的交易　如果买方不了解市场行情，盲目购买，则成交价格往往偏高；相反，如果卖方不了解市场行情，盲目出售，则成交价格往往偏低。

(4) 交易双方或一方有特别动机或特别偏好的交易　如果买方、卖方对其所买卖的房地产有特别的爱好、感情或特殊意义时，交易价格往往偏高。

(5) 相邻房地产的合并交易　房地产价格受其土地形状、面积及建筑规模的影响。当土地形状不规则或面积、规模过小，交易价格往往偏低。但若能和相邻房地产进行合并交易，其价格通常就会大幅增加。

(6) 特殊方式的交易　房地产正常成交价格的形成方式应是买卖双方经过充分讨价还价的协议价格。若采取招标、拍卖等方式，容易受到现场气氛、情绪的影响，而使成交价格失常。但对于我国土地价格则相反，采取招标、拍卖等方式获得的土地价格往往接近于市场价格，能较好地反映市场行情，而通过协议出让方式的土地价格，由于管理体制的不完善，其结果是土地价格往往低于正常市场价格。

(7) 交易税费非正常负担的交易　在房地产交易中需要缴纳一些税费，如营业税、土地增值税、契税、印花税、交易手续费、补交土地使用权出让金等。按照政府的有关规定，有的税费应由卖方缴纳，如营业税、土地增值税；有的税费应由买方缴纳，如契税、补交土地使用权出让金；有的税费买、卖双方都应缴纳或各负担一部分，如印花税、交易手续费。正常的成交价格是指在买卖双方各自负担缴纳自己应该缴纳的交易税费下的价格。但在现实交易中，往往会出现本该由卖方缴纳的税费，在买卖双方的协议下由买方缴纳，而本该由买方缴纳的税费，在买卖双方的协议下由卖方缴纳，这就会导致交易价格与正常市场价格之间的偏离。

(8) 受债权债务关系的影响　如附带着抵押、典当或拖欠工程款等的交易。

(9) 特殊政策造成房地产价格的偏差　新加坡、我国香港特别行政区施行“居者有其屋”的住房政策，对低收入者购置住房——即“组屋”和“公屋”实施优惠价格，而对高收入者则限定其只能购买正常市场价格的公寓、洋房、别墅等高级住宅。我国也在加快推进住房制度改革，建立并完善廉租房、经济适用房和商品房的住房供应体系。其中廉租房、经济适用房明确为政策性住房，对这些性质的住房建设，国家限定了利润率和提供了种种优惠条件，同时也限定其租金和售价必须低于市场上的正常价格。

(二) 交易情况修正的思路

根据估价人员具有的经验，对交易情况进行充分了解，分析造成价格差异的原因，找出价格变动的规律从而进行价格修正。在找出价格变动的规律方面，为测定种种特殊因素对房地产交易价格的影响程度，需要分析在正常情况和特殊情况下，房地产交易价格可能产生偏差的大小。测定方法可以根据已掌握的同类型房地产交易资料分析计算，确定修正比例或系数，也可以由估价人员根据长期的经验积累，判断确定修正比例或系数。

（三）交易情况修正的方法

1. 百分率法和差额法

百分率法、差额法，尤其百分率法是房地产交易情况修正的主要方法。采用百分率法进行交易情况修正的一般公式为

$$\text{可比实例成交价格} \times \text{交易情况修正系数} = \text{正常价格} \quad (4\text{-}12)$$

采用差额法进行交易情况修正的一般公式为

$$\text{可比实例成交价格} \pm \text{交易情况修正数额} = \text{正常价格} \quad (4\text{-}13)$$

特别强调的是，在百分率法中，交易情况修正系数应以正常价格为基准来确定。假设可比实例成交价格比其正常市场价格高低的百分率为 $\pm S\%$（当可比实例成交价格比其正常市场价格高时，为 $+S\%$；低时，为 $-S\%$），则

$$\text{可比实例成交价格} \times \frac{1}{1 \pm S\%} = \text{正常价格} \quad (4\text{-}14)$$

或者

$$\text{可比实例成交价格} \times \frac{100}{100 \pm S} = \text{正常价格} \quad (4\text{-}15)$$

式（4-14）和式（4-15）中，$\frac{1}{1 \pm S\%}$或$\frac{100}{100 \pm S}$为交易情况修正系数。

在交易情况修正中比较的基准只有一个，即市场正常价格。因为在市场比较法中要求选取多个可比实例来进行比较，如果以每个可比实例的实际成交价格作为基准，则会出现多个比较基准。例如，以正常价格为基准，说可比实例成交价格比其正常价格高 10%，即

$$\text{正常价格} \times (1 + 10\%) = \text{可比实例成交价格}$$

如果正常价格 = 1500 元/m^2，则

$$\text{可比实例成交价格} = 1500\text{ 元/m}^2 \times (1 + 10\%) = 1650\text{ 元/m}^2$$

如果以可比实例成交价格为基准，说正常价格比可比实例成交价格低 10%，即：

$$\text{可比实例成交价格} \times (1 - 10\%) = \text{正常价格}$$

假定可比实例成交价格 = 1650 元/m^2，则

$$\text{可比实例成交价格} = 1650\text{ 元/m}^2 \times (1 - 10\%) = 1485\text{ 元/m}^2$$

可见，1485 元/m^2 ≠ 1500 元/m^2。所以“可比实例成交价格比其正常价格高 10%”与“正常价格比可比实例成交价格低 10%”是不同的。因此，在交易情

况修正中应采用可比实例成交价格比正常价格是高多少还是低多少的说法。

在交易情况修正中需要测定交易中的一些特殊因素使其成交价格偏离正常价格的程度，但由于缺乏统一、客观的尺度，因此测定十分困难。这就需要房地产估价人员根据自身的专业知识以及丰富的估价经验加以判断，以此确定修正系数的大小。

2. 交易税费非正常负担的交易修正

对于交易税费非正常负担的交易，修正时应将交易税费非正常负担情况下的价格，调整为依照政府有关规定（无规定的依照当地习惯），交易双方负担各自应负担的税费下的价格，主要把握下列两个基本公式和两个辅助公式。

$$\text{正常成交价格} - \text{应由卖方负担的税费} = \text{卖方实际得到的价格} \quad (4\text{-}16)$$

$$\text{正常成交价格} + \text{应由买方负担的税费} = \text{买方实际付出的价格} \quad (4\text{-}17)$$

其中

$$\text{应由买方负担的税费} = \text{正常成交价格} \times \text{应由买方缴纳的税费比率} \quad (4\text{-}18)$$

$$\text{应由卖方负担的税费} = \text{正常成交价格} \times \text{应由卖方缴纳的税费比率} \quad (4\text{-}19)$$

【例4-5】 一宗房地产的正常成交价格为3500元/m^2，卖方应缴纳的税费为正常成交价格的7%，买方应缴纳的税费为正常成交价格的5%，则卖方实际得到和买方实际付出的价格各为多少？

解：根据式（4-16）和式（4-17）计算如下：

卖方实际得到的价格

$$V_{\text{卖}} = 3500\text{元/m}^2 - 3500\text{元/m}^2 \times 7\% = 3255\text{元/m}^2$$

买方实际付出的价格

$$V_{\text{买}} = 3500\text{元/m}^2 + 3500\text{元/m}^2 \times 5\% = 3675\text{元/m}^2$$

【例4-6】 某宗房地产交易，买卖双方在合同中写明，买方付给卖方成交单价为3255元/m^2，买卖中涉及的税费均由买方来负担。据悉，该地区房地产买卖中应由卖方缴纳的税费为正常成交价格的7%，应由买方缴纳的税费为正常成交价格的5%。试确定该宗房地产交易的正常成交价格。

解：根据式（4-16）和式（4-19）计算：

正常成交价格－应由卖方负担的税费＝卖方实际得到的价格

应由卖方负担的税费＝正常成交价格×应由卖方缴纳的税费比率

则该宗房地产交易的正常成交价格

$$\begin{aligned} V &= \text{卖方实际得到的价格} \div (1 - \text{应由卖方缴纳的税费比率}) \\ &= 3255\text{元/m}^2 \div (1 - 7\%) \\ &= 3500\text{元/m}^2 \end{aligned}$$

【例4-7】 某宗房地产交易，买卖双方在合同中写明，买方付给卖方成交单价为3675元/m^2，买卖中涉及的税费均由卖方来负担。据悉，该地区房地产买卖中应由卖方缴纳的税费为正常成交价格的7%，应由买方缴纳的税费为正常成交价格的5%。试确定该宗房地产交易的正常成交价格。

解：根据式（4-17）和式（4-18）计算：

正常成交价格+应由买方负担的税费=买方实际付出的价格

应由买方负担的税费=正常成交价格×应由买方缴纳的税费比率

则该宗房地产交易的正常成交价格

V =买方实际付出的价格÷（1+应由买方缴纳的税费比率）

=3675 元/m^2÷（1+5%）

=3500 元/m^2

五、交易日期修正

房地产的价格及房地产市场的价格水平通常随着时间的延续而变化，评估要求的是估价对象在估价时点的价格。如果比较实例的交易日期与待估房地产的估价日期，两者并不一致，存在时间差异时，就要具体考察这段日期房地产市场价格的变动情况。如果说这段时间，房地产市场价格相对稳定，就可以不进行交易日期修正；反之，房地产价格无论是上涨还是下跌，都必须进行交易日期修正，即应将可比实例在其成交日期时的价格修正为在估价时点时的价格，以符合估价时点的市场行情，这种修正称为交易日期修正。交易日期修正，实际上是房地产市场状况修正，经过交易日期修正就将可比实例在其成交日期时的价格变成了在估价时点时的价格。

交易日期修正的计算公式为

交易实例估价时点的价格

=可比实例在成交日期的价格×交易价格修正系数　　（4-20）

特别强调的是，交易价格修正系数应以成交日期的价格为基准来确定。假设从成交日期到估价时点，可比实例价格涨跌的百分率为 ±T%（从成交日期到估价时点，当可比实例的价格上涨的，为 +T%；下跌的，为 −T%）则

可比实例在成交日期时的价格×（1 ±T%）=在估价时点时的价格　　（4-21）

或者

$$\text{可比实例在成交日期时的价格}\times\frac{100\pm T}{100}=\text{在估价时点时的价格}\quad(4\text{-}22)$$

式（4-21）和式（4-22）中，（1 ±T%）或$\frac{100\pm T}{100}$即为交易日期修正系数。

交易日期修正的关键，是把握估价对象这类房地产的价格自某个时期以来

的涨跌变化情况，因此需要调查在过去不同时间的类似房地产的价格，找出其价格随时间变化的规律，据此再对可比实例成交价格进行交易日期修正。

交易日期修正的具体办法通常有价格指数法、价格变动率法，在无类似房地产价格指数或价格变动率的情况下，也可以根据当地类似房地产价格时间序列进行分析等。

1. 价格指数法

价格指数有定基价格指数和环比价格指数。在价格指数编制中，需要选择某个时期作为基期。如果是以某个固定时期作为基期的，称为定基价格指数；如果是以上一时期作为基期的，称为环比价格指数。编制原理见表4-2。

表4-2 价格指数的编制原理

时 间	价 格	定基价格指数	环比价格指数
1	P_1	$P_1/P_1=100$	P_1/P_0
2	P_2	P_2/P_1	P_2/P_1
3	P_3	P_3/P_1	P_3/P_2
⋮	⋮	⋮	⋮
n	P_n	P_n/P_1	P_n/P_{n-1}

采用定基价格指数进行交易日期修正的公式为

$$\text{可比实例在成交日期时的价格}\times\frac{\text{估价时点时的价格指数}}{\text{成交日期时的价格指数}}=\text{在估价时点时的价格} \quad (4\text{-}23)$$

采用环比价格指数进行交易日期修正的公式为

可比实例在成交日期时的价格×成交日期的下一时期的价格指数×再下一时期的价格指数×…×估价时点时的价格指数=在估价时点时的价格 (4-24)

【例4-8】 某宗房地产2007年1月的价格为2000元/m²，现需将其调整到2007年7月。已知该宗房地产所在地区的同类房地产2007年1~10月的价格指数分别为79.6，74.7，76.7，85.0，89.2，92.5，98.1（以2005年1月为100）。试计算该宗房地产2007年7月的价格。

解：由题意可知，采用定基价格指数公式进行交易日期修正，该宗房地产2007年7月的价格

$$V=2000\text{元/m}^2\times\frac{98.1}{79.6}=2464.8\text{元/m}^2$$

【例4-9】 某宗房地产2007年1月的价格为2100元/m²，现需将其调整到2007年7月。已知该宗房地产所在地区的同类房地产2007年1~10月的价格指

数分别为 99.6，94.7，96.7，105.0，109.2，112.5，118.1（均以上个月为100）。试计算该宗房地产 2007 年 7 月的价格。

解：由题意，采用环基价格指数公式进行交易日期修正，该宗房地产 2007 年 7 月的价格

$$V=2100\text{元/m}^2\times\frac{99.6}{100}\times\frac{94.7}{100}\times\frac{96.7}{100}\times\frac{105.0}{100}\times\frac{109.2}{100}\times\frac{112.5}{100}\times\frac{118.1}{100}=2917.9\text{元/m}^2$$

2. 价格变动率法

利用价格变动率（百分率），将可比实例交易当时的价格修正为估价时点的价格。房地产价格变动率，有逐期递增或递减的价格变动率和期内平均上升或下降的价格变动率两种。其中，采用逐期递增或递减的价格变动率进行交易日期调整的公式为

$$\text{可比实例在成交日期时的价格}\times(1\pm\text{价格变动率})^{\text{期数}}=\text{在估价时点时的价格} \tag{4-25}$$

采用期内平均上升或下降的价格变动率进行交易日期调整的公式为

$$\text{可比实例在成交日的价格}\times(1\pm\text{价格变动率}\times\text{期数})=\text{在估价时点的价格} \tag{4-26}$$

【例 4-10】 某宗可比实例房地产 2004 年 1 月 30 日的价格为 1000 美元/m²，该类房地产以人民币为基准的价格变动平均每月比上月上涨 0.2%。假设人民币与美元的市场汇率 2004 年 1 月 30 日为 1 美元 = 8.26 元人民币，2004 年 9 月 30 日为 1 美元 = 8.29 元人民币。试将该可比实例的价格调整到 2004 年 9 月 30 日。

解：由题意，采用逐期递增的价格变动率公式，该可比实例的价格调整到 2004 年 9 月 30 日的价格

$$V=1000\text{美元/m}^2\times8.26\text{元/美元}\times(1+0.2\%)^8=8393\text{元/m}^2$$

【例 4-11】 评估某宗房地产 2002 年 9 月末的价格，选取了下列可比实例：成交价格 4000 元/m²，成交日期 2001 年 10 月末。另调查获知该类房地产价格 2001 年 6 月末至 2002 年 2 月末平均每月比上月上涨 1.5%，2002 年 2 月末～9 月末平均每月比上月上涨 2%。对该可比实例进行交易日期修正，修正到 2002 年 9 月末的价格。

解：由题意，价格变动分为两段，采用逐期递增的价格变动率公式，该可比实例修正到 2002 年 9 月末的价格

$$V=4000\text{元/m}^2\times(1+1.5\%)^4\times(1+2\%)^7=4877.4\text{元/m}^2$$

需要注意的是，由价格指数和价格变动率可以等效变换为交易日期修正系数的形式。

在实际的交易日期调整中，有下列几类价格指数或价格变动率可供选用：

①一般物价指数或变动率；②建筑造价指数或变动率；③建筑材料价格指数或变动率；④建筑人工费指数或变动率；⑤房地产价格指数或变动率。其中，房地产价格指数或变动率又可细分为全国房地产价格指数或变动率、某地区房地产价格指数或变动率、全国某类房地产价格指数或变动率、某地区某类房地产价格指数或变动率。至于具体应选用哪种价格指数或变动率进行交易日期调整，则要看具体的估价对象和有关情况。

六、房地产状况修正

房地产本身的状况是影响房地产价格的一个重要因素，所以，在对可比实例进行交易情况修正和交易日期修正后，还应进行房地产状况修正。房地产状况修正是将可比实例在其成交日期所对应的房地产状况下的价格，调整为估价对象房地产状况下的价格。经过了房地产状况修正后，就将可比实例在其房地产状况下的价格变成了在估价对象房地产状况下的价格。房地产状况修正分为区位修正、权益修正和实物修正三个大的方面。

（一）房地产状况修正的内容

1. 区位状况修正

区位修正是将可比实例房地产在其区位状况下的价格，修正为在估价对象房地产区位状况下的价格。区位修正的主要内容包括：①繁华程度；②交通便捷程度；（如：距离飞机场、火车站、汽车站、码头等交通出入门户的远近；公交状况；其他交通状况等）③环境、景观，公共配套设施完备程度；④临路状况；⑤朝向；⑥楼层等影响房地产价格的因素。

在进行区域修正时，应根据估价对象的用途确定区域修正的因素，将可比实例与估价对象的区域因素逐项进行比较，找出由于区域因素优劣所造成的价格差异进行逐项修正。

2. 权益状况修正

权益状况是对房地产价格有影响的房地产权益因素的状况。进行权益状况修正是将可比实例房地产在其权益状况下的价格，修正为在估价对象房地产权益状况下的价格。权益状况修正的主要内容包括土地使用年限、城市规划限制条件等影响房地产价格的因素。

3. 实物状况修正

实物状况修正是将可比实例房地产在其实物状况下的价格，修正为在估价对象房地产实物状况下的价格。对于土地来说，修正的内容主要包括：面积大小、形状、基础设施完备程度（属于可比实例、估价对象之内的部分）、土地平整程度、地势、地质水文状况等影响房地产价格的因素。对于建筑物来说，修正的内容主要包括新旧程度、建筑物规模、建筑结构、设备、装修、平面格局、工程质量等影响因素。

（二）房地产状况修正的思路

房地产状况修正的思路是：首先，列出对估价对象这类房地产价格有影响的房地产状况各方面的因素，包括区位、权益和实物三个方面的因素；其次，判定估价对象房地产和可比实例房地产在这些因素方面的状况；然后，将可比实例房地产与估价对象房地产在这些因素方面的状况进行逐项比较，找出它们之间的差异所造成的价格差异程度；最后，根据价格差异程度对比可比实例价格进行修正。

（三）房地产状况修正的方法

房地产状况修正的方法有百分率法、差额法和回归分析法等。

1. 百分率法

采用百分率法进行房地产状况修正的公式为

$$\text{可比实例在其房地产状况下的价格} \times \text{房地产状况修正系数} = \text{在估价对象房地产状况下的价格} \tag{4-27}$$

特别强调的是，在百分率法中，房地产状况修正系数应以估价对象房地产状况为基准来确定。假设可比实例在其房地产状况下的价格比在估价对象房地产状况下的价格高低的百分率为 $\pm R\%$（当可比实例在其房地产状况下的价格比在估价对象房地产状况下的价格高时，为 $+R\%$；低时，为 $-R\%$），则

$$\text{可比实例在其房地产状况下的价格} \times \frac{1}{1 \pm R\%} = \text{在估价对象房地产状况下的价格} \tag{4-28}$$

或者

$$\text{可比实例在其房地产状况下的价格} \times \frac{100}{100 \pm R} = \text{在估价对象房地产状况下的价格} \tag{4-29}$$

式（4-28）和式（4-29）中的 $\frac{1}{1 \pm R\%}$ 和 $\frac{100}{100 \pm R}$ 即为房地产状况修正系数。

2. 差额法

采用差额法进行房地产状况修正的公式为

$$\text{可比实例在其房地产状况下的价格} \pm \text{房地产状况修正数额} = \text{在估价对象房地产状况下的价格} \tag{4-30}$$

具体进行房地产状况修正，有直接比较修正和间接比较修正两种方式。其中直接比较修正一般是采用评分的办法，以房地产估价对象的各个状况因素为基准（100分），将可比实例房地产相应的各方面状况与基准状况逐项进行比较打分。当可比实例房地产状况比估价对象房地产基准状况差时，打的分数低于

100分，当可比实例房地产状况比估价对象房地产基准状况好时，则高于100分。然后再将所得的各状况因素比较分数通过加权系数综合的方法得到房地产状况修正的综合得分，最后转化为房地产状况修正的比率。具体表达式为

$$\text{可比实例在其房地产状况下的价格} \times \frac{100}{(\quad)} = \text{在估价对象房地产状况下的价格} \tag{4-31}$$

其中括号内填写的数字为可比实例房地产状况相对于估价对象房地产状况的综合得分。房地产状况直接比较见表4-3。

表4-3 房地产状况直接比较表

房地产状况	权　重	估价对象	可比实例A	可比实例B	可比实例C
因素1	F_1	100			
因素2	F_2	100			
因素3	F_3	100			
⋮	⋮	⋮			
因素n	F_n	100			
综合	1	100			

间接比较修正与直接比较修正相比是设想一个标准房地产状况，然后以此标准房地产状况为基准（100分），将估价对象与可比实例的房地产状况均与标准房地产状况逐项进行比较打分。如果估价对象、可比实例的房地产状况比标准房地产状况差，则分数低于100分，若好则高于100分。具体表达式为

$$\text{可比实例在其房地产状况下的价格} \times \underset{\text{标准化修正}}{\frac{100}{(\quad)}} \times \underset{\text{房地产状况修正}}{\frac{(\quad)}{100}} = \text{在估价对象房地产状况下的价格} \tag{4-32}$$

其中，分母括号内填写可比实例的房地产状况相对标准房地产状况的得分数，分子括号内填写估价对象房地产状况相对标准房地产状况的得分数。房地产状况间接比较见表4-4。

上述交易情况、交易日期、房地产状况的每项修正对可比实例成交价格的调整，单项修正不得超过20%，综合修正不得超过30%，其中综合修正等于各项修正幅度绝对值之和，只有这样可比实例才可能修正为正常价格。

表 4-4　房地产状况间接比较表

房地产状况	权　重	标准状况	估价对象	可比实例 A	可比实例 B	可比实例 C
因素 1	F_1	100				
因素 2	F_2	100				
因素 3	F_3	100				
⋮	⋮	⋮				
因素 n	F_n	100				
综合	1	100				

七、求出比准价格

运用市场比较法对估价对象房地产进行估价时，需要对可比实例进行交易情况修正、交易日期调整和房地产状况调整，这样才能将可比实例房地产的实际成交价格，变成估价对象房地产在估价时点时的客观合理价格。将上述三个方面的修正和调整综合起来，就可以得到市场比较法的基本计算公式，即

$$\begin{aligned}估价对象价格 &= 可比实例价格 \times 交易情况修正系数\\ &\times 交易日期修正系数 \times 房地产状况修正系数\end{aligned} \tag{4-33}$$

由于房地产状况修正有直接修正和间接修正，因此较具体化的综合修正计算公式有直接比较修正公式和间接比较修正公式两种。下面采用百分率法来进一步说明这两种类型的公式。

（一）直接比较修正公式

$$\begin{aligned}估价对象价格 &= 可比实例价格 \times \underset{\text{交易情况修正}}{\frac{100}{(\quad)}} \times \underset{\text{交易日期调整}}{\frac{(\quad)}{100}} \times \underset{\text{房地产状况调整}}{\frac{100}{(\quad)}}\\ &= 可比实例价格 \times \frac{正常市场价格}{实际成交价格} \times \frac{估价时点价格}{成交日期价格} \times \frac{对象状况价格}{实例状况价格}\end{aligned} \tag{4-34}$$

式（4-34）中，交易情况修正的分子为 100，表示以正常价格为基准；交易日期修正的分母为 100，表示以成交日期时的价格为基准；房地产状况修正的分子为 100，表示以估价对象的房地产状况为基准。

（二）间接比较修正与调整公式

$$估价对象价格=可比实例价格\times\underset{\text{交易情况修正}}{\frac{100}{(\quad)}}\times\underset{\text{交易日期修正}}{\frac{(\quad)}{100}}\times\underset{\text{标准化调整}}{\frac{100}{(\quad)}}\times\underset{\text{房地产状况调整}}{\frac{(\quad)}{100}}$$

$$=可比实例价格\times\frac{正常市场价格}{实际成交价格}\times\frac{估价时点价格}{成交日期价格}\times\frac{标准状况价格}{实例状况价格}\times\frac{对象状况价格}{标准状况价格} \qquad (4\text{-}35)$$

式（4-35）中，标准化修正的分子为100，表示以标准房地产的状况为基准，分母是可比实例房地产相对于标准房地产所得的分数；房地产状况修正的分母为100，表示以标准房地产的状况为基准，分子是估价对象房地产相对于标准房地产所得的分数。

为了保证市场比较法评估结果的准确性，运用市场比较法评估时，一般都要选用3~5个可比实例，这样，将可比实例的价格经过上述各项修正后，就会得到3~5个相应的比准价格，但这些比准价格一般是不会相同的，因此要确定估价对象的评估价格，就需要将各可比实例经过修正后得到的比准价格进行综合，变成一个最终比准价格，以此作为估价对象的客观市场价格。具体可以选用简单算术平均、加权算术平均、取各比准价格的中位数或众数等方法来进行估价对象比准价格的计算。但需要注意的是，到底采用什么方法进行综合，取决于各可比实例比准价格的可信度与估价师的判断。下面通过一个具体的例子，来说明这几种方法的具体做法。

【例4-12】 5个可比实例经过各项修正后得出的价格分别为：5200元/m^2、5600元/m^2、5300元/m^2、5100元/m^2、5600元/m^2。试分别采用简单算术平均、加权算术平均方法，以及取中位数和众数的方法来进行估价对象比准价格的计算。

解：分别采用不同的综合方法来计算。

（1）采用简单算术平均方法　假设 V_1，V_2，V_3，…，V_n 为经过修正、调整后的各个价格，则

$$V=\frac{V_1+V_2+V_3+\cdots+V_n}{n}$$

因此，估价对象比准价格为

$$V=\frac{5200元/m^2+5600元/m^2+5300元/m^2+5100元/m^2+5600元/m^2}{5}$$

$$=5360元/m^2$$

（2）采用加权算术平均方法　加权算术平均法是考虑到每个比准价格的可信和重要程度不同，先赋予每个比准价格不同的权重数，然后进行综合计算。

通常对于与估价对象房地产最类似的可比实例房地产修正出的价格赋予最大的权数，反之，赋予最小的权数。假设 V_1，V_2，V_3，…，V_n 为经过修正后的各个比准价格，而 f_1，f_2，f_3，…，f_n 依次为 V_1，V_2，V_3，…，V_n 的权重数，则其加权算术平均计算公式为

$$V = \frac{V_1f_1 + V_2f_2 + V_3f_3 + \cdots + V_nf_n}{f_1 + f_2 + f_3 + \cdots + f_n}$$

假设赋予上述五个价格的权数分别为0.3、0.3、0.2、0.1、0.1。

则估价对象比准价格为

$$V = 5200\text{元/m}^2 \times 0.3 + 5600\text{元/m}^2 \times 0.3 + 5300\text{元/m}^2 \times 0.2 + 5100\text{元/m}^2 \times 0.1 + 5600\text{元/m}^2 \times 0.1 = 5370\text{元/m}^2$$

（3）采用求取中位数的方法　这里的中位数是把经过修正后的各个比准价格按照从低到高或者从高到低的顺序进行排列，当项数为奇数时，位于中间位置的那个价格为估价对象比准价格，当项数为偶数时，位于中间位置的那两个价格的简单算术平均数为估价对象比准价格。

因此，首先将五个可比实例经过修正后得出的价格 5200 元/m²、5600 元/m²、5300 元/m²、5100 元/m²、5600 元/m²，按照从低到高的顺序进行排列，得到：5100 元/m²、5200 元/m²、5300 元/m²、5600 元/m²、5600 元/m² 的价格数值序列，其中位数为 5300 元/m²，得出估价对象比准价格为 5300 元/m²。

（4）采用求取众数的方法　众数是一组数值中出现次数最多的数值。5 个可比实例经过修正后得出的比准价格为 5200 元/m²、5600 元/m²、5300 元/m²、5100 元/m²、5600 元/m²，该组数值的众数是 5600 元/m²，因此得出估价对象比准价格为 5600 元/m²。

在实际估价中，最常用的是采用简单算术平均和加权算术平均来求取估价对象的比准价格，其次是中位数，很少采取众数。只有在数值较多，或一组数据中含有异常的或极端的数值时，才比较适合采用中位数或众数。

第三节　市场比较法总结与运用

一、市场比较法总结

市场比较法是根据同一类市场上类似房地产的成交价格来求取估价对象的价格。因此，首先要从现实房地产市场中搜集大量的交易实例，并针对具体的估价对象从中选取若干可比实例。然后，对这些可比实例进行换算、修正，其中换算指的是建立价格可比基础，修正即交易情况修正、交易日期修正和房地

产状况修正。最后，将这些经过换算、修正后的比准价格综合成最终比准价格，便得到估价对象的标准价格。具体可用下述图框来表示，如图4-1所示。

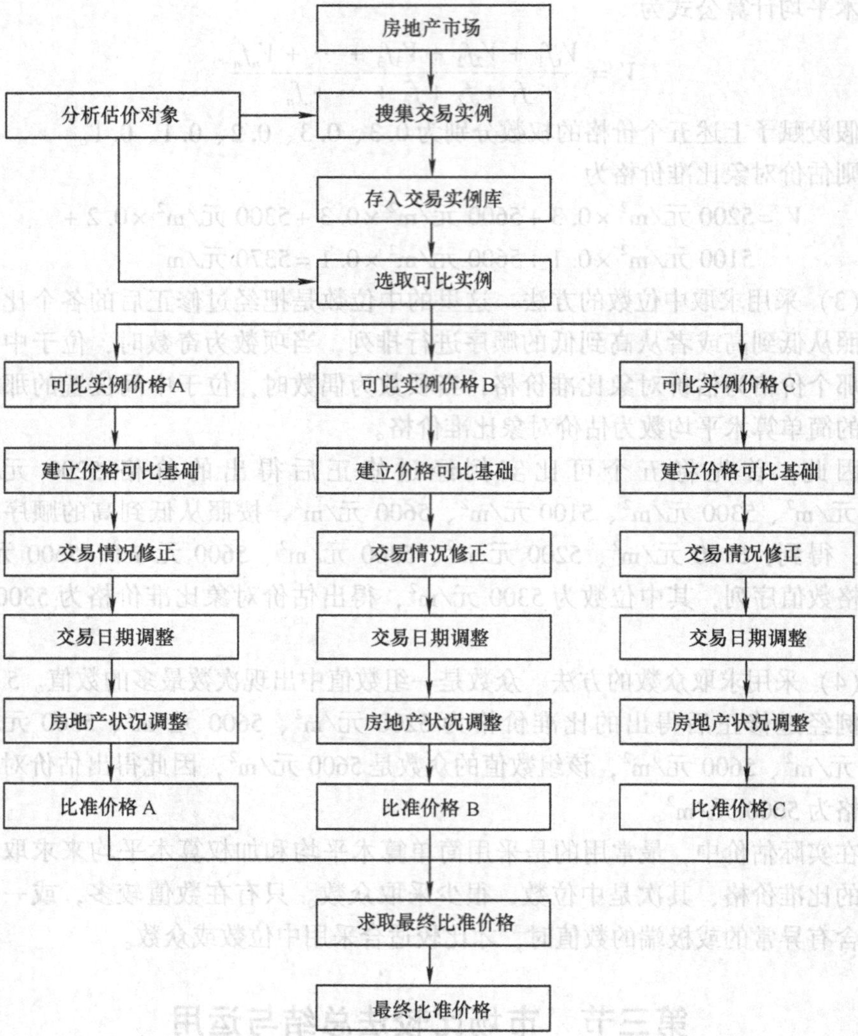

图4-1　市场比较法总结

二、市场比较法运用举例

【例4-13】　需要评估某商品住宅在2007年7月16日的正常价格，在该住宅附近地区调查了A、B、C三宗已经成交的交易实例作为可比实例，有关资料见表4-5。

表 4-5 可比实例交易情况

	可比实例 A	可比实例 B	可比实例 C
成交价格	5000 元/m^2	650 美元/m^2	680 美元/m^2
成交日期	2007 年 2 月 16 日	2007 年 1 月 16 日	2007 年 3 月 16 日
交易情况	-1%	0	+2%
房地产状况	+2%	+4%	-2%

说明：

1）交易情况中，正负值表示高于或低于正常价格的幅度。

2）房地产状况中，正负值表示优于或劣于估价对象房地产价格幅度。

3）汇率：假设人民币与美元的市场汇率 2007 年 7 月 16 日人民币与美元的市场汇率为：1 美元 = 7.57 元人民币；2007 年 3 月 16 日人民币与美元的市场汇率为：1 美元 = 7.74 元人民币；2007 年 1 月 16 日人民币与美元的市场汇率为：1 美元 = 7.79 元人民币。

4）假设该类住宅以人民币为基准的市场价格 2007 年 1 月 16 日 ~2007 年 7 月 16 日，平均每月比上月上升 1%。

解：测算该商品住宅 2007 年 7 月 16 日的正常市场价格如下。

（1）写出计算公式（式（4-33））。

估价对象价格 = 可比实例价格 × 交易情况修正系数 × 交易日期修正系数 × 房地产状况修正系数

（2）求取比准价格 V_A。

$$V_A = 5000\text{ 元/m}^2 \times \frac{100}{100-1} \times (1+1\%)^5 \times \frac{100}{102} = 5204\text{ 元/m}^2$$

（3）求取比准价格 V_B。

$$V_B = 650\text{ 美元/m}^2 \times 7.79\text{ 元/美元} \times \frac{100}{100} \times (1+1\%)^6 \times \frac{100}{104} = 5168\text{ 元/m}^2$$

（4）求取比准价格 V_C。

$$V_C = 680\text{ 美元/m}^2 \times 7.74\text{ 元/美元} \times \frac{100}{100+2} \times (1+1\%)^4 \times \frac{100}{100-2} = 5479\text{ 元/m}^2$$

（5）求取综合价格。

将上述三个比准价格的简单算术平均数作为市场比较法的测算结果，则

$$V = \frac{5204\text{ 元/m}^2 + 5168\text{ 元/m}^2 + 5479\text{ 元/m}^2}{3} = 5284\text{ 元/m}^2$$

【例 4-14】 为评估某住宅 2007 年 6 月 24 日的正常市场价格，在该住宅附近地区调查了 A、B、C 三宗已经成交的交易实例作为可比实例，有关资料如下：

（1）可比实例的成交价格，见表 4-6。

表 4-6 可比实例的成交价格

项目＼实例	可比实例 A	可比实例 B	可比实例 C
成交价格	3700 元/m^2	4200 元/m^2	3900 元/m^2
成交日期	2007 年 1 月 24 日	2007 年 4 月 24 日	2007 年 5 月 24 日

（2）交易情况的分析判断结果，见表 4-7，表中交易情况的分析判断是以正常价格为基准，正值表示可比实例的成交价格高于其正常价格的幅度，负值表示低于其正常价格的幅度。

表 4-7 交易情况的分析判断结果

项目＼实例	可比实例 A	可比实例 B	可比实例 C
交易情况	-2%	0	+1%

（3）该类住宅 2007 年 1～6 月的价格指数，见表 4-8，表中的价格指数为定基价格指数。

表 4-8 价格指数

月份	1	2	3	4	5	6
价格指数	100	92.4	98.3	98.6	100.3	109.0

（4）房地产状况的比较判断结果，见表 4-9。

表 4-9 房地产状况的比较判断结果

房地产状况	权　重	估价对象	可比实例 A	可比实例 B	可比实例 C
因素 1	0.5	100	90	100	80
因素 2	0.3	100	100	110	120
因素 3	0.2	100	125	100	100

试利用上述资料测算该商品住宅 2007 年 6 月 24 日的正常市场价格。

解：测算该商品住宅 2007 年 6 月 24 日的正常市场价格过程如下。

（1）写出计算公式（式（4-33））。

估价对象价格 = 可比实例价格 × 交易情况修正系数 × 交易日期修正系数 × 房地产状况修正系数

（2）求取交易情况修正系数。

可比实例 A 的交易情况修正系数为：$\frac{100}{100-2}=\frac{100}{98}$

可比实例 B 的交易情况修正系数为：$\frac{100}{100}$

可比实例 C 的交易情况修正系数为：$\frac{100}{100+1}=\frac{100}{101}$

(3) 求取交易日期调整系数。

可比实例 A 的交易日期调整系数为：$\frac{109}{100}$

可比实例 B 的交易日期调整系数为：$\frac{109}{98.6}$

可比实例 C 的交易日期调整系数为：$\frac{109}{100.3}$

(4) 求取房地产状况调整系数。

可比实例 A 的房地产状况调整系数为：

$$\frac{100}{90\times0.5+100\times0.3+125\times0.2}=\frac{100}{100}$$

可比实例 B 的房地产状况调整系数为：

$$\frac{100}{100\times0.5+110\times0.3+100\times0.2}=\frac{100}{103}$$

可比实例 C 的房地产状况调整系数为：

$$\frac{100}{80\times0.5+120\times0.3+100\times0.2}=\frac{100}{96}$$

(5) 求取比准价格。

经过修正后的各可比实例的比准价格为

$$V_A=3700\text{ 元/m}^2\times\frac{100}{98}\times\frac{109}{100}\times\frac{100}{100}=4115\text{ 元/m}^2$$

$$V_B=4200\text{ 元/m}^2\times\frac{100}{100}\times\frac{109}{98.6}\times\frac{100}{103}=4508\text{ 元/m}^2$$

$$V_C=3900\text{ 元/m}^2\times\frac{100}{101}\times\frac{109}{100.3}\times\frac{100}{96}=4371\text{ 元/m}^2$$

(6) 求取综合价格。

采用简单算术平均数作为估价对象市场比较法的测算结果，则估价对象正常市场价格 V 为

$$V=\frac{4115\text{ 元/m}^2+4508\text{ 元/m}^2+4371\text{ 元/m}^2}{3}=4331\text{ 元/m}^2$$

思考与练习题

1. 什么是市场比较法？其理论依据是什么？

2. 市场比较法的适用范围和条件是什么？

3. 市场比较法估价的操作步骤是什么？

4. 搜集交易实例的途径主要有哪些？应搜集的内容是什么？

5. 估价对象房地产、类似房地产、实例房地产、可比实例房地产四者的含义和异同点是什么？

6. 选取可比实例应符合哪些要求？

7. 造成交易价格偏离正常市场价格的因素有哪些？

8. 什么是交易日期调整？如何进行交易日期调整？

9. 什么是房地产状况调整？房地产状况调整包括哪些方面？

10. 如何进行房地产状况直接比较和间接比较？

11. 有甲、乙两宗交易实例，甲的建筑面积为130m^2，成交总价50万元人民币，首付10万元，第二期于半年后付20万元，余款20万元于一年后付清，年利率为5%。乙的使用面积为1800ft^2，成交总价10.8万美元，汇率为7.9，使用面积率为70%，试建立价格可比基础。

12. 评估某块城市规划确定的住宅用地，土地总面积为1500m^2，共调查了A、B、C三宗土地买卖实例作为可比实例。

1）可比实例的成交价格见表4-10。

表4-10　可比实例的成交价格

项目＼实例	可比实例A	可比实例B	可比实例C
成交价格	1200元/m^2	1150元/m^2	1380元/m^2
成交日期	2007年2月5日	2007年4月5日	2007年7月5日
交易情况	正常	比正常价格低3%	比正常价格高5%

2）该类土地2007年1～7月的价格变动情况见表4-11，表中的价格指数为环比价格指数，均以上个月为100。

表4-11　同类土地2007年1～7月的价格变动情况

月份	1	2	3	4	5	6	7
价格指数	100	100.3	98.5	102.6	101.3	102.8	103.5

3）房地产状况的比较判断结果，见表4-12。

表4-12　房地产状况的比较判断结果

房地产状况	权重	估价对象	可比实例A	可比实例B	可比实例C
因素1	0.4	100	95	95	106
因素2	0.35	100	100	96	110
因素3	0.25	100	110	98	97

试运用上述资料估算该土地2007年7月5日的正常市场价格。

5

第五章

成 本 法

学习要求

了解房地产价格的构成；现行商品房和经济适用房价格的构成；现行房屋折旧制度；现行房屋完损等级评定标准。熟悉成本法的概念、理论依据、适用范围、条件和操作步骤。掌握成本法的基本公式；重新构建价格的概念、求取思路、求取方法；建筑物折旧的概念、原因和建筑物折旧的求取方法。

第一节 成本法的基本原理

一、成本法的概念

成本法又称逼近法、原价法、承包商法或重置成本法，是求取估价对象房地产在估价时点的重新构建价格（重置价格或重建价格）后扣除折旧，以此估算估价对象房地产的客观合理价格或价值的一种方法。它在形式上是以房地产价格各构成部分的累加为基础来估算房地产价格的，其实质是以房地产的重新开发建设成本为导向求取估价对象的价值，因此采用成本法估价求得的价格称为积算价格。

成本法中的成本概念与会计中的成本概念是不一样的，主要表现为以下两个方面：一是会计中的成本是会计账目上记载的建造时发生的历史成本，而成本法中的成本则是指估价时点时的成本；二是成本法中的成本是一般社会生产方式下发生的社会平均成本，它可以高于、低于或等于具体房地产开发企业开发过程中实际发生的成本。

二、成本法的理论依据

成本法的理论依据，可以从卖方的角度或买方的角度来考虑。

从卖方的角度考虑，成本法的理论依据是生产费用价值论，是基于房地产的“生产费用”，重在过去的投入，即卖方愿意接受的最低价格，不能低于开发或建造该房地产已花费的代价，如果低于该代价就要亏本。

从买方的角度考虑，房地产的价格是基于社会上的“生产费用”，类似于替代原理，即买方愿意支付的最高价格，不能高于他所预计的重新开发建造该房地产所需花费的代价，如果高于该代价，他还不如自己开发建造（或者委托别人开发建造）。例如该房地产为土地与建筑物合成体的房地产时，买方在确定购买价格时通常会这样考虑：如果自己另外购买一块相当的土地，然后在该块土地上建造类似的建筑物，此过程所发生的现实费用即为自己愿意支付的最高价格——买价。当然，如果所购买的房地产中的建筑物是旧的，自然还要考虑扣除建筑物的折旧，即还要减价。

卖方是不低于开发该房地产已花费的“成本”，买方是不高于预计重新开发该房地产所需要花费的“成本”，买卖双方可接受的共同点必然是，以建造（开发）该房地产所需的各项必要费用为基础，再加上正常的利润和税金。这就使以正常“成本”来进行估价成为可行，成本法估价亦因此成立。

三、成本法的适用范围和条件

如同任何估价方法一样，成本法有其适用的范围和条件。

（一）适用范围

理论上讲，只要是新近开发建造、计划开发建造或者假设开发建造的房地产都可以采用成本法估价。但通常对于收益性的一般房地产而言，房地产的价格直接取决于其效用，而非花费的成本，即更倾向于效用价值决定论。因而，成本法主要适用于：① 无收益又很少发生交易的房地产。成本法特别适用于那些既无收益又很少发生交易的房地产估价，如学校、图书馆、体育场馆、医院、行政办公楼、军队营房、公园等公用公益的房地产，以及化工厂、钢铁厂、发电厂、油田、码头、机场等有独特设计或只针对个别用户的特殊服务而建的房地产的估价。单纯的建筑物的估价通常也是采用成本法。② 特殊目的的房地产估价。由于成本法应用简便，也广泛应用于一些特殊目的的估价，例如在房地产的征税工作中，法庭解决房地产权益纠纷中，房地产保险及赔偿中一般都采用成本法估价。③ 对其他估价方法估价结果的验证。成本法还经常用于市场比较法和收益还原法的估价结果的验证。

（二）适用条件

运用成本法估价值得注意的问题是：房地产的价格直接取决于其效用，而非花费的成本。房地产成本的增加并不一定能增加其价格，房地产成本不高也不一定说明其价格不高。只有房地产成本的增加使其效用增大时才能构成价格。价格等于“成本加平均利润”，是在长时期内平均来看的，而且需要具备两个条件：一是自由竞争（即可以自由进退的市场），二是该种商品本身可以大量重复生产。在自由竞争的市场环境下，由于供求规律的作用，供大于求，价格会下降，而成本已经发生，则利润会减少，因而房地产开发商得不到原先期望的利润，房地产开发商就会缩小投资规模或转产；若此时供给减少，而需求不变，供小于求，价格上涨导致利润增加，利润的增加又会重新吸引投资开发，出现新一轮的供大于求，如此往复。显而易见，如果不是在自由竞争的市场环境下，价格就不会等于“成本加平均利润”。实际上，即使具备这些条件，价格等于成本加平均利润也是偶然的，价格仅仅是围绕着“成本加平均利润”而上下波动，趋向于“成本加平均利润”。因此房地产价格与其开发建设成本不是始终成正比，还与供需等因素有关系。

虽然如此，即使不具备上述条件仍然可以采用成本法估价，只是要求在运用成本法估价的时候注意“逼近”，一是区分实际成本和客观成本。实际成本是某个具体的房地产开发商的一般花费，客观成本是假设开发时大多数房地产开发商的正常花费，即社会平均成本。估价中采用的应是客观成本，而不是实际成本；二是要结合供求分析对房地产价值作适当调整。供大于求，应下调评估价值；供小于求，应上调评估价值。

成本法与其他估价方法一样，存在一定程度的缺陷。由于成本的增加并不意味着价值一定会增加，故利用成本法估价，其结果不一定能真实地反映房地产的市场价值。因为，房地产价格是由各种因素综合作用的结果，而非简单地取决于花费的成本。对房地产价格的评估，也绝对不是评估一宗空地和独立考虑建筑物后的简单加总，而是对它们相互融合后所能提供的贡献的评价。所以，利用成本法估价，可能造成一定的误差。例如，对于过度开发的房地产，利用成本法评估的价格，往往要在一定程度上超过目前的市场价值。又比如，采用建筑物的重置成本扣除折旧，计算建筑物现值，使成本法的估价结果具有一定的真实性，但房地产市场是不完全性市场，可能由于不完全竞争或信息不完备、不灵敏等，导致真实售价超过这个估价值。所以，成本法是有其局限性的，这也正是成本法不适合普遍地用于一般房地产价格评估，尤其是不宜直接利用成本法评估建筑物价值，再从房地产总价值中扣除建筑物价值估算土地价格的缘故。

成本法估价比较费时费力，估算重新构建价格和折旧也有相当的难度，尤其是那些较老、旧的建筑物，往往需要估价人员针对建筑物进行实地勘察，依靠其主观判断。因此，成本法估价要求估价人员有丰富的经验，特别是要具有良好的建筑、建筑材料和设备等方面的知识。

四、成本法估价的步骤

按照《房地产估价规范》第5.2条，运用成本法估价一般分为四个步骤：

1）搜集有关成本、税费、开发利润等资料。

2）估算重新构建价格。

3）估算折旧。

4）求取积算价格。

第二节 房地产价格的构成

现实中的房地产价格构成极其复杂，不同地区、不同时期、不同类型的房地产，其价格构成可能不同。另外，对房地产价格构成项目的划分标准或角度不同，房地产价格的构成也会不同。

一、房地产价格的基本构成

下面以“取得房地产开发用地进行房屋建设，然后销售所建成的商品房”这种典型的房地产开发经营方式为例，并从便于测算各构成项目金额的角度，来划分房地产的价格构成。在这种情况下，房地产价格通常由以下七项构成：①土地取得成本；②开发成本；③管理费用；④投资利息；⑤销售费用；⑥销售税费；⑦开发利润。

（一）土地取得成本

土地取得成本是指取得房地产开发用地所必需的费用、税金等。在完善成熟的房地产市场下，土地取得成本一般是由购置土地的价款和在购置时应由房地产开发商（作为买方）缴纳的税费（契税、交易手续费）构成。在目前情况下，根据房地产开发用地取得的途径，土地取得成本的构成可分为下列三种：

1. 征用农地取得

土地取得费用包括农地征用费和土地使用权出让金等。根据《中华人民共和国土地管理法》、《关于完善征地补偿安置制度的指导意见》（国土资发【2004】238号）等的规定，在农地征用中发生的费、税主要有：

（1）征地补偿安置费用　征地补偿安置费用主要包括土地补偿费、安置补助费、地上附着物补偿费和青苗补偿费。

（2）征地管理费　征地管理费是指县级以上人民政府土地管理部门受用地单位委托，采用包干方式统一负责、组织、办理各类建设项目征收土地的有关事宜，由用地单位在征地费总额的基础上按一定比例支付的管理费用。

（3）耕地占用税 根据《中华人民共和国耕地占用税暂行条例》（国发【1987】27号）的规定，占用耕地建房或者从事其他非农业建设的单位和个人，都是耕地占用税的纳税义务人，应当按照规定缴纳耕地占用税。耕地占用税以纳税义务人实际占用的耕地面积计税，按照规定税额一次性征收。各地耕地占用税的适用额标准，由各省、自治区、直辖市人民政府在《中华人民共和国耕地占用税暂行条例》规定的税额标准幅度以内，根据本地区的实际情况具体核定。

（4）耕地开垦费 国家实行占用耕地补偿制度。非农业建设批准占用耕地的，按照"占多少，垦多少"的原则，由占用耕地的单位负责开垦与所占用耕地的数量和质量相当的耕地；没有条件开垦或者开垦的耕地不符合要求的，应当按照省、自治区、直辖市的规定缴纳耕地开垦费，专款用于开垦新的耕地。

（5）新菜地开发建设基金 征收城市郊区的菜地，用地单位应当按照国家有关规定缴纳新菜地开发建设基金。新菜地开发建设基金的缴纳标准，由省、自治区、直辖市规定。

（6）政府规定的其他有关费、税 部分省、自治区、直辖市还规定收取教育附加费、防洪费、南水北调费等。具体费、税项目和收取标准，应根据国家和当地政府的有关规定执行。

2. 在城市中进行房屋拆迁取得

土地取得费用包括城市房屋拆迁补偿安置费和土地使用权出让金等。根据《城市房屋拆迁管理条例》、《城市房屋拆迁估价指导意见》等的规定，在城市规划区内国有土地上实施房屋拆迁中发生的费税主要有：

1）房屋拆迁补偿安置费用。该费用由拆迁人对于被拆迁人给于拆迁补偿和拆迁安置所发生的全部费用构成，主要包括被拆迁房屋的房地产市场价格、被拆迁房屋室内自行装饰装修的补偿金额、各种补助费和补偿费。

2）房屋拆迁估价服务费（房地产价格评估费）。这是房地产估价机构提供房屋拆迁估价服务向作为委托人的拆迁人收取的费用。

3）房屋拆迁服务费。这是房屋拆迁企业提供房屋拆迁服务收取的费用。

4）房屋拆迁管理费。该费用以拆迁规模大小，按照不超过房屋拆迁补偿安置费用的0.3%～0.6%收取。具体收费标准，由各省、自治区、直辖市物价、财政部门制定。

5）政府规定的其他有关费、税。

3. 在市场上"购买"取得

如购买政府出让或其他开发商转让的已完成征用拆迁的熟地，土地取得费用包括购买土地的价款和在购买时应由买方缴纳的税费（如交易手续费、契税等）。

（二）开发成本

开发成本是指在取得的房地产开发用地上进行基础设施和房屋建设所必需

的直接费用、税金等。在理论上，可以将开发成本划分为土地开发成本和建筑物建造成本。在实际中开发成本主要包括下列几项：

（1）勘查设计和前期工程费　勘查设计和前期工程费包括可行性研究，工程勘察，规划及建筑设计，通水、通电、通路及平整场地等开发项目前期工作所发生的费用。

（2）基础设施建设费　基础设施建设费包括所需要的道路、供水、排水、供电、通讯、燃气、热力等的建设费用。如果取得的房地产开发用地是熟地，则基础设施建设费已部分或全部包含在土地取得成本中，在此就只有部分或没有基础设施建设费。

（3）房屋建筑安装工程费　房屋建筑安装工程费包括建造房屋及附属工程所发生的土建工程费用和安装工程费用。附属工程如房屋周围的围墙、水池、假山、绿化等。

（4）公共配套设施建设费　所需要的非营业性的公共配套设施的建设费用。公共配套设施包括居委会、派出所、托幼园、公厕、锅炉房、热力点、煤气调压站，文教卫生（中小学、门诊部、卫生所、文化站等）以及商业网点（粮店、副食店、菜店、小百货店等）等。

（5）开发建设过程中的税费　开发建设过程中的税费是指应由开发商在开发建设过程中交纳的税费，比如：土地使用税、固定资产投资方向调节税、墙改基金、白蚁防治费、施工等合同的印花税之类，具体以所在地政府文件为准。

（三）管理费用

管理费用是指组织和管理房地产开发经营活动所必需的费用，包括房地产开发商的人员工资及福利费、办公费、差旅费等。在估价时管理费用通常可按照土地取得成本和开发成本之和乘以一定比率来测算。

（四）投资利息

这里所指的投资利息包括土地取得成本、开发成本和管理费用的利息，无论他们的来源是借贷资金还是自有资金都应计算利息。因为借贷资金需要支付贷款利息，而基于资金机会成本的考虑，自有资金要放弃可得的存款利息。此外，从估价的角度来看，房地产开发商自有资金应得的利息也要与其应获得的利润分开，不能算为利润。

（五）销售费用

销售费用是指销售开发完成后的房地产所必需的费用，包括广告宣传费、销售代理费等。销售费用通常按照售价乘以一定比率来测算。

（六）销售税费

销售税费是指销售开发完成后的房地产应由房地产开发商（此时作为卖方）缴纳的税费，又可分为以下两类：

第一类，销售税金及附加，包括营业税、城市维护建设税和教育费附加。

第二类，其他销售税费，包括应由卖方负担的交易手续费等。

在估价时通常按照售价乘以一定比率来估算。

（七）开发利润

在现实中，开发利润是销售收入（售价）减去各种成本、费用和税金后的余额，而在成本法中由于售价是未知的，因此需要事先估算开发利润。开发利润的估算需要掌握以下几点：

1）开发利润是所得税前的，即

$$\text{开发利润}=\text{开发完成后的房地产价格}-\text{土地取得成本}-\text{开发成本}-\text{管理费用}-\text{投资利息}-\text{销售费用}-\text{销售税费} \quad (5\text{-}1)$$

2）开发利润是在正常条件下房地产开发商所能获得的平均利润，而不是个别房地产开发商最终获得的实际利润，也不是个别房地产开发商所期望获得的利润。

3）开发利润是按照一定基数乘以同一市场上类似房地产开发项目所要求的相应利润率来计算。开发利润的计算基数和相应的利润率有下列几种：

① 计算基数＝土地取得成本＋开发成本，相应的利润率可称为直接成本利润率，即

$$\text{直接成本利润率}=\frac{\text{开发利润}}{\text{土地取得成本}+\text{开发成本}}\times 100\% \quad (5\text{-}2)$$

② 计算基数＝土地取得成本＋开发成本＋管理费用，相应利润率可称为投资利润率，即

$$\text{投资利润率}=\frac{\text{开发利润}}{\text{土地取得成本}+\text{开发成本}+\text{管理费用}}\times 100\% \quad (5\text{-}3)$$

③ 计算基数＝土地取得成本＋开发成本＋管理费用＋投资利息＋销售费用，相应的利润率可称为成本利润率，即

$$\text{成本利润率}=\frac{\text{开发利润}}{\text{土地取得成本}+\text{开发成本}+\text{管理费用}+\text{投资利息}+\text{销售费用}}\times 100\% \quad (5\text{-}4)$$

④ 计算基数＝开发完成后的房地产价值（售价），相应的利润率可称为销售利润率，即

$$\text{销售利润率}=\frac{\text{开发利润}}{\text{开发完成后的房地产价值}}\times 100\% \quad (5\text{-}5)$$

从理论上讲，同一个房地产开发项目的开发利润，无论采用那种计算基数及与其相对应的利润率来估算，所得出的结论都是相同的。在估算开发利润时，特别要注意计算基数与开发利润率的匹配，即采用不同的计算基数，应采用相对应的利润率。

二、现行商品住宅经济适用住房价格构成的有关规定

1. 商品住宅价格构成的有关规定

1992年7月20日，国家物价局、建设部、财政部、中国人民建设银行印发的《商品住宅价格管理暂行办法》(【1992】价费字382号）规定，商品住宅价格应以合理成本为基础，有适当利润，结合供求状况和国家政策要求制定，并根据楼层、朝向和所处地段等因素，实行差别价格。商品住宅价格的构成项目主要有：

(1) 成本　成本包括：

1) 征地费及拆迁安置补偿费，按国家有关规定执行。

2) 勘察设计及前期工程费，依据批准的设计概算计算。

3) 住宅建筑、安装工程费，依据施工图预算计算。

4) 住宅小区基础设施建设费和住宅小区级非营业性配套公共建筑的建设费，依据批准的详细规划和施工图预算计算；住宅小区的基础设施和配套建设项目按照国家和省、自治区、直辖市人民政府颁发的城市规划定额指标执行。

5) 管理费，以上述1) ~4) 项之和为基数的1% ~3%计算。

6) 贷款利息，计入成本的贷款利息，根据当地建设银行提供的本地区商品住宅建设占用贷款的平均周期、平均比例、平均利率和开发项目具体情况确定。

(2) 利润　以上1) ~4) 项之和为基数核定，利润率暂由省、自治区、直辖市人民政府确定。

(3) 税费　税费按国家税法规定缴纳。

(4) 地段差价　其征收办法暂由省、自治区、直辖市人民政府根据国家有关规定制定。

下列费用不计入商品住宅价格：① 非住宅小区级的公共建筑的建设费用；② 住宅小区的营业性用房和设施的建设费用。

根据楼层、朝向确定的商品住宅差价，其代数和应趋近于零。

2. 经济适用住房价格构成的有关规定

2002年11月17日，原国家计委、建设部印发的《经济适用住房价格管理办法》(计价格【2002】2503号）规定：经济适用住房价格实行政府指导价。制定经济适用住房价格，应当与城镇中低收入家庭经济承受能力相适应，以保本微利为原则，与同一区域内的普通商品住房价格保持合理差价，切实体现政府给予的各项优惠政策。

经济适用住房基准价格由开发成本、税费和利润三部分构成：

(1) 开发成本　开发成本包括：① 按照法律、法规规定用于征地和房屋拆迁等所支付的征地和拆迁安置补偿费；② 项目前期工作所发生的工程勘察、规划及建筑设计、施工通水、通电、通气、通路及平整场地等勘查设计和前期工

程费；③ 列入施工图预（决）算项目的主体房屋建筑安装工程费，包括房屋主体部分的土建（含桩基）工程费、水暖电器安装工程费及附属工程费；④ 在小区用地规划红线以内，与住房同步配套建设的住宅小区基础设施建设费，以及按政府批准的小区规划要求建设的不能有偿转让的非营业性公共配套设施建设费；⑤ 管理费按照不超过以上 ①～④ 项费用之和的2%计算；⑥ 贷款利息按照房地产开发经营企业为住房建设筹措资金所发生的银行贷款利息计算；⑦ 行政事业性收费按照国家有关规定计收。

（2）税费　按照国家规定的税目和税率计算。

（3）利润　按照不超过开发成本中 ①～④ 项费用之和的3%计算。

下列费用不得计入经济适用住房价格：① 住宅小区内经营性设施的建设费用；② 房地产开发经营企业留用的办公用房、经营用房的建筑安装费用及应分摊的各种费用；③ 各种与住房开发经营无关的集资、赞助、捐赠和其他费用；④ 各种赔偿金、违约金、滞纳金、罚款；⑤ 按规定已经减免及其他不应计入价格的费用。

第三节　成本法估价的计算公式

一、成本法估价的基本公式

根据上述成本法的概念和理论依据，显然成本法估价的基本公式为

房地产价格 = 重新构建价格 − 建筑物的折旧　　(5-6)

根据估价对象的三种不同形态和状况，上述基本公式可相应调整为三种具体计算公式，即：① 新开发土地的估价公式；② 新建房地产（此处指房地、建筑物两种情况）的估价公式；③ 旧有房地产（此处也指房地、建筑物两种情况）的估价公式。

新开发的土地和新建的房地产采用成本法估价不存在折旧问题，但应考虑其工程质量、规划设计、周围环境、房地产市场状况等方面对价格的影响而给予适当的增减修正。对于旧有房地产则必须准确计算其应扣除的折旧才能得出正确的评估结果。

（一）新开发土地的估价公式

新开发土地包括：① 填海造地，开山造地；② 征用农地并进行基础设施建设和平整场地后的土地；③ 城市房屋拆迁并进行基础设施改造和平整场地后的土地等。在这些情况下成本法的估价公式为

新开发土地价格 = 取得待开发土地的成本 + 土地开发成本 + 管理费用 + 投资利息 + 销售费用 + 销售税费 + 开发利润　　(5-7)

上式在具体情况下又会有具体形式。如新开发区土地的分宗估价，其公式为

$$\text{新开发区某宗土地单价}=\frac{\text{取得用地成本}+\text{土地开发成本}+\text{管理费用}+\text{投资利息}+\text{销售费用}+\text{销售税费}+\text{开发利润}}{(\text{开发区用地总面积}\times\text{开发完成后可转让土地面积的比率})\times\text{用途、区位等因素调整系数}} \tag{5-8}$$

其中，

$$\text{开发完成后可转让土地面积的比率}=\frac{\text{开发完成后可转让土地总面积}}{\text{开发区用地总面积}}\times 100\% \tag{5-9}$$

实际测算时通常分为下列三个步骤进行：① 计算开发区全部土地的平均价格；② 计算开发区可转让土地的平均价格，这是用第一步的计算出的平均价格除以可转让土地面积的比率；③ 计算开发区某宗土地的价格，这是将第二步计算出的平均价格，根据宗地的规划用途、具体位置、使用年限、容积率等作适当的增减调整。

运用成本法对新开发区土地进行分宗估价是一种有效的方法，因为新开发区开发初期，房地产市场一般还未形成，也还没有土地收益。

【例 5-1】 某成片荒地面积 2km^2，取得该荒地的代价为 1.2 亿元，将其开发成"五通一平"熟地的开发成本和管理费用为 2.5 亿元，开发期为 3 年，贷款年利率为 8%，销售费用、销售税费和开发利润分别为可转让熟地价格的 2%、5.5%、10%，开发完成后可转让土地面积的比率为 60%。试求该荒地开发完成后可转让熟地的平均单价（假设开发成本和管理费用在开发期内均匀投入）。

解：先求取该荒地开发完成后可转让熟地的总价格，然后再求取可转让熟地的平均单价。

（1）求取可转让熟地的总价格。

根据新开发土地估价公式（式（5-7）），有

$$\begin{aligned}\text{可转让熟地总价格}&=\text{取得荒地的总代价}+\text{土地开发总成本}+\text{总管理费用}+\text{总投资利息}+\\&\quad\text{总销售费用}+\text{总销售税费}+\text{总开发利润}\\&=\text{取得荒地的总代价}+\text{土地开发总成本}+\text{总管理费用}+\text{总投资利息}+\\&\quad\text{可转让熟地总价格}\times(\text{销售费用率}+\text{销售税费率}+\text{开发利润率})\end{aligned}$$

所以，

$$\text{可转让熟地总价格}=\frac{\text{取得荒地的总代价}+\text{土地开发总成本}+\text{总管理费用}+\text{总投资利息}}{1-(\text{销售费用率}+\text{销售税费率}+\text{开发利润率})}$$

（2）求取可转让熟地的平均单价。

$$\text{可转让熟地的平均单价}=\frac{\text{取得荒地的总代价}+\text{土地开发总成本}+\text{总管理费用}+\text{总投资利息}}{[1-(\text{销售费用率}+\text{销售税费率}+\text{开发利润率})]\times\text{可转让熟地总面积}}$$

$$=\frac{\text{取得荒地的总代价}+\text{土地开发总成本}+\text{总管理费用}+\text{总投资利息}}{[1-(\text{销售费用率}+\text{销售税费率}+\text{开发利润率})]\times\text{荒地总面积}\times\text{可转让土地面积比率}}$$

$$=\frac{120000000\text{元}\times(1+8\%)^3+250000000\text{元}\times(1+8\%)^{1.5}}{[1-(2\%+5.5\%+10\%)]\times2000000\text{m}^2\times60\%}=436\text{元/m}^2$$

（二）新建房地产的估价公式

1）在新建房地产房地合一的情况下，成本法的估价公式为

$$\text{新建房地价格}=\text{土地取得成本}+\text{土地开发成本}+\text{建筑物建造成本}+\text{管理费用}+\text{投资利息}+\text{销售费用}+\text{销售税费}+\text{开发利润}\quad(5\text{-}10)$$

2）在新建建筑物的情况下，上述公式中不含土地取得成本、土地开发成本、及应归属于土地的管理费用、投资利息、销售费用、销售税费和开发利润，即

$$\text{新建建筑物价格}=\text{建筑物建造成本}+\text{管理费用}+\text{投资利息}+\text{销售费用}+\text{销售税费}+\text{开发利润}\quad(5\text{-}11)$$

在实际运用成本法估价中，一般是根据房地产开发商的房地产开发过程，依照房地产价格的构成，考虑估价对象和当地实际情况的特点，对上述公式进行具体化，然后进行价格测算。

（三）旧有房地产的基本公式

1）在旧有房地的情况下，成本法的估价公式为

$$\begin{aligned}\text{旧有房地价格}&=\text{房地的重新构建价格}-\text{建筑物的折旧}\\&=\text{土地的重新构建价格}+\text{建筑物的重新构建价格}-\text{建筑物的折旧}\end{aligned}\quad(5\text{-}12)$$

其中，土地的重新构建价格＝重新取得土地的费用＋重新开发土地的费用＋正常利税。在上述公式中，必要时还应扣除由于旧建筑物的存在而导致的土地价值减损。

2）在旧有建筑物的情况下，成本法的估价公式为

$$\text{旧有建筑物价格}=\text{建筑物的重新构建价格}-\text{建筑物的折旧}\quad(5\text{-}13)$$

第四节　重新构建价格与建筑物折旧的估算

一、重新构建价格的估算

（一）重新构建价格的概念

重新构建价格是假设在估价时点重新取得或重新开发、重新建造全新状况的估价对象所必要的支出和应获得的利润之和。

把握重新构建价格的概念应特别注意的是：

1）重新构建价格是估价时点时的。如在重新开发建设的情况下，重新构建价格是在估价时点时的国家财税制度和市场价格体系下，按照估价时点时的房地产价格构成来测算。但估价时点并非总是“现在”，也可能为“过去”。如房地产纠纷案件，通常是以过去为估价时点。

2）重新构建价格是客观的。重新构建价格应能体现社会或行业的平均水平，即是客观成本而不是实际成本，不是个别单位或个人的实际消耗。

3）建筑物的重新构建价格是全新状况下的价格，未扣除折旧；土地的重新构建价格（重新取得价格或重新开发成本）是在估价时点状况下的价格。因此，建筑物的重新构建价格中未扣除建筑物的折旧，而土地的增减因素一般已考虑在其重新构建价格中。

（二）重新构建价格的求取思路

求取房地的重新构建价格，是先求取土地的重新取得价格或重新开发成本，再求取建筑物的重新构建价格，然后相加。用公式表示为

$$房地重新构建价格 = 土地重新取得价格 + 建筑物重新构建价格 \quad (5\text{-}14)$$

求取土地的重新构建价格，通常是假设土地上建筑物不存在，再采用市场法、基准地价修正法等求取重新取得价格；这特别适用于城市建成区内的土地难以求取其重新开发成本时的情况。求取土地的重新构建价格，也可采用成本法求取其重新开发成本。可见，可将土地的重新构建价格具体化为重新取得价格或重新开发成本两种。

求取建筑物的重新构建价格，是假设建筑物所在的土地已取得，为一空地，然后在此空地上重新建造与旧建筑物完全相同或具有同等效用的新建筑物所需的一切合理、必要的费用、税金和正常利润；或是设想将建筑物发包给建筑承包商建造，由建筑承包商将直接可使用的建筑物移交给发包人，在这种情况下发包人应支付给建筑承包商的费用，再加上发包人应负担的正常费用、税金和利润，即为建筑物的重新构建价格。

（三）建筑物重新构建价格的求取方式

建筑物的重新构建价格根据建筑物重新构建方式的不同，分为重置价格和重建价格。

重置价格（重置成本）是采用估价时点的建筑材料、建筑构配件、建筑设备和建筑技术，按估价时点时的价格水平，重新建造与估价对象建筑物具有同等效用的新建筑物的正常价格。

重建价格（重建成本）是采用与估价对象建筑物相同的建筑材料、建筑构配件、建筑设备和建筑技术等，按估价时点时的价格水平，重新建造与估价对象建筑物完全相同的新建筑物的正常价格。可将这种重新建造方式形象的理解

为“复制”。

建筑物重置价格和重建价格的相同点，都是求取在估价时点的全新状态的估价对象建筑物的重新建造成本，都是以估价时点价格水平计算。其不同点是重置价格只是要求建筑物具有同等的功能和效用，并不要求与旧建筑物完全相同，采用估价时点的建筑材料和技术即可。重建价格则要求建筑物是与旧建筑物完全相同的复制品，建筑材料和技术也必须是估价对象原有的。

一般情况下，重置价格适用于一般建筑物和因年代久远、已缺乏与旧建筑相同的建筑材料、建筑构配件和建筑设备，或因建筑技术和建筑标准改变等，使旧建筑物复原建造有困难的建筑物的估价。重置价格的出现是技术进步的必然结果，也是“替代原理”的体现。而重建价格适用于有特殊保护价值的建筑物的估价，如人们看重的有特殊建筑风格的建筑物等。通常重置价格比重建价格低。

（四）重新构建价格的求取方法

1. 土地重新构建成本的求取方法

对于土地重新构建成本，一般可采用成本法、市场比较法、收益法或基准地价修正法等方法进行评估。采用成本法评估时，应参照土地价格评估的成本逼近法的相关内容。

对于城市建成区内的房屋基地，在难以把握其开发成本时，可以采用市场比较法或收益法，假设该土地上没有建筑物，求取土地价格。在城市基准地价评估范围内的土地都可以采用基准地价修正法，根据土地用途、所处的土地等级或地价区段、具体区位条件、土地使用权年限、估价时点等因素，确定土地重新构建成本。

2. 建筑物重新构建价格的求取方法

建筑物重新构建价格可以采用成本法、市场比较法求取，也可以采用工程计价的方法求取，还可以通过政府或者其授权的部门公布的房屋重置价格、不动产市场价格扣除其中可能包含的土地价格后的调整来求取。具体来说可以归纳为以下四种方法：单位比较法、分部分项法、工料测量法和指数调整法。

（1）单位比较法　单位比较法是以建筑物为整体，选取与建筑物价格或成本密切相关的某种计量单位为比较单位，通过调查了解类似建筑物这种单位的造价或成本，并对其做适当的修正、调整来求取建筑物重新构建价格的方法。这种方法实质上是市场法，是一种常用、简便迅速的方法，但比较粗略。单位比较法有单位面积法和单位体积法。

1）单位面积法。根据当地近期建成的类似建筑物的单位面积造价，对其做适当的修正、调整，然后乘以估价对象建筑物的面积来测算。这种方法主要适用于造价与面积关系较大的房屋，是计算建筑物重新建造成本最常用的方法。

【例 5-2】 某建筑物的总建筑面积为 $1000m^2$，该类建筑结构、用途和档次的建筑物的标准建筑造价为 1200 元/m^2，估算该建筑物的重新构建价格。

解：该建筑物的重新构建价格 V 为

$$V = 1000m^2 \times 1200 \text{ 元}/m^2 = 120 \text{ 万元}$$

2）单位体积法。根据当地近期建成的类似建筑物的单位体积造价，对其做适当的修正、调整，然后乘以估价对象建筑物的体积来测算。这种方法适用于成本与体积关系较大的建筑物。

【例 5-3】 某建筑物的总建筑体积为 $500m^3$，该类建筑结构、用途和档次的建筑物的标准建筑造价为 1000 元/m^3，估算该建筑物的重新构建价格。

解：该建筑物的重新构建价格 V 为

$$V = 500m^3 \times 1000 \text{ 元}/m^3 = 50 \text{ 万元}$$

应用单位比较法其准确性的关键在于建筑物单位面积（或体积）的建造成本是否准确。在房地产估价中，往往将建筑物划分为不同的用途、建筑结构或等级，制作不同时期的基准重置价格表，以供求取某个具体建筑物的重置价格时使用，表的格式见表 5-1。

表 5-1 建筑物基准重置价格表

基准日期： 年 月 日 价格单位：元/m^2

结构类型 / 建筑物分类	钢结构	钢筋混凝土结构	砖混结构	砖木结构	简易结构
普通住宅					
高档公寓					
别 墅					
大型商场					
中小商站					
办 公 楼					
宾 馆					
标准厂房					
仓 库					
影剧院					
体 育 馆					
加 油 站					
其 他					

（2）分部分项法 以建筑物的各个独立构件或工程的单位价格或成本为基础来求取建筑物重新构建价格的方法。即先估算各个独立构件或工程的数量，

然后乘以相应的单位价格或成本，再相加。

在运用分部分项法测算建筑物的重新构建价格时，需要注意如下两点：①应结合各个构件或工程的特点使用计量单位；② 既不要漏项也不要重复计算，以免造成测算不准。采用该法示例见表 5-2。

表 5-2 分部分项法重新构建价格求取示例

项 目	数量/m^2	单价/（元/m^2）	总价/元
基础工程	150	200	30000
墙体工程	160	400	64000
楼地面工程	150	200	30000
屋面工程	150	300	45000
给排水工程			25000
供暖工程			15000
电气工程			20000
合 计			229000
运营管理费		20%	45800
重新构建价格			274800

（3）工料测量法　先测算建筑所需各种材料、设备的数量和人工时数，然后逐一乘以估价时点时相应的单价和人工费标准，再将其相加。这种方法的优点是详实，缺点是费时费力并需要有其他专家的参与，它主要用于具有历史价值的建筑物估价。采用该法的示例见表 5-3。

表 5-3 工料测量法重新构建价格求取示例

项 目	数 量	单 价	成本/元
现场准备			3000
水泥	20.31t	320 元/t	6500
砂石	62.5m^3	80 元/m^3	5000
砖块	21.82 千块	550 元/千块	12000
木材	3.684m^3	1900 元/m^3	7000
瓦面	3.33 千片	900 元/千片	3000
人工	312.5 工日	48 元/工日	15000
其他			5400
税费			1000
重新构建价格			57700

（4）指数调整法　运用物价指数，建筑成本（造价）指数或变动率，将估价对象建筑物的原始价值调整到估价时点时的现行价值来求取。这种方法主要

用于检验其他方法的测算结果。

二、建筑物折旧的估算

（一）建筑物折旧的概念

建筑物的折旧是指估价上的折旧，是由于物质因素、功能因素或经济因素等原因造成的价值减损，其数额为建筑物在估价时点时的市场价值与其重新构建价格之间的差额，即

建筑物折旧 = 建筑物重新构建价格 – 建筑物市场价值 (5-15)

建筑物重新构建价格表示建筑物在全新状况下所具有的价值，将其减去建筑物折旧相当于进行减价调整，其所得的结果则表示建筑物在估价时点状况下所具有的价值。

根据建筑物折旧的原因，可将建筑物的折旧分为物质折旧、功能折旧和经济折旧三大类。

（1）物质折旧　物质折旧又称物质磨损、有形损耗，是建筑物在实体方面的损耗所造成的其价值损失。进一步可以归纳为以下四个方面：

1）自然经过的老化，主要是由自然力作用引起的，如风吹、日晒、雨淋等引起的建筑物腐朽、生锈、风化、基础沉降等。它与建筑物的实际经过年数（建筑物从竣工之日起到估价时点止的日历年数）正相关。

2）正常使用的磨损，主要是由人工使用引起的，它与建筑物的使用性质、使用强度、使用年数正相关。例如，居住用途建筑物的磨损要小于工业用途的建筑物的磨损。

3）意外的破坏损毁，主要是由突发性的天灾人祸引起的，包括自然方面的，如地震、水灾、风灾；人为方面的，如失火、碰撞等。

4）延迟维修的损坏残存，主要是由没有适时地采取预防、养护措施或修理不够及时引起的，它造成建筑物不应有的损坏或提前损坏，或已有的损坏仍然存在，如门窗有破损、墙体或地面有裂缝、洞等。

（2）功能折旧　功能折旧是指由于消费观念变更、规划设计更新、技术进步等原因导致建筑物在功能方面的相对残缺、落后或不适用所造成的价值损失。例如，某建筑式样过时，内部布局过时，设备陈旧落后，缺乏现代人认为的必要设施、设备，从而导致该建筑物价值的下降，就是功能折旧。

（3）经济折旧　经济折旧是指建筑物以外的各种不利因素所造成的建筑物价值的损失。这些因素包括城市规划、现行政策的重大改变、供求过量、交通拥挤、环境污染等。如在一个居民区修建一座工厂，该居民区的环境受到污染，导致建筑物的价值降低，就是一种经济折旧。这种经济折旧是永久性的。再如，在经济不景气时期以及高税率、高失业率等情况下，房地产的价值下降，这也

是一种经济折旧。但这种经济折旧会随着经济复苏而消失。

功能折旧和经济折旧又称为无形损耗。

【例5-4】 某旧住宅，测算其重置价格为40万元，地面、门窗等破旧引起的物质折旧为1万元，因户型设计不好导致的功能折旧为2万元，由于位于城市衰落地区引起的经济折旧为3万元。求取该旧住宅的折旧总额和现值。

解：

(1) 折旧总额E为

$$E = 1\text{万元} + 2\text{万元} + 3\text{万元} = 6\text{万元}$$

(2) 该住宅的现值V为

$$V = C - E = 40\text{万元} - 6\text{万元} = 34\text{万元}$$

(二) 建筑物折旧的求取方法

求取建筑物折旧的方法可归纳为六大类，即耐用年限法、实际观察法、成新折扣法、市场提取法、分解法和混合法。

1. 耐用年限法

耐用年限法是指根据建筑物的经济寿命、有效经过年数或剩余经济寿命来求取建筑物折旧的方法。

建筑物的寿命分为自然寿命和经济寿命。建筑物的自然寿命是指建筑物从竣工验收合格之日起到由于主要结构构件和设备的自然老化或损坏而不能继续保证建筑物安全使用时止的时间。建筑物的经济寿命是指建筑物从竣工验收合格之日起到它对房地产价值不再有贡献时止的时间。如收益性建筑物的经济寿命，具体是建筑物从竣工验收合格之日起在正常市场和运营状态下产生收入大于运营费用的持续时间。建筑物的经济寿命短于其自然寿命。经济寿命的确定是由市场决定的，相同类型的建筑物在不同地区的经济寿命可能不同。经济寿命具体可根据建筑物的结构、建筑质量、用途和维修养护情况，结合市场状况、周围环境、经营收益状况等进行综合分析判断得出。

建筑物的经过年数分为实际经过年数和有效经过年数。实际经过年数是指建筑物从竣工验收合格之日起到估价时点时的日历年数。有效经过年数是建筑物在估价时点按其现状和效用所显示的经过年数。有效经过年数可能短于也可能长于实际经过年数。当建筑物的维修保养属于正常的，有效经过年数与实际经过年数相当；当建筑物的维修保养比正常维修保养好或经过更新改造的，有效经过年数短于实际经过年数；当建筑物的维修保养比正常维修保养差的，有效经过年数长于实际经过年数。

建筑物的剩余寿命是其寿命减去经过年数之后的寿命，分为剩余自然寿命和剩余经济寿命。建筑物的剩余自然寿命是其自然寿命减去实际经过年数的寿命，建筑物的剩余经济寿命是其经济寿命减去有效经过年数之后的寿命。因此，如果建筑物的有效经过年数比实际经过年数短，就会延长建筑物的剩余经济寿命；反之，就会缩短建筑物的剩余经济寿命。

在成本法求取折旧中，建筑物的寿命应为经济寿命，经过年数应为有效经过年数，剩余寿命应为剩余经济寿命。

耐用年限法求取建筑物折旧的方法主要有直线折旧法、余额递减折旧法、年金法等。

（1）直线折旧法　直线折旧法是目前应用最普遍，也是最简单的一种折旧方法，简称为直线法，它以建筑物耐用年限内每年的价值损耗是均匀的，即在经济寿命年限内每年的折旧额相等。其年折旧额的计算式为

$$D_i = D = \frac{C - S}{N} = \frac{C(1 - R)}{N} \tag{5-16}$$

式中　D_i——第 i 年的折旧额，或称做第 i 年的折旧，在直线法的情况下，每年的折旧额 D_i 是一个常数 D；

C——建筑物的重新构建价格；

S——建筑物的净残值，是建筑物的残值减去清理费用后的数额；

N——建筑物的经济寿命；

R——预计的建筑物的残值率，是净残值与重新构建价格的比率，即 $R = S/C$。

另外，$(C - S)$ 称为折旧基数；每年的折旧额与重新构建价格的比率称为折旧率，如果用 d 来表示，即

$$d = \frac{D}{C} = \frac{C - S}{N \times C} = \frac{1 - R}{N} \tag{5-17}$$

有效经过年数为 t 年的建筑物折旧总额 E_t 的计算式为

$$E_t = Dt = (C - S)\frac{t}{N} \text{ 或 } E_t = C(1 - R)\frac{t}{N} \tag{5-18}$$

建筑物现值 V 的计算式为

$$V = C - E_t = C - (C - S)\frac{t}{N} = C \times \left[1 - (1 - R)\frac{t}{N}\right] \tag{5-19}$$

【例 5-5】　某建筑物建筑总面积为 1000m^2，其有效经过年数为 10 年，重置价格为 600 元/m^2，经济寿命为 40 年，残值率为 5%。试用直线折旧法计算其年折旧额、折旧总额，并估计其现值。

解：运用直线折旧法进行折旧。

（1）建筑物重新构建价格为

$$C = 600 \text{ 元/m}^2 \times 1000\text{m}^2 = 600000 \text{ 元}$$

（2）建筑物年折旧额，由式（5-16）得

$$D = \frac{C(1-R)}{N} = \frac{600000\text{元} \times (1-5\%)}{40} = 14250\text{元}$$

（3）建筑物前10年折旧总额，由式（5-18）得

$$E_{10} = Dt = 14250\text{元} \times 10 = 142500\text{元}$$

（4）建筑物现值，由式（5-19）得

$$V_{10} = C - E_{10} = 600000\text{元} - 142500\text{元} = 585750\text{元}$$

我国对房屋的耐用年限、残值率，根据房屋结构的类型、等级等分别做了详细规定，具体规定见本节的后续内容。

（2）余额递减法　余额递减法又称定率法，是用固定折旧率乘以尚未折旧的建筑物的重新构建价格部分，计算每年折旧的一种方法。其特点是折旧率不变，则每年的折旧额的计算式为

$$D_i = C \times (1-d)^{i-1} \times d \tag{5-20}$$

式中　d——折旧率；

D_i、C——含义与直线法相同。

再设 S 为净残值，R 为净残值率，则：

第一年末：

折旧额 $D_1 = Cd$

净残额 $S_1 = C - D_1 = C - Cd = C(1-d)$

第二年末：

折旧额 $D_2 = S_1 d = C(1-d)d$

净残额 $S_2 = S_1 - D_2 = C(1-d) - C(1-d)d = C(1-d)^2$

第三年末：

折旧额 $D_3 = S_2 d = C(1-d)^2 d$

净残额 $S_3 = S_2 - D_3 = C(1-d)^2 - C(1-d)^2 d = C(1-d)^3$

如此继续下去，到第 i 年末：

折旧额 $D_i = C(1-d)^{i-1} d$

净残额 $S_i = C(1-d)^i$

当 $i = N$ 时，即到建筑物的耐用年限终了时，由于此时建筑物的残值为 S，则有：

$$S = C(1-d)^N$$

所以，得到折旧率 d 的计算公式为

$$d = 1 - \sqrt[N]{\frac{S}{C}} \text{或} d = 1 - \sqrt[N]{R} \tag{5-21}$$

已经使用了 t 年的建筑物的折旧总额，即 t 年末时累计的折旧额为

$$E_t = \sum_{i=1}^{t} D_i = C - C \times (1-d)^t \tag{5-22}$$

建筑物的现值 V 为

$$V = C - E_t = C \times (1-d)^t \tag{5-23}$$

【例 5-6】 上例中的建筑物，若按余额递减法折旧，则其第 10 年的折旧额、前 10 年折旧总额以及建筑物的现值为多少？（假设折现率 $d=10\%$）。

解：运用余额递减法进行折旧

（1）建筑物重置总价格为

$$C = 600\ 元/\mathrm{m}^2 \times 1000\mathrm{m}^2 = 600000\ 元$$

（2）固定折旧率，由式（5-21）得

$$d = 1 - \sqrt[N]{R} = 1 - \sqrt[40]{5\%} = 0.0722$$

（3）第 10 年折旧额，由式（5-20）得

$$D_{10} = C(1-d)^{10-1}d = 600000\ 元 \times (1-0.0722)^{10-1} \times 0.0722 = 22068.8\ 元$$

（4）前 10 年折旧总额，由式（5-22）得

$$E_{10} = C - V = 600000\ 元 - 305661.4\ 元 = 294338.6\ 元$$

（5）建筑物现值，由式（5-23）得

$$V_{10} = C(1-d)^t = 600000\ 元 \times (1-0.0722)^{10-1} = 305661.4\ 元$$

在实际应用余额递减法时，一般先规定一个折旧率 d，而不是以估计建筑物的耐用年限和残值率的方法确定。

（3）年金法　年金法就是应用资金等值中的年金现值公式来确定建筑物的年折旧额的方法。虽然这种方法每年的折旧数额也相同，但它与直线折旧法并不相同，直线折旧法不考虑资金的时间价值，而年金法则考虑资金的时间价值。因此，在年金法中，各年数值相等折旧额对于分摊建筑物的重新建造成本的意义却是不同的。

根据资金等值的概念，年折旧额的现值之和应等于建筑物的重新构建价格减去残值。因此，有以下等式成立。

$$C - S = D\frac{(1+i)^N - 1}{i(1+i)^N} \tag{5-24}$$

式中，i 为折现率，其他符号的含义同上。经变换即可得到年折旧额 D 的计算公式为

$$D = (C-S)\frac{i(1+i)^N}{(1+i)^N - 1} \tag{5-25}$$

建筑物前 t 年累计折旧总额为前 t 年每年的折旧额现值之和，即

$$E_t = D\frac{(1+i)^t - 1}{i(1+i)^t} \tag{5-26}$$

建筑物的现值应等于重新构建价格 C 减去前 t 年累计折旧总额，即

$$V = C - E_t = C - D\frac{(1+i)^t - 1}{i(1+i)^t} \tag{5-27}$$

【例 5-7】 还是上例中的建筑物，若按年金法折旧，则其年折旧额、折旧总额以及建筑物的现值为多少？（假设折现率 $i = 10\%$）。

解：运用年金法进行折旧

（1）建筑物重置总价格和残值为

$$C = 600\ 元/\text{m}^2 \times 1000\text{m}^2 = 600000\ 元$$
$$S = CR = 600000\ 元 \times 5\% = 30000\ 元$$

（2）年折旧额，由式（5-25）得

$$D = (C - S)\frac{i(1+i)^N}{(1+i)^N - 1}$$
$$= (600000\ 元 - 30000\ 元) \times \frac{10\%(1+10\%)^{40}}{(1+10\%)^{40} - 1}$$
$$= 58288\ 元$$

（3）前 10 年折旧总额，由式（5-26）得

$$E_{10} = 58288 \times \frac{(1+10\%)^{10} - 1}{10\%(1+10\%)^{10}} = 358155\ 元$$

（4）建筑物的现值，由式（5-27）得

$$V_{10} = C - E_{10} = 600000\ 元 - 358155\ 元 = 241845\ 元$$

从【例 5－5】～【例 5－7】可以看到，直线折旧法属于均匀折旧，余额递减法和年金法均属于加速折旧。

耐用年限法在反映建筑物现实的新旧程度及功能效用上显得不足，建筑物的磨损同建筑物所处的地理环境，以及人们对建筑物的维护程度有很大关系，仅仅根据耐用年限法尚不能反映出建筑物的真实价值。

2. 实际观察法

实际观察法不是直接以建筑物的有关年限（特别是实际经过年数）来求取建筑物的折旧，而是注重建筑物的实际损耗程度。因为早建成的建筑物未必损坏严重，从而价值未必低；而新近建造的建筑物未必维护良好，特别是施工质量、设计等方面存在缺陷，从而价值未必高。这样，实际观察法是由估价人员亲临现场，直接观察、估算建筑物在物质、功能及经济等方面的折旧因素所造成的折旧总额。

利用实际观察法也可判定建筑物的成新率，或推测其有效经过年数、剩余经济寿命，在此基础上再利用其他方法计算建筑物的折旧或直接计算建筑物的现值。这种方法可以充分体现建筑物的个别状况，估算结果比较准确。但这种方法要求估价人员具有充分的鉴定技术与实际操作经验。应用实际观察法可以按照我国房屋完损等级评定标准来对照判断。

3. 成新折扣法

成新折扣法是根据建筑物的建成年代、新旧程度等，确定建筑物的成新率，直接求取建筑物的现值。其计算式为

$$V=Cq \tag{5-28}$$

式中　q——建筑物的成新率（%）。

成新折扣法适用于同时需要对大量建筑物进行估价的场合，尤其是进行建筑物现值调查统计，但比较粗略，无法根据建筑物的具体使用、保养情况进行调整。在估价实务中，成新率是一个综合指标，其求取可以采用“先定量，后定性，再定量”的方式按以下三个步骤进行：

1）根据式（5-19）（直线折旧法公式）和式（5-28）（成新折扣法公式），得到直线折旧法计算成新率的公式为

$$\begin{aligned} q &= \left[1-(1-R)\frac{t}{N}\right]\times 100\% \\ &= \left[1-(1-R)\frac{N-n}{N}\right]\times 100\% \\ &= \left[1-(1-R)\frac{t}{t+n}\right]\times 100\% \end{aligned} \tag{5-29}$$

式中，n 为建筑物的剩余经济寿命，其他符号含义同上。

当 $R=0$ 时，有

$$q=\left[1-\frac{t}{N}\right]\times 100\%=\frac{n}{N}\times 100\%=\frac{n}{t+n}\times 100\% \tag{5-30}$$

【例5-8】　有一座10年前建成交付使用的建筑物，经估价人员实地观察判定其剩余经济寿命为30年，该建筑物的残值率为零。试用直线法计算该建筑物的成新率。

解：根据式（5-30），建筑物的成新率 q 为

$$q=\left(1-\frac{t}{N}\right)\times 100\%=\left(1-\frac{10}{10+30}\right)\times 100\%=75\%$$

2）根据建筑物的建成年代对上述计算结果进行初步判断，看是否吻合。

3）采用实际观察法对上述结果进行进一步的调整修正，并说明上下调整修正的理由。当建筑物的维修保养属于正常的，实际成新率与直线法计算出的成新率相当；当建筑物的维修保养比正常维修保养好或经过更新改造的，实际成新率应大于直线法计算出的成新率；当建筑物的维修保养比正常维修保养差的，实际成新率应小于直线法计算出的成新率。

4. 市场提取法

市场提取法是利用与估价对象建筑物具有类似折旧程度的可比实例来求取估价对象建筑物折旧的方法。在假设建筑物残值率为零的情况下，该方法求取

建筑物折旧的步骤和主要内容如下：

1）搜集大量交易实例。

2）从交易实例中选取三个以上与估价对象建筑物具有类似折旧程度的可比实例。

3）对可比实例成交价格进行付款方式、交易情况等有关换算、修正和调整。

4）求取可比实例在其成交日期时的土地价值，将可比实例的成交价格减去该土地价值得出建筑物价值。

5）求取可比实例在其成交日期时的建筑物重新构建价格，将该建筑物重新构建价格减去建筑物价值后得出建筑物折旧。

6）将可比实例的建筑物折旧除以建筑物重新构建价格转换为折旧率。如果可比实例的经过年数与估价对象的经过年数相近，求出的各可比实例折旧率的范围较窄，则可将可比实例折旧率调整为适合估价对象的折旧率；如果各可比实例的经过年数、区位、维修养护程度等之间有差异，求出的各可比实例折旧率的范围较宽，则应将每个可比实例的折旧率除以其经过年数转换为年折旧率，然后将年折旧率的范围调整为适合估价对象的年折旧率。

7）将估价对象建筑物的重新构建价格乘以折旧率，或者乘以年折旧率再乘以其经过年数，便可求出估价对象建筑物的折旧。

利用市场提取法求出的年折旧率，根据式（5-30），还可以求取耐用年限法所需要的建筑物经济寿命，即

$$\text{建筑物经济寿命} = \frac{1}{\text{年折旧率}} \tag{5-31}$$

例如，如果通过市场提取法求出的估价对象建筑物的年折旧率为2%，则可以根据其倒数估计估价对象建筑物的经济寿命为50年。

5. 分解法

分解法是对建筑物各种类型的折旧分别予以分析和测定，然后加总来求取建筑物折旧的方法。它是求取建筑物折旧最详细、最复杂的一种方法。

分解法认为各种类型的物质折旧、功能折旧和经济折旧，应根据各自的具体情况分别采用适当的方法来估算。

（1）分解法求取建筑物折旧　其步骤为：

1）求取物质折旧。将物质折旧分解为各个项目，分别采用适当的方法求取折旧后相加。

2）求取功能折旧。将功能折旧分解为各个项目，分别采用适当的方法求取折旧后相加。

3）求取经济折旧。将经济折旧分解为各个项目，分别采用适当的方法求取

折旧后相加。

4）求取建筑物的折旧总额。将上述求取的三类折旧额相加得到建筑物的折旧总额。

（2）物质折旧的求取 其过程和方法为：

1）将物质折旧项目分为可修复项目和不可修复项目两类。修复是指恢复到新的或相当于新的状况，有的可能是修理，有的可能是更换。预计修复所必需的费用小于或等于修复所能带来的房地产价值增加额的是可修复，即修复所必须的费用≤修复后的房地产价值－修复前的房地产价值。反之，是不可修复的。

2）对于可修复项目，估算采用最优修复方案使其恢复到新的或相当于新的状况下所必需的费用作为折旧额。

3）对于不可修复项目，根据估价时点时的剩余使用寿命是否短于整体建筑物的剩余经济寿命，将其分为短寿命项目和长寿命项目两类。短寿命项目是剩余使用寿命短于整体建筑物剩余经济寿命的部件、设备、设施等，他们在建筑物剩余经济寿命期间迟早需要更换，甚至可能更换多次。长寿命项目是剩余使用寿命等于或长于整体建筑物剩余经济寿命的部件、设备、设施等，它们在建筑物剩余经济寿命期间是不需要更换的。在实际中，短寿命项目与长寿命项目的划分，一般是在其寿命是否短于建筑物经济寿命的基础上作出的，例如，基础、墙体、屋顶、门窗、管网、电梯、空调、卫生设备、装饰装修等的寿命是不同的。

短寿命项目分别根据各自的重新构建价格（通常为市场价格、运输费、安装费等之和）、寿命、经过年数或剩余使用寿命，采用耐用年限法计算折旧额。

长寿命项目是合在一起，根据建筑物重新构建价格减去可修复项目的修复费用和各短寿命项目的重新构建价格后的余额、建筑物的经济寿命、有效经过年数或剩余经济寿命，采用耐用年限法计算长寿命项目折旧额。

4）将可修复项目的修复费用、短寿命项目的折旧额、长寿命项目的折旧额相加，即为物质折旧额。

【例5-9】 某建筑物的重置价格为180万元，经济寿命为50年，有效经过年数为10年。其中，门窗等损坏的修复费用为2万元；装修的重置价格为30万元，平均寿命为5年，已使用3年；设备的重置价格为60万元，平均寿命为15年，已使用10年。残值率假设为零。试求其折旧总额。

解：该建筑物折旧属于物质折旧，其折旧总额的计算如下：

（1）门窗等损坏的折旧额 $E_{门}$ = 其修复费用 = 2万元

（2）装修的折旧额 $E_{装} = 30\text{万元} \times \dfrac{1}{5\text{年}} \times 3\text{年} = 18\text{万元}$

（3）设备的折旧额 $E_{设} = 60\text{万元} \times \dfrac{1}{15\text{年}} \times 10\text{年} = 40\text{万元}$

(4) 长寿命项目的折旧额 $E_{长}$ = (180 万元 - 2 万元 - 30 万元 - 60 万元) × $\frac{1}{50年}$ × 10 年 = 17.6 万元

(5) 该建筑物的折旧总额 $E_{总}$ = 2 万元 + 18 万元 + 40 万元 + 17.6 万元 = 77.6 万元

(3) 功能折旧的求取　其过程和方法如下：

1) 将功能折旧分为功能缺乏、功能落后和功能过剩引起的三类，并进一步分为可修复的和不可修复的。

2) 对于可修复的功能缺乏引起的折旧，首先估算在估价对象建筑物上增加该功能所必需的费用，然后估算该功能如果在建筑物建造时就具有所必需的费用，再将两者相减即超额费用作为折旧额。对于不可修复的功能缺乏引起的折旧，可以先采用租金损失资本化法求取未来每年所损失租金的现值之和，再估算如果在建筑物建造时就具有该功能所必需的费用，然后将两者的差额作为折旧额。

3) 对于可修复的功能落后引起的折旧，以空调系统落后为例，其折旧额为该功能落后空调系统的重新构建价格，减去该功能落后空调系统已提折旧，加上拆除该功能落后空调系统所必须的费用，减去该功能落后空调系统可回收的残值，加上安装新的功能先进空调系统所必需的费用，减去该新的功能先进空调系统如果在建筑物建造时就安装所必需的费用。与可修复的功能缺乏引起的折旧额相比，可修复的功能落后引起的折旧额加上了功能落后空调系统尚未折旧的价值，减去了功能落后空调系统拆除后的净残值（拆除后可回收的残值减去拆除费用）。

对于不可修复的功能落后引起的折旧，仍以空调系统落后为例，其折旧额是在上述可修复的功能落后引起的折旧额计算中，将安装新的功能先进空调系统所必需的费用替换为该空调系统落后所导致的未来每年所损失租金的现值之和。

4) 功能过剩一般是不可修复的。功能过剩引起的折旧首先应包括功能过剩所造成的无效成本，这可以通过使用重置成本而自动消除，但如果使用重建成本则不能消除。其次无论是使用重置成本还是使用重建成本，功能过剩引起的折旧还应包括功能过剩所造成的超额持有成本。超额持有成本可以采用“超额运营费用资本化法”，即功能过剩导致的未来每年超额运营费用的现值之和来求取。

在使用重置成本的情况下：

扣除功能过剩引起的折旧后的成本 = 重置成本 - 超额持有成本　(5-32)

在使用重建成本的情况下：

扣除功能过剩引起的折旧后的成本 = 重建成本 − （无效成本 + 超额持有成本）(5-33)

5）功能缺乏引起的折旧额、功能落后引起的折旧额、功能过剩引起的折旧额相加，即为功能折旧额。

(4) 经济折旧的求取方法　经济折旧在估价时点时通常是不可修复的，首先应分清它是暂时性的还是永久性的，然后可以根据租金损失的期限不同，采用租金损失资本化法求取未来每年所损失租金的现值之和作为折旧额。

6. 混合法

针对以上各种折旧方法所存在的优缺点，估价人员有时同时采用几种折旧方法确定建筑物的折旧额。对于采用不同方法所得出的折旧结果，通过简单算术平均或加权算术平均等综合出一个统筹兼顾的结果，并以此作为陈旧贬值的最后判定，这就是混合法。在估价实务上往往采用混合法，即先以耐用年限为基准计算折旧额，然后再用成新折扣法或实际观察法进行修正。通过这样的混合法，能有效地克服各种方法所存在的缺点，并使之优点得以发挥。

(三) 求取建筑物折旧应注意的事项

1. 注意建筑物折旧与会计上的折旧的区别

1）房地产评估上的折旧与财务上的折旧不同，科学地说不是折旧，而是减价修正。财务上的折旧注重的是固定资产的价值补偿、产品成本的负担，投资的回收、所得税的缴纳迟早等；估价上注重的则是房地产价值的减损，目的是求得房地产在估价时点的合理价格。

2）财务上据以计算折旧的基数是固定资产原值，它不随时间的变化而变化；估价上则是用重新构建价格，它随估价时点的不同而不同。

3）财务上不能用实际观察法来计算折旧，也不考虑应计折旧固定资产的市场情况；估价上则不同，实际观察法是常用的重要方法，房地产的市场情况也是经常需要考虑的。

2. 土地使用年限对建筑物经济寿命的影响

1）建筑物的经济寿命早于土地使用年限而结束的，应按建筑物的经济寿命计算折旧。

2）建筑物的经济寿命晚于土地使用年限而结束的，应按建筑物的实际经过年数加上土地使用权的剩余年限计算折旧。

(四) 房屋完损等级评定与建筑物的耐用年限

1. 房屋完损等级评定的有关规定

房屋完损等级是用来检查房屋维修保养情况的一个标准，是确定房屋实际新旧程度和估算陈旧贬值额的重要依据。房屋的完好程度越高，其现值就越接近于重新构建价格。

1984年11月8日，原城乡建设环境保护部发布了《房屋完损等级评定标准》，同年12月12日发布了《经租房屋清产估价原则》。有关内容综合起来概括如下：

（1）房屋的完损等级 房屋的完损等级是根据房屋的结构、设备、装修三个组成部分的完好、损坏程度来划分的。我国现行的房屋完损等级分为如下五类：

1）完好房。结构构件完好，装修和设备完好、齐全完整，管道畅通，现状良好，使用正常。或虽然个别分项有轻微损坏，但一般经过小修就能修复的。

2）基本完好房。结构基本完好，少量构部件有轻微损坏，装修基本完好，油漆缺乏保养，设备、管道现状基本良好，能正常使用，经过一般性的维修能恢复的。

3）一般损坏房。结构一般性的损坏，部分构部件有损坏或变形，屋面局部漏雨，装修局部破损、油漆老化，设备、管道不够畅通，水卫、电照管线、器具和零件有部分老化、损坏或残缺，需要进行中修或局部大修，更换部件的。

4）严重损坏房。房屋年久失修，结构有明显变形或损坏，屋面严重漏雨；装修严重变形、破损，油漆老化见底；设备陈旧不全，管道严重堵塞，水卫、电照管线、器具和零部件残缺及严重损坏。这种房屋，需进行大修或翻修、改建。

5）危险房。承重构件已属危险构件，结构丧失稳定及承载能力，随时有倒塌可能，不能确保住用安全的。

（2）房屋三个组成部分的各个组成项目 结构、装修、设备三个组成部分的各个组成项目分别为：

1）房屋结构组成分为地基基础、承重构件、非承重墙、屋面、楼地面。

2）房屋装修组成分为门窗、外抹灰、内抹灰、顶棚、细木装修。

3）房屋设备组成分为水卫、电照、暖气及特种设备（如消防栓、避雷装置等）。

（3）房屋新旧程度的判定标准 房屋的完损等级对应着成新率，完好房的成新率为十、九、八成；基本完好房的成新率为七、六成；一般损坏房的成新率为五、四成；严重损坏房及危险房的成新率为三成以下。

2. 现行建筑物的耐用年限及残值率

1992年6月5日，建设部、财政部制定的《房地产单位会计制度－会计科目和会计报表》和中华人民共和国国家标准《房地产估价标准》对建筑物折旧的计算公式都作了有关规定。

（1）房屋折旧的计算公式 估价上求取建筑物的折旧应采用以下计算公式

$$年折旧额=房屋重新构建价格\times(1-残值率)\div耐用年限$$

(2) 房屋结构的分类　房屋结构分为下列四类七等：

1) 钢结构及钢筋混凝土结构。全部或承重部分为钢筋混凝土结构，包括框架大板与框架轻板结构等房屋。这类房屋一般内外装修良好，设备比较齐全。

2) 砖混结构。砖混结构分为以下两等：

砖混结构一等。部分钢筋混凝土，主要是砖墙承重的结构，外墙部分砌砖、水刷石、水泥抹面或涂料粉刷，并设有阳台，内外设备齐全的单元式住宅或非住宅房屋。

砖混结构二等。部分钢筋混凝土，主要是砖墙承重的结构，外墙是清水墙，没有阳台，内部设备不全的非单元式住宅或其他房屋。

3) 砖木结构。砖木结构分为以下三等：

砖木结构一等。材料上等、标准较高的砖木（石料）结构。这类房屋一般是外部有装修处理、内部设备完善的庭院式或花园洋房等高级房屋。

木结构二等。结构正规，材料较好，一般外部没有装修处理，室内有专用上、下水等设备的普通砖木结构房屋。

砖木结构三等。结构简单，材料较差，室内没有专用上、下水等设备，较低级的砖木结构房屋。

4) 简易结构。如简易楼、平房、木板房、砖坯房、土草房、竹木捆绑房等。

(3) 房屋耐用年限与房屋残值率的有关规定　房屋评估中经常遇到的构筑物的耐用年限和残值率见表 5-4 和表 5-5。

表 5-4　房屋的耐用年限与残值率表

类别等级	使用情况	耐用年限/年	残值率（%）
钢筋混凝土	非生产用房	60	0
	生产用房	50	
	一般腐蚀性生产用房	35	
砖混一等	非生产用房	50	2
	生产用房	40	
	一般腐蚀性生产用房	30	
砖混二等	非生产用房	50	2
	生产用房	40	
	一般腐蚀性生产用房	30	
砖木一等	非生产用房	40	6
	生产用房	30	
	一般腐蚀性生产用房	20	
砖木二等	非生产用房	40	4
	生产用房	30	
	一般腐蚀性生产用房	20	

（续）

类别等级	使用情况	耐用年限/年	残值率（%）
砖木三等	非生产用房	40	3
	生产用房	30	
	一般腐蚀性生产用房	20	
简易结构		10	0

表5-5　部分构筑物的耐用年限表/年

名　称	耐用年限	名　称	耐用年限
管　道	30	露天库	20
冷却塔	30	冷藏库	30
蓄水池	30	储油缸	20
污水池	20	大　坝	60
水　井	30	其　他	30

第五节　成本法总结与运用

一、成本法的总结

本章阐述了成本法的基本概念、理论依据、适用范围与条件，分析了房地产价格的成本构成及其有关规定，详细介绍了成本法的计算步骤。

在现实中，应用成本法对估价对象进行估价时，应首先调查了解有关房地产开发建设的成本、税费、利润等资料；其次求取估价对象的重新构建价格，其中房地产的重新构建价格可模拟房地产开发商的房地产开发过程，根据房地产价格的构成，采用成本法求取，或者求取土地和建筑物的重新构建价格然后相加来求取；土地的重新构建价格分为重新取得价格和重新开发成本，重新取得价格可采用市场法、基准地价法求取，重新开发成本可采用成本法求取；建筑物的重新构建价格分为重置价格和重建价格，一般建筑物适用重置价格，有特殊保护价值的建筑物适用重建价格，求取的方法有单位比较法、分部分项法、工料测量法、指数调整法等。然后求取建筑物的折旧，分为物质折旧、功能折旧和经济折旧，求取的方法主要有耐用年限法、市场提取法和分解法。最后，根据成本法的计算公式，将求得的估价对象的重新构建价格与折旧代入成本法的相关计算公式，即可求得估价对象房地产的计算价格。

二、成本法运用举例

【例5-10】　估价对象为一政府用办公楼，土地总面积为1000m²，建筑总面积为4500m²，建于1984年9月底，钢筋混凝土结构。试评估该办公楼2004年9月30日的价值。搜集的有关资料如下：

（1）搜集三宗土地交易实例作为可比实例，有关资料见表5-6。

表5-6 交易实例情况

实例	交易价格/（元/m²）	交易情况	交易日期	房地产状况
A	2200	正常	2004年3月30日	比估价对象劣3%
B	2050	正常	2003年12月30日	比估价对象劣8%
C	2380	比正常价格高3%	2004年5月30日	比估价对象优5%

从2003年12月至2004年9月地价每月上升0.5%。

（2）当地征用农地的费用等资料如下：

在估价时点征用郊区农地平均每亩需要10万元的征地补偿、安置等费用，向政府交付土地使用权出让金等150元/m²，土地开发费用、税金和利润等为120元m²，以上合计为城市边缘熟地的价格。

该城市土地分为8个级别，城市边缘土地为第8级，而估价对象处于第3级土地上。各级土地之间的价格差异见表5-7。

表5-7 各级土地之间的价格差异

级别	1	2	3	4	5	6	7	8
地价是次级土地的倍数	1.4	1.4	1.4	1.4	1.4	1.4	1.4	1
地价是最差级土地的倍数	10.54	7.53	5.38	3.84	2.74	1.96	1.4	1

（3）建筑物的重置价格价为1100元/m²。

（4）建筑物耐用年限为60年，无残值。

试用成本法评估该办公楼2004年9月30日的价值。土地重置价格要求分别用市场法和成本法求取（如需计算平均值，请采用简单算术平均法）。

解：本题属于旧有房地产的成本法估价。

（1）根据式（5-12），旧有房地产成本法的计算式为

旧房地价格=土地重新开发成本+建筑物的重新构建价格-建筑物的折旧

（2）求取土地的重置价格V_L。

1）用市场法求取土地的重置价格V_{L1}

A修正后的单价V_{AL}=2200元/m²×（100÷100）×$(1+0.5\%)^6$×（100÷97）=2336.94元/m²

B修正后的单价V_{BL}=2050元/m²×（100÷100）×$(1+0.5\%)^9$×（100÷92）=2330.56元/m²

C修正后的单价V_{CL}=2380元/m²×（100÷103）×$(1+0.5\%)^4$×（100÷105）=2244.99元/m²

再用简单算术平均法综合，求得

土地重置价格 V_{L1} = (2336.94 元/m^2 + 2330.56 元/m^2 + 2244.99 元/m^2) ÷ 3 = 2304.16 元/m^2

2）用成本法求取土地的重置价格 V_{L2}

用征用农地的费用加土地开发费和土地使用权出让金等，再加上地段差价调节的办法求取土地重置价格，得

土地重置价格 V_{L2} = [(100000 元 ÷ 666.67m^2) + 150 元/m^2 + 120 元/m^2] × 5.38 = 2259.60 元/m^2

3）用简单算术平均法求得上述两法的平均土地价格 V_L

土地重置价格 V_L = (2304.16 元/m^2 + 2259.60 元/m^2) ÷ 2 = 2281.88 元/m^2

土地总价 V_L = 2281.88 元/m^2 × 1000m^2 = 228.19 万元

（3）求建筑物的重置价格 C。

$$C = 1100\ 元/m^2 \times 4500m^2 = 495\ 万元$$

（4）求建筑物折旧总额 E。

$$E = 495\ 万元 \times 20\ 年 \div 60\ 年 = 165\ 万元$$

（5）计算估价额。

房地产价格（总价）$V = V_L + C - E$

= 228.19 万元 + 495 万元 − 165 万元 = 558.19 万元

房地产价格（单价）V = 558.19 万元 ÷ 4500m^2 = 1240.42 元/m^2

思考与练习题

1. 什么是成本法？成本法估价的理论依据是什么？
2. 成本法的适用范围和条件是什么？
3. 成本法的“成本”是成本还是价格？为什么？
4. 客观成本与实际成本的含义及其区别是什么？
5. 重置价格、重建价格的含义及其相互关系如何？
6. 什么是估价上的建筑物的折旧？它包括哪几方面？
7. 求取建筑物折旧的方法有哪几种？
8. 估价上的折旧和会计上的折旧有什么区别？
9. 土地使用年限与建筑物经济寿命之间的关系如何处理？

10. 某宗房地产的土地总面积为1000m^2，是10年前通过征用农地取得的，当时平均每亩花费18万元，现时重新取得该类土地要620元/m^2；地上建筑物的总建筑面积为2000m^2，是8年前建成交付使用的，当时的建筑造价为600元/m^2（建筑面积），现时建造同类建筑物建筑造价为1200元/m^2（建筑面积），估计该建筑物有八成新。试选用所给资料估算该宗房地产的现时总价和单价。某市经济技术开发区内有一块土地面积为15000m^2，该地块的土地征地费用（含安置、拆迁、青苗补偿费和耕地占用税）为每亩10万元，土地开发费为

2 亿元/km^2，土地开发周期为 2 年，第一年投入资金占总开发费用的 35%，开发商要求的投资回报率为 20%，当地土地出让增值收益率为 15%，银行贷款年利率为 8%，试评估该土地的价格。

11. 现对一建筑物进行评估，该建筑物 1994 年 6 月竣工投入使用，建筑面积 1000m^2，砖混结构，耐用年限 40 年，当时建筑造价为 500 元/m^2（建筑面积）。2002 年 6 月对该建筑物进行实地勘察，估计该建筑物尚可使用 30 年，残值率为 2%，现时建造同类建筑物的建筑造价为 1000 元/m^2（建筑面积）。试用所给资料估计该建筑物在 2002 年 6 月的单价和总价。

12. 宅楼建于 10 年前，由购买政府出让的土地而建，土地使用权年限为 70 年，土地面积 1500m^2，土地出让价格（熟地）为 1000 元/m^2，现时重新取得该类土地需要 1600 元/m^2。住宅楼的总建筑面积为 3300m^2，当时的建筑造价 900 元/m^2，现时建造同类建筑物需要 1200 元/m^2。经济寿命为 50 年。其中门窗等损坏的修复费用为 3 万元；装修的重置价格为 40 万元，平均寿命为 5 年，已使用 3 年；设备的重置价格为 100 万元，平均寿命为 15 年，已使用 10 年。残值率均为 0。试评估该住宅楼现时的价值。

6

第六章

收　益　法

学习要求

了解剩余技术法、收益乘数法的概念、计算方法。熟悉收益法的概念、理论依据、适用范围和条件、操作步骤；实际收益与客观收益；资本化率的实质。掌握不同类型的房地产净收益的求取方法；资本化率的求取方法。重点掌握收益法的计算公式及应用。

第一节　收益法的基本原理

一、收益法的概念

收益法又称收益资本化法、收益还原法或投资法，是预计估价对象未来的正常净收益，选用适当的资本化利率，将其折现到估价时点后累加，以此估算估价对象的客观合理价格或价值的一种方法。采用收益法求得的试算价格称为收益价格。由于理论依据充分，该方法被誉为估价方法中的“皇后”，在房地产估价中具有突出的位置，与市场比较法、成本法一起被称为房地产估价的三大基本方法。

收益法的雏形是用若干年的年地租来表示土地价值的早期购买年法，即地价 = 年地租 × 购买年。威廉·配第在1662年出版的《赋税论》中指出，爱尔兰土地的价值只相当于6 ~ 7年的年租。后来产生了地租资本化法，即地价 = 地租/利息率。马克思在《资本论》中也指出，英国土地的购买价格是按年收益若干倍计算的，这不过是地租资本化的另一种表现。之后，逐渐产生了收益乘数法等收益法的各种计算形式。

用收益法进行房地产价格评估的基本思想是：如果在估价时点购买估价对象房地产，那么在未来若干收益年限内可源源不断地获得净收益，将全部净收益折现到估价时点后的累加和即为交易双方愿意成交的房地产价格。考虑到资金的时间价值，其收益价值的高低取决于：

1）未来可获净收益的大小。该净收益越大，房地产价值越高。

2）可获净收益期限的长短。该期限越长，房地产价值越高。

3）获得该净收益的可靠性。获得净收益越可靠，房地产的价值就越高。

二、收益法的理论依据

收益法以经济学中的预期收益原理为主要理论基础。由于房地产使用的长久性，在其耐用年限内，将会源源不断地给权利人带来经济收益。因而，房地产的价格可以产权人在拥有该房地产的期间内从中所获得的全部经济收益的现值来体现。可见，预期收益原理强调决定房地产价值的是房地产未来所能获得的收益，而不是过去已获得的收益。具体来说，房地产的价格基于市场参与者对房地产未来能获取得的预期收益或得到的满足的程度，而不是基于历史价格，即生产该房地产所投入的成本或过去的市场状况。因而，投资者购买收益性房地产实质是以现在的资金去换取期望在未来可以获得持续收益。相当于将一笔资金存入银行后，会不断得到与某一房地产的净收益相当的利息收入，此房地产的价格就相当于这一笔存入资金。例如，投资者拟购买某房地产，该房地产每年能产生 10 万净收益；同时，该投资者有 100 万元资金，若将 100 万元资金存入银行，在银行年利率为 10% 的情况下，投资者每年可以获得 10 万元的资本利息额。那么该房地产每年产生的净收益与 100 万元资金产生的银行每年利息收入等价，根据上述原理，可以认为该房地产的价值是 100 万元。当然这种情况仅在净收益和资本化率每年保持不变的前提下成立。若净收益、收益年限、资本化率发生变化时，收益法的表现形式会发生一定变化。总的来讲，预期收益原理说明明智的投资者对一项收益性房地产支付的价格，不会高于其预期的该房地产未来收益现值的总和。收益法正是在这一原理基础上展开应用的。

此外，收益分配原则、效用价值论、替代原则、贡献原则等在收益法中也有所体现。收益分配原则认为房地产产生的收益，通常由劳动、资本、经营和土地等多种生产要素组合产生，应依据适当的标准将该收益分配给各个生产要素。因此，在对收益性房地产进行估价时，要从总收益中扣除属于其他要素的分配，求取待估房地产的净收益。效用价值论认为商品的价格通常是由效用、稀缺程度和有效需求三者相互作用的结果，效用是决定价格的先决条件，商品交换双方都倾向于用对自己只有较少效用的商品交换对自己有较大效用的商品。替代原理认为同一市场中，效用相同或大致相似的房地产商品中，价格最低者吸引最大需求，从而类似房地产的价格将相互影响、相互牵制，最终彼此接近。因此在风险和效用大致相同的两宗以上类似房地产中，投资者会选择购买价格便宜的房地产。运用收益法进行估价时客观净收益的确定是效用价值论和替代原理的集中体现。贡献原则认为房地产的总收益是由土地和建筑物等各部分共同作用的结果，因此可以采用收益法分别估算土地、建筑物的价格及房地产总价格，即剩余技术法的应用。

可见与其他方法相比，收益法的理论依据充分，并且如下文所述，只要有收益的或具有潜在获益能力的房地产都可以运用收益法进行估价，其运用范围广泛。另外该方法符合投资者的投资理念，即以投资可能获得的收益为依据来衡量购买愿意支付的代价，而不以开发建设中花费的成本为依据。但是该方法在运用过程中，净收益和资本化率的确定受到房地产市场和社会经济条件各方面因素的影响，而且以预测为基础得到的净收益可能存在较大误差。所以，收益法并非万能方法，必须在一定范围和条件下采用。

三、收益法的适用范围和适用条件

（一）适用范围

收益法适用于收益性的，并且收益和风险都能够量化的房地产价格评估，如旅馆、写字楼、游乐场、厂房等。其收益性体现在两个方面：一是现实已经产生收益的房地产，如正在经营的商业店铺；二是具有潜在获益能力的房地产，如城区内的一宗暂时处于闲置状态的商业店铺，目前虽然没有实际收益，但是却具有潜在获益能力，可以根据所处房地产市场中有出租收益的类似房地产的相关资料，确定该类房地产的客观净收益，利用收益法进行估价。对于既没有出租也不用于经营的自有房地产来讲，根据机会收益原理，也可将其看成出租性房地产，把租金的节省视为获得的收益，运用收益法进行评估。

对于政府办公楼、学校、公园、寺庙、教堂、博物馆等公用、公益房地产，由于其收益或潜在收益难以量化，不宜采用收益法。

（二）适用条件

由于未来的预期必须基于过去和现在的经验及数据，非理性的预期会导致错误的评估值，所以收益法适用的条件是房地产未来的收益和风险都易于量化。具体表现在：

1）待估房地产未来年净收益可以用货币计量。

2）净收益的产生是连续的，且稳定的。

3）能够在风险可衡量的基础上确定资本化率。由于风险与收益相伴而生，风险的高低决定了资本化率的大小。在净收益一定的情况下，资本化率的大小决定了收益价格的高低。只有当待估房地产的风险可以用数量来具体衡量时，才可以确定资本化率的大小。

第二节 收益法估价的计算公式

根据收益法的基本原理，假设净收益和资本化率已知的条件下，各种情况下收益法的运用公式有所不同。有关净收益和资本化率的求取，将在本章第三节中介绍。

一、基本计算公式

（一）资金的时间价值

1. 资金时间价值的基本概念

运用收益法时，需将净收益折现。折现与资金的时间价值密切相关。所谓资金的时间价值，是指资金作为重要的生产要素，在扩大再生产及资金流通周转过程中，随着时间的推移而形成的增值，即一定量的货币资金在不同的时间上具有不同的价值，资金周转使用后的增值额就是原有资金的时间价值。一定量的资金，周转使用的时间越长其增值额越大。资金的时间价值要求人们用动态的观点去看待资金的使用与占用，讲求资金运动的经济效果。

由于资金时间价值的存在，使不同时点上发生的收入和费用的现金流量无法直接加以比较，必须通过一系列的换算，将其折算到同一时点才能进行相加减的对比运算。

2. 几个相关概念

（1）现值 P　现在的资金价值或发生在某一特定时间序列起点时的价值，也即本金。

（2）年金 A　年金即连续出现在各计息周期期末的支付金额。现实生活中，年金运用广泛，比如零存整取的银行存款、住房按揭的分期摊还、消费信贷的分期付款以及保险领域中的养老金给付等，都属于年金的形式。每次支付额度相等时，称为等额年金。运用收益法时，每个收益年度产生的净收益也可视为年金。

（3）将来值 F　期末的资金值或本利和，或资金发生在某一特定时间序列终点的价值，也即终值。

3. 资金时间价值的计算

由于利息是资金时间价值的重要表现形式，所以资金时间价值的计算方法与计息的方法完全相同。常用的计息方法主要有单利和复利计息。单利法也称静态法，资金增值产生的利息不再周转，即不再对这一部分新增资金计息。复利计息也称动态法，是按照一定利率将本金所产生利息加到本金上再计息，逐期滚算到预定期数，所求得的本利总值为将来值。即俗称的“利滚利”的计息方式。由于房地产的价值高昂，产生收益的时间跨度长，因此，房地产估价时应采用复利法

计算资金时间价值。采用复利法时，设利率为 i，则由 $F = P \times (1+i)^n$ 可得到

$$P = F/(1+i)^n \tag{6-1}$$

$$F = A + A(1+i) + \cdots + A(1+i)^{n-1} + A(1+i)^n = A\frac{(1+i)^n - 1}{i} \tag{6-2}$$

由式（6-1）和式（6-2），可得到年金即收益法中年净收益的现值为

$$P = A\frac{(1+i)^n - 1}{i(1+i)^n} \tag{6-3}$$

（二）收益法的基本计算公式

假设某房地产未来各期的净收益为 a_i，且发生在每期期末，未来各期的资本化率为 r_i，收益期限为 n，该房地产价格为 V，则依据资金时间价值概念和收益法的估价思路，将每期末产生的净收益的折现值累加起来即为该房地产的收益价格，如图 6-1 所示。

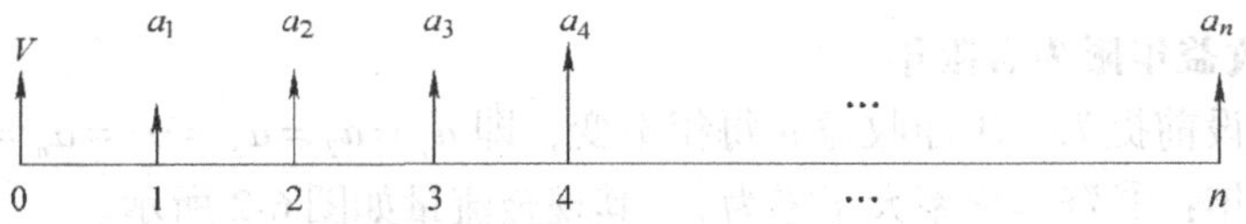

图 6-1 收益法现金流量示意图

由图 6-1 可知，第一期末净收益的现值为 $V_1 = \frac{a_1}{(1+r_1)}$

第二期末净收益的现值为 $V_2 = \frac{a_2}{(1+r_1)(1+r_2)}$

第三期末净收益的现值为 $V_3 = \frac{a_3}{(1+r_1)(1+r_2)(1+r_3)}$

以此类推，可知第 i 期末净收益的现值为

$$V_i = \frac{a_i}{(1+r_1)(1+r_2)(1+r_3)\cdots(1+r_i)}$$

则该房地产价格为

$$V = \frac{a_1}{1+r_1} + \frac{a_2}{(1+r_1)(1+r_2)} + \frac{a_3}{(1+r_1)(1+r_2)(1+r_3)} + \cdots + \frac{a_n}{(1+r_1)(1+r_2)(1+r_3)\cdots(1+r_n)} \tag{6-4}$$

式（6-4）即为收益法的基本估价公式，其他公式均在一定的假设条件下由此公式导出。

若未来各期的资本化率相同，即 $r_1 = r_2 = r_3 = \cdots = r_n = r$，则

$$V = \sum_{i=1}^{n}\frac{a_i}{(1+r)^i} = \frac{a_1}{1+r} + \frac{a_2}{(1+r)^2} + \frac{a_3}{(1+r)^3} + \cdots + \frac{a_n}{(1+r)^n} \tag{6-5}$$

式中 V——收益价格；

a_i——第 i 年净收益；

R——资本化率；

n——可获收益年限。

房地产估价时，通常以年为单位，即以 1 年为 1 期，也可以月、季、半年为 1 期，如房租通常按月收取。由于惯例上采用年资本化率，所以通常将月、季、半年的净收益调整为年净收益，以此进行价格估算。

由于式（6-4）在形式上相对复杂，且要逐年确定资本化率，无法实际操作。因此，在估价中多采用式（6-5）作为常用基本公式，很少采用式（6-4）进行其他条件下的公式推导。

二、净收益及其他因素不变的公式

（一）收益年限为有限年

基本假设前提为：①净收益 a 每年不变，即 $a_1=a_2=a_3=\cdots=a_n=a$；②收益年期为有限年；③资本化率大于零为 r。其现金流量如图 6-2 所示。

图 6-2　有限年收益且其他因素不变的现金流量示意图

由图 6-2，将每年净收益折现至估价时点累加求和得到

$$V=\frac{a}{1+r}+\frac{a}{(1+r)^2}+\frac{a}{(1+r)^3}+\cdots+\frac{a}{(1+r)^n}$$

上式是首项为 $\frac{a}{1+r}$，公比为 $\frac{1}{1+r}$ 的等比数列，求此等比数列之和，得到

$$V=\frac{a[(1+r)^n-1]}{r(1+r)^n}=\frac{a}{r}\left[1-\frac{1}{(1+r)^n}\right] \tag{6-6}$$

式（6-6）是收益法估价中最常用的公式。该公式的主要用途如下。

1. 直接用于计算收益价格

【例 6-1】　某房地产于 2000 年 1 月 1 日取得 40 年期的出让土地使用权后进行建设并于 2 年后投入使用，利用该房地产预期可产生的年净收益为 10 万元，该类房地产的资本化率为 8%。试评估该房地产 2007 年 1 月 1 日的收益价格。

解：据式（6-6），该房地产 2007 年 1 月 1 日的收益价格 V 为

$$V=\frac{a}{r}\left[1-\frac{1}{(1+r)^n}\right]=\frac{10\text{万元}}{8\%}\times\left[1-\frac{1}{(1+8\%)^{33}}\right]=115.14\text{万元}$$

2. 用于不同年限价格的换算

对同一房地产，在满足以下前提条件：①在不同年限下资本化率相同且不等于零（当其中之一为无限年的价格时，要求资本化率大于零）；②净收益相同；③除了收益年限不同外，其他方面均相同或可修正为相同。

若已知收益年限为 n 年的收益价格，可以依据式（6-6）换算出该房地产收益年限为 m 年的收益价格。

收益年限为 n 年的收益价格 $V_n = \frac{a}{r}\left[1 - \frac{1}{(1+r)^n}\right]$

收益年限为 m 年的收益价格 $V_m = \frac{a}{r}\left[1 - \frac{1}{(1+r)^m}\right]$

则 V_n 与 V_m 的换算式为

$$V_m = V_n \frac{1 - \frac{1}{(1+r)^m}}{1 - \frac{1}{(1+r)^n}} = V_n(1+r)^{n-m}\frac{(1+r)^m - 1}{(1+r)^n - 1} \quad (6\text{-}7)$$

当 V_n 与 V_m 的收益年限均为有限年且资本化率等于零时，其换算式为

$$V_m = V_n \frac{m}{n} \quad (6\text{-}8)$$

【例 6-2】 已知某宗收益性房地产 40 年期收益价格为 2500 元/m²，资本化率为 12%，求其 30 年期的收益价格。

解：据式（6-7），该房地产 30 年期的收益价格 V_{30} 为

$$V_{30} = 2500\text{ 元}/\text{m}^2 \times (1+12\%)^{40-30} \times \frac{(1+12\%)^{30} - 1}{(1+12\%)^{40} - 1} = 2443\text{ 元}/\text{m}^2$$

3. 用于比较不同年限价格的高低

在两宗房地产的收益年限或土地使用年限不同的情况下，不能直接比较该两宗房地产的价格，可先将其转换成相同年限下的价格，再进行比较。转换方法同上述不同年限价格的换算。

【例 6-3】 某两宗房地产 A、B，A 的收益年限为 50 年，单价 4000 元/m²，B 的收益年限为 30 年，单价为 3600 元/m²。设资本化率为 7%，试判断 A 的单价是否比 B 的单价高。

解：由于 A、B 的收益年限不等，不能直接比较二者的单价，需先将二者单价转化为相同年限下的价格。为方便运算，将其转换成无限年下的价格。

$$V_{\infty A} = \frac{V_{50A}}{1 - \frac{1}{(1+r)^{50}}} = \frac{4000\text{ 元}/\text{m}^2}{1 - \frac{1}{(1+7\%)^{50}}} = 4140\text{ 元}/\text{m}^2$$

$$V_{\infty B} = \frac{V_{30B}}{1 - \frac{1}{(1+r)^{30}}} = \frac{3600\text{ 元}/\text{m}^2}{1 - \frac{1}{(1+7\%)^{30}}} = 4144\text{ 元}/\text{m}^2$$

由上可知：$V_{\infty A} < V_{\infty B}$，所以B的单价高于A的单价。

也可将其中一宗房地产的价格转化成与另一宗房地产的年限相同条件下的价格，然后进行比较。比如本例中，可将A的50年期价格转化成30年期价格，然后与B进行比较。

$$V_{30A} = 4000\text{元}/\text{m}^2 \times \frac{1-\dfrac{1}{(1+7\%)^{30}}}{1-\dfrac{1}{(1+7\%)^{50}}} = 3596\text{元}/\text{m}^2 < 3600\text{元}/\text{m}^2$$

可见，A的单价仍然低于B的单价。所得结论与转换成无限年下的价格进行比较时相同。

4. 用于比较法中土地使用年限修正

市场比较法中，当可比实例房地产的年限与估价对象房地产的年限不同时，需要将可比实例价格换算为与估价对象相同年限下的价格。其换算方法与上述不同年限价格转换相同。

【例6-4】 某宗工业用地土地使用年限为45年，所处地段的基准地价为900元/m²。评估该基准地价时设定的土地使用年限为50年，设土地资本化率为10%。求该工业用地价格。

解：可通过基准地价求取该工业用地的价格。将50年期基准地价转化为45年期的价格，即可得到该工业用地价格 V_{45}。

$$V_{45} = 900\text{元}/\text{m}^2 \times (1+10\%)^{50-45} \times \frac{(1+10\%)^{45}-1}{(1+10\%)^{50}-1} = 894.75\text{元}/\text{m}^2$$

（二）收益年限为有限年且资本化率为零

基本假设前提为：①净收益 a 每年不变；②收益年期为有限年；③资本化率 $r=0$。则

$$V = a + a + a + \cdots + a = na \tag{6-9}$$

（三）收益年限为无限年

基本假设前提为：①净收益 a 每年不变，即 $a_1 = a_2 = a_3 = \cdots = a_n = a$；②收益年期为无限年；③资本化率大于零为 r。

$$V = \lim_{n\to\infty}\left\{\frac{a}{r}\left[1-\frac{1}{(1+r)^n}\right]\right\} = \frac{a}{r} \tag{6-10}$$

该公式可直接用于估算土地收益价格。

【例6-5】 正常情况下预计某宗地未来年净收益为30万元，土地资本化率为10%，其收益年限可视为无限年，求该宗地的收益价格。

解：据式（6-10），该宗地的收益价格 V 为

$$V = \frac{a}{r} = \frac{30\text{万元}}{10\%} = 300\text{万元}$$

三、净收益在前若干年有变化的公式

根据收益年限的长短，净收益 a_i 在未来的前 t 年有变化的公式也分为两种具体情况，一是收益年限为有限年，二是收益年限无限年。

（一）收益年限为有限年

基本假设前提为：①在未来的前 t 年（含第 t 年）有变化；②收益年期为有限年；③资本化率大于零为 r。其现金流量如图 6-3 所示，其中 a 为 t 年后每年净收益。

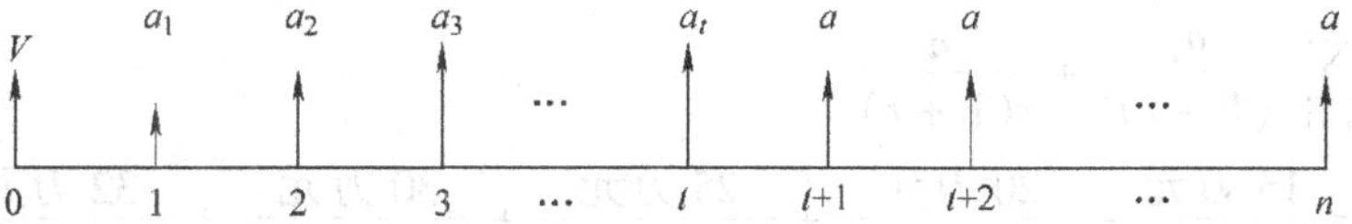

图 6-3　净收益前若干年有变化的现金流量示意图（有限期）

由图 6-3 可将从估价时点开始的收益期间分为年净收益有变化和年净收益每年相等两阶段，分别折现至估价时点累加求和，即可得到待估房地产价格

$$V = \sum_{i=1}^{t} \frac{a_i}{(1+r)^i} + \frac{a}{r(1+r)^t}\left[1 - \frac{1}{(1+r)^{n-t}}\right] \qquad (6\text{-}11)$$

式中　a_i——未来第 i 年的净收益；

a——t 年后每年净收益；

T——净收益有变化的年限；

n——从估价时点算起的该房地产可获益年限。

【例 6-6】　某宗房地产的收益年限为 40 年，预测未来 3 年的净收益分别为 17、18、19 万元，从第 4 年起，每年的净收益将稳定在 20 万元左右，如果资本化率为 9%，试求该宗房地产的收益价格。

解：据式（6-11），该宗房地产的收益价格 V 为

$$V = \sum_{i=1}^{t} \frac{a_i}{(1+r)^i} + \frac{a}{r(1+r)^t}\left[1 - \frac{1}{(1+r)^{n-t}}\right]$$

$$= \frac{17\text{万元}}{1+9\%} + \frac{18\text{万元}}{(1+9\%)^2} + \frac{19\text{万元}}{(1+9\%)^3} + \frac{20\text{万元}}{9\%(1+9\%)^3} \times \left[1 - \frac{1}{(1+9\%)^{40-3}}\right]$$

$= 210$ 万元

（二）收益年限为无限年

基本假设前提为：①在未来的前 t 年（含第 t 年）有变化；②收益年期为无限年；③资本化率大于零为 r。

$$V = \sum_{i=1}^{t} \frac{a_i}{(1+r)^i} + \frac{a}{r(1+r)^t} \qquad (6\text{-}12)$$

式中　a_i——未来第 i 年的净收益；

a——t 年后每年净收益；

t——净收益有变化的年限。

【例 6-7】 某房地产在 2005 年年底至 2007 年年底每年的净收益为 14 万元、15 万元，预测其在 2008 年年底至 2012 年年底每年净收益将分别为 15 万元、20 万元、25 万元、30 万元、32 万元，从第 2013 年年底（含第 2013 年）到未来无限年，每年的净收益将稳定在 35 万元左右，该类房地产的资本化率为 8%。试求该房地产 2007 年年底的收益价格是多少？

解：据式（6-12），该宗房地产的收益价格 V 为

$$V = \sum_{i=1}^{t} \frac{a_i}{(1+r)^i} + \frac{a}{r(1+r)^t}$$

$$= \frac{15\text{万元}}{1+8\%} + \frac{20\text{万元}}{(1+8\%)^2} + \frac{25\text{万元}}{(1+8\%)^3} + \frac{30\text{万元}}{(1+8\%)^4} + \frac{32\text{万元}}{(1+8\%)^5} + \frac{35\text{万元}}{8\%(1+8\%)^5} = 392.6\text{万元}$$

在现实经济生活中，待估房地产每年净收益往往不同，特别是对新建成的写字楼、宾馆等房地产由于建成初期试营业阶段的收益可能很不稳定，采用式（6-6）和式（6-10）估价有一定的片面性，并且要准确预测某房地产整个可获益年限内每年的净收益通常是难以做到的。为此，可先对估价对象未来 3 ~5 年或可以预测的更长时期的净收益作出估算，然后假设此后年净收益保持不变，由式（6-11）和式（6-12），将这两部分净收益分别折现到估价时点求和，以计算待估房地产的价格。

四、预知未来若干年后房地产价格的公式

基本假设前提为：①已知或可以预测某房地产未来第 t 年末的价格为 V_t；②房地产在未来前 t 年的净收益可以预测，且每年均有变化为 a_1，a_2，a_3…，a_t。则该房地产的现金流量如图 6-4 所示。

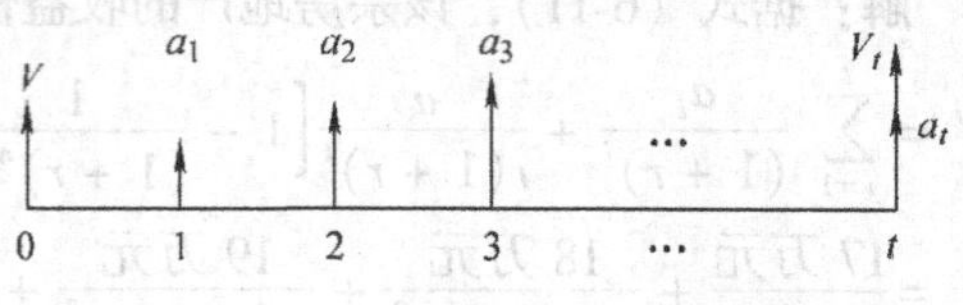

图 6-4 预知未来若干年后房地产价格的现金流量示意图

如图 6-4 所示，可将该房地产未来若干年每年净收益 a_i 和未来若干年后的价格 V_t 分别折现到估价时点求其累加值之和，即得到该房地产的收益价格。

$$V = \sum_{i=1}^{t} \frac{a_i}{(1+r)^i} + \frac{V_t}{(1+r)^t} \qquad (6\text{-}13)$$

式中 a_i——未来前 t 年（含第 t 年）中第 i 年的年净收益；

V_t——该房地产 t 年末的价格。

若该房地产未来前 t 年每年净收益均相同为 a，则式（6-13）可以简化为

$$V = \frac{a}{r}\left[1 - \frac{1}{(1+r)^t}\right] + \frac{V_t}{(1+r)^t} \tag{6-14}$$

【例6-8】 某待估宗地年净收益为100元/m²，资本化率为8%，现获知该地将兴建一座大型港口，该港口10年后投入使用，到时该地区将达到现有港口地区的繁华程度。已知现有港口地区的该类土地价格为6000元/m²，试求获知兴建新港后该待估宗地的价格。

解：据题意，可以获知该待估宗地前10年的年净收益相同为100元/m²，又由现有港口地区的该类土地价格，可以推知第11年新港投入使用时该类土地价格为6000元/m²，符合式（6-14）的运用条件。因此，据式（6-14），获知兴建新港后该待估宗地的价格 V 为

$$V = \frac{a}{r}\left[1 - \frac{1}{(1+r)^t}\right] + \frac{V_t}{(1+r)^t} = \frac{100\text{ 万元}}{8\%} \times \left[1 - \frac{1}{(1+8\%)^{10}}\right]$$

$$+ \frac{6000\text{ 万元}}{(1+8\%)^{10}} = 3450.2\text{ 万元}$$

五、净收益按等差级数递增（减）的公式

（一）净收益按等差级数递增的公式

净收益按等差级数递增的公式具体有两种情况，一是收益年限为无限年，二是收益年限为有限年。

1. 收益年限为有限年

基本假设前提为：①净收益 a_i 按一定数额 b 逐年递增；②资本化率 r 不为零；③收益年限为有限年。则其现金流量如图6-5所示。

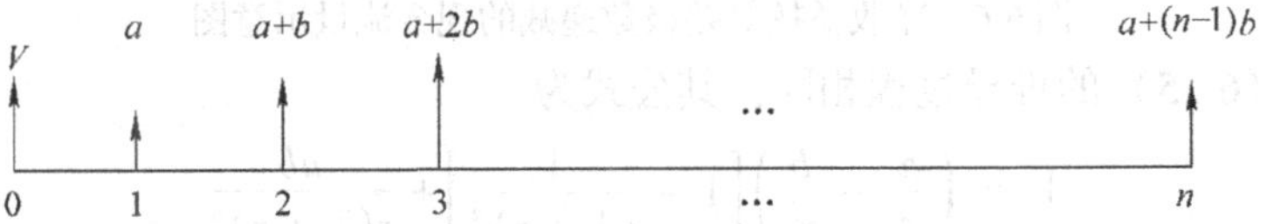

图6-5 净收益按等差数列递增的现金流量示意图（有限年）

据式（6-5）和图6-5，其收益价格为

$$V = \sum_{i=1}^{n} \frac{a_i}{(1+r)^i} = \frac{a}{1+r} + \frac{a+b}{(1+r)^2} + \frac{a+2b}{(1+r)^3} + \cdots + \frac{a+(n-1)b}{(1+r)^n}$$

对上式进行推导，可简化为

$$V = \left(\frac{a}{r} + \frac{b}{r^2}\right)\left[1 - \frac{1}{(1+r)^n}\right] - \frac{nb}{r(1+r)^n} \tag{6-15}$$

式中 a——未来第一年末的净收益；

b——未来每年净收益逐年递增的数额。

2. 收益年限为无限年

基本假设前提为：①净收益 a_i 按一定数额 b 逐年递增；②资本化率 r 大于零；③收益年限为无限年。则其收益价格 V 为

$$V = \lim_{n\to\infty}\left\{\left(\frac{a}{r}+\frac{b}{r^2}\right)\left[1-\frac{1}{(1+r)^n}\right]-\frac{nb}{r(1+r)^n}\right\} = \frac{a}{r}+\frac{b}{r^2} \tag{6-16}$$

(二) 净收益按等差级数递减的公式

基本假设前提为：①净收益 a_i 按一定数额 b 逐年递减；②资本化率 r 不为零；③收益年限为有限年，且 $n\leqslant\frac{a}{b}+1$。

由于第 n 年的净收益为 $a_n = a-(n-1)b$，所以当 $n>\frac{a}{b}+1$ 时，$a_n<0$。即当 $n>\frac{a}{b}+1$ 时，此后各年的净收益均为负值，这不符合市场经济条件下理性经济人的行为特点。因此，当净收益按一定数额逐年递减时，只有有限年的情形才有现实意义，且 $n\leqslant\frac{a}{b}+1$。所以，净收益按等差级数递减的公式只有收益年限为有限年一种，其净收益流量如图 6-6 所示。

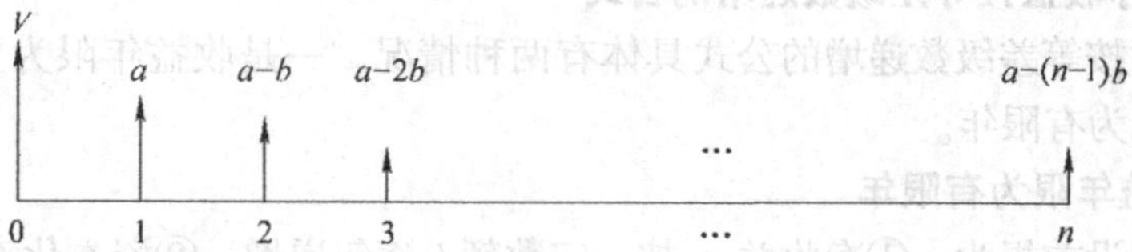

图 6-6 净收益按等差级数递减的现金流量示意图

与式（6-15）的推导过程相同，其公式为

$$V = \left(\frac{a}{r}-\frac{b}{r^2}\right)\left[1-\frac{1}{(1+r)^n}\right]+\frac{nb}{r(1+r)^n} \tag{6-17}$$

式中 a——未来第一年末的净收益；

b——未来每年净收益逐年递增的数额。

【例 6-9】 某房地产预计未来第一年的净收益为 80 万元，此后每年净收益在上一年的基础上增加 10 万元，收益年限无限年，该类房地产的资本化率为 9%，试求该房地产的价格。

解： 由题意，已知该房地产未来第一年的净收益和逐年递增的数额，并且收益年限为无限年，可采用式（6-16）求解。据式（6-16），该房地产的收益价格 V 为

$$V=\frac{a}{r}+\frac{b}{r^2}=\frac{80\text{ 万元}}{9\%}+\frac{10\text{ 万元}}{9\%^2}=2123.5\text{ 万元}$$

六、净收益按等比级数递增（减）的公式

（一）净收益按等比级数递增的公式

净收益按等比级数递增的公式具体也有两种情况，一是收益年限为有限年，二是收益年限为无限年。

1. 收益年限为有限年

基本假设前提为：①净收益 a_i 按一定比率 g 逐年递增；②资本化率 r 不为零且不等于 g；③收益年限为有限年。其净收益流量如图 6-7 所示。

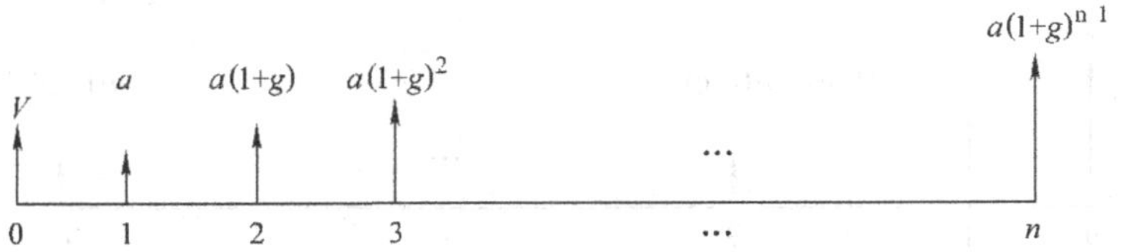

图 6-7 净收益按等比级数递增的现金流量示意图

据式（6-5）和图 6-7，其收益价格为

$$V=\sum_{i=1}^{n}\frac{a_i}{(1+r)^i}$$

$$=\frac{a}{1+r}+\frac{a(1+g)}{(1+r)^2}+\frac{a(1+g)^2}{(1+r)^3}+\cdots+\frac{a(1+g)^{n-1}}{(1+r)^n}$$

上式是首项为$\frac{a}{1+r}$，公比为$\frac{1+g}{1+r}$的等比数列，按照等比数列求和的方法，可将上式简化为

$$V=\frac{\frac{a}{1+r}\left[1-\left(\frac{1+g}{1+r}\right)^n\right]}{1-\frac{1+g}{1+r}}=\frac{a}{r-g}\left[1-\left(\frac{1+g}{1+r}\right)^n\right] \tag{6-18}$$

式中 a——未来第一年末的净收益；

g——未来净收益逐年递增的比率。

当 $r=g$ 时，$V=\frac{a}{1+r}+\frac{a(1+g)}{(1+r)^2}+\frac{a(1+g)^2}{(1+r)^3}+\cdots+\frac{a(1+g)^{n-1}}{(1+r)^n}$

$$=\frac{a}{1+r}+\frac{a}{1+r}+\cdots+\frac{a}{1+r}=\frac{na}{1+r} \tag{6-19}$$

2. 收益年限为无限年

基本假设前提为：①净收益 a_i 按一定比率 g 逐年递增；②资本化率 r 不为零且 $r>g$，只有当 $r>g$，V 值才有意义，否则当 $r<g$ 或 $r=g$ 时，V 为负值或无穷

大；③收益年限为无限年。

由式（6-18）可以得到

$$V=\lim_{n\to\infty}\left\{\frac{a}{r-g}\left[1-\left(\frac{1+g}{1+r}\right)^n\right]\right\}=\frac{a}{r-g} \tag{6-20}$$

（二）净收益按等比级数递减的公式

净收益按等比级数递减的公式具体有两种情况：一是收益年限为有限年；二是收益年限为无限年。

1. 收益年限为有限年

基本假设前提为：①净收益 a_i 按一定比率 g 逐年递减；②资本化率 r 不为零；③收益年限为有限年。其净收益流量如图 6-8 所示。

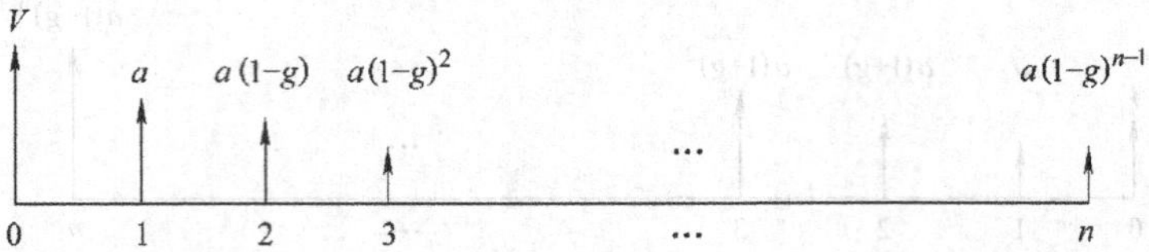

图 6-8　净收益按等比级数递减的现金流量示意图

据式（6-5）和图 6-8，其收益价格为

$$V=\sum_{i=1}^{n}\frac{a_i}{(1+r)^i}$$

$$=\frac{a}{1+r}+\frac{a(1-g)}{(1+r)^2}+\frac{a(1-g)^2}{(1+r)^3}+\cdots+\frac{a(1-g)^{n-1}}{(1+r)^n}$$

上式是首项为$\frac{a}{1+r}$，公比为$\frac{1-g}{1+r}$的等比数列，按照等比数列求和的方法，可将上式简化为

$$V=\frac{\frac{a}{1+r}\left[1-\left(\frac{1-g}{1+r}\right)^n\right]}{1-\frac{1-g}{1+r}}=\frac{a}{r+g}\left[1-\left(\frac{1-g}{1+r}\right)^n\right] \tag{6-21}$$

式中　a——未来第一年末的净收益；

g——未来净收益逐年递减的比率。

2. 收益年限为无限年

基本假设前提为：①净收益 a_i 按一定比率 g 逐年递增；②资本化率 r 大于零；③收益年限为无限年。

由式（6-21）可以得到

$$V=\lim_{n\to\infty}\left\{\frac{a}{r+g}\left[1-\left(\frac{1-g}{1+r}\right)^n\right]\right\}=\frac{a}{r+g} \tag{6-22}$$

【例 6-10】　2002 年年底获得某宗地 70 年的出让土地使用权，截至 2007 年年底已在该宗地上建成房地产并使用3年，预计该房地产未来第一年的净收益为16万元，此后每年净收益均会在上一年基础上增长2%，该类房地产的资本化率为9%。试求该房地产2007年年底的收益价格。

解：由题意，可预计该房地产未来第一年的净收益和每年的净收益增长比率，且收益年限为有限年，符合式（6-18）的运用前提要求。则据式（6-18），该房地产2007年年底的收益价格V为

$$V=\frac{a}{r-g}\left[1-\left(\frac{1+g}{1+r}\right)^{n}\right]=\frac{16\text{万元}}{9\%-2\%}\times\left[1-\left(\frac{1+2\%}{1+9\%}\right)^{70-5}\right]=225.52\text{万元}$$

【例6-11】 预计某房地产未来第一年的净收益为8万元，此后每年的净收益在上一年的基础上增长2%，收益年限可视为无限年，该类房地产的资本化率为9%。试求该房地产的收益价格。

解：由题意，可预计该房地产未来第一年的净收益和每年的净收益增长比率，且收益年限为无限年，符合式（6-19）的运用前提要求。则据式（6-19），该房地产2007年年底的收益价格V为

$$V=\frac{a}{r-g}=\frac{8\text{万元}}{9\%-2\%}=114.29\text{万元}$$

第三节 收益法的操作步骤

根据收益法的评估思路，《房地产估价规范》中要求运用收益法估价应按下列步骤进行：①搜集有关收入和费用的资料；②估算潜在毛收入；③估算有效毛收入；④估算运营费用；⑤估算净收益；⑥选用适当的资本比率；⑦选用适宜的计算公式求出收益价格。其中，估算潜在毛收入、有效毛收入、运营费用，都是为估算净收益做准备，因而可以合并到净收益估算中去。本节将从搜集并验证收益价格评估过程中必须的有关收入和费用的资料、求取净收益、求取资本化率、选用适当的计算公式求取收益价格等四个环节对收益法的操作步骤进行一一介绍。

一、搜集并验证有关收入和费用的资料

对于具体的房地产估价项目，除搜集所处区域的社会经济资料、城市规划资料、交通条件资料、基础设施资料等对区域内房地产价格产生普遍影响的资料和估价对象自身状况等共性资料外，还应针对每一种方法的自身特点，结合其估算要求，搜集适用于每种方法的有侧重性的资料。就收益法的运用而言，应专门搜集与类似房地产的收益、成本等相关的资料，比如估价时点前三年的、类似房地产的市场租金和空置率水平资料；估价时点前三年的、类似房地产平均经营收益水平、经营成本与费用资料；估价对象所在地区一年期存贷款利率、同行业及相

关行业平均收益率与风险水平、同类物业租售比率等资料。资料搜集后，还应对所搜集资料进行验证审核，以确保资料的准确性和真实性，提高评估准确率。

二、净收益的求取

(一) 净收益的内涵

净收益是指由有效毛收入扣除合理运营费用后得到的归属于待估房地产的客观收益。估价结果对净收益较为敏感。在其他因素不变的情况下，净收益大则房地产价格高；净收益小，则房地产价格低。

房地产的净收益有实际净收益和客观净收益之分。实际净收益是指待估房地产在目前使用状态下所取得的净收益，它与房地产的现用途和经营者的经营能力有密切关系。若以此作为估价依据，所得结果缺乏客观性。如某房地产处于空置或自用状态，现状下无任何收益发生，但是这并不表示该房地产无收益。即便某房地产处于经营使用状态，由于经营者的经营能力有限可能导致该房地产的收益很小甚至为负，也不能以此认为该房地产无价值。同样地，由于垄断等原因造成的房地产收益偏高的情况下，简单地以其实际收益计算收益价格，也有失公允。因此，估价中更强调采用客观净收益作为估价依据。客观净收益是指与待估房地产类似的房地产在合理使用状态下所取得的一般正常收益。它是在良好的市场意识和正常经营管理情况下产生的规则、安全而持续的收益。由于客观净收益求取的过程中排除了实际收益中的特殊、偶然因素，以此为基础计算收益价格更能反映待估房地产的客观合理价格水平，具有普遍意义和现实性。

此外，在求取房地产的净收益时，不仅要考虑有形收益，还应包括各种无形收益。有形收益是由房地产带来的直接货币收益。无形收益是指由房地产带来的安全感、良好的声誉和信用、企业融资能力增强等间接利益。由于无形收益通常难以直接量化，所以可通过适当降低资本化率来体现无形收益。值得注意的是，如果无形收益已通过较高的租金水平在有形收益中得到体现，则不应再单独考虑。

净收益的估算是收益法运用的关键点和难点之一。只有全面了解收益性房地产的各种收益情况，才能客观地求取房地产的净收益，准确估算房地产价格。在估价实务中，预测净收益甚至比求取资本化率更为困难。

(二) 净收益求取的基本原理

净收益的求取一般以年为单位，由总收益扣除各项费用求得。其基本计算公式为

净收益 = 总收益 − 总费用

　　　= 潜在毛收入 − 空置等原因造成的收入损失 − 运营费用

　　　= 有效毛收入 − 运营费用　　　　(6-23)

总收益的产生形式包括通过出租房地产获取的租金总收入和企业利用该房地

产进行生产经营获取生产经营总收益。总费用是为创造总收益所投入的直接必要的各项费用。实际估价时，将一般正常合理的年支出加总求和即为总费用。在不同情况下总费用包括的内容不同，见下文“不同类型房地产净收益的求取”。

潜在毛收入是假定房地产在充分利用、无空置状态下可获得的收入。

有效毛收入是由潜在毛收入扣除正常的空置、拖欠租金以及其他原因造成的收入损失后所得到的收入。

运营费用是维持房地产正常生产、经营或使用必须支出的费用及归属于其他资本或经营的收益。运营费用与会计上的成本费用有所不同。从估价角度出发，该费用不包含房地产抵押贷款还本付息额、会计折旧额、房地产改扩建费用和所得税等。对于以经营方式获得收益的房地产来讲，其运营费用中还包括归属于其他资本或经营的收益，如商业、餐饮、工业、农业等经营者的正常利润。运营费用与有效毛收入之比，称为运营费用率。不同类型的房地产，其各自的运营费用率可能相对固定。估价人员可以通过市场提取法，找出市场不同类型的房地产的运营费用率，以此来估算待估房地产的运营费用。

潜在毛收入、有效毛收入、运营费用和净收益通常以年度计，并假设发生在年末。估价过程中采用的潜在毛收入、有效毛收入、运营费用等数据，除有租约限制以外，都应采用正常客观的收入和费用数据。利用估价对象自身的资料直接推算出的各项数据应与类似房地产的正常情况下的相关数据进行比较，如有不符，应进行适当调整。

（三）不同类型房地产净收益的求取

1. 出租型房地产净收益的求取

出租是收益型房地产常见的经营利用方式，因而出租型房地产是收益法估价的典型对象，包括出租的住宅、写字楼、商场、工业厂房、土地等。根据租赁资料，从租赁收入中扣除维修费、管理费、保险费、税金以及租赁代理费等由出租人负担的费用，所得余额即为出租型房地产的净收益。其中，租赁收入包括有效毛租金收入和租赁保证金、押金等利息收入。有效毛租金收入是在潜在毛租金收入（即待估房地产出租所收取的包括租金、押金及利息等在内的全部租金收入）的基础上扣除房屋空置、拖欠等原因造成的租金损失后得到。在实际求取时，应注意：

1）净收益在租约期内按租约求取，在租约期外应按类似房地产的客观净收益求取。

2）租约期内，应结合租赁合约分析判断是否从租赁收入中扣除维修费、管理费、保险费、房地产税、租赁代理费等费用项目。如果保证合法、安全、正常使用所需的费用都由出租人负担，则应将其全部扣除；如果全部由承租人承担，则出租人所得的租赁收入相当于净收益；如果部分由承租人承担，可相应减少扣除部分，仅扣除由出租人负担的部分。如果租金中包含了为承租人无偿提供的水、电、气、暖等费用，则应从租金中相应扣除这部分费用。如果出租时连带家具等物品一起出租，且评估价值中不包含这些物品的价值时，应从租赁收入扣除家具等物品的贡献，以求取净收益。

2. 商业经营型房地产净收益的求取

商业经营型房地产净收益的求取应根据经营资料从商品销售收入中扣除商品销售成本、经营费用、商品销售税金及附加、管理费用、财务费用、商业利润等，所得余额为净收益。

3. 生产经营型房地产净收益的求取

生产经营型房地产净收益的求取应根据产品市场价格计算产品销售收入，从产品销售收入中扣除生产成本、产品销售费用、产品销售税金及附加、管理费用、财务费用、厂商利润等，所得余额为净收益。

4. 自用或未用的房地产净收益的求取

自用或未用的房地产净收益的求取应比照同一市场上有收益的类似房地产的有关资料按上述相应的方式计算，或直接比较得出净收益。

5. 包含多种收益类型的混合性房地产净收益的求取

可视具体情况采用下列方式之一求取：

1）测算各种类型的收入和费用，分别计算总收入和总费用，再将总收入减去总费用。

2）将费用划分为变动费用和固定费用，将测算出的各种类型的收入分别减去分摊的变动费用，余额加总后再减去总固定费用。

3）测算各种类型的收入和费用，分别计算各自的净收益，然后将所有的净收益加总得到总的净收益，即将混合收益的房地产看成是各种单一收益类型房地产的简单组合。

（四）净收益流量的类型

求取净收益时，应根据净收益过去、现在、未来的变动情况及可获取净收益的年限，确定未来净收益流量，并判断其流量类型，以利于选择恰当的收益公式进行价格的估算。常见的类型主要有：

1）每年净收益基本固定不变。

2）每年净收益按照某一固定数额递增或递减。

3）每年净收益按照某一比率递增或递减。

4）其他有规则变动的类型。

上述类型中最常用到的是净收益每年基本固定不变的类型。但是在实际经济生活中，一方面准确预测今后较长时期内每年的净收益大小有较大难度，另一方面每年净收益均完全相等的情况也较少出现，为此，可考虑采用以下方法，利用过去或未来 3 ~5 年的数据推算出可近似认为固定不变的年净收益值。

1）调查求取估价对象过去 3 ~5 年的净收益，求其简单算术平均值作为每年固定不变的净收益 a。

2）调查预测估价对象未来 3 ~5 年的净收益，求其简单算术平均值作为每年固定不变的净收益 a。

3）调查预测估价对象未来 3 ~5 年的净收益，采用下列等式求出净收益 a。

$$\frac{a}{r}\left[1-\frac{1}{(1+r)^t}\right]=\sum_{i=1}^{t}\frac{a_i}{(1+r)^i}$$

对于过去或者未来 3 ~5 年的年净收益的求取，可采用市场比较法的思路进行。即调查搜集 3 ~10 宗与估价对象类似的租赁房地产作为可比实例，建立价格可比基础后对可比实例的租金收入等进行修正，估算出此类房地产的客观潜在毛收入、出租率、运营费用等，计算客观净收益值。

（五）收益年限的确定

1. 单独土地或单独建筑物的估价

对于单独土地或单独建筑物的估价，应分别根据土地使用权年限或建筑物经济寿命确定未来可获益年限，并选用对应的有限年的收益法计算公式。

2. 房地合一的估价对象的估价

对于房地合一的估价对象，应结合建筑物的经济寿命和土地使用年限确定未来可获益年限。

如果建筑物的经济寿命晚于或与土地使用年限一起结束的，从建筑物竣工之日起至土地使用年限结束之日为未来可获益年限。如图 6-9 所示，估价对象获取的出让土地使用权为 40 年，地上建筑物建造期 3 年，建筑物经济寿命 50 年，至估价时点已使用 4 年，则该估价对象的收益年限为 33 年。

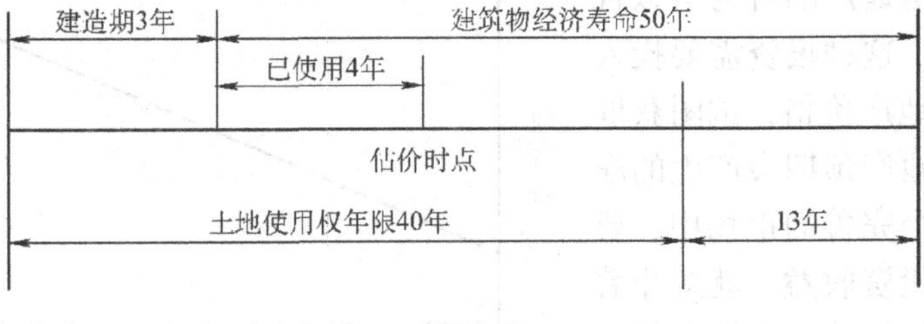

图 6-9　建筑物经济寿命晚于土地使用年限

如果建筑物的经济寿命早于土地使用年限而结束的，如图 6-10 所示，可采用以下方式处理。

1）先根据建筑物的经济寿命确定未来可获益的年限，选用对应的有限年的收益法计算房地产合一状态下的收益价格；然后估算超出建筑物经济寿命的土地剩余使用年限价值的折现值。

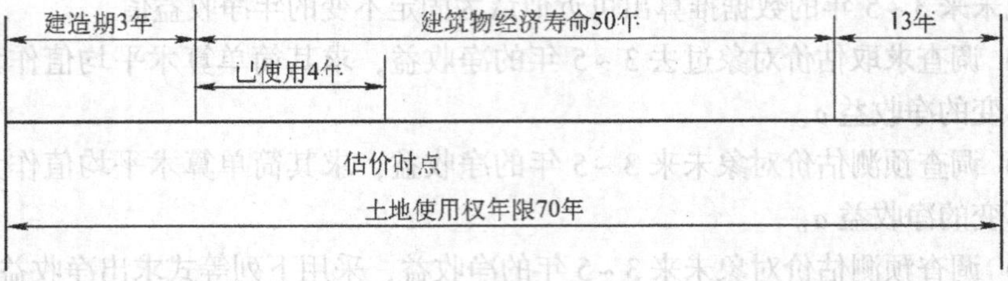

图 6-10　建筑物经济寿命早于土地使用年限结束

2）将未来可获益的年限设想为无限年，选用无限年的收益法计算公式估算收益价格。其中净收益求取时应扣除建筑物折旧费和土地摊提费，以用于对建筑物和土地进行不断的“复制”，相当于无限拓展房地产的收益年限，即

$$V = \frac{a - D_B - D_L}{r} \tag{6-24}$$

或者

$$V = \frac{a}{r + d_B + d_L} \tag{6-25}$$

式中　D_B——建筑物折旧费；

D_L——土地摊提费；

d_B——建筑物折旧率；

d_L——土地费用摊提率。

三、资本化率的求取

（一）资本化率的内涵

资本化率是用以将净收益转换为价格的一种比率。实质上是一种投资收益率。购买收益性房地产的行为可以视为一种投资。这种投资需要投入的资本是房地产价格，试图获取的收益是房地产预期会产生的净收益。在一个完善的市场中，要获取较高的投资收益，就意味着要承担较大的风险；有较大的风险，投资者必然要求较高的收益。因此，从全社会来看，资本化率与投资风险正相关，风险越大的投资，资本化率越高，反之则低。资本化率与投资风险的关系如图 6-11 所示。

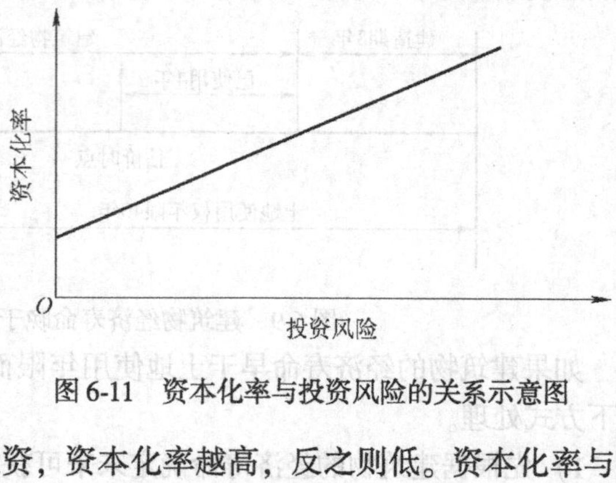

图 6-11　资本化率与投资风险的关系示意图

同样地，对于不同地区、不同时期、不同类型的房地产，或者同一类型但是

具有不同权益、不同收益的房地产来讲，由于投资风险不同，资本化率也不尽相同。

运用收益法估价时，房地产价格对资本化率这一参数变化反映最为敏感，确定合适的资本化率是个很困难的问题。由于资本化率的微小变化，将导致房地产价格的很大差异，从而直接影响估价结果的准确性。如果资本化率选取不当，即使净收益的估算很精确，计算结果仍然不可信任，见表6-1。

表6-1 产生定额净收益的房地产在不同资本化率下的评估价值

净收益/万元	资本化率（%）	评估价值/万元
6	4	150
6	5	120
6	6	100
6	7	85.71
6	8	75
6	9	66.67

注：表中使用的估价公式为 房地产价格＝净收益÷资本化率。

从表中可以看出，每年都产生6万元净收益的房地产，在4%的资本化率下，评估价值约150万元，在5%的资本化率下，评估价值约100万元，资本化率发生1%的变化，评估价值相差50万元，因此，实际估价中对资本化率选取的精度要求非常高。在运用收益法时，房地产价格对资本化率反映极为敏感，确定合适的资本化率也是收益法运用过程中的关键点和难点之一。如果资本化率选取不当，即使净收益的估算很精确，计算结果也可能偏离正常价格水平。

（二）资本化率的类型

针对不同的估价对象，应采用的资本化率可分为综合资本化率、土地资本化率、建筑物资本化率。综合资本化率是求取房地合一的估价对象价值时应采用的资本化率；土地资本化率是求取单纯土地的价值时应采用的资本化率；建筑物资本化率是求取单纯的地上建筑物适应采用的资本化率。它们之间的关系可按下式确定

$$R_0 = LR_L + BR_B \tag{6-26}$$

式中 R_0——综合资本化率（%）；

R_L——土地资本化率（%）；

R_B——建筑物资本化率（%）；

L——土地价值占房地价值的比率（%）；

B——建筑物价值占房地价值的比率（%），$L+B=100\%$。

据式（6-26），已知其中某两种资本化率后，可求出另外一种。

【例6-12】 某房地产，土地价值占总价值的40%，土地资本化率为7%，建筑物资本化率为9%，求其综合资本化率。

解：根据式（6-26），该房地产综合资本化率 R_0 为

$$R_0 = LR_L + BR_B = 40\% \times 7\% + 60\% \times 9\% = 8.2\%$$

（三）资本化率的求取方法

合理地确定资本化率是科学、准确地确定估价结果的关键，目前可以采用以下方法确定资本化率。

1. 市场提取法

市场提取法又称实例法，是利用收益还原法公式，通过搜集市场上相类似房地产的净收益、价格等资料，反求出资本化率的方法。如果房地产市场比较发达，容易获得可靠的房地产交易资料，则市场提取法是一种有效而实用的方法。运用市场提取法求取资本比率时，所选取的实例必须是与待估房地产相类似的实例。为了避免偶然性所带来的误差，需要抽取多宗类似房地产交易实例来求取。具体要求是，选择近期发生的三宗以上与估价对象房地产相似的交易实例。通过搜集的类似房地产的价格、净收益等资料，分析净收益的现金流量，选用相应的收益法计算公式，反求出资本化率。

1）在 $V=\dfrac{a}{r}$ 的情况下，通过 $r=a/V$ 来求取 r，即采用同一市场上类似房地产的净收益与其成交价格的比率作为资本化率。

2）在 $V=\dfrac{a}{r}\left[1-\dfrac{1}{(1+r)^n}\right]$ 的情况下，通过 $V-\dfrac{a}{r}\left[1-\dfrac{1}{(1+r)^n}\right]=0$ 来求取 r。具体先采用试错法，计算到一定精度后再采用线性内插法求取。也可编程通过计算机来完成。

3）$V=a/(r-g)$ 的情况下，通过 $r=a/V+g$ 来求取 r。

将所选取的三宗以上类似房地产的资本化率分别求出后，可采用简单算术平均或加权算术平均等方法，计算其平均值，作为该类房地产在这一市场中的资本化率，代入收益公式中计算待估房地产的收益价格。

2. 安全利率加风险调整值法

安全利率加风险调整值法又称累加法，是以安全利率加上风险调整值作为资本化率的方法。该方法将资本化率分为无风险投资收益率和风险投资收益率两大部分，分别求出每一部分，然后相加得到资本化率。其中：

1）无风险投资收益率又称安全利率，由于现实经济生活中不存在完全无风险的投资，所以通常可选用风险相对较低的投资收益率来代替安全利率，如同一时期的一年定期存款法定利率或一年期国债利率；

2）风险投资收益率又称风险调整值，是超出无风险投资收益率的部分，是承担额外风险所要求的补偿。通常情况下，可按照下式估算风险调整值。

资本化率 = 安全利率 + 风险调整值

=安全利率+投资风险补偿+管理负担补偿+缺乏流动性补偿-投资带来的优惠 (6-27)

上式部分组成要素的含义解释如下：

1）投资风险补偿。投资者对所承担的额外风险要求的补偿。

2）管理负担补偿。房地产投资所要求的管理工作超过一般投资所要求的对所承担的额外管理的补偿。

3）缺乏流动性补偿。由于房地产投资变现速度慢，投资者对房地产投资缺乏流动性所要求的补偿，其中流动性是指在不损失太多价值的条件下，将非显见资产转换为现金的速度。速度越快流动性越好，反之越差。

4）投资带来的优惠。投资者因房地产投资可能带来税收减免或信用度提高等好处而降低所要求的投资收益率。

当安全利率为一年期定期存款法定利率时，上述各项补偿值变为估价对象相对于投资一年期定期存款的各项补偿和优惠。

这种方法的显著缺点是对风险调整值的估算不够准确，且较主观。但是在一些西方国家，受到估价人员的重视。我国房地产评估界对风险调整值的研究较少，实务应用也不多。

3. 复合投资收益率法

复合投资收益率法是将购买房地产的抵押贷款收益率与自有资本收益率的加权平均数作为资本化率的方法。其计算公式为

$$r = Mr_m + (1 - M)r_E \tag{6-28}$$

式中 r——资本化率（%）

r_m——抵押贷款资本化率（%）；

r_E——自有资本收益率（%）；

M——贷款价值比率（%），即抵押贷款占房地产价值的比率。

上述公式的推导思路和推导过程如下：

1）可以把购买房地产视为一种投资行为，房地产价格为投资额，房地产净收益为投资收益。

2）在房地产与金融紧密联系的现代社会，可以把购买房地产的资金来源分为抵押贷款和自有资金两部分，即

抵押贷款额+自有资金额=房地产价格

3）房地产的收益相应的也有这两部分来分享，即

房地产净收益=抵押贷款收益+自有资金收益

4）于是有

房地产价格×资本化率=抵押贷款额×抵押贷款利率+自有资金额×自有资金收益率

5）于是有

$$资本化率=\frac{抵押贷款额}{房地产价格}\times抵押贷款利率+\frac{自有资金额}{房地产价格}\times自有资金收益率$$
$$=贷款价值比率\times抵押贷款利率+（1-贷款价值比率）\times自有资金收益率$$

【例 6-13】 通常情况下购买某类房地产抵押贷款占七成，抵押贷款的年利率为 9%，自由资金要求的年收益率为 15%，求该类房地产的资本化率。

解：根据式（6-28），该类房地产的资本化率 r 为

$$r = Mr_m + (1-M)r_E = 70\% \times 9\% + (1-70\%) \times 15\% = 10.8\%$$

4. 投资收益率排序插入法

投资收益率排序插入法是指找出相关投资类型及其收益率、风险程度，按风险大小排序，将估价对象与这些投资的风险程度进行比较、判断，从而确定资本化率的方法。具体操作时，可按照下列步骤进行：

1）调查搜集同一地区各相关投资的投资收益率和风险程度的资料，如银行存款利率、股票投资收益率等。

2）将所搜集到的投资收益率从低到高排列，并制成图表，如图 6-12 所示。

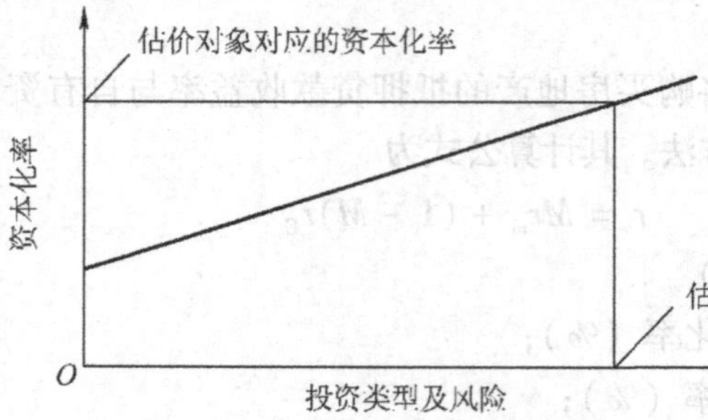

图 6-12 投资收益率排序插入示意图

3）将估价对象与所选择的投资类型的风险程度进行比较，判断估价对象风险程度应落位置，并依据图 6-12，找出对应的资本化率。

值得注意的是，在一定时期，资本化率大体上有一个合理的区间，但是很难确切地讲，某一项房地产投资的资本化率究竟是 10%，还是 11%。因此，资本化率的确定不是一个简单的数学计算过程，估价人员应结合实际估价经验和对当地市场的充分了解，做出综合性判断。

四、选用适当的计算公式求出收益价格

确定净收益和资本化率后，可以根据所求取的净收益流量类型、收益年限及资本化率，结合本章第二节中所列各公式的运用前提，选择适当公式进行计算。

第四节 收益法的派生估价方法

在收益法实际应用的过程中，经常遇到特殊属性的估价对象，其评估目的与要求有别于一般收益性房地产，又由于各地交易习惯的差异，收益法逐渐发展出剩余法和收益乘数法等特殊的形式。

一、土地与建筑物剩余技术法

依据房地产价格形成和变动过程中的贡献法则和收益分配法则，结合收益法的原理，在已知房地产整体净收益、某一部分价值和各构成部分的资本化率时，从整体净收益中求出归属于未知价值部分的净收益，再选择相应的资本化率进行资本化，以求取未知部分价值的方法，即为剩余技术。具体来讲，估价时常可以利用房地合一状态下的净收益及建筑物净收益求取土地价值，也可以利用房地合一状态下的净收益及土地净收益求取建筑物价值。前者称为土地剩余技术法，后者称为建筑物剩余技术法。

（一）土地剩余技术法

土地剩余技术法是指从房地整体净收益中，扣除归属于建筑物的收益部分，再将所得到的归属于土地的剩余净收益，以土地资本化率进行资本化，求得土地收益价格的方法。

假设净收益每年不变，收益年限为有限年，资本化率 r 大于零，由式（6-6）$V=\frac{a}{r}\left[1-\frac{1}{(1+r)^n}\right]$ 及 $a_0=a_L+a_B$（其中：a_0 为房地合一净收益；a_L 为土地净收益；a_B 为建筑物净收益），可以得到

$$V_L=\frac{a_0-a_B}{r_L}\left[1-\frac{1}{(1+r_L)^n}\right] \quad ①$$

又由 $V_B=\frac{a_B}{r_B}\left[1-\frac{1}{(1+r_B)^n}\right]$，可得到 $a_B=V_B\frac{r_B(1+r_B)^n}{(1+r_B)^n-1}$ ②

将②式代入①式中，可得到

$$V_L=\frac{a_0-V_B\dfrac{r_B(1+r_B)^n}{(1+r_B)^n-1}}{r_L}\left[1-\frac{1}{(1+r_L)^n}\right] \quad (6\text{-}29)$$

式中 V_L——土地价值；

V_B——建筑物价值；

a_0——房地合一状态下的净收益；

r_L——土地资本化率；

r_B——建筑物资本化率。

【例 6-14】 某房地产年净收益为 200 万元，建筑物价值为 1000 万元，建筑物资本化率为 8%，土地资本化率为 6%，收益年限为 50 年。试求该房地产所处基地价值。

解：由公式 $a_B = V_B \dfrac{r_B(1+r_B)^n}{(1+r_B)^n-1}$，可得

$$a_B = 1000\text{万元} \times \frac{8\%(1+8\%)^{50}}{(1+8\%)^{50}-1} = 81.75\text{万元}$$

代入公式 $V_L = \dfrac{a_0-a_B}{r_L}\left[1-\dfrac{1}{(1+r_L)^n}\right]$，可得

$$V_L = \frac{200\text{万元}-81.75\text{万元}}{6\%} \times \left[1-\frac{1}{(1+6\%)^{50}}\right] = 1863.84\text{万元}$$

当难以采用其他方法进行土地估价时，土地剩余技术是一种有效方法。此外，当地上建筑物价值相对较小的时候也可采用该方法，如高尔夫球场的评估等。

（二）建筑物剩余技术法

建筑物剩余技术法是指从房地整体净收益中，扣除归属于土地的收益部分，再将所得到的归属于建筑物的剩余净收益，以建筑物资本化率进行资本化，求得建筑物收益价格的方法。

同样地，在净收益每年不变，收益年限为有限年，资本化率 r 大于零的情况下，建筑物的价值 V_B 可以通过下列计算式求得

$$V_B = \frac{a_B}{r_B}\left[1-\frac{1}{(1+r_B)^n}\right] = \frac{a_0-a_L}{r_B}\left[1-\frac{1}{(1+r_B)^n}\right] \quad ①$$

由 $V_L = \dfrac{a_L}{r_L}\left[1-\dfrac{1}{(1+r_L)^n}\right]$，可得 $a_L = V_L\dfrac{r_L(1+r_L)^n}{(1+r_L)^n-1}$ ②

将②式代入①式，得到

$$V_B = \frac{a_0 - V_L\dfrac{r_L(1+r_L)^n}{(1+r_L)^n-1}}{r_B}\left[1-\frac{1}{(1+r_B)^n}\right] \quad (6\text{-}30)$$

式中 V_B——建筑物价值；

V_L——土地价值；

a_0——房地合一状态下的净收益；

r_L——土地资本化率；

r_B——建筑物资本化率。

当地上建筑物年代较为久远，或者建筑物的收入、费用等市场资料不充分时，

可采用建筑物剩余技术法进行建筑物价格评估。建筑物剩余技术还可用于检验建筑物相对土地来讲规模是否合适。此外，将建筑物重新购建价格减去运用建筑物剩余技术求得的建筑物价值后所得余额即为建筑物折旧。

将土地价值和建筑物价值相加，可以得到房地合一的整体价值。

需要注意的是，在运用土地剩余技术和建筑物剩余技术时，应先采用收益法以外的方法如比较法、成本法等求得建筑物价值或土地价值，再代入各自公式计算未知的土地价值或建筑物价值。因为在剩余技术运用时隐含着这样一个条件：房地产的某一部分，建筑物或土地的收入和费用的资料难以取得，所以其净收益不能直接通过收益法中净收益计算的方法获得，但是可以通过间接方式求得。

二、收益乘数法

收益乘数法是将估价对象未来某一年的某种预期收益乘以适当的收益乘数来求取估价对象价值的方法。其中，收益乘数是房地产的价格除以其某种年收益所得的倍数，即收益乘数＝价格/年收益。对应着不同的年收益，收益乘数有毛租金乘数、潜在毛收入乘数、有效毛收入乘数和净收益乘数。相应的，收益乘数法有毛租金乘数法、潜在毛收入乘数法、有效毛收入乘数法和净收益乘数法。

（一）毛租金乘数法

毛租金乘数法是将估价对象未来某一年的毛租金乘以相应的毛租金乘数以求取估价对象价值的方法，即

$$\text{房地产价值} = \text{毛租金} \times \text{毛租金乘数} \tag{6-31}$$

式中 毛租金乘数＝价格÷毛租金，即“租售比价”。

该方法一般使用于快速简单地评估土地和出租性住宅的价格，常作为市场法或收益法的补充方法。毛租金乘数法的优点是：①估算所用的价格和租金等基本资料易从市场中获取；②避免了多层运算可能产生的累计误差；③在同一市场上，租售价格受相同因素和力量的影响，所得结果比较客观。

但是由于该方法忽略了租金以外的其他收入，且不考虑不同房地产空置率和运营费用等的差异，所得结果相对粗略，所以该方法有一定的片面性。

（二）潜在毛收入乘数法

潜在毛收入乘数法是将估价对象某一年的潜在毛收入乘以潜在毛收入乘数来求取估价对象价值的方法，即

$$\text{房地产价值} = \text{潜在毛收入} \times \text{潜在毛收入乘数} \tag{6-32}$$

式中 潜在毛收入乘数＝价格÷某年潜在毛收入。

该方法考虑了租金以外的收入，所以同毛租金乘数法相比，相对全面一些，但是由于同样没有考虑不同房地产空置率和运营费用等的差异，其结果也相对粗略，适用于估价对象资料不充分或估价精度要求不高的情况下进行简便快捷的价

格评估。

（三）有效毛收入乘数法

有效毛收入乘数法是将估价对象某一年的有效毛收入乘以有效毛收入乘数来求取估价对象价值的方法，即

$$房地产价值 = 有效毛收入 \times 有效毛收入乘数 \tag{6-33}$$

式中　有效毛收入乘数 = 房地产价格 ÷ 年有效毛收入。

由于考虑租金以外的收入和房地产的空置率，所以相比毛租金乘数法和潜在毛收入乘数法，该方法结果更精确些。但是由于未考虑运营费用的差异，所以该方法也通常用于简便粗略地估算房地产价格。

（四）净收益乘数法

净收益乘数法是将估价对象某一年的净收益乘以净收益乘数来求取估价对象价值的方法，即

$$房地产价值 = 净收益 \times 净收益乘数 \tag{6-34}$$

式中　净收益乘数 = 房地产价格 ÷ 年净收益。

由于该方法既考虑了租金以外的收入，也考虑空置率和运营费用的差异，能提供较为可靠的测算结果，所以相比前几种收益乘数法，结果最为精确。

以上毛租金乘数、潜在毛租金乘数、有效毛租金乘数及净收益乘数的求取可以采用市场提取法，具体操作步骤如下：

1）搜集同一市场中近期发生交易的与估价对象的净收益模式相同的至少三宗以上类似房地产的各项收入、费用等资料。

2）估算各实例相应的毛租金、潜在毛租金收入、有效毛租金收入或净收益等对应的收益。

3）用各实例的售价（如有异常交易情况存在，需先进行交易情况修正）除以上一步求得的收益值，得到各实例的相应收益乘数。

4）用简单算术平均或加权算数平均等方法对求得的各实例的收益乘数进行综合处理，得到该类房地产在这一市场中的相应收益乘数。

值得注意的是，在土地估价中常用购买年法，即地价 = 地租 × 购买年。购买年法是最早出现的计算土地价格的方法。从理论上来讲，该方法与收益乘数法都是用收益的倍数来反映价格，但是两者有所区别。购买年法专门用于土地估价，而收益乘数法不仅可用于土地，还可用于其他房地产，不仅反映地租与价格的关系，还可用其他种类的收益倍数来表示地价和房价。因此，收益乘数法比购买年法应用更广泛，购买年法只是毛租金乘数法的一个特例。

第五节 收益法总结与运用

一、收益法总结

收益法的内容及各部分的相互关系如图 6-13 所示。

- 收益法
  - 净收益
    - 净收益＝潜在毛收入－空置等原因造成的收入损失－运营费用＝有效毛收入－运营费用
      - 出租型
      - 商业经营型
      - 生产经营型
      - 自用型
      - 混合型
    - 净收益流量类型
      - 基本固定不变
      - 按照某一固定数额递增或递减
      - 按照某一比率额递增或递减
      - 其他形式
    - 收益年限
      - 单纯土地或建筑物
      - 房地合一状态
  - 资本化率
    - 类型
      - 综合资本化率
      - 土地资本化率
      - 建筑物资本化率
    - 求取方法
      - 市场提取法
      - 安全利率加风险调整值
      - 复合投资收益率法
      - 投资收益率排序插入法
  - 选择计算公式
    - 基本公式
    - 净收益及其他因素不变的有限年和无限年公式
    - 净收益前若干年有变化的有限年和无限年公式
    - 预知未来若干年后房地产价格的公式
    - 净收益按等差级数递增（减）的有限年和无限年公式
    - 净收益按等比级数递增（减）的有限年和无限年
  - 收益法的其他形式
    - 剩余技术法
      - 土地剩余技术法
      - 建筑物剩余技术法
    - 收益乘数法
      - 毛租金乘数法
      - 潜在毛收入乘数法
      - 有效毛收入乘数法
      - 净收益乘数法

图 6-13 收益法的内容及各部分的相互关系

二、收益法运用举例

【例 6-15】 某房地产建成于 2000 年年底，此后收益年限为 50 年，2001 年年底至2003年年底分别获得净收益75万元、80万元、85万元，预计2004年年底至2006年年底可分别获得净收益85万元、82万元、84万元，从2007年底开始每年可获得的净收益稳定在85万元。购买该类房地产通常可得到银行70%的抵押贷款，抵押贷款年利率为6%，自有资本要求的收益率为10%，试利用上述资料评估该房地产2003年年底的收益价格。

解：由题意，运用收益法进行估价。

（1）根据式(6-28)（复合投资收益率法公式）得该类房地产的资本化率r为

$$r = 70\% \times 6\% + 30\% \times 10\% = 7.2\%$$

（2）由于该房地产的净收益流量为前若干有变化，第t年后稳定不变的类型，所以根据式（6-11），该房地产2003年底的价格V为

$$V = \sum_{i=1}^{t} \frac{a_i}{(1+r)^i} + \frac{a}{r(1+r)^t}\left[1 - \frac{1}{(1+r)^{n-t}}\right]$$

$$= \frac{85\text{万元}}{1+7.2\%} + \frac{82\text{万元}}{(1+7.2\%)^2} + \frac{84\text{万元}}{(1+7.2\%)^3} + \frac{85\text{万元}}{7.2\%} \times$$

$$\times \left[1 - \frac{1}{(1+7.2\%)^{47-3}}\right]\frac{1}{(1+7.2\%)^3}$$

$$= 1132.16\text{万元}$$

【例6-16】 某平房基地面积150m²，建筑面积100m²，1990年1月1日起获得该基地50年土地使用权。地上建筑1991年1月1日建成投入使用，耐用年限50年。建筑物原值500元/m²，残值率为2%。此平房出租时租金2000元/月，押金8000元。同一市场中正常租金水平为1800元/月，押金1万元。押金运用收益8%，资本化率为10%。租金损失按1个月租金收入计。税费包括房产税、营业税、城市维护建设税和教育费附加，四税合计为年租金的17.5%。管理费按年租金收入的5%计提。维修费和保险费均按建筑物原值的2%计提。试依据上述资料，评估该平房2003年1月1日的收益价格。

解：由题意，运用收益法进行估价。

（1）潜在毛收入 = 1800元×12 + 10000元×8% = 22400元

（2）有效毛收入 = 22400元 − 1800元 = 20600元

（3）运营费用 = 税费 + 管理费 + 维修及保险费

= 1800元/月×(12−1)月×17.5% + 1800元/月×(12−1)月×5% + 100m²×500元/m²×2%×2

= 6455元

（4）年净收益 = 有效毛收入 − 运营费用 = 20600元 − 6455元 = 14145元

（5）由式（6-6），可求得该平房2003年1月1日的收益价格V为

$$V = \frac{a}{r}\left[1 - \frac{1}{(1+r)^n}\right] = \frac{14145\text{元}}{10\%} \times \left[1 - \frac{1}{(1+10\%)^{37}}\right] = 137290.19\text{元}$$

【例 6-17】 评估对象为市中心区某临街店铺，2002 年 5 月 1 日获得 40 年期出让土地使用权，2003 年地上建筑物建成并投入使用，建筑物耐用年限 50 年，建筑面积 $30m^2$，该类建筑物重置价格为 700 元/m^2。试运用收益法评估该店铺 2007 年 5 月 1 日的市场价格。

解：由题意，运用收益法进行估价。据调查，该店铺类似房地产的平均日租金为 3 元/（m^2·日），出租率为 90%，营业税及其附加为年租金收入的 5.5%，房产税为年租金收入的 12%。根据现场勘查，确定该建筑物的正常年维修费为 30 元/m^2。保险费为重置价格的 0.15%。则

（1）年总收入 = 3 元/（m^2·日）×30 元/m^2×365 日×90% = 29565 元

（2）年总成本 = 营业税及其附加 + 房产税 + 维修费 + 保险费

= 29565 元×5.5% + 29565 元×12% + 30 元/m^2×$30m^2$ + 700 元/m^2×$30m^2$×0.15%

= 6105.375 元

（3）年净收益 = 年总收入 − 年总成本 = 29565 元 − 6105.375 元 = 23459.625 元

（4）由安全利率加风险调整法，根据式（6-27）可得

资本化率 = 安全利率 + 风险调整值

又调查获得，2007 年 5 月银行一年期存款利率为 3.06%，此类房地产的风险调整值取为 6%，则

资本化率 $r = 3.06\% + 6\% = 9.06\%$

（5）由于土地使用年限早于建筑物耐用年限到期，所以以土地剩余使用年限判断未来可获益年限为

$$n = 40\text{年} - 5\text{年} = 35\text{年}$$

（6）由式（6-6），可求得该临街店铺 2007 年 5 月 1 日的收益价格 V 为

$$V = \frac{a}{r}\left[1 - \frac{1}{(1+r)^n}\right] = \frac{23459.625\text{元}}{9.06\%} \times \left[1 - \frac{1}{(1+9.06\%)^{35}}\right]$$

= 246493.96 元

单价 V = 246493.96 元 ÷ $30m^2$ = 8216.47 元/m^2

【例 6-18】 拟评估李某所拥有的公寓于估价期日 2006 年 12 月 31 日的市场价格。估价对象概况见表 6-2。2002 年 12 月底获得 60 年出让土地使用权。

表 6-2 估价对象概况

序号	估价对象名称	户型	楼层	朝向	建筑面积/m^2	备注
1	××城 1 号院 5 号楼 2005 室	三室二厅二卫	17/26	南	171.96	2004 年 12 月 30 日建成钢混结构

解：估价过程如下。

(1) 选择估价方法　由于待估公寓为具有潜在获益能力的收益性房地产，且所处地区租赁市场繁荣，较易获取各项收入、费用的资料，因而采用收益法进行价格评估。

(2) 测算年有效毛收入　对估价对象所处区域的租金水平进行了调查，一般三居室的物业租金水平在7000~9000元/（m^2·月），综合考虑估价对象所在楼层及装修情况，估价人员确定估价对象的租金水平为45元/（m^2·月），出租率为100%。则

年有效毛收入=45元/（m^2·月）×12月×171.96m^2×100%=92858.4元

(3) 测算年运营费用　房地产运营费用包括管理费、维修费、保险费、税金等，根据市场上类似房地产的一般运营费用水平和评估人员的经验，确定各项费用构成如下：

1）税费。税费是指房产所有人按照有关规定向税务机关缴纳的房产税和营业税等。××市个人住宅出租应缴纳的税费以租金总额为基数，综合税率为5%。

2）维修费。维修费是指为保证房屋正常使用每年需支付的修缮费。通常可按建筑物重置成本的0.5%~1%计算。由于待估房地产成新率较高，建筑质量较好，所需日常维修费较低，本次估价取建筑物重置价的0.5%。

3）保险费。保险费是指为使自己的房产避免意外损失而向保险公司支付的费用。一般可按房屋重置成本或现值乘以保险费率计算。本次估价按照房屋重置成本的1‰测算。

4）管理费。管理费是指对出租房屋进行必要的管理所需的费用。管理费分为两部分：一是出租经营过程中消耗品价格的支出；另一方面是管理人员的工资支出。管理费的计算方法有两种，一是依据管理面积平均计算，二是依据租金的一定比例计算，通常以年收益的1%~2%。根据同类物业的情况，估价对象的管理费取为总收益的1%。

5）年运营费用。年运营费用为上述1）~4）四项之和。其中按照市场状况，结合估价对象的装修情况确定其在估价时点的重置成本为2500元/m^2。所以，年运营费用为

年运营费用=税费+维修费+保险费+管理费

=92858.4元×5%+2500元/m^2×171.96m^2×0.5%+

2500元/m^2×171.96m^2×1‰+92858.4元×1%

=8150.9元

(4) 确定年净收益

年净收益=年有效毛收入-年运营费用

$=92858.4$ 元 -8150.9 元 $=84707.5$ 元

(5) 确定资本化利率　根据近年来我国经济形势趋于平稳发展的态势，本次估价采取贷款利率加风险调整值法。这里选取中国人民银行公布的一年期的现行银行定期存款利率2.52%；依据对影响估价对象的社会经济因素的分析结果，考虑风险调整值后，最终确定，本次评估资本化率 r 为

$$r = \text{贷款利率} + \text{风险调整值} = 6\%$$

(6) 计算收益价格　由于估价对象所处房地产市场较为繁荣，此类房地产的净收益水平每年均在增长，依据估价人员对市场状况的调查了解，确定该类房地产每年收益增长的幅度 g 为1%。

根据式（6-18），计算房地产收益价格

$$V = \frac{a}{r-g}\left[1-\left(\frac{1+g}{1+r}\right)^n\right]$$

式中　a——年净收益；

r——资本化利率；

G——年收益逐年递增的比率；

N——估价对象未来可获益年限，即剩余使用年期。

其中，由于土地使用年期早于建筑物耐用年限结束，因而依据土地使用年限确定估价对象未来可获益年限，$n=60$ 年 -4 年 $=56$ 年

则估价对象收益价格为

$$V = \frac{84707.5\text{ 元}}{6\% - 1\%} \times \left[1-\left(\frac{1+1\%}{1+6\%}\right)^{56}\right] = 1581000\text{ 元}$$

(7) 确定估价结果。

根据计算结果，参考估价人员的经验，确定该估价对象2006年12月31日的市场总价为158万元，约合9193.75元/m^2（建筑面积）。

【例6-19】　拟评估某公司所有的位于××市××区××大街×号投资大厦B20层写字楼2007年1月18日的市场价格。估价对象房地产建筑面积为797.05m^2，土地面积为87.19m^2，2004年7月获得出让土地使用权，土地证载用途为写字楼，土地使用权终止日期为2044年7月27日。

解：估价过程如下。

(1) 选择估价方法　根据估价人员现场调查，估价对象利用现状与证载用途相符合，为写字楼，属于具有收益或潜在收益的房地产，适于采用收益法进行价格。

(2) 测算年总收入　估价人员在同一供求范围内选择了若干类似房地产的租金水平进行比较分析，见表6-3。

根据调查资料和估价对象目前的情况，估价对象所在区域的同类办公物业

的租金水平为5~7元/（m^2·日）（含物业管理费），空置率在5%左右，考虑该物业的实际情况，取5.5元/（m^2·日），空置率取5%。估价对象写字楼总建筑面积为797.05m^2。则

年总收入=5.5元/（m^2·日）×30日/月×797.05m^2×（1-5%）×12月 = 1499251元

表6-3 类似房地产的情况

物业类型	名称	租售选择	行政区域	租金报价	总建筑面积	物业等级
写字楼	××大厦	出租	××区	美元：20元/（月·m^2）	67635m^2	甲级
写字楼	××大厦	出租	××区	美元：20元/（月·m^2）	30000m^2	甲级
写字楼	××大厦	出租	××区	美元：27元/（月·m^2）	117000m^2	甲级
写字楼	××大厦	出租	××区	美元：28元/（月·m^2）	124000m^2	甲级
写字楼	××大厦	出租	××区	人民币：5.5元/（日·m^2）	50000m^2	甲级

（3）测算年总费用

1）重置成本。根据委托方提供的信息和估价人员的现场踏勘，确定估价对象房屋建筑物重置成本总价为6675509元。

2）税费。税费是指房产所有人按照有关规定向税务机关缴纳的房产税和营业税等。根据《中华人民共和国税收征收管理法实施细则》和［××地税征（1997）389号］的规定，估价对象的税费主要包括营业税及附加和房产税。营业税、城市建设维护税和教育附加费，计算基数为总收益，税率合计5.5%；房产税的计算基数为房产原值并可扣减305%，税率为1.2%。

年税费 = 营业税及附加+房产税

=1499251元×5.5%+6675509元×（1-30%）×1.2%

=138533元

3）维修费。维修费是指为保证房屋正常使用每年需支付的修缮费，按重置成本的1.5%计算。

年维修费 = 6675509元×1.5% = 100133元

4）管理费。管理费是指对出租房屋进行必要的管理所需的费用。根据同类物业的情况，管理费取为总收益的5%。则

年管理费=1499251元×5% = 74963元

5）保险费。保险费是指房产所有人为使自己的房产避免意外损失就而向保险公司支付的费用，根据我国目前的保险费率标准，保险费取房屋重置造价的1.5‰。

年保险费 = 6675509元×1.5‰= 10013元

年总费用为税费、维修费、管理费、保险费四项合计，即

年总费用=138533元+100133元+74963元+10013元= 323642元

（4）确定年净收益 年净收益是从年总收入中扣除年总费用，即

年净收益 = 1499251 元 − 323642 元 = 1175609 元

（5）求取资本化利率　求取还原利率的方法有纯收益与价格比率法、安全利率加风险调整值法、投资风险与投资收益率综合排序插入法等方法。综合考虑以上几种方法，取房地产资本化率为 8%。

（6）确定房地产剩余使用年限　由于土地使用权终止日期为 2044 年 7 月 27 日，且土地使用权早于建筑物耐用年限结束，因此以土地剩余使用年限确定 n。从估价时点算起，土地剩余使用年限为 37.52 年，即 $n = 37.52$ 年。

（7）求取房地产收益价格　假设待估房地产未来净收益和资本化利率每年不变，运用式（6-6）计算房地产收益价格 V。

$$V = \frac{a}{r}\left[1 - \frac{1}{(1+r)^n}\right]$$

式中　V——估价对象房地产收益价格；

a——年净收益；

R——房地产合一状态下的资本化率。

代入上式计算得

$$V = \frac{1175609\text{ 元}}{8\%} \times \left[1 - \frac{1}{(1+8\%)^{37.52}}\right] = 1387.64\text{ 万元}$$

（8）确定估价结果　根据计算结果，参考估价人员的经验，确定该估价对象 2007 年 1 月 18 日的市场总价为 1387 万元，约合 17402 元/m^2（建筑面积）。

思考与练习题

1. 收益法的理论依据是什么？其适用范围和条件是什么？

2. 公式 $V = \frac{a}{r}\left[1 - \frac{1}{(1+r)^n}\right]$ 的用途有哪些？

3. 何谓客观净收益和实际净收益？

4. 何谓运营费用？收益法中的运营费用与会计上的成本费用有何不同？

5. 出租、商业、生产、自用或尚未使用的房地产如何求取其净收益？

6. 房地合一状态下，建筑物的经济寿命结束时间与土地使用年期届满的时间不一致时，收益期限如何确定？

7. 何谓资本化率？其实质是什么？资本化率与投资风险有何种关系？

8. 简述土地资本化率、建筑物资本化率和综合资本化率的含义及三者之间的相互关系。

9. 何谓土地剩余技术法？该方法适用于何种情况下的价格评估？如何利用该方法进行价格评估？

10. 某人拥有的房地产每年可产生 3 万元的净收益，同时此人有 40 万元资金以年利率 5% 存入银行，每年可得到与该宗房地产的净收益等额的利息，则对该人来说，这宗房地产(　　)40 万元的资金。

A. 等价于　　B. 大于　　C. 小于　　D. 不可比

11. 潜在毛收入、有效毛收入和运营费用通常以（　）计。

A. 年度　B. 半年　C. 季度　D. 月度

12. 有一空置写字楼，目前不仅无收益，而且要交纳房产税等，其收益价格估算可采用（　）。

A. 类似写字楼的客观收益　B. 市场比较法

C. 该写字楼的实际收益　D. 无法估算

13.（　）房地产是收益法估价的典型对象。

A. 混合型　B. 直接经营型

C. 自用或尚未使用型　D. 出租型

14. 收益法求得的土地价格通常被称为（　）。

A. 比准价格　B. 收益价格　C. 计算价格　D. 地租价格

15.（　）理论是收益法的主要理论依据。

A. 预期原理　B. 区位理论　C. 供求理论　D. 均衡原理

16. 某房地产，每年能获得100万元的总收益，所需支出的总费用为30万元，该类房地产的资本化率为9%，则，该房地产的价格为（　）万元。

A. 752　B. 778　C. 813　D. 860

17. 某写字楼预计持有两年后出售，持有期的净收益每年216万元，出售时的价格为5616万元，资本化率为8%，则该写字楼目前的收益价格是（　）万元。

A. 4858　B. 5200　C. 2700　D. 6264

18. 收益法中的运营费用率是指（　）。

A. 运营费用与潜在毛收入之比　B. 运营费用与总收益之比

C. 运营费用与净收益之比　D. 运营费用与有效毛收入之比

19. 下列（　）不可以用于求取资本化率。

A. 市场提取法　B. 累加法

C. 投资收益率排序插入法　D. 指数调整法

20. 购买某类房地产，通常抵押贷款占七成，抵押贷款年利率为6%，自有资本要求的收益率为9%，该类房地产的资本化率为多少？

21. 预计某房地产未来第一年的净收益为18万元，此后各年的净收益会在上一年的基础上增加1万元，该类房地产的资本化率为8%，则该房地产的价格是多少？

22. 某房地产的收益年限为50年，预测未来3年的净收益分别为20万元、21万元、22万元，从第4年起，每年的净收益将稳定在22万元左右，如果资本化率为10%，则该房地产的收益价格是多少？

23. 某收益性房地产，预测未来3年的净收益均为100万元/年，3年后的出售价格会上涨12%，届时转让税费为售价的6%，资本化率为9%，试求该房地产目前的价值。

24. 某宾馆需要估价，据调查，该宾馆共有300张床位，平均每张床位每天向客人实收100元，年平均空房率为30%，该宾馆营业平均每月花费14万元；当地同档次宾馆一般床价位每床每天95元，年平均空房率为25%；该类房地产的资本化率为10%。试选用所给资料估计该宾馆的价格。

25. 某单位通过有偿出让方式取得了一宗地的土地使用权，当时购入价为400元/m^2，宗地占地面积为 10000m²，出让期为 40 年，在此地块上建设了一饭店，建筑容积率为 3，目前已使用了 10 年，根据当地市场资料，用比较法评估此地块得到目前出让期为 40 年时的地价为 500 元/m²（容积率为 1 时的地价），据当地资料，当容积率每增加 1 时，宗地单位面积地价比容积率为 1 时的地价的基础上增加 6%，该饭店现在每月的房地经营净收入为 11 万元，当地同类型饭店现在每月的房地产经营净收入为 10 万元。若土地资本化率为 8%，建筑物资本化率为 10%，试评估其不动产的现时价格？

26. 某宾馆总建筑面积 10000m²，一层建筑面积 2000m²，其中 500m² 为宾馆大堂，1500m² 出租用于餐厅和咖啡厅，其余各层为宾馆客房、会议室和自用办公室。该宾馆共有客房 190 间（建筑面积 7600m²），会议室 2 间（建筑面积 200m²），自用办公室 3 间（建筑面积 200m²）。当地同档次宾馆每间客房每天的房价为 200 元，年平均空置率为 30%；会议室的租金平均每间每次 500 元，平均每间每月出租 20 次；附近同档次一层商业用途房地产的正常市场价格为 15000 元/m²（建筑面积），同档次办公楼的正常市场价格为每平方米建筑面积 800 元，该宾馆正常经营平均每月总费用占客房每月总收入的 40%，当地宾馆这种类型的房地产的资本化率为 8%。试利用上述资料估计该宾馆的正常总价格。

27. 某商场的土地使用权年限为 40 年，从 1998 年 5 月 31 日起计。该商场共两层，每层建筑面积为 2000m²，可出租面积占建筑面积的 60%。一层于 2000 年 5 月 31 日租出，租期为 5 年，可出租面积的月租金为 180 元/m²，且每年不变；二层现暂空置。附近类似商场一、二层可出租面答的正常月租金分别为 200 元/m²、120 元/m²，出租的成本及税费为租金的 20%。该类房地产的资本化率为 8%。试估计该商场于 2002 年 5 月 31 日租约出售时的正常总价格。

第七章

假设开发法

7

学习要求

了解假设开发法中开发费用、销售费用、销售税金及开发利润的组成和标准。熟悉假设开发法的概念、理论依据、适用范围和条件、操作步骤。掌握假设开发法的基本公式及计算中各个项目的求取；折现法和传统计息法的应用。

第一节　假设开发法的基本原理

一、假设开发法的概念

假设开发法，又称剩余法、余值法、预期开发法、倒算法（相当于成本法的倒算），是预计估价对象开发完成后的价值，扣除预计的正常开发成本、税费和利润等，以此估算估价对象的客观合理价格或价值的方法。

假设开发法最早用于待开发土地的估价，目前除经常用于土地评估外，已广泛应用于具有投资开发或再开发潜力的房地产的估价，主要包括：待开发土地（生地、毛地和熟地）、待拆迁改造的再开发房地产、在建工程、有再开发潜力的旧房地产等。这些状态下的估价对象，在假设开发法中统称为“待开发房地产”。

假设开发法估价的基本思路与房地产开发商进行土地购买决策时的思路基本相仿。房地产开发商在决定是否购买以及以多高的价格购买一宗可供开发建设的土地时，通常会遵循这样的思路：首先研究该宗地的内外部条件，如坐落位置、面积大小和形状、周围环境、基础设施完备程度、规划允许用途、建筑高度、容积率等；然后根据土地的内外部条件，结合规划和市场状况，判断其最佳用途、开发规模及利用方式等，以此设计开发方案；选定开发方案后开发商会根据市场价格水平预测开发完成后的大楼总售价和开发建设过程中需要支付的各项费用（包括前期费、建安成本、配套费、利息、销售费用及各项税金等），以及期望的开发利润；确定上述各项数据后，开发商以预期总售价减去开发费用和开发利润后的余额来衡量是否购买该宗地以及该宗地的理想购买价格。通常情况下，当该宗地的出售报价小于等于开发商估算的余额时，开发商才愿意购买该宗地。

假设开发法在估价时也遵循同样的估算思路。正因为如此，假设开发法除了适用于房地产估价外，还是房地产开发项目投资分析的常用方法之一。具体来讲，通过预测及倒扣的估算思路，假设开发法可以为投资者的投资决策提供包括拟开发宗地的最高可行价格、某个开发项目的预期利润、可能出现的最高开发费用等数据。通过这些数据帮助投资者进行投资成本的有效控制和利润的测算。当然，该方法用于价格评估时是站在中立、普遍投资者的立场上进行各项收入、支出的预测的，而用于投资分析时，通常是站在某个特定的投资者的立场上。

从形式上看，假设开发法是成本法的倒算。假设开发法与成本法的已知条件和待求结果刚好相反。在典型的假设开发法中，开发完成后的新建房地产价值通过预测可以事先得到，需要求取的是待估生（熟）地价格，而成本法中生（熟）地的价格是已知的，需要求取的是新建房地产的价格。

二、假设开发法的理论依据

由于假设开发法是从未来的角度预测评估房地产的价格，其基本理论依据与收益法相同，即预期收益原理，与投资者获取投资收益的基本思路相符合。预期收益原理强调，决定房地产价值的是房地产未来所能获得的收益和未来开发经营过程中需要支付的各项成本费用，而不是基于历史价格，即生产该房地产所投入的成本或过去的市场状况。为此，采用假设开发法，从预测得到的未来开发完成后的房地产价值中扣减未来开发建设可能发生的各项成本及利润，就可以得到待估房地产的价值。

假设开发法更深层的理论依据来源于地租理论、商品价格构成理论。由马克思的地租理论可知，即使不包含人类劳动的土地，也由于其稀缺性和使用价值而具有价格。土地价格本质上是地租的资本化。地租则是土地使用者为了获取土地使用权而向土地所有者支付的经济代价。亚当·斯密在《国民财富的性质和原因的研究》中也指出，在决定租约条件时，地主都设法使租地人所得的生产物份额，仅足以补偿他用以提供种子、支付工资、购置和维持耕畜与其他农具的农业资本，并提供当地农业资本的普通利润。因此，地租的数额相当于从土地的“生产物份额”中扣除有关农业成本费用及普通利润后的余额。斯密关于地租量的计算可以表示为：地租 = 市场价格 - 生产成本 - 普通利润（平均利润），即地租相当于每年的租金剩余。假设开发法借鉴和运用了这种扣除倒算的思路，不同的只是假设开发法估算的通常是一次性的价格剩余。同样地，根据价格构成理论，任何商品的价格都由成本、税金和利润构成。据此，在公开市场进行交易的房地产商品的价格也应由房地产开发建设成本、税金和利润构成。其中，房地产开发建设成本包括土地取得成本、土地和建筑物的开发成本、管理费用、投资利息和销售费用等，税金包括购买土地的税金及销售税金及附加，利润则表现为房地产开发利润。即，房地产价格 = 土地取得成本 + 购买土地的税金 + 土地和建筑物的开发成本 + 管理费用 + 投资利息 + 销售费用 + 销售税金 + 开发利润。从中可以得到，土地取得成本 = 房地产价格 - 购买土地的税金 - 土地和建筑物的开发成本 - 管理费用 - 投资利息 - 销售费用 - 销售税金 - 开发利润。该算式与假设开发法的基本思路完全吻合。由此可见，假设开发法借鉴和参考了地租理论和价格构成理论中关于地租求取和房地产价格构成的基本思想。

此外，由于假设开发法是一种综合应用方法，市场比较法的替代原理、成本法的生产费用价值论等基本理论都是其应用的辅助理论依据。在求取开发完成后房地产价值和各项成本、费用时，上述原理均有所体现。

三、假设开发法的适用范围和适用条件

（一）适用范围

假设开发法适用于具有投资开发或再开发潜力的待开发房地产的估价，包括以下情形。

1. 待开发的土地

待开发的土地有五种情况：①由生地开发成熟地然后租售；②由生地开发成房屋然后租售；③由毛地开发成熟地然后租售；④由毛地开发成房屋然后租售；⑤由熟地开发成房屋然后租售。

2. 可装修改造或可改变用途的旧房

由旧房装修改造为新房然后租售。

3. 在建工程

在建工程续建完成然后租售。

（二）适用条件

在运用假设开发法的过程中，能否结合待开发房地产状况正确选择最佳开发利用方式，并依据当地市场行情，准确预测开发完成后的房地产价值及开发过程中发生的各项成本费用，直接影响估价结果的精度。而要保证上述选择和预测的准确性，尽量减少误差，待估房地产所处市场必须是相对规范和稳定的。具体来

讲，应具备以下条件：①各项房地产政策明朗、开放及长远；②房地产法律法规体系稳定、健全；③房地产信息库完整、公开、透明；④房地产投资与交易的税费清单稳定、清晰及全面；⑤政府的土地供给计划长远、公开并稳定。

如果所处房地产市场不具备上述条件，未来的房地产市场状况将变得难以捉摸，在运用假设开发法时常常无法准确选择开发利用方式，各项收入、支出的预测也由于受到主观因素的过度影响而难度较大，以此为基础评估出的价格也可能存在较大误差。

除具备上述外部市场条件外，在运用假设开发法进行选择和预测时，还应具备并遵循下列前提条件：①依据合法原则和最高最佳使用原则选择最佳开发利用方式，包括用途、建筑物的设计规模等；②各项收入和成本、利润的测算必须在符合国家有关政策规定的前提下，通过对房地产市场行情进行正确分析，掌握必要相关数据后得出；③通常情况下，均假设各项成本的投入在各自对应的投入期内均匀投入；④各项成本支出和开发利润均为社会正常、平均水平下的数值，即为客观成本和客观合理利润；⑤待开发房地产的各项城市规划设计条件明确。如果必须在设计条件不明的情况下进行估价，可以根据所推测的最可能的城市规划设计条件进行各项参数的预测，并将所采用的城市规划设计条件在估价的假设和限制条件中列明，在估价报告中分析其对估价结果的影响程度。

第二节 假设开发法估价的计算公式

依据假设开发法的估价思路，运用假设开发法估算的待开发房地产价值应为开发完成后的房地产价值扣除开发成本、管理费用、投资利息、销售税费、开发利润和投资者购买待开发房地产应负担的税费后的余额。假设开发法的公式可分为基本公式和具体计算公式两大类。

一、基本公式

房地产开发周期较长，各项收入、支出发生的时间不尽相同，尤其是大型的房地产开发项目更为明显。因此，运用假设开发法估价必须考虑资金的时间价值。在实际操作中处理资金时间价值可以采用折现和计算利息两种方式。采用折现的方式考虑资金时间价值的假设开发法，可称为折现法；采用计算利息的方式考虑资金时间价值的假设开发法，可称为传统计息法。其中，折现法也称动态法，即要将不同时点发生的收入、支出全部折现到估价时点进行加减运算。传统法也称静态法，不需要对发生在不同时点的收入、支出进行折现，而通过投资利息的单独计算来体现时间价值。

（一）折现法（动态法）的基本公式

待开发房地产的价值＝开发完成后的房地产的折现值－（开发成本折现值＋管理费用折现值＋销售税费折现值）－投资者购买待开发房地产时支付的税费 (7-1)

（二）传统计息法（静态法）的基本公式

待开发房地产的价值＝开发完成后的房地产价值－（开发成本＋管理费用＋投资利息＋销售税费＋开发利润）－投资者购买待开发房地产时支付的税费 (7-2)

由式（7-1）和式（7-2）可以看到，传统计息法将各项收入、支出直接相加减，通过计息体现时间价值，而折现法将各项收入、支出折现到估价时点后再相加减。并且传统计息法中投资利息和开发利润需要单独计算，而折现法中这两项均隐含在折现过程中，不需要单独计算。因而，折现法中折现过程采用的折现率既包含安全收益部分，又包含风险收益部分。

另外，在实际估算各项收入和支出的数额时，传统计息法通常静止地根据估价作业日期对应的房地产市场状况进行判断取值，而折现法则动态模拟开发过程，先预测各项收入、支出未来发生时的市场状况，再分别根据其发生时的市场状况预测发生数额的大小，即进行现金流量的预测。

由上述分析可知，从理论上讲，折现法的估算过程更符合假设开发的思路，在房地产市场成熟、规范的情况下，其测算的结果更精确些。但是在众多未知因素和偶然因素的作用下，折现法的测算过程比较复杂，特别是折现率的确定有一定难度，且准确预测各项收入和支出的发生时点及其在各自发生时点的数额有相当难度，这些都会影响估价结果的准确性。相比之下，传统计息法测算的结果虽然比较粗略，但是其测算过程相对简单。随着我国房地产市场的逐步规范发展，现行《房地产估价规范》中指出，一般情况下宜采用折现的方法，难以采用折现的方法时，可采用计算利息的方法，即传统计息法。

二、具体计算公式

无论是在折现法中还是传统计息法中，对待不同开发程度的待开发房地产，开发成本、管理费用等取值都需对应待开发房地产从开发前至开发完成这一阶段进行取值。为此，可根据待开发房地产开发前后状态的不同，将上述基本公式进一步细化。以传统计息法的基本公式为基础，进行细化得到以下具体公式。

（一）求生地价值的公式

1. 将生地开发成熟地的情况

生地价值＝开发完成后的熟地价值－由生地开发成熟地的开发成本－管理费用－投资利息－销售税费－开发利润－购买待开发生地支付的税费 (7-3)

2. 将生地开发成房屋的情况

生地价值 = 开发完成后的房地产价值 – 由生地开发成房屋的开发成本 – 管理费用 – 投资利息 – 销售税费 – 开发利润 – 购买待开发生地支付的税费 (7-4)

（二）求毛地价值的公式

1. 将毛地开发成熟地的情况

毛地价值 = 开发完成后的熟地价值 – 由毛地开发成熟地的开发成本 – 管理费用 – 投资利息 – 销售税费 – 开发利润 – 购买待开发毛地支付的税费 (7-5)

2. 将毛地开发成房屋的情况

毛地价值 = 开发完成后的房地产价值 – 由毛地开发成房屋的开发成本 – 管理费用 – 投资利息 – 销售税费 – 开发利润 – 购买待开发毛地支付的税费 (7-6)

（三）求熟地价值的公式

熟地价值 = 开发完成后的房地产价值 – 由熟地开发成房屋的开发成本 – 管理费用 – 投资利息 + 销售税费 + 开发利润 – 购买待开发熟地支付的税费 (7-7)

（四）求在建工程价值的公式

在建工程价值 = 续建完成后的房地产价值 – 续建中的开发成本 – 管理费用 – 投资利息 – 销售税费 – 续建投资利润 – 购买待开发在建工程支付的税费 (7-8)

（五）求旧房价值的公式

旧房价值 = 装修改造完成后的房地产价值 – 装修改造的开发成本 – 管理费用 – 投资利息 – 销售税费 – 装修改造投资利润 – 购买旧房支付的税费 (7-9)

由式（7-9）可知，从开发完成后的房地产价值中扣减各项支出时，掌握的基本原则是：从假设得到待开发房地产至开发完成这一过程中还需支出的一切合理、必要的费用、税金及应获得的利润。已经投入的费用，由于已包含在待开发房地产价值内，不应作为扣除项。如评估在建工程的价值时，已经投入的在建工程的建设费用经估价人员认定有效的部分不应从续建完成后的房地产价值中扣除。再如，评估毛地价值时，如果待估宗地尚未完成拆迁补偿安置，则应将拆迁补偿安置费从开发完成后的房地产价值中扣除；如果待估宗地已完成拆迁补偿安置，则不应扣除拆迁安置费。

因此，运用上述公式时，必须把握待开发房地产开发前后的状况。待开发房地产开发前的状况可能为生地、毛地、熟地、在建工程、旧房等；开发完成后的状况，可能是熟地，也可能是新建成房屋等。开发前至开发完成后所发生的开发成本、管理费用、投资利息、销售费用、销售税费、开发利润等各项支出的数额因开发前后状况的不同而不同，估价时应予以不同考虑。

第三节 假设开发法的操作步骤

《房地产估价规范》中规定，运用假设开发法估价应按下列步骤进行：①调查待开发房地产的基本情况；②选择最佳的开发利用方式；③估计开发建设期；④预测开发完成后的房地产价值；⑤估算开发成本、管理费用、投资利息、销售税费、开发利润、投资者购买待开发房地产应负担的税费；⑥进行具体计算。以下分别阐述每一步骤实施时的具体要点。

一、调查待开发房地产的基本情况

如前所述，运用假设开发法应把握待开发房地产在投资开发前后的状态，以及投资开发后的房地产的经营方式。为此，必须调查清楚待开发房地产的基本情况，才能进行最佳开发利用方式的选取及各项收入、支出的估算。一般来讲，调查待开发房地产的基本情况主要应从待开发房地产的自身状况及所处房地产市场状况入手。其中，待开发房地产的自身状况包括区位状况、实物状况和权益状况三个方面。

（一）待开发房地产的自身状况

1. 待开发房地产的区位状况

搞清楚待开发房地产的区位状况，主要是为选择最佳开发利用方式服务，包括：①待开发房地产所处城市性质、规模，例如所处城市是大城市，还是小城镇；是综合性城市，还是功能性城市等。②待开发房地产所处区域在城市中的功能定位，例如是商业区，还是住宅区等；若是商业区，是何种级别的商业区等。③待开发房地产的具体坐落位置、临街状况及周边环境等。

2. 待开发房地产的实物状况

全面了解待开发房地产的实物状况，主要是为选择最佳开发利用方式及测算各项成本、费用服务。若待开发房地产是土地，则主要了解土地的面积大小、形状、地形、地势、地质和水文状况、基础设施完备程度、平整程度等；若待开发房地产为建筑物，则主要了解建筑规模、建筑结构、设备、装饰装修程度、空间布局、工程质量、完损程度等；若待开发房地产为房地合一状态，不仅需要了解上述土地和建筑物的实物状况，还应依据均衡原理和适合原理对该房地产的内部各要素及内部与外部的均衡状态进行分析，以判断是否需要转换利用方式。

3. 待开发房地产的权益状况

调查待开发房地产的权益状况，主要是为确定最佳开发利用方式及预测未来开发完成后的房地产价值等服务，其主要内容包括：

1）待开发房地产的权利性质、使用年限，例如土地使用权为划拨还是出让；使用年期为多少年，可否续期；对其转让、出租、抵押有何规定等。

2）城市规划的限制条件如允许建筑容积率、建筑覆盖率、建筑高度以及其他行政管理等。

（二）待开发房地产所处房地产市场状况

调查了解待开发房地产所处房地产市场状况，主要是为确定最佳开发利用方式及预测开发完成后的房地产价值、开发过程中的各项成本费用支出服务。具体包括该房地产市场中法律允许的各类型房地产供求状况、价格水平及变动趋势、空置率、收益水平、土地的供应计划等。

二、选择最佳的开发利用方式

所谓最佳开发利用方式，是指由估价人员依据合法原则和最高最佳使用原则，经过分析设定的使得待开发房地产开发完成后进行销售或经营时能获得最高收益的利用方式。选择最佳开发利用方式，包括确定开发完成后房地产的用途、规模和档次等，其中最重要的是确定最佳用途。确定最佳开发利用方式时，应根据调查获得的待开发房地产自身状况和所处房地产市场状况，在法律及城市规划允许的范围内，选择最佳用途、规模和档次。以一宗待开发土地最佳用途的选择为例，首先要考虑在该宗地所处区位状况下，某种用途的法律许可性；其次，考虑该用途的现实市场需求程度和未来发展趋势。例如，城市规划允许用途既可为公寓，也可为写字楼时，应调查了解该宗地所处区域的公寓和写字楼市场供求关系及走向来确定一种最佳用途。在确定了最佳开发用途后，还应进一步确定建筑物及其外围布局、绿地率、建筑结构、建筑面积、建筑高度、建筑层数、建筑式样、装修档次及详细的利用方式等。

最佳开发利用方式的选择，直接决定开发完成后房地产的价值及开发过程中的各项成本、费用的大小，是假设开发法运用成功与否的关键所在。

三、估算开发经营期

房地产的开发经营周期较长，从立项到开发完成一般要经过数月甚至数年的时间，并且由于使用的耐久性，其经营期可长达数十年。这一过程中，房地产价格和成本会受到多种因素的影响而随市场发生变化。为了准确预测开发完成后的房地产价值，把握开发过程中的各项成本、费用发生的时点和数额，以及确定折现期或计息周期，必须首先估算待开发房地产在设定的最佳开发利用方式下的开发经营期。

（一）确定开发经营期的起止点

通常情况下，房地产开发经营期的起点是估价时点，也是假设取得待开发房地产时的日期，其终点是开发完成后的房地产全部租售完毕的日期。由此，开发经营期可分为开发期和经营期。其中，开发期又称开发建设期，自估价时点起，至待开发房地产开发完成之日结束。经营期根据开发完成后房地产的经营利用方式的不同而有所不同。开发完成后的经营利用方式主要包括销售、出租、营业和自用。与此相对应，经营期具体表现为销售期和运营期（针对出租、营业和自用三种情况）。销售期从开发完成之日起至全部销售完毕之日结束。如果有预售的情况，销售期与开发期有重合。一般情况下，采用传统计息法时，不考虑预售情况，也不考虑延迟租售的情况。运营期从开发完成之日起至开发完成后的房地产经济寿命结束之日终止。开发经营期各部分的关系如图 7-1 所示。

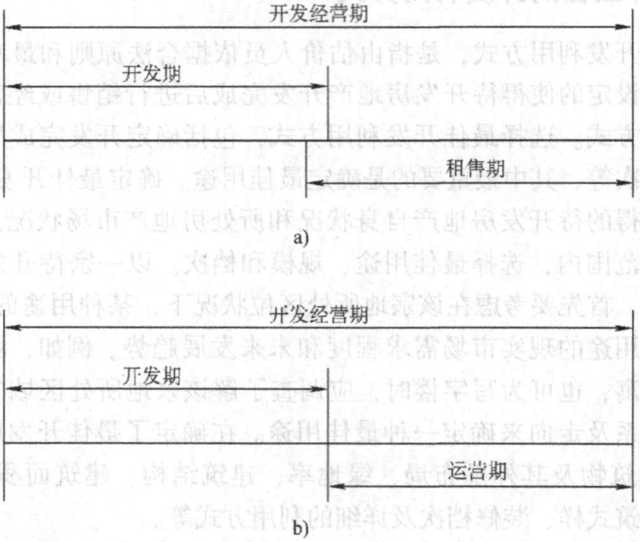

图 7-1　开发经营期各部分关系示意图

a）有预售的销售情况　b）出租、营业或自用的情况

（二）判断开发经营期的具体经历时间

开发经营期具体经历时间的判断，可以采用市场比较的方法，即通过同一地区、相同类型、相同规模的若干类似房地产正常开发经营已经历的开发经营期进行综合比较、判断。

相比之下，开发期的估算准确度较高，而销售期或经营期的估算，通常待定因素较多，难度较大，在估算时应结合房地产市场的未来发展趋势进行预测。

此外，估算开发经营期时，由于某些特殊因素可能导致开发期或经营销售期的延长或缩短。例如，拆迁过程中遭遇“钉子户”，拟筹措的资金不能及时到位，开挖基础时发现重要文物，灾害性天气导致无法正常施工或者开发完成的房地产严重受损等，这些情况的发生都可能导致工程进度暂停，开发期延长或者经营期缩短。由于此类因素的偶然性和难以预测性，在估算开发经营期时一般不予考虑。

四、预测开发完成后的房地产价值

由于房地产开发完成后的市场价值是未来的而不是估价时点的价值，因此一般需要通过预测来求取。预测的价格通常是单价，再由此计算总价。预测房地产价格的具体方法很多，如趋势法、统计法、灰色预测法等，但不管何种预测方法，必须有一定的基础价格资料，这一基础价格资料即是目前的和以前的房地产市场上同类房地产的价格或收益资料。

具体预测时，根据开发完成后的房地产经营利用方式的不同，其价值的预测常采用以下两类方式进行。

1）对于开发完成后直接销售的房地产，宜采用市场比较法，并应考虑类似房地产价格的未来变动趋势结合长期趋势法，即根据若干类似房地产过去和现在的价格及未来可能的变化趋势进行预测。例如，拟评估某宗地2007年5月的市场价格，经过分析，设定该宗地的最佳用途为甲级写字楼，开发建设期为3年。若要预测该宗地在2010年5月建成时的价格，可以在当地房地产市场中搜集若干甲级写字楼过去3~5年和2007年5月前后的价格资料以及未来可能的变化趋势，以判断该类写字楼2010年5月前后的可能价格，对所求得的可能价格进行交易情况和区域因素及个别因素的修正后综合判断待估宗地2010年5月开发完成的写字楼价格。

2）对于经营性的房地产，如写字楼、旅馆、餐馆等，可采用收益法结合长期趋势法预测其开发完成后的房地产价值。即根据市场状况，选择与设定的最佳开发利用方式相类似的收益性房地产，结合长期趋势法，判断其客观租赁或经营净收益水平的变动趋势，选择适当的资本化率和收益公式将该收益转化为开发完成后房地产的价值。仍以上例中的写字楼为例，根据所处房地产的市场收益水平，预测开发完成后的写字楼月租金为5美元/m^2（建筑面积），此类写字楼的出租率90%，运营费用率为25%，报酬率为10%，可供出租的建筑面积为30000m^2，判断其租赁期可达40年，则该写字楼开发完成后的价值为

$$\frac{5\text{美元/m}^2\times 30000\text{m}^2\times 90\%\times(1-25\%)\times 12}{10\%}\times\left[1-\frac{1}{(1+10\%)^{40}}\right]$$

$$=1188.2\text{万美元}$$

开发完成后的房地产价值的估算对整个假设开发法估价的准确性有较大影

响，这一步骤既是假设开发法运用的重点也是难点。由于房地产开发项目开发经营期的长期性和房地产市场的动态性，更由于房地产价格影响因素的多样性和复杂性决定了任何一种预测方法都有其一定的缺陷。因此，在房地产市场价格预测的基础上，应根据实际情况和估价人员的判断进行适当调整，使预测价值尽可能符合未来的实际。

五、估算各项成本、费用及开发利润

假设开发过程中可能发生的各项成本、费用包括开发成本、管理费用、投资利息、销售税费及投资者购买待开发房地产支付的税费等。

由于假设开发法是成本法的倒算，所以在估算各项成本、费用时，其基本方法与成本法相同，不同的是成本法中的各项成本、费用和利润是已经发生的，仅需根据估价时点的市场状况估出客观成本和利润；而假设开发法中的各项成本和利润需要根据所处房地产市场状况，采用类似于市场比较的方法进行预测。在传统计息法中，各项成本、费用的预测以估价作业日期的房地产市场状况为准进行静态预测即可；而在折现法中，应模拟类似房地产的开发过程，以各项成本费用支出的时点对应的市场状况进行预测。

（一）开发成本和管理费用

开发成本和管理费用的预测，可以先根据当地房地产市场中类似房地产开发过程中的开发成本和管理费用的投入规律，预计其开发成本和管理费用投入的时点，再结合建筑设备、建筑材料、建筑人工费等成本构成部分的现时点价格及未来的变动趋势确定其数额大小。

（二）销售税费

销售税费包括销售费用和销售税金及费用。其中，销售费用是指销售开发完成后的房地产必须的广告宣传、销售代理等费用。销售税金及费用是指开发完成后的房地产销售时作为卖方应缴纳的税金及附加，以及交易手续费等。

销售税费的测算必须依据各项房地产政策，特别是房地产税收政策进行。通常情况下可按照开发完成后房地产价值的一定比率来估算。在确定销售费用和销售税金及费用的发生时点时，可考虑两种不同的处理方式：一种简化处理方式，将销售费用和销售税金及费用均视为在开发完成后一次性发生；另一种处理方式下，考虑到在项目开发经营的实务中，销售费用多在开发阶段已逐步发生，而销售税金及费用多发生在开发完成后的销售环节中，因此将销售费用和销售税金及费用的估算分别进行，即比照开发成本和管理费用的投入期确定销售费用的发生时点，而销售税金及费用的发生时点则确定为开发完成时。不同的处理方式下，销售费用和销售税金及费用的资金时间价值不同，即其计息周期或折现期不同。

（三）投资利息

投资利息的估算只有在传统计息法中才需要，其估算思路与成本法相同。需要确定：应计息项目、计息周期、计息利率、计息方式。

1. 应计息项目

无论自有资金还是借贷资金都需计算投资利息。一般情况下，运用传统计息法时确定应计息项目的原则是：凡是开发完成之前发生的费用均需要计算投资利息。具体包括未知待求的待开发房地产价值、投资者购买待开发房地产时应支付的税费、开发成本和管理费用。

2. 计息周期的确定

确定计息周期时，通常不考虑预售和延迟销售的情况。计息周期可以是年、半年、季、月或天等。一般情况下，待开发房地产价值和投资者购买待开发房地产时应支付的税费均假设在估价时点一次性付清，所以其计息周期自估价时点起至开发完成之日止。开发成本和管理费用通常在一段时间内连续发生，可以设定在整个开发期间内均匀投入，也可根据项目特点设定为分段均匀投入。在投入期内均匀投入可视为在该时间段的期中一次性投入。

3. 计息方式

计息方式有单利计息和复利计息两种。由于房地产开发周期长，通常情况下选择复利计息。

4. 计息利率

计息利率的确定应与计息周期相对应。在复利计息方式下，当所选择的利率时间单位与计息周期不一致时，比如利率为年利率，计息周期为半年或月时，就会出现名义利率与实际利率之分。假设名义年利率为 r，一年中计息 m 次，则，名义利率和实际利率的关系为

$$i=\left(1+\frac{r}{m}\right)^{m}-1 \tag{7-10}$$

式中　i——实际年利率；

r——名义年利率；

m——年中计息次数。

例如，名义利率为每年 8%，计息周期为半年时，实际年利率则为

$$i=\left(1+\frac{6\%}{2}\right)^{2}-1=6.09\%$$

此时求取投资利息时，即可根据计息周期的选取，直接采用实际利率计息，即

$$\text{投资利息}=P(1+i)-P=Pi \tag{7-11}$$

也可按半年利率计息 2 次，即

$$投资利息 = P\left(1+\frac{r}{m}\right)^m - P = P\left[\left(1+\frac{r}{m}\right)^m - 1\right] = P\left[\left(1+\frac{6\%}{2}\right)^2 - 1\right] \quad (7\text{-}12)$$

（四）开发利润

开发利润的估算也只有在传统计息法中才需要，其估算思路与成本法也相同，即以一定的计算基数乘以相应的平均利润率。其计算基数可取待开发房地产价值与开发成本、管理费用之和，或取开发完成后的房地产价值。利润率可取同一市场上类似房地产开发项目相应的平均利润率。

（五）投资者购买待开发房地产时应支付的税费

投资者购买待开发房地产时应支付的税费是指购买待开发房地产时，投资者作为买方缴纳的有关契税、交易手续费等。其估算通常按照待开发房地产价值乘以一定比率进行。该税费的估算也应符合房地产税收政策及中央和地方政府的相关规定。

六、折现率的确定

折现率是采用折现法时需要确定的一个重要参数，只有在折现法中才需要确定它。折现率是同一市场上类似房地产开发项目所要求的平均报酬（收益）率，包括资金的利率和开发利润率两部分，其求取方法与收益法中资本化率的求取方法相同。通常情况下，估价时点之后发生的各项收入、成本费用均需要折现，即开发成本、管理费用、销售税费、投资者购买待开发房地产应支付的税费等项目需要折现。

七、求取待开发房地产的价值

分别求出开发完成后的房地产价值和各项成本、费用及开发利润后，可将所求的数值代入对应公式中求取待开发房地产价值。公式右边的购买待开发房地产应支付的税费、投资利息及开发利润等项目中，都含有未知的待开发房地产价值，可以通过合并同类项后求解一元一次方程得到待估房地产的价格。

另外，在运用假设开发法时，有必要考虑特殊情况下的无形收益，特别是当某宗房地产交易会为购买者带来意想不到的社会效果时，应在所求价格的基础上，适当考虑增加部分数额体现其无形收益。

第四节　假设开发法总结与运用

一、假设开发法总结

假设开发法的内容及各部分的相互关系如图 7-2 所示。

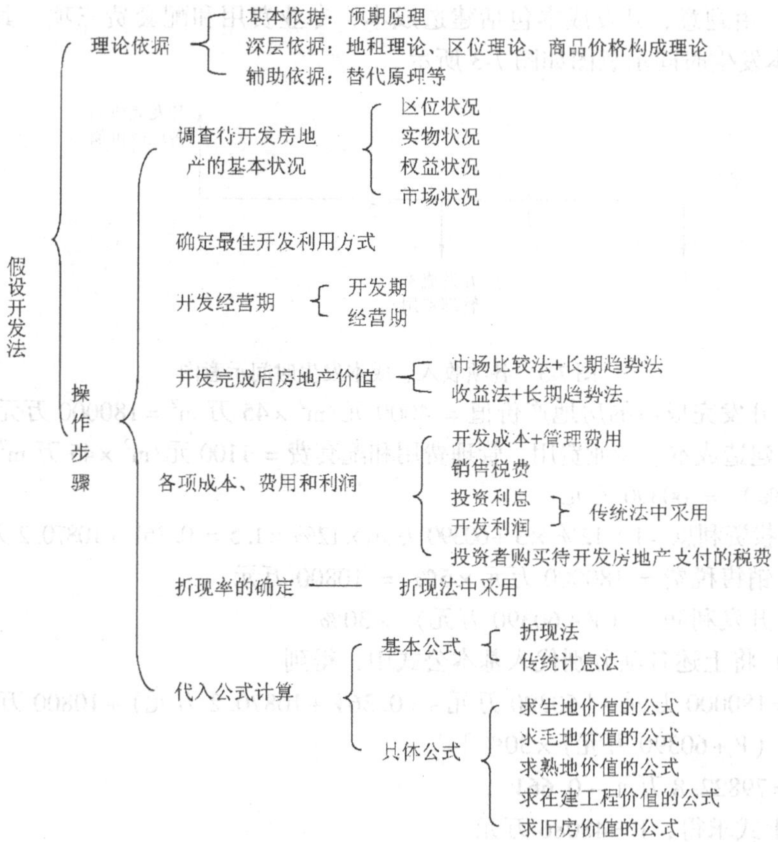

图 7-2 假设开发法的内容及各部分的相互关系

二、假设开发法运用举例

【例 7-1】 某开发商拟购入 200 亩出让土地，规划用途为商业，规划允许建筑面积为 45 万 m^2。据调查该地区同类建筑，单位建筑面积的建造成本为 1100 元/m^2，专业费用、管理费用合计为建造成本的 7%，区内设施配套费预计为建造成本的 15%，销售税费为售价的 6%，年利息率为 12%，开发商的平均利润率为 30%，预计建成后售价为 4000 元/m^2（建筑面积），同类开发项目预计开发周期为 3 年。使用传统计息法估算开发商能承受的该宗地地价（假设建造成本、专业费用、管理费用的投入在其投入期内均匀投入，单利计息）。

解：根据题意，采用假设开发法中的传统计息法估算。

（1）设该宗地地价为 V，据式（7-1）（传统计息法的基本公式），得

V = 开发完成后的房地产价值 －（开发成本 + 管理费用 + 投资利息 + 销售税费 + 开发利润）－ 投资者购买待开发房地产时支付的税费

(2) 由题意，开发成本包括建造成本、专业费用和配套费三项。其各项收入、成本发生时间示意图如图 7-3 所示。

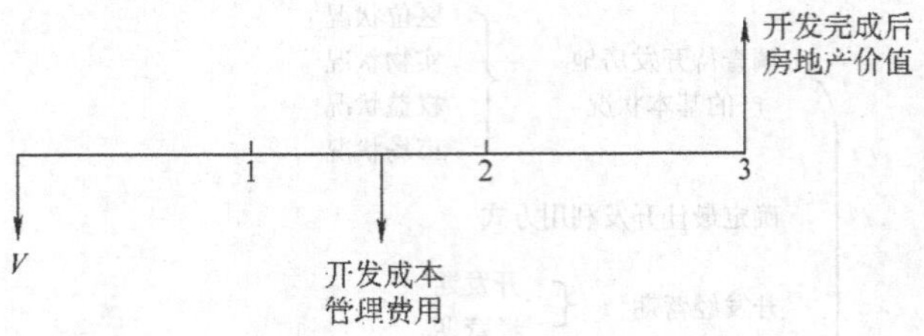

图 7-3　各项收入、成本发生时间示意图

1) 开发完成后的房地产价值 = 4000 元/m^2 ×45 万 m^2 = 180000 万元

2) 建造成本、专业费用、管理费用和配套费 = 1100 元/m^2 ×45 万 m^2 × (1 + 7% + 15%) = 60390 万元

3) 投资利息 = V×12% ×3 + 60390 万元 ×12% ×1.5 = 0.36V + 10870.2 万元

4) 销售税费 = 180000 万元 ×6% = 10800 万元

5) 开发利润 = (V + 60390 万元) ×30%

(3) 将上述各项分别代入基本公式中，得到

V = 180000 万元 − [60390 万元 + (0.36V + 10870.2 万元) + 10800 万元 + (V + 60390 万元) ×30%]

= 79822.8 万元 − 0.66V

由上式求得，V = 48086 万元。

故开发商能承受的该宗地总地价为 48086 万元，折合土地单价 3606 元/m^2。

【例 7-2】 某七通一平的待建熟地，土地总面积为 1000m^2，经调查分析，该地块最佳开发利用方式为写字楼，容积率为 5，土地使用权年限为 50 年，自估价时点起计。该写字楼建成后拟出租，经市场调查初步确定该类写字楼出租的净收益为 100 元/(m^2·月)，可出租面积为建筑面积的 75%，正常出租率为 70%。预计取得土地后建造该写字楼的建设期为 3 年，第 1 年均匀投入建筑费与专业费的 40%，第 2 年均匀投入建筑费与专业费的 30%，第 3 年均匀投入其余的建筑费与专业费。结合建筑市场状况估计此类写字楼的建筑费为 2500 元/m^2，转业费为建筑费的 6%；销售费用和税费分别按楼价的 3% 和 5.5% 计；当地购买土地的税费为地价的 3%，年折现率为 18%，利润率为 30%，年资本化率为 9%。假设该写字楼竣工后即可全部租出。根据上述资料，试用折现法评估该待建熟地 2007 年 5 月出售时的市场价格。

解： 根据题意，采用假设开发法中的折现法估算。

(1) 设待建熟地的价格为 V，据式 (7-2)(折现法的基本公式)，得

V = 开发完成后的房地产的折现值 − (开发成本折现值 + 管理费用折现值 +

销售税费折现值）－投资者购买待开发房地产时支付的税费

（2）据题意，各项收入、支出的发生时间示意图如图 7-4 所示。

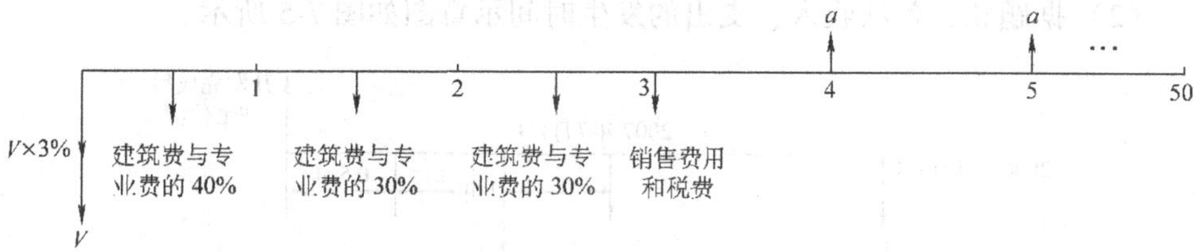

图 7-4　各项收入、支出发生时间示意图

1）开发完成后的写字楼折现值

$$=\frac{100\text{元}/(\text{m}^2\cdot\text{月})\times5\times1000\text{m}^2\times75\%\times70\%\times12\text{月}}{9\%}\times\left[1-\frac{1}{(1+9\%)^{47}}\right]\times\frac{1}{(1+18\%)^3}$$

= 2093.1 万元

2）建筑费与专业费折现值

$$=2500\text{元}/\text{m}^2\times5\times1000\text{m}^2\times(1+6\%)\times\left(\frac{40\%}{(1+18\%)^{0.5}}+\frac{30\%}{(1+18\%)^{1.5}}+\frac{30\%}{(1+18\%)^{2.5}}\right)$$

=1060.5 万元

3）销售费用和销售税费折现值 = 2093.1 万元 ×（3% + 5.5%） = 177.9 万元

4）购买待建熟地时应支付的税费 $=V\times3\%$。

（3）将上述各项，代入折现法基本公式中，得到

$$V=2093.1\text{万元}-(1060.5\text{万元}+177.9\text{万元})-V\times3\%$$

则由上式求得，$V=829.8$ 万元。

故该待建熟地 2007 年 5 月出售时的市场总价可为 829.8 万元，折合土地单价 8298 元/m^2。

【例 7-3】　某在建住宅项目于 2006 年 1 月 1 日以楼面地价 1000 元/m^2 的价格取得 70 年期土地使用权，总建筑面积 10200m^2。设取得土地使用权后立即开工，至估价时点已完成主体结构，距建成尚需一年，并需投入 1500 元/m^2 的建设费用。预计该住宅建成后半年即可全部售出，结合市场调查分析，半年后该类住宅售价为 5000 元/m^2。购买在建工程应缴纳的税费为购买价格的 3%，销售税费为转让价格的 7%。试利用上述资料采用折现法估算该在建工程 2007 年 7 月 1 日的正常购买总价和单价。设折现率为 14%。

解：根据题意，采用假设开发法中的折现法估算。

（1）设该在建工程的正常购买总价为 V，根据式（7-2）（折现法的基本公式），得

V = 开发完成后的房地产的折现值 -（开发成本折现值 + 管理费用折现值 + 销售税费折现值）- 投资者购买待开发房地产时支付的税费

（2）据题意，各项收入、支出的发生时间示意图如图 7-5 所示。

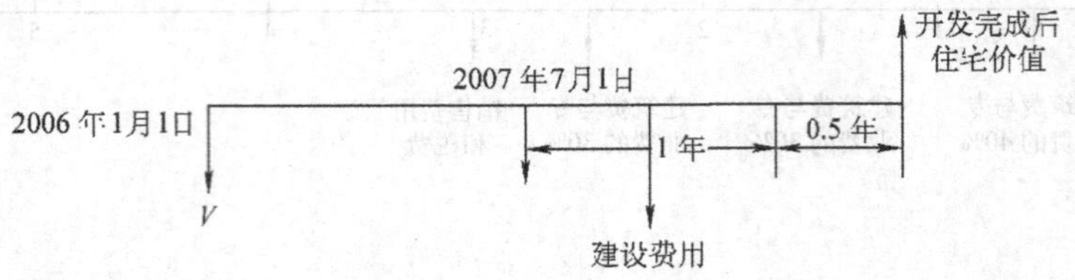

图 7-5　各项收入、支出发生时间示意图

1）开发完成后的住宅折现值 $=5000\text{ 元/m}^2 \times 10200\text{m}^2 \times \frac{1}{(1+14\%)^{1.5}}$

$=4189.99$ 万元

2）建设费用折现值 $=1500\text{ 元/m}^2 \times 10200\text{m}^2 \times \frac{1}{(1+14\%)^{0.5}} = 1432.97$ 万元

3）销售税费折现值 $= 4189.99$ 万元 $\times 7\% = 293.3$ 万元

4）购买在建工程时支付的税费 $= V \times 3\%$

（3）将上述各项代入折现法公式，得到

$$V = 4189.99\text{ 万元} - (1432.97\text{ 万元} + 293.3\text{ 万元}) - V \times 3\%$$

由上式求得，$V = 2391.96$ 万元。

故该在建住宅项目 2007 年 7 月 1 日的正常购买总价为 2391.96 万元，折合单位建筑面积价格 2345 元/m^2。

【例 7-4】　某在建工程开工于 2005 年 11 月 1 日，拟作为商场和办公综合楼；总用地面积 3000m^2，土地使用权年限 50 年，从开工之日起计；规划总建面积 12400m^2，其中商场建筑面积 2400m^2，办公楼建筑面积 10000m^2；该工程正常施工期为 2 年，开发成本 2500 元/m^2，管理费为开发成本的 3%；至 2006 年 5 月 1 日已完成 9 层主体结构，且已投入总开发成本的 40%，其余成本在剩余建筑期内均匀投入；贷款年利率为 8.5%。预计该工程建成后商场即可出租，办公楼可全部出售；办公楼售价为 6000 元/m^2（建筑面积），销售税费为售价的 8%；商场可出租面积为 75%，可出租面积的正常出租率为 85%，月租金为 100 元/m^2，运营费用为有效毛收入的 30%，资本化率为 12%；该类房地产的平均开发利润率为 13%。购买在建工程应支付的税费为购买价格的 3%，折现率为 15%。试利用上述资料分别采用传统计息法和折现法估计该在建工程 2006 年 5 月 1 日的正常价格。

解：根据题意，分别采用假设开发法中的传统计息法和折现法估算。设该在建工程 2006 年 5 月 1 日的正常价格为 V，其各项收入、支出发生的时点如图

7-6 所示。

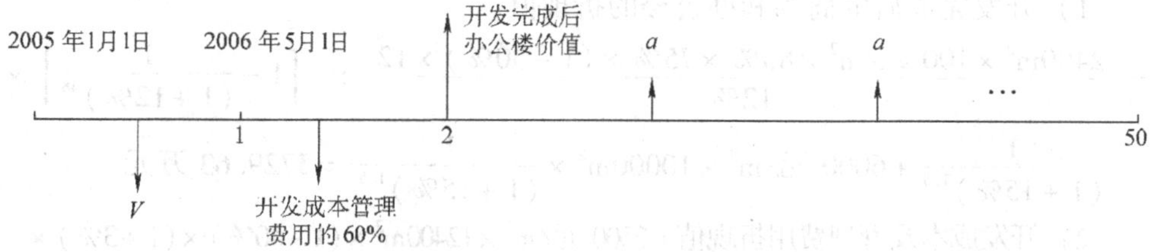

图 7-6　各项收入、支出发生时间示意图

（1）用传统计息法估算。

根据式（7-1）（传统计息法的基本公式），得

V= 开发完成后的房地产价值 −（开发成本 + 管理费用 + 投资利息 + 销售税费 + 开发利润）− 投资者购买待开发房地产时支付的税费

其中：

1）开发完成后的房地产价值

= 开发完成后商场价值 + 开发完成后办公楼价值

$$= \frac{2400\text{m}^2 \times 100\text{ 元/m}^2 \times 85\% \times 75\% \times (1-30\%) \times 12}{12\%} \times \left[1 - \frac{1}{(1+12\%)^{48}}\right] +$$

$$6000\text{ 元/m}^2 \times 10000\text{m}^2$$

= 7066.35 万元

2）开发成本及管理费用 $= 2500\text{ 元/m}^2 \times 12400\text{m}^2 \times (1-40\%) \times (1+3\%)$

= 1915.8 万元

3）投资利息 $= V \times (1+3\%) \times [(1+8.5\%)^{1.5} - 1] + 1915.8\text{ 万元} \times [(1+8.5\%)^{0.75} - 1]$

$= 0.134V + 120.88$ 万元

4）销售税费 $= 6000\text{ 元/m}^2 \times 10000\text{m}^2 \times 8\% = 480$ 万元

5）开发利润 $= V \times (1+3\%) + 1915.8\text{ 万元}] \times 13\% = 0.1339V + 249.054$ 万元

6）购买该在建工程时支付的税费 $= V \times 3\%$

7）将上述各项代入传统计息法的基本公式，得到

V = 7066.35 万元 −（1915.8 万元 + $0.134V$ + 120.88 万元 + 480 万元 + $0.1339V$ + 249.054 万元）− $V \times 3\%$

= 4300.616 万元 − $0.2979V$

由上式可解得，V = 3313.5 万元

（2）用折现法估算。

根据式（7-2）（折现法的基本公式），得

V= 开发完成后的房地产的折现值 −（开发成本折现值 + 管理费用折现值 +

销售税费折现值）－投资者购买待开发房地产时支付的税费

1）开发完成后的商场和办公楼的折现值。

$$=\frac{2400\text{m}^2\times100\text{元/m}^2\times85\%\times75\%\times(1-30\%)\times12}{12\%}\times\left[1-\frac{1}{(1+12\%)^{48}}\right]\times\frac{1}{(1+15\%)^{1.5}}+6000\text{元/m}^2\times10000\text{m}^2\times\frac{1}{(1+15\%)^{1.5}}=5729.63\text{万元}$$

2）开发成本及管理费用折现值 $=2500\text{元/m}^2\times12400\text{m}^2\times(1-40\%)\times(1+3\%)\times\frac{1}{(1+15\%)^{0.75}}=1725.15\text{万元}$

3）销售税费折现值 $=6000\text{元/m}^2\times10000\text{m}^2\times8\%\times\frac{1}{(1+15\%)^{1.5}}$

$=389.22\text{万元}$

4）购买该在建工程时支付的税费 $=V\times3\%$

5）将上述各项代入折现法的基本公式中，得到

$$V=5729.63\text{万元}-(1725.15\text{万元}+389.22\text{万元})-V\times3\%$$

由上式求得，$V=3509.96$ 万元。

根据上述计算可知，运用传统计息法和折现法评估该在建工程2006年5月1日的正常价格分别3313.5万元和3509.96万元。

由本例传统计息法和折现法的对比可以看到，二者处理资金时间价值的方式不同，前者单独计息，后者通过折现体现资金价值。另外，前者单独计算开发利润，后者的开发利润的求取也在折现中得到体现。值得注意的是，在本例的估算过程中，为了更好地进行对比说明，利用传统法和折现法测算时，给出的开发完成后的商场出租价格和住宅出售价格均相同，且续建成本费用也相同。实际上，运用传统法时，通常按照估价作业日期对应的市场状况预测开发完成后房地产价值及续建成本费用；而折现法则模拟动态过程，按照开发完成时点对应的市场状况预测开发完成后的房地产价值，按照续建成本投入的时点对应的市场状况预测续建成本，因此，在不断变化的房地产市场中，这两种估算方法得到的开发完成后的房地产价值及续建成本等数值应当有所区别。

【例7-5】 拟评估某公司位于北京市××区××南路××号的土地2006年4月12日的市场价值。估价对象土地总面积为14150.51m²，规划许可用途为商业、办公、住宅综合用地。其中商业16863m²、住宅11187m²、公寓28403m²、办公27197m²、地下设备用房5918m²、地下人防6972m²、地下车库11649m²、地下商业6021m²、地下自行车库730m²。土地使用权性质为2005年11月24日获得的出让土地使用权，土地使用年期商业、地下商业终止日期为2044年8月30日，办公、地下车库终止日期2054年8月30日，住宅、公寓终

止日期2074年8月30日。待估宗地未设定租赁、抵押等他项权利，已达到七通一平。

解：估价过程如下。

（1）选择估价方法　由于本次估价为单纯的土地，而假设开发法适用于地价评估，故选用假设开发法中的传统计息法进行本次评估，即从未来开发完成的房地产价值中扣除各项成本、费用及利润，剩余之数即为待估地价。其公式为

宗地价格＝开发完成后房地产价值－成本费用－销售费用－开发商利润

（2）选择最佳开发利用方式　待估宗地为商业、办公、住宅综合用地，依据2006年2月8日的《建设工程规划许可证》（编号2006规建字0053号），该建设项目建设规模为114497m^2，其中地上83650m^2，地下30847m^2，包括人防建筑面积7369m^2。通过市场调查研究，结合规划限制条件，估价人员设定该宗地最佳开发利用方式见表7-1。

表7-1　估价对象分用途建筑面积明细表

组　成	用　途	建筑面积/m^2
地　上	办　公	27197
	商　业	16863
	住　宅	11187
	公　寓	28403
	小　计	83650
地　下	地下商业	6021
	地下车库	11649
	自行车库	730
	设备用房	5078
	人　防	7369
	小　计	30847
合　计		114497

根据上述估价对象的土地面积和规划许可证证载的建设规模，测算该建设项目的总容积率为8.09，地上容积率为5.91。

（3）预计开发期　预计共需2年时间可以完全建成投入使用。

（4）估算开发完成后的价值　按照选定的开发利用方式，估价对象可以产生收益的物业包括地上商业、办公、住宅、公寓、地下商业、地下车库，评估人员分别调查了周边相同类型物业售价，见表7-2～表7-4，然后综合确定估价对象物业预计销售价格。根据委托方提供的规划文件，该项目地下车库共有753

个车位。

表 7-2 估价对象附近商铺售价调查表

项目名称	地 址	类 型	售价/（元/m²）
××商业广场	海淀区北三环××桥附近	商铺	30000
××大厦	海淀区××路13号	商铺	27000
北京××大厦	海淀区××街××号	商铺	25000
××大厦	海淀区××南路	商铺	22000
盈×大厦	海淀区知春路×号	商铺	21000
××中心	海淀区×街×号	商铺	20000

表 7-3 估价对象附近项目办公楼售价调查表

项目名称	地 址	类 型	售价/（元/m²）
北京××大厦	海淀区××街×号	写字楼	13000
世纪××	海淀知春路×号	写字楼	12500
××大厦	海淀区×路×号	写字楼	11800
××中心	海淀×路西南角	写字楼	11300
华×大厦	海淀区×路×号	写字楼	9000
××大厦	海淀区××路	写字楼	9000

表 7-4 估价对象附近项目住宅公寓售价调查表

项目名称	地 址	类 型	售价/（元/m²）
恒兴大厦	海淀中关村东路89号	公寓	13000
××中心	海淀西×路×号	公寓	12500
××数码	海淀×路×大厦北侧	公寓	12000
××中心	海淀××路南侧	公寓	12500
××湾	海淀××桥	住宅	13000
××居	海淀×路西×号	住宅	10500
宏××园	海淀×路东口×号	住宅	8500

由上述调查结果，结合估价对象实际情况，估价人员预测开发完成后的各用途售价见表 7-5，则

$$
\begin{aligned}
\text{开发完成后房地产价值} &= 16863\text{m}^2 \times 22000\text{元/m}^2 + 27197\text{m}^2 \times 13000\text{元/m}^2 + \\
&\quad 11187\text{m}^2 \times 12000\text{元/m}^2 + 28403\text{m}^2 \times 13000\text{元/m}^2 + \\
&\quad 6021\text{m}^2 \times 15400\text{元/m}^2 + 753\text{m}^2 \times 120000\text{元/m}^2 \\
&= 1411113400\text{元}
\end{aligned}
$$

表7-5　估价对象可以产生收益的用途建筑面积及售价表

	用　途	建筑面积/m^2	预计售价/（元/m^2）	总价/元
地上	商业	16863	22000	370986000
	办公	27197	13000	353561000
	住宅	11187	12000	134244000
	公寓	28403	13000	369239000
地下	地下商业	6021	15400	92723400
	地下车位	753（个）	120000	90360000
开发完成后价值		102073		1411113400

（5）估算成本费用　具体如下：

1）建造成本。根据估价人员掌握的房地产市场资料和待估土地建筑物的预计建设情况，确定建筑安装费取2500元/m^2。根据《北京市出让地价格评估技术标准》（试行），红线内市政费用按建安费用的10%计，其他费用按4%计。建筑面积按总建筑面积计算，建造成本为以上三项之和。即

建造成本＝建筑安装费＋红线内市政费＋其他费用

$$=2500\text{元}/m^2\times(1+10\%+4\%)\times114497m^2=326316450\text{元}$$

2）不可预见费。取值范围为建安费用的5%～10%，根据物业情况，按建安费用的8%计算，即

$$\text{不可预见费}=2500\text{元}/m^2\times114497m^2\times8\%=22899400\text{元}$$

3）专业人士费。取值范围为建造成本的5%～10%，根据实际情况，按建造成本的10%计算，即

$$\text{专业人士费}=326316450\text{元}\times10\%=32631645\text{元}$$

4）贷款利息。取以上三项合计款为基数，中国人民银行2004年10月公布的一～三年期贷款利率5.76%，资金考虑在开发期内均匀投入，设开发期为二年，以复利计算，贷款利率5.8%。即

$$\text{贷款利息}=(326316450\text{元}+22899400\text{元}+32631645\text{元})\times[(1+5.76\%)-1]$$
$$=21994416\text{元}$$

成本费用＝建造成本＋不可预见费＋专业人士费＋贷款利息

$$=326316450\text{元}+22899400\text{元}+32631645\text{元}+21994416\text{元}$$
$$=403841911\text{元}$$

（6）销售税费　根据《出让地价评估技术标准（试行）》的有关规定及实际情况，确定各项费用取值标准如下：

1）营业税、城市维护建设税及教育费附加。按开发完成后价值的5.5%考虑。

2）买卖手续费、代理及广告宣传费。该项目为综合项目，销售周期较长，

销售费用较高，取开发完成后价值3%。

销售费率（1）+（2）合计为8.5%，即

销售税费 = 1411113400元 × 8.5% = 119944639元

（7）开发利润　根据《出让地价评估技术标准（试行）》的有关规定，及估价人员掌握的目前房地产市场的有关资料，估价人员确定开发周期二年的项目投资回报率30%，取费基数为建造成本、专业人士费和不可预见费三项成本费用合计，即

开发利润 =（326316450元 + 22899400元 + 32631645元）× 30% = 114554249元

（8）求取待估宗地价格　将上述计算中间结果带入估价公式，得

待估宗地价格 = 开发完成后房地产价值 − 成本费用 − 销售费用 − 利润

= 1411113400元 − 403841911元 − 119944639元 − 114554249元

= 772772601元

故待估宗地2006年4月12日的市场总价为772772601元，折合楼面熟地价格为：

土地总价 ÷ 土地总面积 ÷ 容积率

= 772772601元 ÷ 14150.51m^2 ÷（8.09 + 5.91）

= 3900.8元/m^2

上例为假设开发法在土地估价中的典型应用。其中利息的计算合并入成本费用中，未单列。

思考与练习题

1. 假设开发法的适用范围和条件是什么？为什么说假设开发法是成本法的倒算？
2. 假设开发法除用于房地产估价外，还可用于其他何种用途？
3. 折现法和传统计息法有什么区别？各自的优缺点是什么？
4. 假设开发法的操作步骤是什么？
5. 确定最佳开发利用方式有何意义？主要包括哪些内容？
6. 估算开发经营期有何意义？开发经营期的起止点和经历时间如何界定？
7. 预测开发完成后房地产的价值可以通过哪几种方法进行？
8. 假设开发法更深层的理论依据来源于（　　）。

A. 预期原理　　B. 贡献原则　　C. 变动原理　　D. 地租理论

9. 开发完成后的房地产可能采用的经营方式不包括（　　）。

A. 抵押　　B. 出租　　C. 直接经营　　D. 出售

10. 传统计息法中，投资利息和（　　）需要单独计算。

A. 开发完成后的房地产价值　　B. 管理费用

C. 开发成本　　D. 开发利润

11. 在选择最佳开发利用方式时，最重要的是选择（　　）。

A. 最佳用途　B. 最佳规模　C. 最佳档次　D. 最佳开发经营期

12. 开发经营期通常可分为开发期和(　　)。

A. 经营期　B. 租赁期　C. 销售期　D. 贷款期

13. 传统计息法根据（　　）时点对应的房地产市场状况估算各项收入和支出的数额。

A. 开发完成之日　B. 经营期结束之日

C. 估价作业日期　D. 各项收入和支出发生的时点

14. 下列关于传统计息法和折现法的说法错误的是(　　)。

A. 折现法的估算过程更符合假设开发的思路。

B. 折现法动态模拟开发过程，分别根据收入、支出发生时的市场状况预测其数额的大小。

C. 传统计息法将各项收入、支出直接相加减。

D. 折现法不需要单独计算投资利息，但是要计算开发利润。

15. 销售税费不包括(　　)。

A. 销售过程中的广告宣传费　B. 销售代理费

C. 销售税金及附加　D. 销售费用发生的贷款利息

16. 投资利息的应计息项目不包括（　　）。

A. 开发利润　B. 投资者购买待开发房地产时应支付的税费

C. 开发成本　D. 待开发房地产价值

17. 对于出售的房地产，采用假设开发法估算开发完成后的房地产价值时，根据待估宗地的最佳开发利用方式和当地房地产市场现状及未来变化趋势，可以采用(　　)和长期趋势法相结合进行估算。

A. 市场比较法　B. 收益法　C. 成本法　D. 路线价法

18. 有一成片荒地需要估价。获知该成片荒地的面积为 $2km^2$，适宜进行“五通一平”的开发后分块有偿转让；可转让土地面积的比率为 60%；附近地区与之位置相当的“小块”“五通一平”熟地的单价为 800 元/m^2；开发期需要 3 年；将该成片荒地开发成“五通一平”熟地的开发成本、管理费用等估计为 2.5 亿元/km^2；贷款年利率为 10%；投资利润率为 15%；当地土地转让中卖方需要缴纳的税费为转让价格的 6%，买方需要缴纳的税费为转让价格的 4%。试用传统计息法估算该成片荒地的总价和单价。

19. 某在建工程开工于 2004 年 3 月 1 日，总用地面积 $4000m^2$，规划总建筑面积 $13400m^2$，用途为写字楼。土地使用年限为 50 年，从开工之日起计；当时取得土地的花费为楼面价 850 元/m^2。该项目的正常开发期为 2.5 年，建设费用（包括前期工程费、建筑安装工程费、管理费等）为 2400 元/m^2（建筑面积）。至 2005 年 9 月 1 日实际完成了主体结构，已投入 50% 的建设费用。但估计至建成尚需 1.5 年，还需投入 60% 的建设费用。建成后半年可租出，可出租面积的租金为 80 元/（m^2·月），可出租面积为建筑面积的 75%，正常出租率为 85%，出租的运营费用为有效毛收入的 25%。当地购买在建工程买方需要缴纳的税费为购买价的 3%，同类房地产开发项目的销售税费为售价的 8%。试利用上述资料用现金流量折现法估算该在建工程 2005 年 9 月 1 日的正常购买总价和按规划建筑面积折算的单价（资本化率为 9%，折现率为 13%）。

20. 某旧厂房建筑面积为 $6000m^2$。根据其所在地点和周围环境，适宜装修改造成商场出售，并可获得政府批准，但需补交土地使用权出让金 500 元/m^2（按建筑面积计），同时取得

40年的土地使用权。预计装修改造期为1年，装修改造费为1200元/m^2（建筑面积）；装修改造完成后即可全部售出，售价为4500元/m^2（建筑面积）；销售税费为售价的8%；购买该旧厂房买方需要交纳的税费为其价格的4%。试利用上述资料采用折现法估算改旧厂房的正常购买总价和单价（折现率为12%）。

8

第八章 其他估价方法

学习要求

了解长期趋势法、路线价估价法、基准地价修正法和高层建筑地价分摊的概念。熟悉长期趋势法、路线价估价法的理论依据、适用范围和条件；路线价估价法在欧美、我国台湾地区、日本的具体应用；城市基准地价的含义、城市基准地价评估的基本思路；待分摊地价的含义、地价分摊时需要考虑的因素。掌握长期趋势法的数学模型；路线价估价法的操作步骤和深度指数表的编制方法；基准地价修正法的评估程序；高层建筑地价分摊的方法。

第一节 长期趋势法

一、长期趋势法概述

(一) 长期趋势法的概念与原理

所谓长期趋势法，是依据房地产一系列已知价格数据，运用预测科学的有关理论和方法，对房地产未来价格进行推测和判断的一种估价方法。因此，长期趋势法又称为时间序列分析法、历史延伸法或外推法。

从长期的发展趋势看，房地产价格的变动呈现出一定的规律性，或呈上升趋势或呈下降趋势。因此，根据某一房地产价格的历史资料，按照时间顺序排列为时间序列，就可以反映出该房地产价格的变化过程，以此进行类推和延伸，就可以估算出该类房地产在估价时期（一般为未来某一时点）的价格。

事物的现状是历史发展的结果，而未来又是现状的延伸，因此，根据房地产价格的历史数据，通过统计分析，可以判断该类房地产在下一时期或以后的若干时期可能达到的价格。这就是长期趋势法的理论依据。

（二）长期趋势法的特点

长期趋势法与本书前面讲述的几种估价方法相比，具有以下特点。

1. 估价结果带有预测性

长期趋势法是根据房地产价格的历史资料进行估价的，其前提是假设房地产价格的历史变动趋势会延伸到未来。但是我们知道，影响房地产价格的因素是错综复杂、不断变化的，房地产市场也不可能是过去的简单重复。所以，这种以预测为主的估价方法，估价结果的可靠程度往往要受到影响，估价结果的精确度往往要打折扣。因此，长期趋势法一般在房地产估价中不宜单独运用，只能作为其他估价方法的补充和验证。

2. 根据时间序列排列的房地产价格不存在单一的规律性

以时间序列排列的房地产价格，呈上升或下降趋势，是以长期的发展为出发点的。但从具体的数据资料看，其增减额度不可能完全相同，时而上升时而下降也是正常现象。从价格的变动类型看，主要表现为下列几种现象。

（1）长期趋势变动　即从长期的时间序列看，房地产价格或呈上升趋势，或呈下降趋势，或呈平稳发展趋势。

（2）循环变动　国民经济乃至世界经济的发展，都有一定的循环周期。如资本主义经济的循环周期一般由繁荣、危机、萧条、复苏四个阶段组成。国际经济形势的变化会影响外来投资，进而对我国房地产价格产生影响，同时我国的经济发展也有一定的周期性。从农业看，一般有丰年、平年、歉年的变动周期；从固定资产投资及国民经济看，也有一定的循环周期。这就使房地产价格出现周期性循环变动。

（3）不规则变动　战争、政局、自然灾害以及心理等突发或偶发因素都会影响房地产的价格，这种价格变动往往没有规律可循。

因此，作为预测基础的房地产价格资料，有的具有规律性，如长期趋势变动、季节性变动和循环变动，有的则没有规律性。而且，即使是呈规律性变化的房地产价格，由于房地产的个别性及交易过程的单独性，往往呈现出明显的非规律性。而长期趋势法，就是把时间序列作为随机变量序列，运用数学方法，消除偶然因素影响，对待估价房地产的价格进行判断和估计。

3. 长期趋势法撇开价格变动的因果关系

房地产价格受众多因素的制约和作用，但长期趋势法对于这些因素与房地产价格之间的关系并不考虑，它只是根据房地产价格的历史数据，预测、判断下一时期或以后的若干时期房地产的价格。

（三）长期趋势法的运用范围、前提条件和优缺点

1. 长期趋势法的运用范围

长期趋势法的运用范围较广，无论是土地还是房屋建筑物，也不论是房地产的买卖、租赁，还是典当、抵押，只要掌握足够的历史数据，都可以运用长期趋势法对其价格进行估计。

另外，在假设开发法等估价方法中往往需要运用长期趋势法对未来售价进行估计。

2. 长期趋势法的前提条件

运用长期趋势法进行房地产估价的前提条件，就是掌握较长期的房地产价格历史资料。而且越是长期，越可以消除短期变动和意外变动对房地产价格的影响。

3. 长期趋势法的优缺点

运用广泛是长期趋势法的最大优点，但是其缺点也很明显：首先，只考虑房地产价格的过去与未来的关系，忽视价格变化的因果关系，使估价结果带有预测性；其次，在房地产市场不完善或缺乏较长期房地产价格历史资料的地区，这种方法无法使用；最后，这种方法比较适合于对某类房地产价格总体水平的预计，如果用于对某幢房屋建筑物或某幅土地的估价，往往会使估价结果偏离实际。

因此，严格地说，长期趋势法只是一种预测方法，而不是估价法。

（四）长期趋势法的运用步骤

运用长期趋势法进行房地产估价的步骤如下：

（1）收集房地产价格的历史数据　房地产价格历史数据的收集，需要根据待估价对象确定，两者之间应该一致。如果估价对象是普通住宅，则应收集该类普通住宅或该住宅的价格资料。

（2）分析整理价格资料并排成时间序列　房地产价格的个别性十分突出，因此，对于收集的房地产价格资料需要进行分析整理，分析整理的原则是可比性，并按照时间先后排成序列。

（3）分析时间序列，找出变化规律　通过对时间序列数据的分析，找出房地产价格随时间变化而呈现的规律性，并总结出数学模型。

（4）选择适当的长期趋势法进行估价　根据时间序列数据呈现的规律，选择适当的长期趋势法，就可对待估价房地产的价格进行预测、判断。根据所掌握房地产价格资料及其变化规律的不同，长期趋势法有简易平均长期趋势法、移动平均趋势法、指数平均法、季节指数法、趋势延伸法等。

二、平均增减趋势法

平均增减趋势法通常又分为平均增减量趋势法和平均发展速度趋势法。

（一）平均增减量趋势法

如果房地产价格时间序列逐期增减量大致相同，也就是时间序列显示出大致等差数列的特性，那么就可以用最简单的平均增减量趋势法。具体做法是：首先考查前一期与后一期之间的差，如果每个差波动不大的话，可取其平均值，其计算公式为

$$d=\frac{(P_1-P_0)\ +\ (P_2-P_1)\ +\cdots+\ (P_i-P_{i-1})\ +\cdots+\ (P_n-P_{n-1})}{n}$$

$$=\frac{P_n-P_0}{n} \tag{8-1}$$

$$V_i=P_0+di \tag{8-2}$$

式中 V_i——第 i 期房地产价格的趋势值；

I——时期序数，$i=1$，2，…，n；

P_0——基期房地产价格的实际值；

d——逐期增建量的平均数；

P_i——第 i 期房地产价格的实际值。

【例 8-1】 需要预测某地区某类房地产 2003 年的价格，已知该地区该类房地产 1998 ~ 2002 年的价格及其逐年上涨额，见表 8-1。

表 8-1 某地区某类房地产 1998 ~ 2002 年的价格 （单位：元/m²）

年份	房地产的实际价格	逐年上涨额	房地产的趋势价格
1998 年	1090		
1999 年	1250	160	1255
2000 年	1420	170	1240
2001 年	1586	166	1585
2002 年	1750	164	1750

解：据题意，选择长期趋势法进行估价。根据价格历史数据计算出价格逐年变动额，可以看出其价格逐年变动额大致相同，所以可以具体选定平均增减量趋势法进行估价。

（1）价格逐年变动额平均值为

$$d=（160+170+166+164）元/m^2\div 4=165 元/m^2$$

（2）由 $V_i=P_0+di$ 得，该类房地产 2003 年的预测值为

$$V_5=P_0+5d=1090 元/m^2+5\times 165 元/m^2=1915 元/m^2$$

运用平均增减量趋势法进行估价的条件是，房地产价格的变动过程是持续上升或下降的，且各期上升或下降的数额大致接近，否则就不适宜采用这种方法。

由于接近估价时点时的增减量对估价更为重要，因此，对过去各期的增减

量如果能用不同的权数予以加权后再计算其平均增减量，则更能使评估价值接近或符合实际。至于在估价时究竟应采用哪种权数予以加权，一般需要根据房地产价格的变动过程和趋势以及估价人员的经验来判断确定。

(二) 平均发展速度趋势法

平均发展速度长期趋势法，又称为几何平均法，如果房地产价格时间序列逐期发展速度大致相同，就可以根据逐期发展速度的平均值来推算各期的趋势值。

计算公式如下：

平均发展速度 $\bar{v}$ 为

$$\bar{v}=\sqrt[n]{v_1v_2\cdots v_n}=\sqrt[n]{\frac{P_1}{P_0}\frac{P_2}{P_1}\cdots\frac{P_n}{P_{n-1}}}=\sqrt[n]{\frac{P_n}{P_0}} \tag{8-3}$$

两边 n 次方得

$$\bar{v}^n=\frac{P_n}{P_0},\qquad P_n=P_0\bar{v}^n$$

则待估价房地产在第 $n+1$ 期的价格 P 为

$$P=P_0\bar{v}^{n+1}=P_n\bar{v} \tag{8-4}$$

式中 $\bar{v}$——房地产价格平均发展速度；

v_1、$v_2\cdots v_n$——房地产价格的逐期发展速度；

P_0、$P_1\cdots P_n$——房地产各期价格。

【例 8-2】 某房地产 1996～2000 年的价格及逐年上涨速度见表 8-2，求该房地产 2001 年时的价格。

表 8-2 某房地产 1996～2000 年的价格及逐年上涨速度

年份	房地产价格实际值/（元/m²）	逐年上涨速度（%）
1996	2500	—
1997	2812.5	112.5
1998	3192.19	113.5
1999	3581.64	112.2
2000	4075.91	113.8

解：据题意，选择长期趋势法进行估价。根据价格历史数据计算出价格逐年发展速度，可以看出其价格逐年发展速度大致保持不变，所以可以具体选定平均发展速度趋势法进行估价。

(1) 该房地产价格的平均发展速度为

$$\bar{v}=\sqrt[4]{\frac{4075.91}{2500}}=1.13$$

(2) 则 2001 年该房地产的价格为

$$P = 2500\text{元/m}^2 \times 1.13^5 = 4605.78\text{元/m}^2$$

或者 $$P = 2500\text{元/m}^2 \times 1.13^4 = 4075.91\text{元/m}^2 \times 1.13 = 4605.78\text{元/m}^2$$

运用平均发展速度趋势法进行估价的条件是，房地产价格的变动过程是持续上升或下降的，且各期上升或下降的速度大致接近，否则就不适宜采用这种方法。

与平均增减量趋势法类似，由于越接近估价时点的发展速度对估价更为重要，因此，对过去各期的发展速度如果能用不同的权数予以加权后再计算其平均发展速度，则更能使评估价值接近或符合实际。至于在估价时究竟应采用哪种权数予以加权，一般需要根据房地产价格的变动过程和趋势以及估价人员的经验来判断确定。

三、移动平均趋势法

移动平均趋势法分为简单移动平均法和加权移动平均法，是对原有价格按照时间序列进行修匀，即采用逐项递移方法分别计算一系列移动的时序价格平均数，形成一个新的派生平均价格的时间序列，消除价格短期波动的影响，呈现出价格长期的基本发展趋势。运用移动平均法时，应当按照房地产价格变化的周期长度移动平均。

对于具有长期趋势变动和季节性变动的房地产价格，特别是对于波动幅度较大的房地产价格，经过移动平均趋势法，可以消除不规则的变动。估价结果的准确性，既取决于移动跨越期的长短，又取决于房地产价格资料的多寡和估价要求。一般来说，在掌握一定量的房产价格资料的条件下，如有20~30期的价格资料，为取得长期变动趋势值，移动的平均跨越期可长些，而为了灵敏地反映房地产价格变动趋势，跨越期可定得短一些。

（一）简单移动平均趋势法

简单移动平均趋势法，又称为算术移动平均趋势法，有一次移动平均和二次移动平均等形式。这里我们只介绍一次移动平均趋势法。

一次移动平均趋势法类似于算术平均法，只不过它是移动期的平均数。假设以 P_i 为各期的价格，$i=1, 2, \cdots, n$；$M_t^{(j)}$ 为时间序列中时间为 t 的一次移动平均值；t 为每一移动平均数的跨越期即移动期，一般取奇期；$i=1, 2, \cdots, n$。则一次移动平均数 $M_t^{(j)}$ 为

$$M_t^{(j)} = \frac{P_i + P_{i+1} + P_{i+2} + \cdots + P_{i+t-1}}{t} \tag{8-5}$$

在 $t=1$ 时，$M_t^{(j)} = P_i$；在 $t=n$ 时，$M_t^{(j)} = \frac{\sum_{i=1}^{n} P_i}{n}$，即各期价格的平均数；在 $t=$

5 时，即以 5 期为移动期，则

$$M_5^{(1)}=\frac{P_5+P_4+P_3+P_2+P_1}{5}=\frac{\sum_{i=1}^{n}P_i}{5}$$

$$M_5^{(2)}=\frac{P_6+P_5+P_4+P_3+P_2}{5}=\frac{\sum_{i=2}^{n}P_i}{5}$$

所以 $$M_5^{(2)}=M_5^{(1)}+\frac{P_6-P_1}{5}$$

同理 $$M_5^{(3)}=M_5^{(2)}+\frac{P_7-P_2}{5}$$

因而 $$M_t^{(j)}=M_t^{(j-1)}+\frac{P_{j+t-1}-P_{j-1}}{t}\ (j\geqslant 2) \quad (8\text{-}6)$$

【例 8-3】 某城市普通商品住宅在 2001 年 1～12 月的单方价格见表 8-3，用一次简单移动平均趋势法估算 2002 年 1 月该普通商品住宅的价格。移动期 n 分别取为 3 个月和 5 个月。

表 8-3 计算过程表

月份	单方价格 /（元/m²）	a 方案：移动期为 3			b 方案：移动期为 5		
		平均值	变动趋势	平均趋势值	平均值	变动趋势	平均趋势值
1	2100						
2	2120	2133.3					
3	2180	2163.3	+30.0		2160		
4	2190	2193.3	+30.0	+22.3	2180	+20	
5	2210	2200.0	+6.7	+10.0	2190	+10	
6	2200	2103.3	-6.7	-3.3	2190	0	+7.6
7	2170	2183.3	-10.0	-4.4	2194	+4	+4.0
8	2180	2186.7	+3.4	+4.5	2198	+4	+4.4
9	2210	2206.7	+20.0	+11.1	2200	+2	
10	2230	2216.7	+10.0	+12.2	2212	+12	
11	2210	2223.3	+6.6				
12	2230						

解：该住宅的价格呈现波动状态，据题意，采用简单移动平均趋势法。其估价过程如下。

（1）计算移动平均值。

选移动期为 3，其移动平均值为：

$$M_3^{(1)}=\frac{2180+2120+2100}{3}\text{元/m}^2=2133.3\text{ 元/m}^2$$

$$M_3^{(2)}=\frac{2190+2180+2120}{3}\text{元/m}^2=2163.3\text{ 元/m}^2$$

…

$$M_3^{(12)}=\frac{2230+2210+2230}{3}\text{元/m}^2=2223.3\text{ 元/m}^2$$

（2）计算各期的趋势变动值。

3 月的趋势值以 2 月的移动平均值为基准，即为（2163.3 − 2133.3）元/m^2 = 30 元/m^2，增加了 30 元/m^2，以此类推，11 月的趋势值为（2223.3 − 2216.7）元/m^2 = 6.6 元/m^2。同样可以计算移动期为 5 时的移动平均值和趋势变动值。

（3）计算 2002 年 1 月该商品房的价格。

根据表 8-3 的计算结果，可以计算 2002 年 1 月该普通商品住宅的价格，计算方法有两种。

第一种方法：在各期之间的趋势变动值变化不大，即比较平稳时，可以采用最后一年的趋势变动值进行计算。

在移动期为 3 时，最后一期的移动平均值与估价日期 2002 年 1 月间隔 2 期；而在移动期为 5 时，则间隔 3 期。因此，待估价房地产的估价是最后一期的移动平均值与趋势变动值乘以间隔期之积的总和。因此，2002 年 1 月该普通商品住宅的价格为

a 方案 =（2223.3 + 6.6 × 2）元/m^2 = 2236.5 元/m^2

b 方案 =（2212 + 12 × 3）元/m^2 = 2248 元/m^2

第二种方法：在各期之间的趋势变动值差别较大时，必须先计算趋势变动值的平均值，即将趋势平均值再进行一次移动平均，据以确定待估价房地产的价格。

表 8-3 中，a 方案 4 月的平均趋势值为（30.0 + 30.0 + 6.7）元/m^2 ÷ 3 = 22.3 元/m^2，10 月份的平均趋势值为（20 + 10 + 6.6）元/m^2 ÷ 3 = 12.2 元/m^2，其他以此类推。在这种方法下，2002 年 1 月该商品房价格为

a 方案 =（2223.3 + 12.2 × 2）元/m^2 = 2247.7 元/m^2

b 方案 =（2212 + 4.4 × 3）元/m^2 = 2225.5 元/m^2

从上述计算结果可以看出，房地产价格在经过移动平均后，消除了季节性变动和偶然变动的影响，其平均值的变动趋势比较平稳，特别在 b 方案中，由于移动期增加了 2 期，平稳趋势更加明显。

但总的来说，由于 b 方案的移动期较长，其估价结果偏高部分的程度也较大，因此，a 方案比较接近实际，其估价结果可定为 2240 元/m^2。

简单移动平均法只适合近期预测，而且是预测目标发展趋势变化不大。如

果目标发展趋势存在其他变化，采用简单移动平均法就会产生较大的预测偏差。

（二）加权移动平均趋势法

加权移动平均趋势法，就是对各期的房地产价格赋予不同的权数，再求其移动平均值，并以最后的移动平均值为基础计算待估价房地产的价格。

对于与估价日期间隔不同期限的房地产价格赋予不同的权数，同样是基于近期价格对估价额影响较大，远期价格对估价额影响较小的理由。加权移动平均趋势法计算移动平均值的公式为

$$F_t^{(j)} = \frac{w_1 P_i + w_2 P_{i+1} + w_3 P_{i+2} + \cdots + w_t P_{i+t-1}}{\sum_{k=1}^{t} w_k} \tag{8-7}$$

式中　$F_t^{(j)}$——时间序列中时间为 t 的一次移动加权平均值，$j=1，2，3，\cdots，(n-t+1)$；

P_i——各期的房地产价格，$i=1，2，\cdots，n$；

w_k——各期的相应权数，$k=1，2，\cdots，t$。

例如，以 3 为移动期，由远而近各期的权数为 1，2，3，则

$$F_3^{(1)} = \frac{3P_3 + 2P_2 + P_1}{3+2+1}$$

$$F_3^{(2)} = \frac{3P_4 + 2P_3 + P_2}{3+2+1}$$

【例 8-4】　以表 8-3 的资料为例，运用加权移动平均趋势法估算 2002 年 1 月该普通商品住宅的价格。以 3 个月为移动期，由远至近各期权数为 1，2，3。

解：该住宅的价格呈现波动状态，据题意，采用加权移动平均趋势法。则其估价过程见表 8-4。

（1）计算各期的加权移动平均值。

$$2\text{ 月的加权移动平均值} = \frac{2100 \times 1 + 2120 \times 2 + 2180 \times 3}{1+2+3}\text{元/m}^2 = 2146.7\text{ 元/m}^2$$

$$3\text{ 月的加权移动平均值} = \frac{2120 \times 1 + 2180 \times 2 + 2190 \times 3}{1+2+3}\text{元/m}^2 = 2175\text{ 元/m}^2$$

其余以此类推。

（2）计算趋势变动值。

与简单移动平均趋势法相同，以上月的移动平均值为基准，计算其趋势增减值。如 3 月的变动趋势值为（2175 −2146.7）元/m^2 =28.3 元/m^2。

（3）计算 2002 年 1 月该普通商品住宅的价格。

与简单移动平均趋势法相同，在计算所需价格时，需要看变动趋势值的情况，决定是否需要再计算趋势变动平均值。在本例中，以 3 个月为移动期，对变动趋势又进行了平均，但平均方法又分为简单平均与加权平均两种。

如4月的变动趋势平均值在简单平均法下为（28.3+23.3+3.4）元/m² ÷3 =18.3元/m²。

如果对不同的变动趋势给予相应的权数，如由远至近为1，2，3时，其加权移动的变化趋势平均值为（28.3×1+23.3×2+3.4×3）元/m² ÷（1+2+3）=14.2元/m²。

因此，2002年1月该普通商品住宅的单方价格为

$$2223.3\ 元/m^2 + 10\ 元/m^2 \times 2 = 2243.3\ 元/m^2$$

或

$$2223.3\ 元/m^2 + 7.5\ 元/m^2 \times 2 = 2238.3\ 元/m^2$$

根据估价人员的经验，基本可以认为2002年1月该普通商品住宅的价格为2240元/m²。

表8-4　计算过程表

月份	单方价格/（元/m²）	加权移动平均值	变动趋势		
			变动值	3个月简单移动平均值	3个月加权移动平均值
1	2100				
2	2120	2146.7			
3	2180	2175.0	+28.3		
4	2190	2198.3	+23.3	+18.3	+14.2
5	2210	2201.7	+3.4	+3.9	-2.5
6	2200	2186.7	-15.0	-6.1	-7.8
7	2170	2180.0	-6.7	+2.8	+1.9
8	2180	2193.3	+13.3	+9.4	+14.2
9	2210	2215.0	+21.7	+12.2	+10.3
10	2230	2216.2	+1.7	+10	+7.5
11	2210	2223.3	+6.6		
12	2230				

加权移动平均法是将估价时点前若干时期的房地产价格的实际数据经加权后，再采用上述类似简单移动平均法的方法进行趋势估计。之所以需要加权，是因为接近估价时点的房地产价格的实际数据对评估更为重要，加权后能使评估更接近或符合实际。

四、数学曲线拟合法

数学曲线拟合法有直线趋势法、指数曲线趋势法和二次抛物线趋势法等，本书只讨论最常用的直线趋势法。

运用直线趋势法估价，估价对象历史价格的时间序列散点图应当表现出明显的直线趋势，数据点偏离拟合直线估计值的离差平方的算术平均数的平方根

（即估计值的标准误差）不得大于允许的误差值。

设 x 为时间，表现为直线的自变量；y 为各时期的房地产价格，表现为因变量，即 x 的函数。根据若干组 x 与 y 的历史数据，在直角坐标系上绘出各组数据的散点图，然后求出离各组数据点距离最小的直线，即为预测值的回归直线。该直线方程为

$$y = a + bx \tag{8-8}$$

式中　a——回归直线在 y 轴上的截距；

b——回归直线的斜率。

这里，问题的关键是常数 a、b 值的确定。用最小二乘法求得的 a、b 的值分别为

$$a = \frac{\sum y - b\sum x}{n} \tag{8-9}$$

$$b = \frac{n\sum xy - \sum x\sum y}{n\sum x^2 - (\sum x)^2} \tag{8-10}$$

式中　n 为已知房地产价格的期数，为了计算方便，往往使 $\sum x = 0$，此时有

$$a = \frac{\sum y}{n} \tag{8-11}$$

$$b = \frac{\sum xy}{\sum x^2} \tag{8-12}$$

【例 8-5】　表 8-5 为某城市某宗土地 2005 年 1～12 月单方平均价的变动资料的时间数列。求 2006 年 1 月该土地的单方价格。

表 8-5　某宗土地 1995 年 1～12 月的价格　　（单位：元/m²）

月份	价格 y	x	X^2	xy	$Y = a + bx$
1	360	−11	121	−3960	311.62
2	260	−9	81	−2340	335.72
3	320	−7	49	−2240	359.82
4	400	−5	25	−2000	383.92
5	500	−3	9	−1500	408.02
6	450	−1	1	−450	432.12
7	420	+1	1	420	456.22
8	480	+3	9	1440	480.32
9	450	+5	25	2250	504.42
10	550	+7	49	3850	528.52
11	560	+9	81	5040	552.62
12	580	+11	121	6380	576.72
$n = 12$	$\sum y = 5330$	$\sum x = 0$	$\sum x^2 = 572$	$\sum xy = 6890$	

解：据题意，运用直线趋势法估价。按表 8-5 中的数据进行计算。

(1) 参数计算。

根据式（8-11）和式（8-12）（直线趋势法计算公式）得

$$b = \frac{\sum xy}{\sum x^2} = \frac{6890}{572} = 12.05$$

$$a = \frac{\sum y}{n} = \frac{5330}{12} = 444.17$$

(2) 写出回归直线方程。

由此得到该宗土地价格的回归直线方程为 $y = 444.17 + 12.05x$。

(3) 进行价格预测。

2006 年 1 月该土地的单方价格为

$$y = (444.17 + 12.05 \times 13) \text{元/m}^2 = 600.82 \text{元/m}^2$$

五、指数修均法

指数修均法，又称指数平滑长期趋势法，它是根据本期的房地产价格的实际值和估价额作为根据，经过修匀修均后作为下期即估价日期房地产的估价额。修均指数法包括一次指数修均法和二次指数修均法，本书只介绍一次指数修均法。

指数修均法实质上是一种特殊的加权移动平均趋势法，其特点是：

1）强调了近期价格对估价额的影响，使估价额能迅速反映市场变化。

2）对修均系数 a 取不同的值，可以改变权数。在 a 取较大值时，价格的最近变化趋势能迅速地反映在指数移动平均值中；而在 a 取较小值时，指数移动平均值则接近于算术平均值。

以 $\hat{P}_i$ 表示本期房地产价格的估价额，以 P_i 代表其实际价格，则估价日期即下期的房地产价格 $\hat{P}_{i+1}$（即指数修均值）为

$$\hat{P}_{i+1} = \alpha P_i + (1-\alpha)\hat{P}_i \tag{8-13}$$

式中 a——修均系数，$0 < a < 1$。

修均系数 a 是 0 ~ 1 之间的正数，对估价额的影响很大。因此，运用指数修均法进行估价的关键是修均系数 a 的确定。其确定原则可根据房地产价格的长期趋势变动和季节性变动的情况而定：①当房地产价格的长期趋势变动为接近稳定的常数时，a 取中间值，即 0.4 ~ 0.6 之间；②当房地产价格呈现出明显的季节性变动时，a 应取较大的值，一般为 0.6 ~ 0.9；③当房地产价格的长期趋势变动比较缓慢时，a 应取较小的值，一般在 0.1 ~ 0.4 之间。

在实际应用中，可通过试算法来确定 a 值。比如，可对某一个房地产同时

用 $a=0.3$、0.5、0.7、0.9 进行试算，看哪个常数修正的预测值与实际值的绝对误差最小，就以这个常数进行修正最合适。修匀系数 a 是一个加权系数，它是新旧数据的分配比值。a 越小，$\hat{P}_i$ 所占的比重越大，所得的预测值就越平稳；a 越大，P_i 所占的比重越大，预测值对最新趋势的反映越灵敏；当 $a=1$ 时，最近的实际数据就是下一周期预测值；当 $a=0$ 时，该期预测值等于上一周期的预测值。关于初始值 P_i，当历史数据相当多（$\geqslant 50$）时，可取 $P_i=P_1$，因为初始值 P_i 的影响将逐步修匀；当历史数据较少（$\leqslant 50$）时，可取 $P_i=\bar{p}$。

【例 8-6】　1995 年 12 月某商品房的单方平均价格的估价额为 2250 元/m^2，实际价格为 2320 元/m^2，$a=0.6$，试用指数修均法估计 1996 年 1 月该商品房的价格。

解：根据式（8-13）（指数修均法公式）得该商品房 1996 年 1 月的价格 V 为

$$V=0.6\times 2320\ 元/m^2+(1-0.6)\times 2250\ 元/m^2=2292\ 元/m^2$$

如果房地产价格的变化呈现明显的季节性趋势，并且波动幅度较大时，为了敏感地反映其趋势变动，a 宜取较大值，并根据估价日期的不同，分别以当期各月的房地产价格为基础进行测算，然后加上相应的趋势值，才能作为估价日期的估价额。

【例 8-7】　为了说明修均系数 a 的取值对估价额的影响，现根据表 8-6 即 1995 年某商品房价估指数修均值，估算 1996 年 1 月该商品房价格。假定 a 等于 0.1、0.5、0.9。

表 8-6　1995 年各月份某商品房价格的指数修均值（单位：元/m^2）

月份	实际数	$a=0.1$	$a=0.5$	$a=0.9$
1	2958	2958.0	2958.0	2958.0
2	2938	2958.0	2958.0	2958.0
3	2861	2956.0	2948.0	2940.0
4	2797	2946.5	2904.5	2868.9
5	2731	2931.6	2850.8	2804.2
6	2712	2911.6	2790.9	2738.3
7	2770	2891.6	2751.5	2714.6
8	2799	2879.4	2760.8	2764.5
9	2789	2871.4	2779.9	2795.6
10	2749	2863.2	2784.5	2789.7
11	2832	2851.8	2766.8	2753.1
12	2942	2849.8	2799.4	2824.1

解：根据式（8-13）（指数修均法公式）计算。

（1）在 $a=0.1$ 时，1996 年 1 月该商品房指数修均值为

0.1×2942 元/m² +（1－0.1）×2849.8 元/m² = 2859.0 元/m²

（2）在 $a=0.5$ 时，1996 年 1 月该商品房指数修均值为

0.5×2942 元/m² +（1－0.5）×2799.4 元/m² = 2870.7 元/m²

（3）在 $a=0.9$ 时，1996 年 1 月份该商品房指数修均值为

0.9×2942 元/m² +（1－0.9）×2824.1 元/m² = 2930.2 元/m²

上述指数修均值还不能作为该商品房在 1996 年 1 月的单方估价额，还需再加一个趋势值 b 进行修正，也就是说，在原来的指数修均公式的基础上应再加一个 b 值，即

$$\hat{P}_{i+1}=\alpha P_i+(1-\alpha)\hat{P}_i+b$$

b 值是基期房地产价格的每月趋势值，即每月平均增减额，可通过基期房地产价格的每月平均值减上一个基期的平均值再除以 12 计算。

例如，本例根据表 8-6 的资料可得，1995 年平均每月的房地产价格为 33878 元/m² ÷ 12 = 2823.2 元/m²；若 1994 年平均每月的房地产价格为 33761 元/m² ÷ 12 = 2813.4 元/m²。因此，1995 年平均每月房地产价格的上一年增长的幅度，即每月的趋势值为

$$b=\frac{(2823.2-2813.4)\text{ 元/m}^2}{12}=0.82\text{ 元/m}^2$$

因而在 $a=0.9$ 时，1996 年 1 月该商品房的单方估价额应为

$$\hat{P}=(2930.2+0.82)\text{ 元/m}^2=2931.02\text{ 元/m}^2$$

当然，在估价实践中，估价人员还必须根据经验对上述计算结果进行修正，才能作为最后的估价结果。因为指数修均法与其他长期趋势法一样，毕竟只是预测。

第二节 路线价估价法

一、路线价估价法概述

（一）路线价估价法的概念与原理

路线价估价法是对面临特定街道、接近性相等的城市土地，设定标准深度，求取在该深度上若干标准宗地的平均水平价格并附设于该特定街道上，此平均水平价格称为路线价，然后据此路线价，再配合深度指数表，用数学方法计算临接同一街道各宗土地价格的一种估价方法。

路线价估价法在土地估价中运用较广，英美等国运用路线价估价法评估地

价早已实行，尤其在美国，这种估价技术已相当完善。日本最初采用这种估价方法是在1923年。我国台湾地区在实施平均地权从事地价作业时，也应用路线价估价法。但在英、美、日等国及我国台湾地区，这种方法的具体表现不完全相同，各有特色。

对于面临同一街道的各幅城市土地而言，其离开街道的距离越远，价格越低，即土地价格随临街深度的增加而递减。根据面临某一特定街道的路线价，结合土地价格随临街深度变化的土地深度指数，就可以测算其他土地的价格。这就是路线价估价法的基本思想。

路线价估价法的具体理论依据来自土地价值的区位理论。土地价值主要由土地的有用性和接近性即距离街道的远近决定的。对于城市土地来说，其有用性直接决定于接近性，因而城市土地的价格主要是由接近性决定。这一理论依据表现在两个方面，首先，城市土地的价格随其距离街道的程度不同而有所变化，距离街道越远，价格越低。假定有面临同一街道的两幅土地，宽度均为10m，面积都为250m^2，其中第一幅土地是紧临街道的深25m的土地，第二幅土地在第一幅土地的后面，其深度为第26~50m。尽管两幅土地面积相同，但任何一个买主都宁愿出较高的价格购买第一幅即距离街道近的土地。路线价法的第二个依据，则是对于临接各街道而具有标准深度的土地来说，其价格也各不相同。因为土地的用途、街道的条件、房屋建筑物的状况、交通的便利程度以及其他设施状况等决定土地价格的各项因素并不相同。也就是说，路线价是有特定范围的，只有在某一区段内的各幅土地，才能根据该区段内的路线价计算土地价格，越过这一区段，则又有其他的路线价。

路线价估价法实质上是一种比较法，是比较法的一种派生方法。“路线价”是临街土地中“标准宗地”的平均水平价格，可视为比较法中的“可比实例”价格。临接同一街道的其他土地的价格，是以路线价为基准，考虑其临街深度、土地形状（如矩形、三角形、平行四边形、梯形、不规则形）、临街状况（如一面临街、前后两面临街、街角地，再如三角形土地是一边临街还是顶点临街，梯形土地是宽的一边临街还是窄的一边临街）、临街宽度等因素，进行适当的修正后求得。至于在路线价估价法中不作交易情况修正和交易日期修正的原因有两个：①求得的标准宗地的平均水平价格已是正常价格；②该价格所对应的日期与欲求取的其他土地价格的日期一致，都是估价时点时的价格。

根据路线价估价法的概念和原理，其一面临街矩形土地的价格计算公式为

$$\text{土地价格单价} = \text{路线价} \times \text{深度价格修正率} \tag{8-14}$$

$$\text{土地价格总价} = \text{路线价} \times \text{深度价格修正率} \times \text{土地深度（或土地面积）} \tag{8-15}$$

如果土地的形状和临街状况有特殊，除了依据上述计算公式计算价格，还

要做加价或减价修正，其计算公式为

土地价格单价 = 路线价 × 深度价格修正率 × 其他价格修正率　　(8-16)

土地价格总价 = 路线价 × 深度价格修正率 × 土地深度（或土地面积）× 其他价格修正率　　(8-17)

或者

土地单价 = 路线价 × 深度价格修正率 ± 单价修正额　　(8-18)

土地总价 = 路线价 × 深度价格修正率 × 土地面积 ± 总价修正额　　(8-19)

（二）路线价估价法的特点

一般的土地估价方法主要适用于单宗土地的估价，并且需要花费较长的时间。而路线价估价法则是一种快速的方法，相对公平合理，能节省人力、财力，可以同时对大量土地进行估价的常用方法，特别适用于土地课税、土地整理、征地拆迁或者需要在大范围内对大量土地进行的估价。

（三）路线价估价法的运用范围和条件

路线价估价法适用于对城市土地的估价，尤其适用于商业街道两侧各宗土地的估价。

运用路线价估价法的前提条件是城市规划必须完善，道路较为完整，各宗土地的排列较为整齐。同时，还需要有妥善合理的深度价格修正率表和其他价格修正率表。

（四）路线价估价法的运用步骤

1. 划分路线价区段

一个路线价并不是适用于所有的城市土地，路线价是有适用范围的。所谓路线价区段是指具有同一路线价的地段，也就是说，在这一地段范围内的各幅土地，可根据该路线价来计算其价格。因此，路线价区段的划分相当重要，特别是对于地价变化急剧的繁华区域，对路线价区段的划分更需特别注意。因为繁华区域的土地，其位置的细微变化，将会引起土地价格的极大差异。

路线价区段是沿街带状的。路线价区段主要根据接近性原则进行划分，即接近性相当、地块相连的地段，应划为同一路线价区段。所谓接近性相当，是指决定土地价格的因素基本相近。具体划分方法为：

其一，一般以一街区长度为一路线价区段，不同的街区，路线价也不同。

其二，路线价区段的具体长度根据土地的用途和繁华程度而有所变动。一般在繁华的商业区，由于地价位置的高度敏感性，往往将同一街区划分成多个区段，设置不同的路线价。而在住宅区或工业区或不甚繁华的商业区，往往可将多个街区合并为一个路线价区段，附设一个路线价。

另外，如果同一街道的两侧土地，在用途、繁华程度方面有很大差别时，两侧土地的路线价区段可进行不同的划分，路线价也可以不尽相同。

2. 确定标准深度

标准深度是街道对地价影响的转折点，由此接近街道的方向，地价随临街深度的减小而逐渐升高；由此远离街道的方向，其地价随临街深度的增加而急剧下降，可视为基本不变。标准深度的确定，直接关系到路线价的确定和深度指数表的编制。标准深度的确定有两种方法：

第一种方法是以同一路线价区段内各幅临街土地的多数深度为准。如果路线价区段的大部分临街土地的深度为18m，则该路线价区段的标准深度为18m，若各幅临街土地的深度普遍为14m，则标准深度为14m。

第二种方法是根据某一路线价区段内的各幅土地的平均深度确定。例如，某路线价区段内各幅土地的深度分别为20m、18m、16m、22m，则其标准深度为（20 + 18 + 16 + 22）m ÷ 4 = 19m。

3. 选取标准宗地

标准宗地是路线价区段内具有代表性的宗地。选取标准宗地的具体要求是：①一面临街；②土地形状为矩形；③临街深度为标准深度；④临街宽度为标准宽度（可为同一路线价区段内临街各宗土地的临街宽度的众数）；⑤用途为所在区段具有代表性的用途；⑥容积率为所在区段具有代表性的容积率（可为同一路线价区段内临街各宗土地的容积率的众数）；⑦其他方面，如土地使用权年限、土地生熟程度等也应具有代表性。

标准宗地的具体尺寸和面积大小随各国而异。美、英等欧美国家是以宽1ft、深100ft的细长方形地块作为标准宗地。日本的标准宗地随土地用途和类别不同而不同：繁华地区及高度商业地区标准宗地为宽2间（3.63m），深9间（16.36m）的矩形地块；普通商业地区与并用住宅地区为宽3间（5.45m），深10间（18.18m）的矩形地块；普通住宅地区和家庭工业地区为宽4间（7.272m），深13间（23.63m）的矩形地块。我国台湾地区以18m为标准深度。

4. 确定路线价

路线价的确定是运用路线价估价法进行估价的关键之一，这将在下面进行讨论。

5. 制作价格修正率表

在路线价已定的情况下，待估价土地的价格决定于价格修正率。将这些价格修正率系统而有规律地加以汇总就成为价格修正率表。价格修正率表分为深度价格修正率表和其他价格修正率表。其中，深度价格修正率表又称为深度百分率表、深度指数表，是基于深度价格递减率制定出来的，反映了土地临街深度变化对土地价格的影响程度。其他价格修正率表是基于土地形状、临街状况等因素对地价的影响而制定出来的，反映了土地形状、临街状况等因素变化对土地价格的影响程度。

6. 计算各幅土地的价格

在确定某一路线价区段的路线价之后，就可以结合价格修正率表，计算待估价土地的价格。在具体计算时，欧美国家与日本和某些地区由于对路线价的表达方式不同，在具体价格计算方法上也有所不同。同时，对于三角形土地、街角地、双面临街地的价格还要进行修正。

二、路线价与深度指数表

从路线价估价法的计算公式可以看出，要运用路线价估价法准确评估宗地地价，关键是路线价的确定和深度指数表的制作。

（一）路线价

1. 路线价的概念与设定

所谓路线价，简单地说，就是路线价区段内若干标准宗地的平均水平价格（或平均水平单价）。它是根据平均法计算的。首先，根据收益法、市场法等方法，求取同一路线价区段内的若干标准宗地（标准深度、标准宽度）的土地价格；然后，对这些土地价格进行平均，以此标准宗地平均水平价格或标准宗地平均水平单价作为计算该路线价区段内各幅土地价格的依据，这个平均水平价格或平均水平单价就是路线价。

2. 路线价的表示及其对估价公式的影响

欧美国家与日本及我国台湾地区，对于路线价的表达方式不尽相同，从而使路线价估价法在不同国家和地区的运用各具特色。

（1）面积表示方式上的不同　路线价的面积表示方式在西方国家和东方国家有所区别。在以美国为代表的西方国家中，路线价是路线价区段内若干标准宗地的平均水平价格，它是以宽1ft，深100ft的细条形土地为计算单位的。因而，在欧美国家，路线价估价法的基本计算公式可表示为

$$土地价格 = 路线价 \times 深度指数 \times 土地宽度 \tag{8-20}$$

而在日本，路线价是路线价区段内若干标准宗地的平均水平单价，它是以每坪或每平方米的价格表示的。日本最早使用路线价法估价土地是在1923年的关东大地震之后，为了在城市的重新规划中合理确定土地的补偿金额，日本以美国苏穆斯法则为规范，结合本国的实际情况，创立了独特的估价法则。最初是以位于街区中间宽1间（1间约为1.8m）、深5间的长方形标准宗地的平均每坪价格为单位。现在则改为深16.36m、宽3.63m的长方形标准宗地的平均每平方米价格为单位。因此，在日本，路线价估价法的基本计算公式为

$$土地价格 = 路线价 \times 深度指数 \times 土地面积 \tag{8-21}$$

（2）货币计量单位的直接与间接表示方式的不同　路线价的货币计量单位有直接与间接表示两种方式：

1）直接以货币表示。以美国为代表的欧美国家，路线价是以美元表示的。这种表示方法比较符合常规，易为人们所接受，例如某区段内路线价为2000美元等。但是这种表示方法往往不能反映货币价值变动对价格的影响。

2）间接以点数表示。日本的路线价是以点数表示的。假如某区段内路线价为1000点，则该区段内各幅土地可以表示为1000点的比较值，如800点等。这种方法避免了币值波动对价格的影响，但是，需要换算才能表示待估价土地的金额。如1点为0.8元，那么1000点就相当于800元。

（二）深度指数表

1. 深度指数表与深度价格递减比率

在同一路线价区段内，尽管路线价相同，但各幅土地的具体价格也有区别，因为影响土地价格的形状面积、临街状况不可能完全相同。另外，对于城市土地来说，在影响土地价格的各个要素中，距离街道的远近程度也是一个主要因素。距离街道越远，土地价格越低。这种现象就被称为深度价格递减现象。

深度指数表又称为深度百分率表，它实质上是对各种深度百分率的系统反映，即详细地反映出临街深度对土地价格的影响程度。科学而合理的深度指数表，是运用路线价估价法估价土地的关键之一。深度指数表的举例见表8-7。

表8-7 深度指数表

深度/ft	25以下	25~50	50~75	75~100	100~125	125~150	150~175	175~200
指数（%）	40	30	20	10	9	8	7	6

在同一路线价区段内，土地价格随土地深度的增加而呈下降趋势。这种趋势若用比率表示，即为深度价格递减比率。因此，深度价格递减比率实质上就是由于土地深度变化所引起的土地价格的变化比率。

深度指数、深度指数表、深度价格递减比率在本质上是相通的。土地价格随土地临街深度而变化，这种变化用百分率表示即为深度指数，由于越接近街道土地的利用价值就越大，价格应越高。因此随着土地深度的增加，土地价格呈递减趋势，也就是说，反映深度指数的深度指数表，是根据深度价格递减比率编制的，因而深度指数表又往往被称为深度价格递减比率表。

2. 深度指数表的编制

深度指数表可以系统地反映深度对土地价格的影响，其制作原则是深度价格递减比率。

根据深度价格递减比率，若把土地划分为许多与街道平行的细条，则越接近街道的土地利用价值越大，因而其价格要高于离街道远的土地。假设有一临街土地为矩形，宽 m 米，深 n 米，平均每平方米的价格为 A 元，则该幅土地的总价格为 mnA 元。现根据深度价格递减比率对该土地进行分析，如图8-1所示。

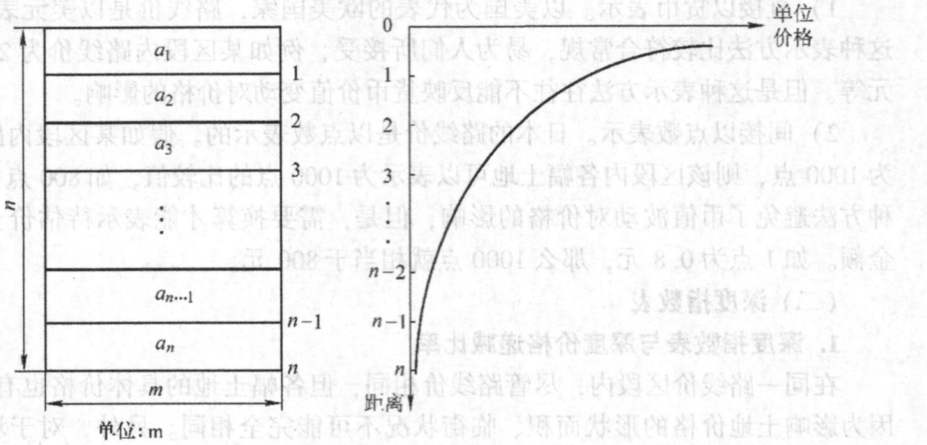

图 8-1 深度价格递减图示

图中所示，将该幅土地沿平行街道的方向以 1m 为单位划分成 n 幅细条土地，对临街的第一幅、第二幅直至第 n 幅分别赋以 a_1，a_2，…，a_n 等符号，各幅土地的单位价格相应为 a_1^1，a_2^1，…，a_n^1，则不难得出如下结论：

1）深度对土地价格的影响程度，随着土地与街道距离的加深，而相应降低，直至消失。

对于土地的利用价值来说，$a_1 > a_2 > \cdots > a_{n-1} > a_n$，因此，$a_1^1 > a_2^1 > \cdots > a_{n-1}^1 > a_n^1$，其中，$a_1^1$ 与 a_2^1 的差异最大，a_{n-1}^1 与 a_n^1 的差异最小，甚至可以忽略。这种现象表示可用图 8-1 表示出来。

2）矩形土地的单价 A 是 n 幅土地单价的平均数。

因为 $$mnA = m\ (a_1^1 + a_2^1 + a_3^1 + \cdots + a_{n-1}^1 + a_n^1)$$

所以 $$A = \frac{a_1^1 + a_2^1 + a_3^1 + \cdots + a_{n-1}^1 + a_n^1}{n} = \frac{1}{n}\sum_{i=1}^{n} a_i^1$$

3）计算个别深度百分率或个别深度指数。将 $a_1^1 > a_2^1 > \cdots > a_{n-1}^1 > a_n^1$ 折算为百分率表示，就是一系列个别深度百分率，据此可以编成单独深度指数表。

4）计算平均深度百分率。a_1^1，a_2^1，…，a_{n-1}^1，a_n^1 是 a_1，a_2，…，a_{n-1}，a_n 的单价，而 a_1^1，$\frac{a_1^1 + a_2^1}{2}$，$\frac{a_1^1 + a_2^1 + a_3^1}{3}$，…，$\frac{a_1^1 + a_2^1 + a_3^1 + \cdots + a_n^1}{n}$则是宽为 m 米，深分别为 1，2，3…，n 米的土地平均单位价格，并且有 $a_1^1 > \frac{a_1^1 + a_2^1}{2} > \frac{a_1^1 + a_2^1 + a_3^1}{3} > \cdots > \frac{a_1^1 + a_2^1 + a_3^1 + \cdots + a_n^1}{n}$的性质，若将此折算成百分率，就是一系列平均深度百分率，据此可以编制平均深度指数表。

5）计算累计深度百分率。累计深度百分率是根据累计单位价格计算的，累

计单位价格表现为 a_1^1，$a_1^1+a_2^1$，$a_1^1+a_2^1+a_3^1$，…，$a_1^1+a_2^1+\cdots+a_n^1$，并且有 $a_1^1 < a_1^1+a_2^1 < a_1^1+a_2^1+a_3^1 < \cdots < a_1^1+a_2^1+\cdots+a_n^1$ 的性质，如果折算为百分率，即为累计百分率，据此可编制累计深度指数表。

以四三二一法则（后面详细讨论）为例，则

单独深度价格修正率为：

$$40\% > 30\% > 20\% > 10\% > 9\% > 8\% > 7\% > 6\%$$

累计深度价格修正率为：

$$40\% < 70\% < 90\% < 100\% < 109\% < 117\% < 124\% < 130\%$$

平均深度价格修正率为：

$$40\% > 35\% > 30\% > 25\% > 21.8\% > 19.5\% > 17.7\% > 16.25\%$$

将上述结论制成表 8-8 来说明问题。该表中的平均价格修正率，是将上述临街深度 100ft 的平均价格修正率 25%乘以 4 转换为 100%，同时为保持与其他数字的关系不变，其他数字也相应乘以 4 所得。平均深度价格修正率与累计深度价格修正率的关系可以用下列公式表示

$$平均深度价格修正率 = 累计深度价格修正率 \times 标准深度 \div 所给深度 \tag{8-22}$$

表 8-8 深度价格修正率表

临街深度/ft	25	50	75	100	125	150	175	200
四三二一法则	40%	30%	20%	10%	9%	8%	7%	6%
单独深度指数（%）	40	30	20	10	9	8	7	6
累计深度指数（%）	40	70	90	100	109	117	124	130
平均深度指数（%）	160	140	120	100	87.2	78.0	70.8	65.0

日本和我国台湾地区的深度百分率表是采用平均深度百分率原理制成，所以百分率呈递减现象；而美国是采用累计深度百分率原理制成，所以百分率呈递增现象。

制作深度价格修正率的步骤是：

1）确定标准深度。一般取临街深度的平均进深或临街宗地进深众数。

2）确定级距。深度百分率中的级距确定，应分析比较实例调查中地价变化的规律性，确定地价级数及级距。

3）制定单独深度百分率。

4）采用累计或平均深度百分率计算并编制相应深度百分率表。

如果是计算三角形等土地价格，则还需要制作相应的其他价格修正率表。

三、欧美路线价法则及其运用

路线价估价法最早创于欧美国家，由于英美等国的城市规化较为完善，路

线价区段及标准深度的确定比较便利，只要制定合理的深度指数表，即路线价法则，就可以结合路线价运用路线价估价法对土地进行估价。特别在美国，这种估价法已相当完善。欧美国家在运用路线价法进行估价时的有关法则，对我国开展土地估价实践与理论的研究应有所启迪。

（一）欧美深度价格修正率法则介绍

路线价估价法最早在欧美流行，并逐步形成了多种较为典型且颇具参考价值的深度价格修正率法则，如四三二一法则、巴的摩尔法则、苏穆斯法则、霍夫曼-尼尔法则、哈柏法则等。其中，尤以四三二一法则最为简单、易懂。

1. 四三二一法则

该法则又称慎格尔法则，它是由 J. A. zangerle 在其所著的《房地产估价原则》一书中提出，并在估价实践中最早使用的法则。

“四三二一”法则的含义是，将标准深度为100ft 深普通临街地划分成与街区平行的 4 等份，每份深为25ft，然后从临街方向开始，第一个25ft 土地的单位价格为路线价的40%，第二个25ft 土地的单位价格为路线价的30%，第三个25ft 土地的单位价格为路线价的20%，第四个25ft 土地的单位价格为路线价的10%。如果深度超过100ft，则需运用“九八七六”法则补充，即超过100ft 的第一个25ft 土地的单位价格为路线价的9%，第二个25ft 土地的单位价格为路线价的8%，第三个25ft 土地的单位价格为路线价的7%，第四个25ft 土地的单位价格为路线价的6%，列成深度指数表即为表8-7。

【例8-8】 已知路线价为5000 元，A、B、C、D、E、F 的宽度和深度如图8-2 所示，估算各幅土地的价格。

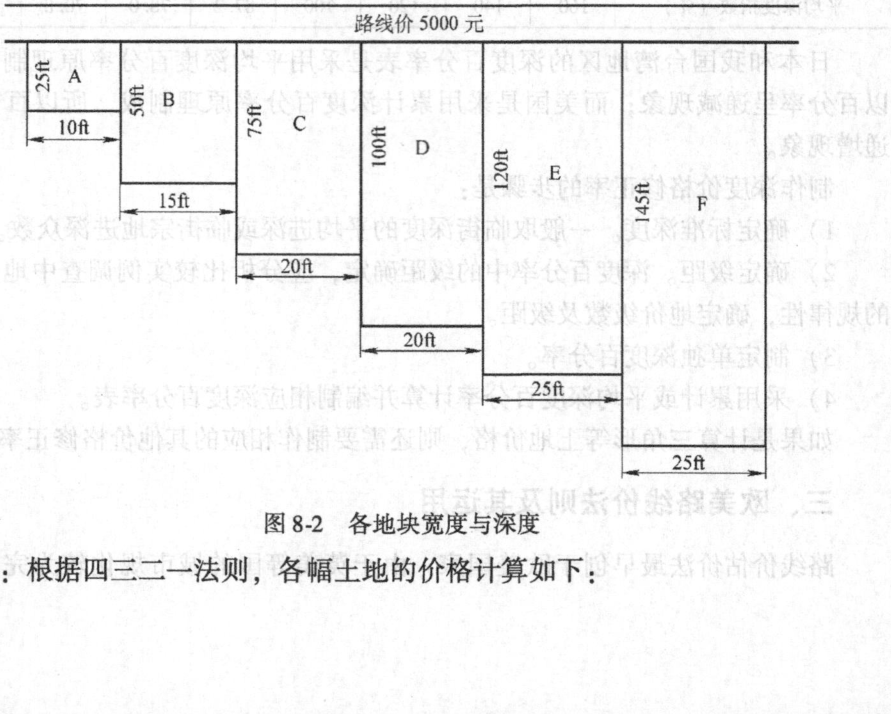

图 8-2 各地块宽度与深度

解：根据四三二一法则，各幅土地的价格计算如下：

A＝5000 元/ft×40%×10ft＝2 万元

B＝5000 元/ft×（40%＋30%）×15ft＝5.25 万元

C＝5000 元/ft×（40%＋30%＋20%）×20ft＝9 万元

D＝5000 元/ft×（40%＋30%＋20%＋10%）×20ft＝10 万元

E＝5000 元/ft×（100%＋9%）×25ft＝13.625 万元

F＝5000 元/ft×（100%＋9%＋8%）×25ft＝14.625 万元

根据四三二一法则进行估价，简单明了，便于记忆。但由于对深度的划分过于粗略，往往会影响估价结果。例如，两幅土地的宽度都为20ft，而深度分别为51ft 和75ft，在路线价为5000 元的情况下，其价格都为9 万元，这显然不符合实际情况。这是四三二一法则的不足之处。

2. 巴的摩尔法则

巴的摩尔法则又称为“前面1/3 里面2/3 法则”，因由巴的摩尔市的估价师Bened 创设而得名。最初，前面1/3 里面2/3 法则的含义是对于标准深度为150ft 的土地而言的，临街的1/3 即最初50ft 的单位价格为路线价的50%，其余2/3 的单位价格为路线价的另外50%。

【例8-9】　已知路线价为2000 元，A、B、C 各幅土地的宽度和深度如图8-3 所示，估算各幅土地的价格。

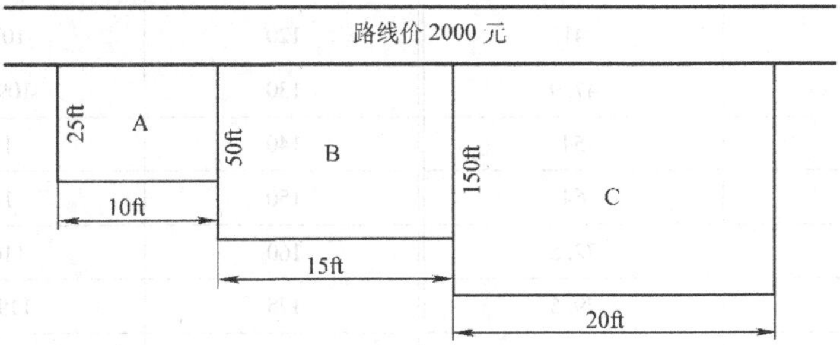

图8-3　各地块宽度与深度

解：根据巴的摩尔法则，各幅土地的价格计算如下：

A＝2000 元/ft×50%×10ft＝1 万元

B＝2000 元/ft×50%×15ft＝1.5 万元

C＝2000 元/ft×100%×20ft＝4 万元

可见，前面1/3 里面2/3 法则与四三二一法则类似，虽简单易记，但过于粗略。后来在实践中进行了修改补充，显得更为精细，其具体深度指数见表8-9。

表8-9　巴的摩尔深度指数表

深度/ft	5	10	15	20	25	30	40	50	60	70
指数（%）	9	15	21	27	33	38.5	49	58.5	67	73.9

（续）

深度/ft	75	80	90	100	110	120	130	140	150
指数（%）	76.9	79.6	84.2	88	91	93.8	95	98.5	100

3. 苏穆斯法则

苏穆斯法则由美国估价师苏穆斯（Willam A. Somers）于1886年创设，1910年开始运用于土地课税价格的估价。由于该法则在美国俄亥俄州克利夫兰市的应用最为著名，所以也称为克利夫兰法则。

苏穆斯对众多土地买卖实例价格进行调查分析，发现100ft深的土地价格，前面一半即临街50ft部分，占土地总价的72.5%，后面50ft部分则占土地总价的27.5%，若再深50ft，则该土地价格增加15%，其深度指数表就根据这种价格分配原则编制（具体见表8-10）。

表8-10 苏穆斯深度指数表

深度/ft	指数（%）	深度/ft	指数（%）
5	14.35	90	95.6
10	25	100	100
15	33.22	110	104
20	41	120	107.5
25	47.9	130	109.05
30	54	140	113
40	64	150	115
50	72.5	160	116.8
60	79.5	175	119.14
70	85.6	180	119.8
75	88.3	200	122
80	90.9		

【例8-10】 一幅土地A的宽度为30ft，深度为115ft，路线价为3000元，试估算该A土地的价格。

解：根据苏穆斯法则

$$A\text{土地的深度指数}=104\%+\frac{107.5\%-104\%}{10}\times5=105.75\%$$

$$A\text{土地价格总额}=3000\text{元/ft}\times105.75\%\times30\text{ft}=95175\text{元}$$

苏穆斯法则是美国在改善估价方法的运动中最为著名的法则，设计较为科学合理，在正确估价土地价格、确保土地税负的公平等方面起了促进作用。

4. 霍夫曼-尼尔法则

在土地估价的各项法则中，最先被承认的就是1866年由纽约市法官霍夫曼（Hoffman）所创设的霍夫曼法则。根据该法则，标准深度为100ft的土地，最初50ft的价格应占土地总价的2/3，即67%，在此基础上，100ft深的土地，从临街方向开始，最初的25ft占总价的37.5%，50ft占67%，75ft占87.7%，全部100ft则为100%。

后来，尼尔（Nell）对霍夫曼法则进行了修正和补充，从而创设了著名的霍夫曼-尼尔法则，其指数见表8-11。

表8-11 霍夫曼-尼尔深度指数表

深度/ft	5	10	15	20	25	30	40	50	60	70	75	80	90	100	130	150	175	200
指数（%）	17	26	33	39	44	49	58	67	74	81	84	88	94	100	112	118	122	125

【例8-11】 一幅宽度为40ft，深度为90ft的临街矩形土地，假定路线价为4000元，估算这幅土地的价格。

解：根据霍夫曼-尼尔法则，该幅土地的价格为

$$4000\text{ 元/ft} \times 94\% \times 40\text{ft} = 15.04\text{ 万元}$$

5. 哈柏法则

哈柏法则创设于英国，该法则是一种算术法则。其理论是一幅土地的价格与其深度的平方根成正比，若标准深度为100ft，则各幅土地的深度指数为其深度平方根的10倍，即

$$\text{深度指数} = 10\sqrt{\text{深度}} \times 100\%$$

例如，一幅50ft深的土地，其深度指数为

$$10\sqrt{50} \times 100\% \approx 70\%$$

但是，土地的标准深度是该路线价区段内大多数土地的深度，因而不一定都是100ft，所以澳洲新南威尔斯首席估价师R. O. Rost与澳洲开发银行主席H. G. collins共同对哈柏法则进行了修正，修正后的公式为

$$\text{深度指数} = \sqrt{\frac{\text{所给深度}}{\text{标准深度}}} \times 100\%$$

从而上述哈柏法则，即深度指数为土地深度平方根的10倍，就成为该公式的一个特例。

【例8-12】 某特定区域内土地的标准深度为100ft，路线价为5000元。估算一幅宽25ft，深64ft临街矩形土地的价格。

解：根据哈柏法则，该幅土地的价格为

$$\text{深度指数} = \sqrt{\frac{64}{100}} \times 100\% = 80\%$$

土地总价 = 5000 元/ft × 80% × 25ft = 10 万元

哈柏法则将深度指数的计算公式化，省时省力，简便易记，在估价土地时省却了对深度指数表的制作和查阅，很值得借鉴。但是，这种法则在进行估价时先要确定待估价土地所在地区的标准深度。

6. 其他法则

欧美国家除以上介绍的主要估价法则外，还有芝加哥市实施的马丁法则、伦敦市的爱德加法则、纽约市实施的戴维斯法则等。这些法则都以100ft 深为标准深度。具体深度指数见表 8-12。

表 8-12 深度指数表

深度/ft	马丁法则指数（%）	爱德加法则指数（%）	戴维斯法则指数（%）
5	14.90	23	12.5
10	17.90	32	21.8
15	25	39	29.2
20	30.1	45	35.8
25	34.3	50	41.5
30	39.9	55	47
40	48.8	63	56.7
50	57.5	70.5	65.8
60	67	77.5	73.3
70	77	83.6	80.5
75	79.3	86.6	84.1
80	84	89.4	87.5
90	92.2	95	94.1
100	100	100	100
110	108	105	106.9
120	116	109.5	111.1
130	119.3	112.6	113.7
140	131	1182	121.2
150	137.5	122.4	126.1
160	145	126.4	131.1
175	154.3	132.3	138.5
180	158	134.2	141.2
200	170	141.4	149

【例 8-13】 一幅宽度 20ft，深 120ft 的矩形临街地，假定路线价为 2000 元，

估算其土地价格。

解：根据马丁法则，其价格总额为

$$2000\text{元/ft} \times 116\% \times 20\text{ft} = 4.64\text{万元}$$

根据爱德加法则，其价格总额为

$$2000\text{元/ft} \times 109.5\% \times 20\text{ft} = 4.38\text{万元}$$

根据戴维斯法则，其价格总额为

$$2000\text{元/ft} \times 111.1\% \times 20\text{ft} = 4.444\text{万元}$$

（二）欧美路线价估价法的运用

上面在介绍各项估价法则时，都是以单面临街的矩形地为前提的。但是，待估价土地不可能都是上述单面临街的矩形土地，更常见的可能是街角地、三角形地、双面（三面、甚至四面）临街地、梯形地及不规则形地，对于这些土地同样可以用路线价法进行估价，下面分别进行介绍。

1. 街角地的估价

街角地因为交通便利，日照通风条件较好，其价格往往高于中间地段的价格，特别是作为商业用地，其利用价值更高于单面临街地甚至双面临街地。

对于街角地的估价，一般先计算土地的正街价格，然后再计算旁街的影响价格，两者之和，即为该街角地的总价。这里，对于正街、旁街的区分，一般以路线价的高低或街道的性质及繁华程度为标准。路线价高者为正街，较繁华的街道为正街，交通主干线为正街。同时，街角的影响范围只局限于街角起100ft以内，超过则不计算街角的影响。表8-13、表8-14就是运用较广的慎格尔旁街深度百分率表和克利夫兰市街角增值百分率表。

【例8-14】　街角地情况如图8-4所示，估算其土地价格。

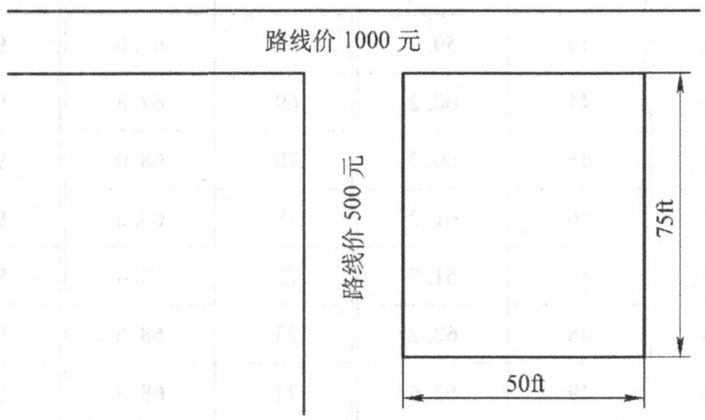

图8-4　街角地情况

解：可采用两种方法计算。

（1）第一种方法：街角地总价为正街价格与旁街影响价之和

1）根据慎格尔法则，即四三二一法则，该幅土地的正街价格为

表 8-13　慎格尔旁街深度的百分率表

深度/ft	百分率（%）	深度/ft	百分率（%）	深度/ft	百分率（%）	深度/ft	百分率（%）
1	3.3	26	47.0	51	63.3	76	69.2
2	6.4	27	48.0	52	63.6	77	69.4
3	9.5	28	49.0	53	63.9	78	69.6
4	12.5	29	50.0	54	64.2	79	69.8
5	15.0	30	51.0	55	64.5	80	70.0
6	17.3	31	51.9	56	64.8	81	70.1
7	19.5	32	52.8	57	65.1	82	70.2
8	21.5	33	53.6	58	65.4	83	70.3
9	23.3	34	54.3	59	65.7	84	70.4
10	25.0	35	55.0	60	66.0	85	70.5
11	26.7	36	55.6	61	66.2	86	70.6
12	28.4	37	56.2	52	66.4	87	70.7
13	30.0	38	56.8	63	66.6	88	70.8
14	31.6	39	57.4	64	66.8	89	70.9
15	33.0	40	58.0	65	67.0	90	71.0
16	34.4	41	58.6	66	67.2	91	71.1
17	35.8	42	59.2	67	67.4	92	71.2
18	37.2	43	59.7	68	67.6	93	71.3
19	38.6	44	60.2	69	67.8	94	71.4
20	40.0	45	60.7	70	68.0	95	71.5
21	41.3	46	61.2	71	68.2	96	71.6
22	42.6	47	61.7	72	68.4	97	71.7
23	43.8	48	62.2	73	68.6	98	71.8
24	44.9	49	62.6	74	68.8	99	71.9
25	46.0	50	63.0	75	69.0	100	72.0

$$1000元/ft \times 90\% \times 50ft = 4.5万元$$

2）根据慎格尔旁街深度百分率表，旁街影响价为

$$500元/ft \times 63\% \times 75ft = 2.3625万元$$

表 8-14 克利夫兰市街角增值百分率表（100ft × 100ft）

正街与旁街单位地价之比	中间地段地价	慎格尔街角地价	巴的摩尔市街角地价	苏穆斯街角地价	平均街角地价
7:1	100%	110.3%	115.0%	110.52%	111.94%
6:1	100%	112.0%	116.7%	110.88%	113.19%
5:1	100%	114.4%	120.0%	111.89%	115.43%
4:1	100%	118.0%	125.0%	113.17%	118.75%
3:1	100%	124.0%	133.3%	115.45%	124.25%
2:1	100%	136.0%	150.0%	121.32%	135.77%
1:1	100%	172.0%	200.0%	150.0%	174.00%

3）则街角地总价为

正街价格 + 旁街影响价 = （4.5 + 2.3625）万元 = 6.8625 万元

（2）第二种方法：采用街角增值百分率表进行计算

由于正街与旁街的单位价格之比为 1000:500 = 2:1，所以该街角地价格总额为

1）根据慎格尔街角增值百分率表，该幅街角地总价为

1000 元/ft × 136% × 50ft = 6.8 万元

2）根据苏穆斯街角增值百分率表，该幅街角地总价为

1000 元/ft × 121.32% × 50ft = 6.066 万元

2. 直角三角形土地的估价

直角三角形土地的估价，根据底边临街或顶点临街的不同，而在具体计算时有所差异，其估价步骤为：

1）绘成矩形土地。即以直角三角形土地的宽度和深度为基础绘成矩形土地。

2）计算矩形土地价格。矩形土地的价格，可根据四三二一法则、苏穆斯法则等计算。

3）对矩形土地的价格进行修正，计算待估价土地即直角三角形土地的价格。

修正方法如下：

1）若直角三角形的底边临街，则可直接采用表 8-15 中三角形土地价格百分率乘以矩形土地的价格，就得到直角三角形土地的价格。

2）若直角三角形的顶点临街，则先用 100% 减去表 8-15 中三角形土地价格的百分率，以此余额再乘上矩形土地的价格。就得到待估三角形土地的价格。

表 8-15 慎格尔三角形土地价格百分率

深度/ft	占矩形土地价格之百分率（%）	深度/ft	占矩形土地价格之百分率（%）
10	50.0	130	68.0
20	55.5	140	69.0
30	58.0	150	700
40	59.0	200	73.5
50	60.0	250	77.5
60	61.0	300	79.0
70	62.0	350	80.0
80	63.0	400	81.0
90	64.0	450	82.0
100	65.0	500	83.0
110	66.0	550	84.0
120	67.0	660	85.0

【例 8-15】 直角三角形土地情况如图 8-5 所示，估算直角三角形土地 *ABC* 和 *BDC* 的地价。

解：（1）根据四三二一法则，矩形 *ABCD* 的总价为

1000 元/ft ×90% ×50ft = 4.5 万元

（2）根据表 8-15，可得三角形土地 *ABC* 价格百分率为 62.5%，所以直角三角形地 *ABC* 的总价为

4.5 万元 ×62.5% = 2.8125 万元

（3）直角三角形土地 *BDC* 的总价则为

4.5 万元 ×（100% −62.5%）= 1.6875 万元

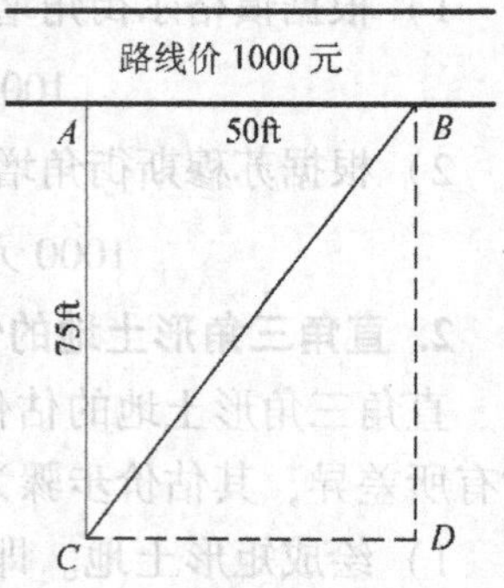

图 8-5 直角三角形土地情况

3. 双面临街土地的估价

对于双面临街土地的估价，有平均估价法和重叠价格估价法两种。通常采用重叠价格估价法计算。

（1）平均估价法 平均估价法，就是对位于两街之间的土地，将其深度平均分为前后两半，前一半按前街的路线价估价，后一半按后街的路线价估价，然后合计即为全部土地价格。

（2）重叠估价法 重叠估价法就是先计算高价街与低价街所影响地段深度的分割点，然后分别求取面临高价街、低价街部分的地价，再将两者合计，即为全部土地的价格。分割点的计算公式为

$$高价街影响深度 = \frac{高价街路线价}{高价街路线价 + 低价街路线价} \times 全部深度$$

【例 8-16】　双面临街土地情况如图 8-6 所示，估算此双面临街地 *ABCD* 的价格。

解：本题为双面临街土地的估价。

（1）按双面临街土地平均估价法计算

1）将土地平均分成两半，即前面 70ft，后面 70ft。

2）根据苏穆斯法则，前 70ft 即 *AEFD* 的价格为

2500 元/ft × 85.6% × 50ft = 10.7 万元

后 70ft 即 *BEFC* 的价格为

1500 元/ft × 85.6% × 50ft = 6.42 万元

3）双面临街地 *ABCD* 的价格为 *AEFD* 的价格与 *BEFC* 的价格之和

（10.7 + 6.42）万元 = 17.12 万元

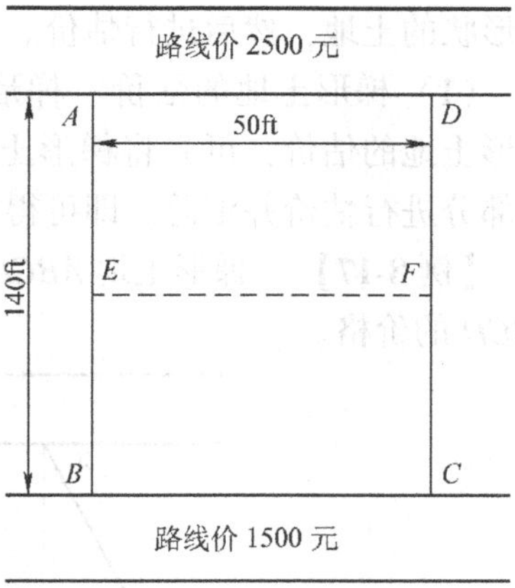

图 8-6　双面临街土地情况

（2）按双面临街土地重叠价格估价法计算

1）计算分割点。

受高价街影响地段深度为

$$\frac{2500}{2500+1500} \times 140\text{ft} = 87.5\text{ft}$$

受低价街影响地段深度则为

$$(140-87.5)\ \text{ft} = 52.5\text{ft}$$

2）分别计算矩形 *AEFD* 与矩形 *EBFC* 的地价。

根据苏穆斯法则，深度为 87.5ft 和 52.5ft 的土地价格百分率分别为

$$90.9\% + \frac{95.6\% - 90.9\%}{10} \times 7.5 = 94.425\%$$

$$72.5\% + \frac{79.5\% - 72.5\%}{10} \times 2.5 = 74.25\%$$

所以，矩形 *AEFD* 的地价为

2500 元/ft × 94.425% × 50ft = 118031 元 ≈ 11.8 万元

矩形 *BEFC* 的地价为

1500 元/ft × 74.25% × 50ft = 55688 元 ≈ 5.57 万元

3）双面临街地 *ABCD* 的价格为 *AEFD* 的地价与 *BEFC* 的地价之和

（11.8 + 5.57）万元 = 17.37 万元

从上面的计算可以看出，便于计算是平均估价法的优点，但它忽略了不同的街道对于土地深度影响的差异，把高价街地与低价街地同等看待，而重叠估价法尽管计算比较繁琐，却弥补了平均估价法的不足。

4. 不规则土地的估价

不规则土地的形状各式各样，但都可以将它转化成矩形、直角三角形等规则形状的土地，然后进行估价。

（1）梯形土地的估价　梯形可分割成两个直角三角形和一个矩形。因此，梯形土地的估价，可先将梯形土地分割成直角三角形和矩形土地，再对各个构成部分进行估价并汇总，即可得到梯形土地的价格总额。

【例 8-17】　梯形土地 *ABCD* 的形状和尺寸如图 8-7 所示，估算该梯形土地 *ABCD* 的价格。

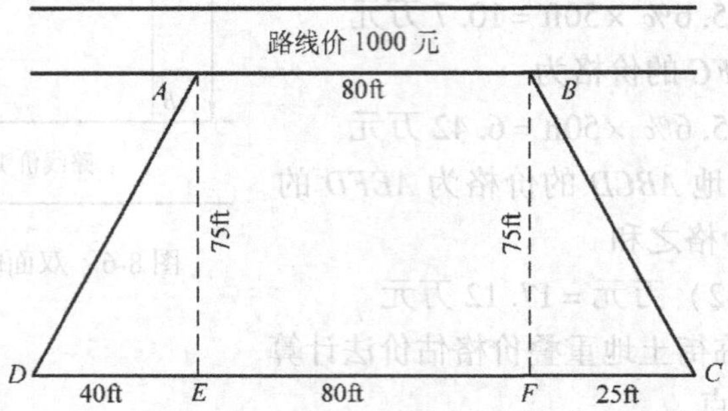

图 8-7　梯形土地的形状和尺寸

解：具体估价过程如下：

（1）将梯形 *ABCD* 分割为三幅规则形土地，即由 *A*、*B* 两点分别向 *CD* 作垂线 *AE*、*BF*，从而将梯形 *ABCD* 分割成直角三角形 *ADE*、*BFC* 及矩形 *ABFE*。

（2）计算各构成部分的土地价格

1）根据苏穆斯法则，矩形 *ABFE* 的价格为

$$1000\text{元/ft} \times 88.3\% \times 80\text{ft} = 7.064\text{万元}$$

2）根据苏穆斯法则和慎格尔三角形土地价格百分率表。

直角三角形 *ADE* 的价格为

$$1000\text{元/ft} \times (100\% - 62.5\%) \times 40\text{ft} = 1.5\text{万元}$$

直角三角形 *BFC* 的价格为

$$1000\text{元/ft} \times (100\% - 62.5\%) \times 25\text{ft} = 0.9375\text{万元}$$

3）梯形 *ABCD* 的地价总额为矩形和两个三角形地价之和，即

$$(7.064 + 1.5 + 0.9375)\text{万元} = 9.5015\text{万元}$$

（2）不规则三角形土地的估价　不规则三角形土地包括钝角三角形和锐角三角形土地两种，其估价方法仍是将其转化为规则形土地后再进行估价。

【例 8-18】　钝角三角形土地 *ABC* 的形状和尺寸如图 8-8 所示，试估算该三角形 *ABC* 土地的价格。

解：估价过程如下。

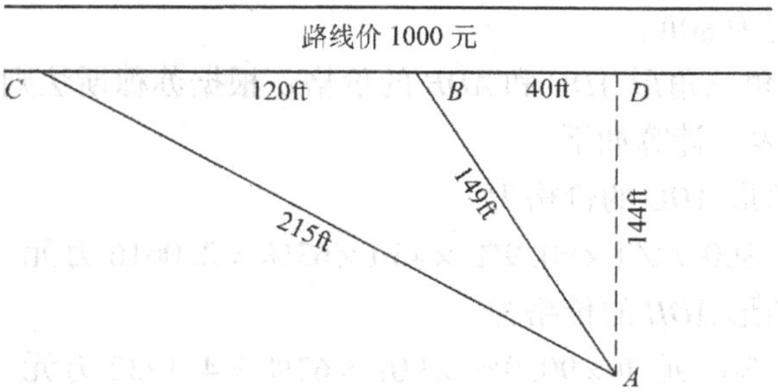

图 8-8　钝角三角形土地的形状和尺寸

（1）从 A 点向街道作垂线 AD 得临街宽 160ft 的直角三角形土地。

（2）估算直角三角形 ADB 和 ADC 的价格。根据苏穆斯法则和慎格尔三角形土地的价格百分率，计算如下。

1）直角三角形 ADC 的价格为

$$1000\text{元/ft}\times\left(113\%+\frac{115\%-113\%}{10}\times4\right)\times160\text{ft}\times\left[69\%+\frac{70\%-69\%}{10}\times4\right]$$

=12.6364 万元

2）直角三角形 ADB 的价格为

$$1000\text{元/ft}\times\left(113\%+\frac{115\%-113\%}{10}\times4\right)\times40\text{ft}\times\left[69\%+\frac{70\%-69\%}{10}\times4\right]$$

=3.1591 万元

（3）钝角三角形 ABC 的价格为直角三角形 ADC 的价格减去直角三角形 ADB 的价格

（12.6364－3.159）万元＝9.4773 万元

【例 8-19】　锐角三角形土地 ABC 的形状和尺寸如图 8-9 所示，试估算该三角形土地的价格。

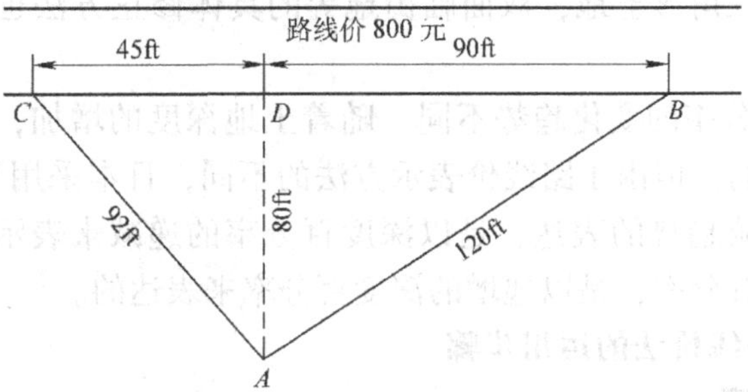

图 8-9　锐角三角形土地的形状和尺寸

解：三角形 ABC 土地的估价过程如下。

（1）由 A 点向街道作垂线 AD，得两个直角三角形 ADC 和 ADB，宽度分别为

45ft 和 90ft，深度为 80ft。

（2）计算直角三角形 *ADC* 和 *ADB* 的价格。根据苏穆斯法则和慎格尔三角形土地价格百分率表，计算如下。

1）直角三角形 *ADC* 的价格为

$$800\text{ 元/ft}\times 90.9\%\times 45\text{ft}\times 63\% = 2.0616\text{ 万元}$$

2）直角三角形 *ADB* 的价格为

$$800\text{ 元/ft}\times 90.9\%\times 90\text{ft}\times 63\% = 4.1232\text{ 万元}$$

（3）三角形 *ABC* 的地价为直角三角形 *ADC* 的价格与直角三角形 *ADB* 的价格之和，即

$$(2.0616+4.1232)\text{ 万元} = 6.1848\text{ 万元}$$

四、日本路线价估价法

（一）日本路线价估价法的特点

日本是在 1923 年关东大地震后，为了重建受灾的城市，进行城市规划，正确计算补偿金额，而借鉴美国的苏穆斯法则，制定了独特的“复兴局”法则，后又经改善，而形成了现在日本独具特色的日本路线价估价法。与欧美国家路线价法则相比较，日本的路线价估价法具有以下特点：

（1）路线价的表示方式不同　日本的路线价是以每平方米的点数表示，而欧美国家一般以 1ft 宽、100ft 深为计算单位，并以货币表示。

（2）路线价的计算不同　与路线价的表示方式相关，日本的路线价的基本计算公式为式（8-21），即

$$\text{土地价格} = \text{路线价}\times\text{深度指数}\times\text{土地面积}$$

而欧美国家路线价的基本计算公式为式（8-20），即

$$\text{土地价格} = \text{路线价}\times\text{深度指数}\times\text{土地宽度}$$

其次，对于三角形土地，双面临街地等的具体修正方法也不同。这些将在后面详细阐述。

（3）深度百分率的变化趋势不同　随着土地深度的增加，土地价格呈递减趋势，这是共同的。但由于路线价表示方法的不同，日本采用平均深度百分率，对于土地价格递减趋势的表达，是以深度百分率的递减来表示的；而欧美国家则采用累计深度百分率，是以递增的深度百分率来表达的。

（二）日本路线价法的运用步骤

1. 选择标准宗地

运用路线价法的第一步是确定标准宗地，以便设定路线价。日本对于标准地设定的方法为：

（1）区分土地的用途、类别　土地按照用途不同，可以分为商业用地、住

宅用地、工业用地以及特殊用地四类，并根据土地的性质再进一步细分。商业用地可划分为繁华地区、高度商业区及普通商业区；住宅用地可划分为高级住宅用地、普通住宅用地及并用住宅用地；工业用地则可分为大工厂地区、中等工业地区及家庭工业地区。

（2）确定标准宗地　标准宗地的选择是以土地的利用状况为基准，需要考虑两方面的因素。首先，对上述不同用途和类别所区分的地区，从街道状况、公共设施、基础设施特别是交通设施等方面，对各幅土地进行分析、判别，使有差异的地区能够再加以区分。其次，从土地的宽度、深度、形状等方面进行确定。在沿该地区主要街道的宗地中选定深度间数、宽度间数、形状等在该地区属于标准的土地。所谓“标准”的含义是指标准宗地的深度、宽度、形状等必须能体现该地区大多数土地的情况。

2. 设定路线价

对主要街道和其他街道，需分别设定路线价。

主要街道路线价的设定，一般以该主要街道附近的标准土地的每平方米适当时价为基准。所谓适当时价，就是与该土地的相类似的有关土地的最近成交价格，可通过市场法确定。当然对交易情况、日期以及地区因素、内部因素等方面的差异需要进行修正。

其他街道路线价的确定，可以参照附近主要街道的路线价，并对主要街道的标准土地与沿其他街道的标准土地在公共设施、基础设施以及土地利用条件等方面比较，进行确定。

当然，在设定路线价后，需要将所设定的路线价与附近主要街道或其他街道的路线价进行比较，分析对标准宗地相互之间的评价是否均衡，以免脱离实际。

3. 计算点数

根据土地的形状、宽度、深度等具体情况，就可运用一定的方法，计算待估价土地的点数。

4. 换算价格

以点数表示路线价，进而表示土地价格的高低，是日本路线价法的一大特色。作为估价，甚至作为课税基础的土地估价，一般在计算出待估价土地的点数后就完成了估价过程，但如果作为买卖转让，则需将点数转换成价格，换算公式为

$$\text{每点折算价格} = \frac{\text{土地平均单位价格} \times \text{各类土地总面积}}{\text{各类土地总点数}} \tag{8-23}$$

其中，土地平均单位价格一般由当地政府公布。

（三）日本路线价法运用举例

1. 基本步骤

路线价法的基本计算公式是根据单面临街的矩形土地表达的，在估价时，为了方便可根据下列步骤进行：

1）计算待估价土地的单方点数。

单方点数 = 路线价 × 深度价格百分率

2）计算待估价土地总点数。

总点数 = 单方点数 × 土地面积 = 单方点数 × 土地深度 × 土地宽度

其中，深度价格递减比率见表 8-16。

表 8-16 深度价格递减比率

<table>
<tr><th>地区区分
深度
/m</th><th>繁华街道、高度
商业地区
（%）</th><th>普通商业地区、
并用住宅地区
（%）</th><th>普通住宅地区、
家庭工业地区
（%）</th><th>中小工厂地区
（%）</th><th>大工厂地区
（%）</th></tr>
<tr><td>16.36 以下</td><td>100</td><td rowspan="2">100</td><td rowspan="4">100</td><td rowspan="17">100</td><td rowspan="22">100</td></tr>
<tr><td>16.36 以上</td><td>99</td></tr>
<tr><td>18.18 以上</td><td>98</td><td rowspan="2">99</td></tr>
<tr><td>20.00 以上</td><td>97</td></tr>
<tr><td>21.81 以上</td><td>96</td><td>98</td><td rowspan="3">99</td></tr>
<tr><td>23.63 以上</td><td>95</td><td>97</td></tr>
<tr><td>25.45 以上</td><td>93</td><td>96</td></tr>
<tr><td>27.27 以上</td><td>92</td><td>95</td><td>98</td></tr>
<tr><td>29.09 以上</td><td>90</td><td>93</td><td rowspan="2">97</td></tr>
<tr><td>30.90 以上</td><td>89</td><td>92</td></tr>
<tr><td>32.72 以上</td><td>87</td><td>91</td><td>96</td></tr>
<tr><td>34.54 以上</td><td>86</td><td>90</td><td>95</td></tr>
<tr><td>36.36 以上</td><td>84</td><td>89</td><td>94</td></tr>
<tr><td>38.18 以上</td><td>83</td><td>88</td><td rowspan="2">93</td></tr>
<tr><td>40.00 以上</td><td>81</td><td>87</td></tr>
<tr><td>41.81 以上</td><td>80</td><td>86</td><td>92</td></tr>
<tr><td>43.63 以上</td><td>79</td><td>85</td><td>91</td></tr>
<tr><td>45.45 以上</td><td>78</td><td>84</td><td>91</td><td rowspan="5">98</td></tr>
<tr><td>47.27 以上</td><td>77</td><td>83</td><td rowspan="2">90</td></tr>
<tr><td>49.09 以上</td><td>76</td><td>82</td></tr>
<tr><td>50.90 以上</td><td>75</td><td>81</td><td rowspan="2">89</td></tr>
<tr><td>52.72 以上</td><td>74</td><td>80</td></tr>
</table>

（续）

<table>
<tr><th>地区区分
深度
/m</th><th>繁华街道、高度
商业地区
（%）</th><th>普通商业地区、
并用住宅地区
（%）</th><th>普通住宅地区、
家庭工业地区
（%）</th><th>中小工厂地区
（%）</th><th>大工厂地区
（%）</th></tr>
<tr><td>54.54 以上</td><td>73</td><td>79</td><td rowspan="3">88</td><td rowspan="5">96</td><td rowspan="15">100</td></tr>
<tr><td>56.36 以上</td><td>72</td><td>78</td></tr>
<tr><td>58.18 以上</td><td>71</td><td>77</td></tr>
<tr><td>60.00 以上</td><td>70</td><td>76</td><td rowspan="3">87</td></tr>
<tr><td>61.81 以上</td><td>69</td><td>75</td></tr>
<tr><td>63.63 以上</td><td>68</td><td>74</td><td rowspan="4">94</td></tr>
<tr><td>65.45 以上</td><td>67</td><td>73</td><td rowspan="3">86</td></tr>
<tr><td>67.27 以上</td><td rowspan="2">66</td><td>72</td></tr>
<tr><td>69.09 以上</td><td>71</td></tr>
<tr><td>70.90 以上</td><td>65</td><td>70</td><td>85</td></tr>
<tr><td>72.72 以上</td><td>64</td><td>69</td><td>84</td><td>92</td></tr>
<tr><td>81.81 以上</td><td>62</td><td>68</td><td>83</td><td>90</td></tr>
<tr><td>90.90 以上</td><td rowspan="2">61</td><td>67</td><td>82</td><td>88</td></tr>
<tr><td>100.00 以上</td><td>66</td><td>81</td><td>86</td></tr>
<tr><td>109.09 以上</td><td>60</td><td>65</td><td>80</td><td>85</td></tr>
</table>

【例 8-20】　一幅普通住宅地为临街矩形土地，宽度 30m，深度 50m，路线价为 800 点。试用日本路线价估价法评估该幅矩形土地的总点数为多少？

解：根据日本路线价估价法计算公式计算如下：

（1）该幅土地单方点数 = 800 点 × 90% = 720 点

（2）该幅土地总点数 = 720 点 ×（30 × 50）= 1080000 点

假如土地的形状为平行四边形，但各边的交角为 70° ~ 110°时，可视同为直角，以其平均深度作为矩形深度，按照上述方式进行估价。

2. 街角地的估价

街角地的估价原理与欧美国家基本相同，即先计算面临主要街道的地价，再计算旁街的影响地价，两者加总，即为待估价土地的总价。主要街道与旁街也是根据路线价的高低区分的，但在计算过程中略有差异。

【例 8-21】　一幅普通商业用地如图 8-10 所示，试用日本路线价估价法评估该幅矩形土地的总点数为多少？

解：根据日本路线价估价法计算公式、表 8-16 及表 8-17 计算如下：

（1）该幅土地单方基本点数 = 800 点 × 87% = 696 点

（2）该幅土地单方增加点数 = 500 点 × 93% × 10% = 46.5 点

说明：87% 和 93% 分别为深度 40m 和 30m 的深度指数（见表 8-16），10% 则是旁街的影响百分率（见表 8-17）。

表 8-17　旁街的影响百分率

地区区分	繁华街道、高度商业地区	普通商业地区、并用住宅地区	普通住宅地区、家庭工业地区	大中小工厂地区
增加率（%）	15	10	7	5

（3）该幅土地单方点数 = （696 + 46.5）点 = 742.5 点

（4）该幅土地总点数 = 742.5 点 × (40 × 30) = 891000 点

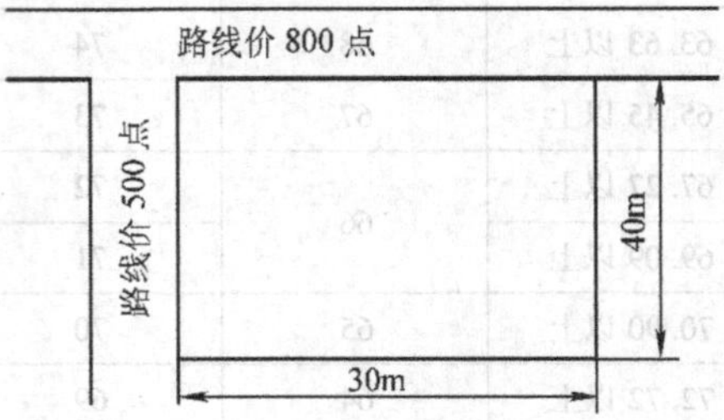

图 8-10　某普通商业地

如果街角地不是矩形，而是一侧较为弯曲的话，可作为准街角地处理，即其旁街的影响百分率按街角地的一半计算。

3. 双面临街地的估价

双面临街地的估价原理类似于欧美国家对这类土地的估价，即在计算正面路线价单方点数与双面临街地修正单方点数的基础上，得出双面临街地的单方点数，然后乘以土地面积，即为待估价土地的总点数。

【例 8-22】　一繁华地区情况如图 8-11 所示，试用日本路线价估价法评估该幅土地的总点数为多少？

解：根据日本路线价估价法计算公式及表 8-18 计算如下：

（1）单方基本点数 = 1000 点 × 76% = 760 点

（2）单方修正点数 = 800 点 × 76% × 7% = 42.56 点

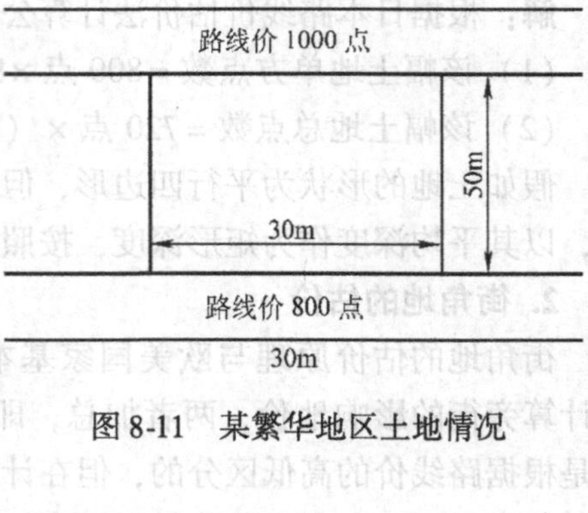

图 8-11　某繁华地区土地情况

说明：76% 为繁华地区 50m 深的深度指数（见表 8-16），7% 为繁华地区双面临街地的增加率（见表 8-18）。

（3）单方点数 = （760 + 42.56）点 = 802.56 点

（4）总点数 = 802.56 点 × (50 × 30) = 1203840 点

4. 三面或四面临街地的估价

三面或四面临街地实质上是街角地与双面临街地的集合。因此，在估价时需要同时运用街角地与双面临街地的有关增加百分率。

表 8-18　双面临街地增加率

地区区分	繁华街道、高度商业地区	普通商业地区、并用住宅地区	普通住宅地区、家庭工业地区	大中小工厂地区
增加率	7%	5%	3%	3%

（1）三面临街地的估价　举例如下。

【例 8-23】　一普通住宅用地如图 8-12 所示，试用日本路线价估价法评估该普通住宅用地的总点数为多少？

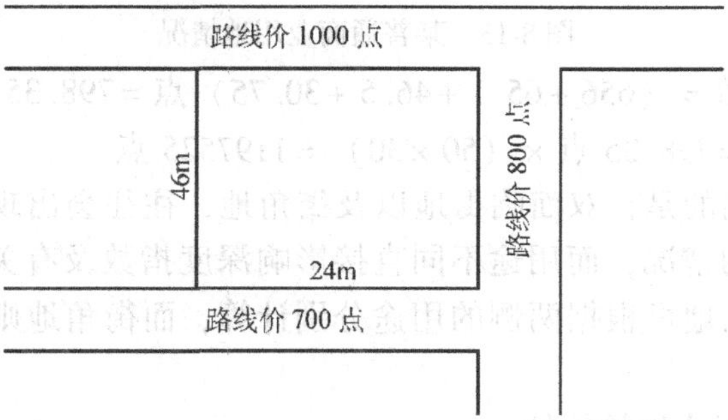

图 8-12　某普通住宅用地情况

解：根据日本路线价估价法计算公式及表 8-16、表 8-17、表 8-18 计算如下：

（1）单方基本点数 = 1000 点 ×91% = 910 点

（2）街角地单方增加点数 = 800 点 ×99% ×7% = 55.44 点

（3）双面临街单方增加点数 = 700 点 ×91% ×3% = 19.11 点

说明：91% 和 99% 为深度指数，可在表 8-16 中查得，7% 和 3% 分别为街角地和双面临街地的增加百分率，可在表 8-17、表 8-18 中查得。

（4）单方点数 =（910 + 55.44 + 19.11）点 = 984.55 点

（5）总点数 = 984.55 点 ×（24 ×46）= 1086943.2 点

（2）四面临街地的估价　举例如下。

【例 8-24】　一普通商业用地情况如图 8-13 所示，正面路线价为 800 点。里面路线价为 750 点，两侧路线价分别为 700 点和 500 点。试用日本路线价估价法评估该普通商业用地的总点数为多少？

解：根据日本路线价估价法计算公式及表 8-16 ~ 表 8-18 计算如下：

（1）单方基本点数 = 800 点 ×82% = 656 点

（2）左侧单方增加点数 = 700 点 ×93% ×10% = 65.1 点

（3）右侧单方增加点数 = 500 点 ×93% ×10% = 46.5 点

（4）双面临街单方增加点数 = 750 点 ×82% ×5% = 30.75 点

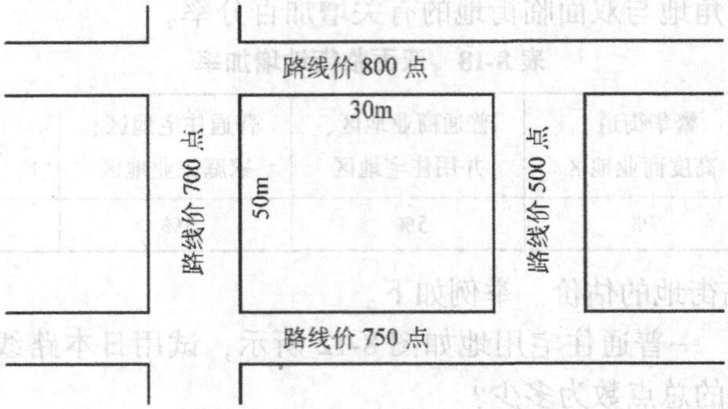

图 8-13 某普通商业用地情况

（5）单方点数 =（656 + 65.1 + 46.5 + 30.75）点 = 798.35 点

（6）总点数 = 798.35 点 ×（50 × 30） = 1197525 点

这里需要指出的是，双面临街地以及街角地，往往会出现侧街、里街的用途与主街不一样的情况，而用途不同直接影响深度指数及有关修正率。一般来说，对于双面临街地可根据两侧的用途分别计算，而街角地则以正街的用途为准。

5. 直角三角形土地的估价

直角三角形土地的估价原理与欧美国家基本相同，即先计算矩形土地的点数，然后进行修正。但是日本对三角形土地的估价，比欧美国家更为合理、科学。

首先，三角形土地的利用价值与其最小角的大小相关。一般来说，等腰直角三角形土地的利用价值高于其他形状的直角三角形土地。

其次，连接街道的是顶角还是底角也影响三角形土地的利用价值。底角连接街道，就是底边临街，因而其利用价值高于顶角即顶点临街的三角形土地。

最后，在以上两个方面相同的情况下，三角形土地的利用价值又与其面积大小密切相关，面积越大，利用价值越高。

因此，在日本路线价法中，对于直角三角形土地的修正，需要从角度和面积两方面进行，原则上取比较大的修正率进行修正。如一幅三角形土地的角度修正率为 90%，面积修正率为 93%，那么就用面积修正率 93% 对有关点数进行修正。

三角形土地的修正率见表 8-19、表 8-20。

表 8-19 角度修正率表

最小角	10°以下	10°以上	15°以上	20°以上	30°以上	45°以上，70°以下
底角修正率（%）	80	85	89	92	95	97
顶角修正率（%）	75	81	86	90	93	95

表 8-20　面积修正率表

面积最小角	99.17m² 以下	99.17～132.23m²	132.23～165.28m²	165.28～330.57m²	330.57～991.73m²	991.73～3305.78m²	3305.78m² 以上
30°以下	70	75	80	85	90	95	98
30°以上	80	85	85	90	95	98	98

【例 8-25】　一普通住宅地如图 8-14 所示，试用日本路线价估价法评估该普通住宅土地的总点数为多少？

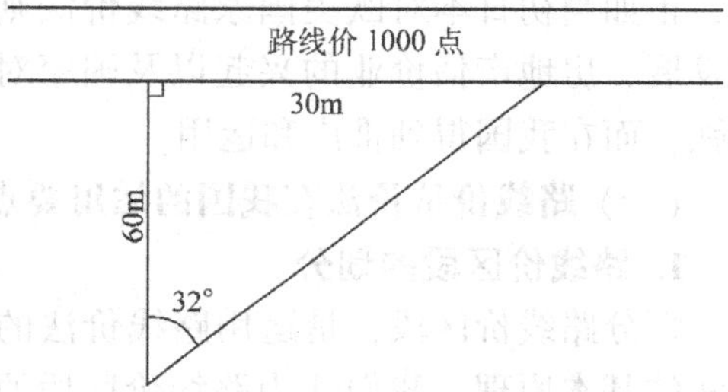

图 8-14　某普通住宅地情况

解：根据日本路线价估价法计算公式及表 8-19、表 8-20 计算如下：

（1）确定修正率。由于三角形地最小角 32°为顶角，查表 8-19 得角度修正率为 93%；三角形地面积为 $\frac{1}{2}\times 60\text{m}\times 30\text{m}=900\text{m}^2$，查表 8-20 得面积修正率为 95%。因此，修正率确定为 95%。

（2）计算单方点数。

单方点数 = 1000 点 ×87% ×95% = 826.5 点

（3）计算总点数。

总点数 = 826.5 点 ×900 = 743850 点

【例 8-26】　一普通商业用地如图 8-15 所示，试用日本路线价估价法评估该普通商业用地的总点数为多少？

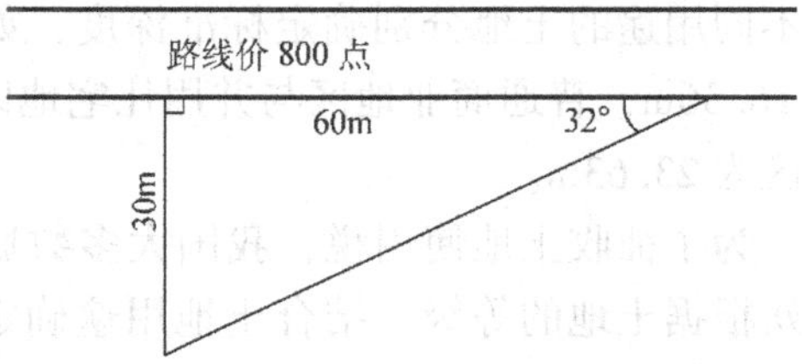

图 8-15　某普通商业用地情况

解：根据日本路线价估价法计算公式及表 8-19、表 8-20 计算如下：

（1）确定修正率。由于三角形地最小角 32°为底角，查表 8-19 得角度修正率为 95%；三角形地面积 $=\frac{1}{2}\times 60\text{m}\times 30\text{m}=900\text{m}^2$，查表 8-20 得面积修正率为 95%。因此，修正率为 95%。

（2）计算单方点数。

单方点数 = 800 点 ×93% ×95% = 706.8 点

（3）计算总点数。

总点数 = 706.8 点 ×900 = 636120 点

以上分析了规则形土地的估价。对于不规则形土地，与欧美路线价法运用一样，可通过转化成为规则形土地进行估价。

另外，值得指出的是，日本在借鉴欧美国家路线价法则时，对于宽度狭小的土地，深度过大、过小的土地，没有直接与街道相连的土地以及不能正常使用的土地，都制定了相应的修正率，从而使路线价估价法更趋完善。

五、路线价估价法在我国的应用

路线价估价法作为土地估价中的一种具有较强针对性、较为科学的估价方法，正如当初日本对欧美国家路线价法则的借鉴一样，必将随着我国房地产业的发展、房地产估价业的兴起以及国家对房地产税收、抵押等方面管理工作的加强，而在我国得到推广和运用。

（一）路线价估价法在我国的运用要点

1. 路线价区段的划分

划分路线价区段，是运用路线价法的第一步。根据我国的实际情况及路线价法的基本原理，我们认为路线价区段原则上以街道为单位进行划分，但必须结合土地的用途、街道的繁华程度以及交通设施等状况。在繁华的商业区，一个街道可划分为几个路线价区段，相反，在工业区或住宅区，可将数个街道合并为一个路线价区段。

2. 标准深度的确定

标准深度是一个路线价区段内大多数土地的深度。因此，从理论上讲，有多少路线价区段就应该有多少标准深度，从而就需要制作多少个相应的深度指数表。但这样做，实际上违背了路线价法的宗旨，增加了路线价法运用的难度。

在欧美国家，标准深度一般以100ft为准，个别城市也有150ft的，日本则对不同用途的土地分别确定标准深度，如繁华地区及高度商业地区的标准深度为16.36m，普通商业地区与并用住宅地区为18.18m，普通住宅地区和家庭工业地区为23.63m。

为了征收土地使用税，我国大多数城市对其土地划分了等级，因此，我国不妨根据土地的等级，结合土地用途确定各个区域的标准深度。如某市土地共分五级，甲级土地的标准深度为12m，其中商业用地为8m，住宅用地为16m；乙级土地标准深度为18m，其中商业用地14m，住宅用地为22m。当然。这需要组织专门工作人员在分析研究的基础上才能确定。

3. 路线价的设定

路线价的表示方法有两种。一是欧美方式，即以1ft宽、100ft深为单位；另一种是日本方式，以m^2为单位，但标准土地深度与宽度根据土地不同用途而定。我国可借鉴日本的做法，对不同等级、不同用途的土地分别设定标准宗地，但均以m^2表示。

路线价的计量，欧美国家以货币为计量单位，日本则以点数为计量单位，两种方法各有所长。为了便于理解，并与其他估价方法结合使用，我国不妨以货币为计量单位。

路线价的表达形式有固定和浮动两种形式，在欧美国家及日本，路线价法主要用于土地课税价格的确定，因此，一般以固定形式出现；但如果把路线价法运用于土地的买卖转让估价时，不妨以浮动的方式出现。如以1000元为基础，浮动率为10%，则该区段的路线价在900元和1100元之间，这样，可保持路线价在一定时间如1年内的适用性。

4. 深度指数表及有关修正率的制定

与路线价的表达方式和计量单位有关，组成深度指数表的深度价格百分率可呈递减趋势，即标准深度为100%，超过标准深度则逐步递减，如以12m为标准深度并表示为100%的话，那么12～14m为98%，14～16m为96%，…。对于深度指数，既可以用表格表达，也可以用公式计算（除哈柏法则外，一般以表格形式出现）。在我国，根据不同的土地等级及土地用途，通过表格表达比较合适。

由于土地不可能都是单面临街的矩形土地，因此对于双面临街、街角地、直角三角形土地以及宽度的狭小、深度的浅深、三角形土地的角度及面积等方面应制定相应的修正率。

5. 路线价法的基本计算公式

根据以上分析，我国路线价法的基本计算公式类似于日本，可表达为

$$土地价格=路线价\times深度指数\times土地面积\pm修正值 \tag{8-24}$$

（二）路线价估价法在我国的应用范围

路线价法在国外主要用于土地课税价格的估价，我国的路线价法应用范围具体可概括如下。

1. 土地税收的征管

土地使用税，目前是根据城市性质、土地等级按每平方米来计征的。这样固然便于征管和保持税收的稳定，但是往往造成税负偏低的情况。而运用路线价法，则可以使土地使用税从按面积征收转为按价格征收。

2. 土地资源的管理

房地产是一个国家财富的重要组成部分，我国地大物博、幅员辽阔，土地资源的管理更是我国资产管理的重点。但是长期以来，对于房地产特别是土地资源，我国一直局限于实物管理，随着经济体制改革的深化，从实物管理转向价值管理，这是必然的趋势。但其他的房地产估价法往往只局限于个别房地产的估价，路线价法则可对土地大面积估价，从而确定我国土地资源的价值量。

3. 政府调控土地市场的需要

土地市场最典型的特点是计划管理与市场调节的结合，为了调控土地市场、抑制土地投机，政府往往要公布一些基准价格进行指导。但由于城市土地的特殊性，地理位置的细微差别往往会带来土地价格的天壤之别，因此，不可能对全国或某个地区、某个城市公布统一的基础价格。这个基准价格只能通过路线价的形式出现，并借助于深度价格百分率及有关修正率的形式来调控土地市场。

4. 作为其他土地估价法的补充

为了使土地价格尽可能的符合实际，一般在估价时，需要几种估价方法并用，以便相互验证，因此路线价法可作为其他估价方法的补充。同时，尽管因税收、抵押、典当、买卖等不同的用途，所估算出的价格会有所不同，但作为课税基础的土地价格的高低仍会对其他买卖、转让等价格有一定影响。

（三）路线价估价法在我国的应用前提

路线价法的基本运用前提是需要具备适当的路线价和合理的深度指数表。

1. 科学的城市规划

无论是路线价区段的划定，还是标准土地深度及宽度的确定，都需要以科学的城市规划为前提。只有在科学的城市规划下，才有可能道路排列整齐、土地形状规则。同时，多变的城市规划同样会影响路线价区段的划定，所以城市规划要具有长期性和远见性。

2. 适当的路线价

路线价必须反映该路线价区段内标准土地的实际情况，并在不同的路线价区段之间，不同用途、不同等级的土地之间均衡、协调。

3. 合理的深度指数表

深度指数表是运用路线价法估价土地的关键，因此它的编制必须科学合理。

4. 规范的修正率

对于街角地、双面临街地、三面或四面临街地、直角三角形土地以及不规则形土地，都需要修正，其修正率需要根据不同的土地用途、不同的土地等级分别确定，并力求规范。

第三节　基准地价修正法

一、基准地价的概念与作用

（一）基准地价的概念

基准地价是指在城镇规划区范围内，对现状利用条件下不同级别或不同均质地域的土地，按照商业、居住、工业等用途，分别评估确定的某一估价时点上法定年限的土地使用权平均价格。基准地价的评估是以城镇整体为单位进行的，是该地区一定时间内不同土地等级、不同使用用途的土地使用权平均价格，反映了城镇区域中土地收益或土地租金、价格的平均水平，表明了城镇土地利用所产生的实际经济效果，是土地经济价值运动的基准线。

基准地价一般由政府组织或委托评估，评估结果需要经政府鉴定认可，同时根据房地产市场变化适时调整。之所以对基准地价适时调整，是因为基准地价具有时效性，随着时间的推移，房地产市场会发生变化，地价水平也会有所变化，因此应对基准地价进行日期修正。基准地价的基本内容，包括分用途、分区域基准地价及其在不同因素条件下修正为宗地地价的修正系数体系，都应以适当的形式予以公布。

基准地价是有限年期的土地使用权价格。对应于不同用途土地使用权的出让最高年限不同，不同用途的基准地价的最高年限也不同，如居住用地基准地价的最高年限为70年，商业、旅游、娱乐用地的最高年限为50年，工业、教育、科技、卫生等用地的最高年限为40年。

（二）基准地价的作用

基准地价的作用主要有以下几个方面：

1）企业投资预算的参考。基准地价客观地反映了土地价值量大小及变动趋势，表明了土地利用的经济效果。

2）为国家计征土地使用税、土地增值税等税费提供依据。

3）加强国家宏观管理的手段，调整经济活动在空间布局的经济杠杆，是政府制定地价政策、宏观调控土地市场的依据。

4）进一步评估标定地价、出让底标等宗地地价的基础，起到估算初始值和修订初始值的作用。

二、基准地价评估的技术路线与步骤

（一）基准地价评估的技术路线

1）以土地定级（或影响地价的土地条件和因素划分均质地域）为基础，用市场交易价格等资料评估基准地价。

2）以土地定级为基础，土地收益为依据，市场交易资料为参考评估基准地价。

（二）城市基准地价评估的步骤

1. 确定基准地价评估的区域范围

这是以一个具体城市为对象，确定其基准地价评估的区域范围，例如是该城市的整个行政区域，还是规划区、市区或建成区等。评估的区域范围大小，主要是根据实际需要和可投入评估的人力、财力、物力等情况来确定。

2. 明确基准地价的内涵、构成、表达方式、基准日期等

特别要明确的是拟评估的基准地价所对应的土地条件或状况，包括土地的基础设施完备程度、平整程度、权利性质（例如是出让土地使用权还是划拨土地使用权）、使用年限、用途（通常分为商业、办公、居住、工业等不同的用途）、容积率（通常按用途来明确相应的容积率）等。因此，基准地价应该是：①设定土地级别或均质地域的平均土地价格；②设定时间的土地价格；③设定用途的土地价格；④设定权利状态（指完整出让土地使用权）下的土地价格；⑤法定最高出让年期的土地价格；⑥设定容积率（通常为区域平均容积率）下的土地价格；⑦设定开发程度下的土地价格；⑧对商业路线价还应该是一定标准深度基础上的土地价格。

3. 划分地价区段

所谓地价区段，是将用途相同、地块相连、地价相近的土地加以圈围而形成的一个个区域。一个地价区段可视为一个地价“均质区域”。通常可将土地划分为三类地价区段：①商业路线价区段；②住宅片区段；③工业片区段。

划分地价区段的方法通常是就土地的位置、交通、使用现状、城市规划、房地产价格水平及收益情形等作实地调查和观察，将情况相同或相似的相连土地划为同一个地价区段。各地价区段之间的分界线应以道路、沟渠或其他易于辨认的界线为准；但商业路线价区段应以标准深度为分界线。

4. 抽查评估标准宗地的价格

这是在划分出的各地价区段内，选择数宗具有代表性的宗地，再由估价人员搜集这些宗地的相关经营收益资料、市场交易资料或开发费用资料等，运用收益法、比较法、成本法、假设开发法等适宜的估价方法评估出这些标准宗地在合理市场下可能形成的正常市场价值，通常应求出单价或楼面地价。

5. 计算区段地价

区段地价是某个特定地价区段的单价或楼面地价，它代表或反映着以该地价区段为范围，求各该地价区段内所抽查评估出的标准宗地单价或楼面地价的平均数、中位数或众数。计算出的区段地价，对于商业路线价区段来说是路线价，对于住宅片区段或工业片区段来说是片区价。

6. 确定基准地价

在上述区段地价计算的基础上作适当的调整后即是基准地价。在确定基准地价时，应先把握各地价区段间的好坏层次（通常是从好到差排序），再把握其间的地价高低层次，以避免出现条件较差的区段的基准地价高于条件较好的区段地价。

7. 提出基准地价应用的建议和技术

这个步骤的内容包括该基准地价的作用，将该基准地价调整为各宗地价格的方法和系数，例如具体区位，土地使用年限、容积率、土地形状、临街状况等的修正方法和修正系数。

三、基准地价修正法

基准地价修正法即基准地价修正系数法，是利用城镇基准地价和基准地价修正系数表等评估资料，按照替代原则，就待估宗地的区域条件和个别条件等与其所处区域的平均条件相比较，并对照修正系数表选取相应的修正系数对基准地价进行修正，进而求取待估宗地在估价期日价格的方法。基准地价系数修正法的实质是比较法，在基准地价评估基础上编制的各因素修正系数表和因素条件说明表是比较的标准。在宗地发生出让、转让、出租、抵押时，评估者对土地使用年期、地产市场供应状况、土地收益、用途、区域影响因素、个别因素进行调查和具体分析，对照因素修正系数表对基准地价进行系数修正，因而快速方便地得到宗地价格。

运用基准地价修正法估价应按下列步骤进行：

1）搜集有关基准地价的资料。

2）确定估价对象所处地段的基准地价。

3）进行交易日期修正。交易日期修正，是将基准地价在其基准日期时的值调整为估价时点的值。交易日期修正的方法，同市场比较法中的交易日期修正的方法。

4）进行土地状况修正。土地状况修正，是将估价对象宗地的状况，与评估基准地价时设定的土地条件或状况进行比较，将基准地价调整为在估价对象宗地状况下的价格。土地状况修正的内容和方法，与比较法中的房地产状况修正的内容和方法类似。

5）求出估价对象宗地的价格。根据前面所求的各项修正系数，对待估宗地对应的基准地价进行修正，即可得到待估宗地地价，其具体计算式为

宗地单价　$$V_{单} = V_{b}(1 + \sum k_{i})k_{j} \tag{8-25}$$

宗地总价　$$V = V_{b} + (1 + \sum k_{i})k_{j}S_{地} \tag{8-26}$$

式中　$V_{单}$——待估宗地单价；

V——待估宗地总价；

V_{b}——待估宗地对应的基准地价；

$\sum k_{i}$——待估宗地全部地价影响因素的总修正值；

k_{j}——待估宗地土地使用年期、交易日期、容积率等其他修正系数；

$S_{地}$——待估宗地面积。

以上两式中，基准地价可通过查找评估标的所在区域或级的基准地价图或表得到；修正值通过对评估标的和所在区域或级的平均地价影响因素（主要是位置、容积率）的比较来确定。

四、基准地价修正法运用举例

（一）评估实例背景

宁海市地处浙江省东部沿海，位于东经121°09′~121°49′，北纬29°26′~29°32′。全市行政区域面积为1931km²，其中土地面积1880km²，下辖17个镇乡。市政府驻地位于全市中心位置，北距宁波76km，距杭州261km，南距临海76km，距温州282km。

该市处于长江三角洲南翼，这一我国对外开放和社会经济发展的第一梯队地区，同时又介于浙东南发达地区与浙西欠发达地区的结合部，作为连接这两大经济区的主要通道之一，该市受惠于宁波、温台经济圈的带动和辐射，经济地理位置优越。

近年来，该市社会经济发展非常迅速，人民生活水平有了很大提高，推动地价迅速上涨。全市2002年实现国内生产总值83亿元，人均国内生产总值14200元。2002年实现财政收入10亿元，比1997年翻了两番，年均增长32.3%。较强的经济实力，加快了城市各项配套设施建设的完善，从而增强了对人口、资金、企业的吸引力，促进了第二、三产业到城镇集聚；经济的发展创造了大量就业岗位，又吸引了大批外来民工和外来经商人员，这些外来人员在城市生产、生活，推动了交通运输、餐饮业的发展和生产要素市场的发育，从而对住宅、店铺和各种娱乐设施的需求不断地增长。

随着社会经济的快速发展，该市城区及其他乡镇中出现了大量的综合用地，尤其是各级商业中心的沿街地块，大多为商住的综合用地，因此采用合适的方法评估该类地块的地价就显得极为重要。

（二）评估实例分析

选择该市城区商业比较繁华的路段上的点作为评估对象，如图8-16所示，某栋综合楼位于A路南段东侧，西侧下方是B路，评估对象位于商业用地一级范围内，同时位于12号住宅用地区片范围内，其后侧是大型的娱乐广场，周围附近分布了酒店、宾馆、各类银行以及卫生局、电信局等行政服务单位，离市政府距离较近，交通便利，区位优越。该栋楼临街宽度为30m，宗地深度为20m，其中商业进深为14m，总用地面积为600m²，该楼高6层，底层为一般商业店面，2~6层为普通住宅，宗地用途为商住综合用地，土地形状为长方形，土地使用年限为商业40年，住宅70年。

（三）评估步骤

1. 确定所估宗地综合用地特征和空间利用结构

该宗地位于该市城区繁华路段A路南段东侧，区位优越，周围有酒店、宾馆、银行等，距市政府较近。宗地总用地面积为600m²，总建筑面积为2520

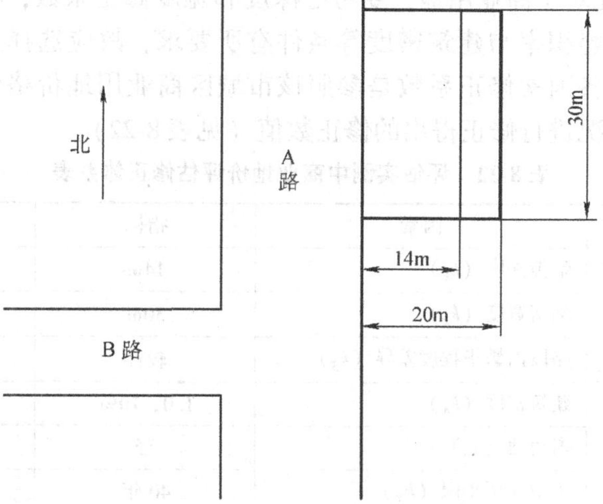

图 8-16　待评估地块位置图

(=30×14×6) m^2，容积率为 4.2，建筑密度为 70%，底层商业店面面积为 $420m^2$，2～6 层住宅建筑面积为 $2100m^2$，$180m^2$ 为空地作为停车等用途，在现有经济水平条件下，符合城市规划要求，也符合沿街土地利用最有效使用原则。

2. 查阅相应用地类型的基准地价

该宗地为一般沿街地，面临 13 号路段 A 路南段，商业用地基准地价为路线价 4050 元/m^2，宗地所处区片为 12 号住宅用地，其基准地价为区片价 1700 元/m^2。

3. 确定综合用地中住宅用地的地价楼层分配率

该栋楼总共有 6 层，查阅城区住宅用地地价楼层分配率表（见表 8-21），可知 6 层楼的底层住宅地价分配率为 14%，因此，2～6 层住宅地价分配率共为 86%。

表 8-21　该市城区住宅用地地价楼层分配率

楼别	第一层	第二层	第三层	第四层	第五层	第六层
二	48	52				
三	28	38	34			
四	22	26	28	24		
五	17	21	23	22	17	
六	14	18	21	21	16	12

4. 应用基准地价系数修正法分别评估商业用途和住宅用途的地价

1）首先进行商业用途的地价 $V_{商}$ 的计算。商业用地对经济发展、商业繁荣及区位条件特别敏感，此次评估实践中，设定的商业标准深度是 12～14m，标准宽度是4m，因此对于商业用地，要考虑深度和宽度修正系数；其次商业用地对路段繁华程度、容积率与建筑密度等条件有所要求，故应选择这些指标，并进行相应的修正，各因素修正系数是参照该市城区商业用地价格修正体系表，再根据实例具体情况进行修正得出的修正数值（见表8-22）。

表8-22　评估实例中商业地价评估修正体系表

影响因素类别	因素	指标	修正系数
宗地地价	临街深度（k_1）	14m	0
	临街宽度（k_2）	30m	0.1
	路段内繁华程度差异（k_3）	较优	0.06
	建筑密度（k_4）	1.0，70%	-0.16
	街角地（k_5）	否	0
土地使用年期	土地使用年限（k_Y）	40年	1.0
交易日期	估价日期（k_T）	一般	1.0
容积率	容积率（k_C）	一般	1.0
其他	其他特殊条件（k_M）	无	1.0
	地价类别调节系数（k_L）	一般商店	1.0

估价公式为

$$V_{商} = V_{路}(1+\sum k)k_Y k_T k_C k_M k_L S_{商}$$

代入数据计算

$$V_{商} = 4050\text{元/m}^2 \times (1+0+0.1+0.06-0.16+0) \times 1.0 \times 1.0 \times 1.0 \times 1.0 \times 420\text{m}^2 = 1701000\text{元}$$

2）其次进行住宅用途的地价 $V_{住}$ 的计算。影响住宅地价的区域因素有商服繁华程度、交通生活便利条件、周围环境及学校、医院、菜场、娱乐场地等公共服务设施等因素，其中商服繁华程度、公共设施完善程度是主要影响因素。由于临街深度和宽度对住宅用地价格影响不大，故在选取影响因素时，可以不考虑这两个指标，而对交通条件、基础设施、公共服务设施等有所要求，因此选取了这些评价指标，各因素修正系数也是参照该市城区住宅用地价格修正体系表，再结合实例具体情况加以修正得出的修正数值，见表8-23。

评估公式为

$$V_{住} = V_{区}(1+\sum k)k_Y k_T k_C k_M k_L S_{地}$$

代入数据计算得

$$V_{住} = 1700\text{元/m}^2 \times (1+0.05+0.06+0.05+0.2+0.15-0.02) \times 1.0 \times 1.0 \times 0.66 \times 1.0 \times 1.0 \times 600\text{m}^2 = 1003068\text{元}$$

表 8-23　评估实例中住宅地价评估修正体系

因素		因子	修正系数
宗地地价	位置（k_1）	离商服中心距离	0.02
		离邻近商业街距离	0.03
	交通条件（k_2）	离客运站距离	0.02
		宗地出行状况	0.04
	基础设施（k_3）	排水条件	0.01
		供水保证率	0.02
		供电保证率	0.02
	公共服务设施（k_4）	离菜市场距离	0.1
		离小学距离	0.05
		离中学距离	0.04
		离医院距离	0.01
	自然及环境条件（k_5）	洪涝灾害	0.01
		环境绿化	0.06
		地形坡度	0
		地质条件	0.05
		通风采光条件	0.03
	房屋朝向（k_6）	朝西	-0.02
容积率	容积率（k_C）	≥4.0	0.66
土地使用年限	土地使用年限（k_Y）	70 年	1.0
交易日期	估价日期（k_T）	一般	1.0
其他	其他特殊条件（k_M）	无	1.0
	地价类别调节系数（k_L）	一般住宅	1.0

（四）计算综合用地价格

该综合用地地价为商业地价与住宅地价之和，即

$$V_{综} = V_{商} + V_{住} = (1701000 + 1003068)元 = 2704068 元$$

单位地价：$V_{地单} = 2704068 \div 600m^2 = 4507 元/m^2$

因此这栋综合楼的总地价约为 270.4 万元，单位地价约为 4507 元/m^2。

第四节　高层建筑地价分摊

一、高层建筑地价分摊的意义

随着社会经济的发展，在现代城市中，高层建筑与多层建筑已成为城市建

筑的主体；同时，与房地产的商品化相适应，一座建筑物只属于同一个所有者的局面已成为过去，其用途的单一性也已不复存在，特别是所在地段较为优越的建筑物，往往由于层次的不同而使用途出现了多样化，如底层为车库，一~三层为商场，四层以上为写字楼等。因此，城市建筑出现了建筑物高层化、用途立体化以及所有者多样化的特点。但是，整座建筑物各层楼面所占用的却是同一幅土地，该座建筑物中所有的购买者在购买各个楼面的同时，也相应地支付了一部分土地的价格，但该幅土地在实物形态上却又不可分割，谁也不能说他拥有该建筑物所占用的多少平方米的土地。然而，实物形态上的不可分割，并不等于价值形态上的不能分摊，恰恰相反，实物形态的不可分割，恰恰说明了其价值形态分摊的必要性。无论是不同所有者对其所购买的房地产的产权登记或再次转让，还是国家对土地使用税的征管，抑或是房地产开发商对房地产价格的确定，都会碰到建筑地价的分摊问题。

尽管建筑地价的分摊是必要的，但建筑地价的合理分摊却并非是一件易事。首先需要确定待分摊地价的内涵；其次要界定地价分摊时需要考虑的因素；最后则必须采用科学的分摊方法对所需要分摊的地价进行分摊。

二、待分摊地价的含义

由于估价目的的不同，待分摊地价的内涵也各不相同。因为从房地产开发商取得待开发土地的使用权开始，到开发建成后建筑物的出售或出租，再到房地产的购买者对其所购买的那部分房地产的再次转让，其间地价的变化相当大。以土地开发前后地价的不同状态划分，一般可分为静态地价与动态地价。本书仅对房地产出售或出租建筑物时所需分摊的地价作一分析。

1. 静态地价

把房地产开发商取得土地使用权时所支付的价格，作为待分摊的地价，此地价可称为静态地价。它是假定地价从土地使用权的取得到建筑物的出售这一时间段内是静止不变的。但是我们知道，价格的静止不变是相对的，土地价格更是变化频繁；而且，房地产开发商在取得土地使用权时所愿意支付的价格，是以该土地上开发建成后建筑物售价的预测为前提的。由于房地产的开发建设周期比较长，开发项目决策时预测的售价与建筑物建成后的实际售价往往相差很大，因此，以取得土地使用权时实际支付的地价作为待分摊的地价，这样做尽管简单，但不符合实际。

2. 动态地价

动态地价，又称为真实地价，它是以开发建成后建筑物的实际或接近实际的售价扣除有关的成本、税费及利润后的余额，作为待分摊的地价。

在投资利润率确定之后，动态地价可通过下列公式计算

$$P_o = [P - I(1+v)]S \tag{8-27}$$

式中 P_o——动态地价，即待分摊的地价；

P——建筑物单位面积的实际或接近实际的售价（真实房价）；

I——单位建筑面积上的总投资，包括建筑成本、土地开发费以及有关的税费；

v——投资利润率；

S——建筑物的建筑总面积。

以上述动态地价作为待分摊的地价，避免了静态地价的缺点，但仍存在一些局限性。例如，任何投资都应该承担投资成本——利息，并带来投资利润，房地产开发商所支付的土地价格既然是其总投资的一部分，当然也应为其带来利润；同时，严格地说，土地开发费也应作为待分摊地价的一部分，尽管这部分费用是在房地产开发建设过程中发生的，但其成果已成为土地的一部分，是为整座房地产服务的，在实际形态上同样不可分割。

3. 调整后的动态地价

为了克服上述动态地价的局限性，需要对此进行调整，调整后的动态地价即待分摊地价的计算公式为

$$P_o = \frac{PS - I_1S(1+v)}{1+S(1+v)} \tag{8-28}$$

式中 P_o——调整后的动态地价，包括上述意义上的动态地价以及土地开发费；

I_1——单位建筑面积的总投资，包括建筑成本及有关税费；

P、S、v——含义同前。

三、地价分摊时需要考虑的有关因素

同一幢建筑物中，各层房屋建筑单位价格的确定，除成本外主要考虑楼层和朝向两项因素，因为不同的楼层和朝向，对各个单元房屋建筑使用功能的发挥影响极大。在地价分摊时需要考虑的主要因素为面积、楼层和朝向。

1. 面积

一套建筑面积为100m^2 的房屋所应分摊的地价，自然要高于一套建筑面积为50m^2 的房屋。当然，这里也可以把房价作为考虑因素，但一套房屋的价格在其单位售价确定之后，还是以其面积为基础。

2. 高度

高度在地价分摊中的作用极大。我们之所以不可能把建筑地价按楼层的多少平均分摊到每一层中，或者按建筑面积的大小以及房价的高低平均分摊到每一房屋单元中，就是因为不同的层次对房屋建筑的使用效果影响极大；同时，高度对于不同用途的建筑物的影响又各不相同。因此，在房地产估价中，高度

应作为一个重要因素。

(1) 居住用房　居住用房主要分为多层建筑和高层建筑。多层建筑一般不设电梯，高度即楼层对建筑物各层价格的影响可通过表8-24及图8-17来显示。

表8-24　地价在多层建筑中各层之间的分摊率

楼层	分摊率（%）	楼层	分摊率（%）
1	9	5	16
2	12	6	13
3	13	7	12
4	16	8	9

图8-17为高度与各层价格的关系曲线。对于多层建筑来说，底层虽有使用方便的优点，便也有采光通风差、声音嘈杂、不够安全等缺点，而顶层的特点正与此相反。如果把待分摊的地价作为100%的话，该地价在各层之间的分配，可参照表8-24进行，该表是图8-17的具体体现。

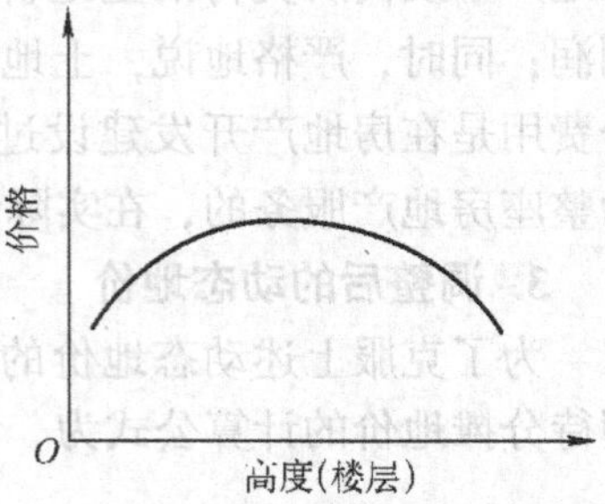

图8-17　高度与各层价格的关系曲线（多层建筑）

对于居住用房中的高层建筑来说，一般设有电梯，因而不同楼层在使用的方便性上相差并不大，地价在各楼层之间的分配基本不受使用便利程度的影响。地价在高层建筑中各楼层之间的分摊情况见表8-25。

表8-25　地价在高层建筑中各楼层之间的分摊率

楼层	分摊率（%）	楼层	分摊率（%）
1	4	9	8
2	4.5	10	8
3	5.5	11	7
4	6	12	7
5	7	13	6
6	7	14	5.5
7	8	15	4.5
8	8	16	4

图8-18为高层建筑的高度与各层价格的关系图，其曲线比多层住宅的曲线图要平缓得多。如果待分摊的地价为100%的话，在一幢16层的高层建筑中，各层地价的分摊率见表8-25，它同样是图8-18的具体体现。

(2) 商业建筑　商业建筑如商场、饭店、宾馆等，对高度的敏感性远远大于住宅建筑，但其价格又与住宅对高度的敏感性相反，如在住宅建筑中，底层的地价分摊率一般较低，但在商业建筑中，由于越靠近地面，其商业价值越大，因而其地价的分摊率应该最高。同时，在同一幢建筑物中，由于其组合方式的不一样，其地价的分摊率也应该有所不同。如一幢6层楼的商业建筑，1～3层为商场，4～6层为写字楼，如果待分摊的地价为100%的话，则各层的地价分摊率可依次确定为25%、20%、15%、15%、15%、10%，因而其价格与高度的关系如图8-19所示。

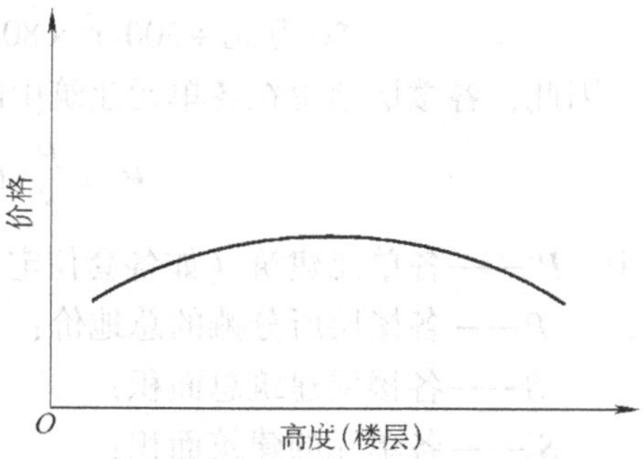

图8-18　高度与各层价格的关系曲线（高层建筑）

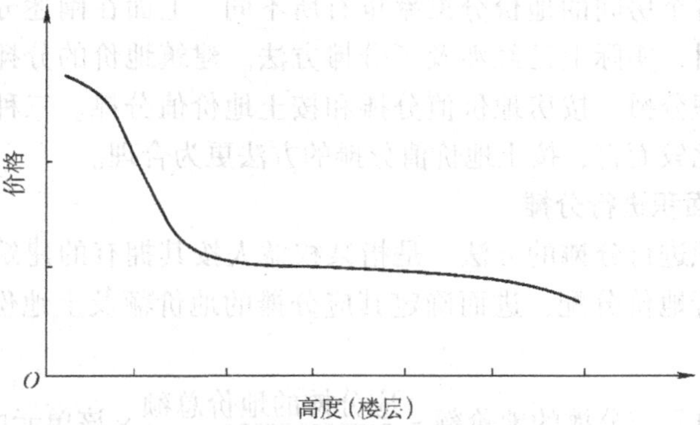

图8-19　商业建筑中高度与价格的关系曲线

3. 朝向

地价在楼层之间的分摊率确定之后，对于每一层中各个建筑单元的地价的分摊，主要考虑朝向因素。朝向的差异，决定了采光通风条件的优劣以及拓展空间价值的高低，如朝向公园、树林、江湖的单元建筑的拓展空间价值就比较高。

一般地，在确定朝向对地价分摊的影响程度时，一般以朝东为100%，朝南为105%，朝西、朝北分别为98%和97%，从而使同一楼层中增减率的代数和为0。

【例8-27】　假定甲购买了一套位于5楼、坐北朝南、建筑面积为80m^{2}的住宅，该楼层应分摊的地价总额为50万元，该楼层的建筑总面积为500m^2，试确定甲所购买的住房应分摊的地价数额。

解：由题意，甲所购买的住房应分摊的地价数额为

$$50\text{万元} \div 500\text{m}^2 \times 80\text{m}^2 \times 105\% = 8.4\text{万元}$$

因此，各楼层地价在各单元建筑中的分摊可通过下列公式计算

$$P' = \frac{P}{S}(1+q)\ S' \tag{8-29}$$

式中 P'——各单元建筑（如各套住宅）应分摊的地价；

P——各楼层所分摊的总地价；

S——各楼层建筑总面积；

S'——各单元的建筑面积；

q——朝向增减率。

四、高层建筑地价的分摊方法

建筑地价应该在各楼层及各建筑单元之间进行分摊，严格地说，在同一建筑单元内部，各个房间的地价分摊率也有所不同。上面在阐述分摊建筑地价应该考虑的因素时，实际上已经涉及了分摊方法。建筑地价的分摊方法主要有三种：按建筑面积分摊、按房地价值分摊和按土地价值分摊。三种高层建筑地价的分摊方法相比较而言，按土地价值分摊的方法更为合理。

1. 按建筑面积进行分摊

按建筑面积进行分摊的方法，是指某权益人按其拥有的建筑面积占建筑总面积的比例进行地价分配，进而确定其应分摊的地价额及土地份额。其具体分摊公式为

$$\text{某一建筑单元应分摊的地价额} = \frac{\text{应分摊的地价总额}}{\text{建筑总面积}} \times \text{该单元的建筑面积} \tag{8-30}$$

$$\begin{aligned}\text{某一建筑单元应分摊的土地份额} &= \text{该单元应分摊的地价额} \div \text{土地总价值}\\ &= \text{该单元的建筑面积} \div \text{建筑总面积}\end{aligned} \tag{8-31}$$

【例8-28】 某幢建筑物的建筑地价为220万元，建筑总面积为2000m²，若甲购买了一套60m²的房屋，试按建筑面积分摊法计算甲应分摊的地价数额与土地份额。

解：由题意，根据式（8-30）和式（8-31）计算。

（1）甲应分摊的地价数额 $= 220\text{万元} \div 2000\text{m}^2 \times 60\text{m}^2 = 6.6\text{万元}$

（2）甲应分摊的土地份额 $= 60\text{m}^2 \div 2000\text{m}^2 = 3\%$

按建筑面积进行地价分摊简单易用，早期香港曾采用过，主要适用于各层用途相同且价格相差不大的建筑，如用途单一的住宅楼、办公楼等。

按建筑面积进行地价分摊，其结果是：无论某人拥有的建筑处于任一楼层，或某一楼层中的任一单元，只要建筑面积一样，其分摊的地价份额均相等。然

而，现实中不同楼层的利用价值是不一样的，尤以商业类型建筑的差异最为显著。显然地价分摊方法的问题相当明显，它完全忽视了高度、朝向等对建筑物使用功能的影响，在同一幢建筑物中不同用途对地价分摊率的影响也没有体现。因此，一般不宜采用此法进行地价分摊的计算。

2. 按房地价值进行分摊

为了克服按建筑面积进行分摊所造成的建筑物不同部分的价值不同，却分摊了等量地价的缺陷，可以根据建筑物各楼层部分的房地价值进行分摊。所谓按房地价值进行地价分摊的方法，是指某权益人按其所拥有的部分房地产的价值（土地加建筑物，即房价）占整体房地产的比例进行地价分配，进而确定其应分摊的地价额及土地份额。其具体分摊公式为

$$\text{某权益人应分摊的地价额}=\frac{\text{应分摊的地价总额}}{\text{房地总价值}}\times\text{该权益人享有的房地价值} \tag{8-32}$$

$$\begin{aligned}\text{某权益人应分摊的土地份额}&=\text{该权益人应分摊的地价额}\div\text{土地总价值}\\&=\text{该权益人享有的房地价值}\div\text{房地总价值}\end{aligned} \tag{8-33}$$

【例8-29】 某一高层建筑，其房地产总价值为20000万元，总地价为8000万元，各楼层建筑面积均相同。设甲先生拥有其中的一层楼，商业用途，其市场价值为2000万元；乙先生也拥有其中的一层楼，办公用途，其市场价值为800万元。试用房地价值分摊法分别计算甲先生和乙先生应分摊的地价额以及应分摊的土地份额。

解：由题意，根据式（8-32）和式（8-33）计算。

（1）甲应分摊的地价数额 = 8000万元 ÷ 20000万元 × 2000万元 = 800万元

甲应分摊的土地份额 = 2000万元 ÷ 20000万元 = 10%

（2）乙应分摊的地价数额 = 8000万元 ÷ 20000万元 × 800万元 = 320万元

乙应分摊的土地份额 = 800万元 ÷ 20000万元 = 4%

按房地价值进行地价分摊，反映了由于各楼层的楼价不同，其分摊的楼价也相应不同的事实，符合土地权益原则和要求，相对更能体现房地产权益人的真实权益。此方法主要适用于建筑物各层价格有差异，但差异不是很大的建筑地价分摊。

按房地价值进行地价分摊的方法也存在一些缺陷。应该说，建筑物不同楼层的建筑造价或建筑物本身单位价值被认为是相等的，可按房地价值进行地价分摊的结果，使得各层建筑物的单位造价或建筑物本身单位价值不同，甚至相差甚大，从而引起理论上的悖论。如上例，甲先生拥有的价值2000万元的商业用途的一个楼层部分，扣除800万元的土地价值后，其拥有的建筑物价值为

1200 万元；而乙先生拥有的价值 800 万元的办公用途的一个楼层部分，扣除 320 万元的土地价值后，其拥有的建筑物价值只有 480 万元。甲乙两人拥有的建筑面积相同，而建筑物本身的价值差异却很大。显然，按房地价值进行地价分摊的方法存在不合理之处，不能准确反映地价的空间差异。

3. 按土地价值进行分摊（剩余分摊法）

为克服按房地价值进行地价分摊造成的所分摊的建筑物造价或本身价值不相等这个理论缺陷，可采用按土地价值进行分摊的方法（剩余分摊法），即依据各部分的土地价值进行分摊。本书第七章介绍了房地产估价的假设开发法，即剩余法。其基本原理是，土地价格等于房屋售价减去有关的开发建设成本及税利。按土地价值进行分摊（剩余分摊法）也是采用假设开发法的估价思路，即各楼层应分摊的地价，可从各楼层房屋的销售收入中扣除有关的成本费用及税利，该剩余数即为所求该楼层的地价。其具体分摊公式为

$$\text{某权益人应分摊的地价数额}=\text{该权益人享有的房地价值}-\text{该权益人享有的建筑物价值} \tag{8-34}$$

$$\text{某权益人应分摊的地价份额}=\text{该权益人分摊的地价数额}\div\text{土地总价值}$$

$$=\frac{\text{该权益人享有的房地价值}-\text{该权益人享有的建筑物价值}}{\text{房地总价值}-\text{建筑物总价值}} \tag{8-35}$$

【例 8-30】 某座建筑物建筑面积为 $10000m^2$，销售总收入为 2500 万元，总层数为 16 层，每层建筑面积相同，第五层的单方销售价格为 2800 元，该建筑物占用土地的总价格为 800 万元。则第五层应分摊的地价为多少？

解：由题意，按土地价值进行地价分摊，根据式（8-34）计算。

（1）第五层单位建筑面积应分摊的地价 $=\left[2800-\left(\frac{2500}{10000}-\frac{800}{10000}\right)\right]$

（2）第五层应分摊的地价 = 第五层单位建筑面积应分摊的地价 × 第五层建筑面积

$$=\left[2800-\left(\frac{2500}{10000}-\frac{800}{10000}\right)\right]\text{万元}/m^2\times\frac{10000m^2}{16}$$

$$=68.75\text{ 万元}$$

从上面这个例子可以看出，运用剩余分摊法分摊建筑地价的关键在于其中扣除额的确定，而该扣除额又与前述待分摊地价的内涵密切相关。

思考与练习题

1. 长期趋势法有哪些特点？有何优缺点？

2. 什么叫做移动平均趋势法？简单移动平均趋势法和加权移动平均趋势法在房地产估价中如何运用？

3. 为什么说修均系数 a 的取值是运用指数修均法的关键？应该如何确定 a 值的大小？

4. 某市白云山小区 1998 ~ 2007 年间写字楼价格变动情况见表 8-26，试用平均增减量趋势法评估其 2008 年的价格。

表 8-26　某市白云山小区 1998 ~ 2007 年写字楼的价格资料

年份	序号	房地产价格/（元/m^2）
1998	0	5262
1999	1	5320
2000	2	5380
2001	3	5436
2002	4	5498
2003	5	5552
2004	6	5607
2005	7	5668
2006	8	5728
2007	9	5793

5. 某市康居小区房地产价格资料见表 8-27，试用平均发展速度趋势法评估其 2007 年价格。

表 8-27　某市康居小区房地产价格资料

年份	序号	房地产价格/（元/m^2）
1997	0	2350
1998	1	2420
1999	2	2505
2000	3	2604
2001	4	2730
2002	5	2868
2003	6	3038
2004	7	3230
2005	8	3445
2006	9	3700

6. 某市万棵小区 2006 年 1 ~ 10 月微利房价格见表 8-28，试用 3 项加权移动平均趋势法评估其 11 月、12 月的价格。三项移动平均权重分别为 0.25、0.25、0.5。

表 8-28　某市万棵小区 2006 年 1～10 月微利房价格资料

月份	序号	房地产价格/（元/m^2）
1 月	1	2760
2 月	2	2771
3 月	3	2794
4 月	4	2784
5 月	5	2816
6 月	6	2815
7 月	7	2817
8 月	8	2843
9 月	9	2845
10 月	10	2850

7. 某市蓝桥小区住宅房地产 1997～2006 年价格变动资料见表 8-29，试运用直线回归趋势法估算 2007 年及 2008 年该房地产价格。

表 8-29　某市蓝桥小区住宅房地产价格资料

年份	序号	房地产价格/（元/m^2）
1997	−9	2070
1998	−7	2085
1999	−5	2096
2000	−3	2110
2001	−1	2200
2002	1	2300
2003	3	2360
2004	5	2400
2005	7	2450
2006	9	2500

8. 什么叫深度指数？深度指数表如何制作？

9. 欧美国家和日本在路线价法的运用上有何异同？

10. 什么叫地价区段？什么叫区段地价？

11. 街角地情况如图 8-20 所示，试根据慎格尔法则评估该幅土地价格。

12. 双面临街土地情况如图 8-21 所示，试用重叠价格估价法评估其价格。

13. 梯形土地如图 8-22 所示，试根据苏穆斯法则和慎格尔三角形法则评估其价格。

14. 锐角三角形土地如图 8-23 所示，试根据苏穆斯法则和慎格尔三角形法则评估其价格。

15. 一普通商业用地情况如图 8-24 所示，土地形状为矩形，正面路线价为 1000 点，里面路线价为 900 点，两侧路线价分别为 950 点和 600 点，试用日本路线价法评估其价格。

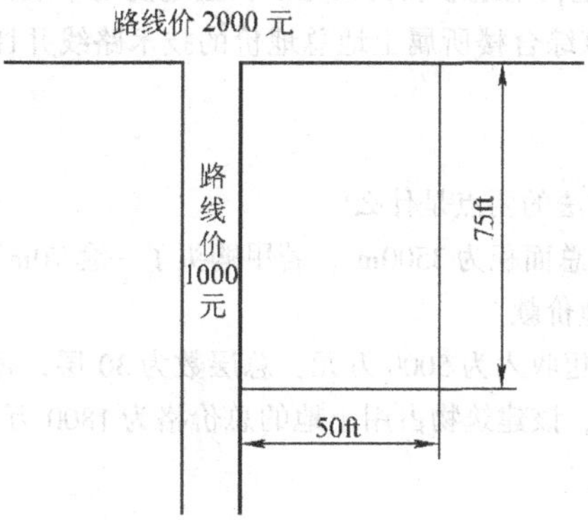

图 8-20 街角地情况

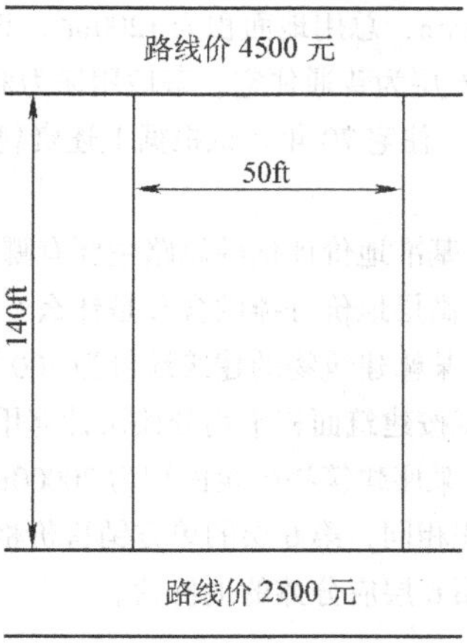

图 8-21 双面临街土地情况

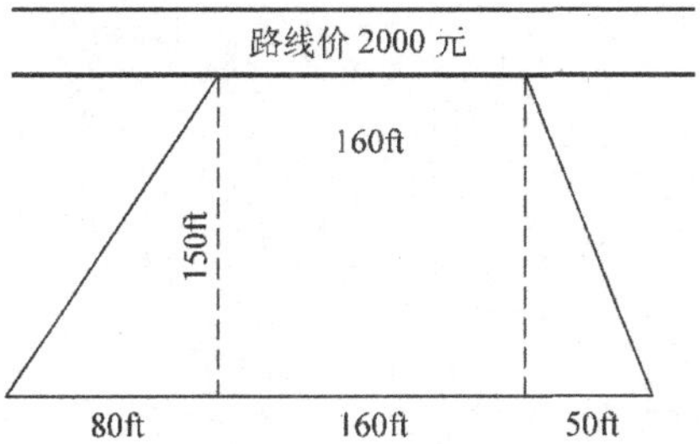

图 8-22 梯形土地情况

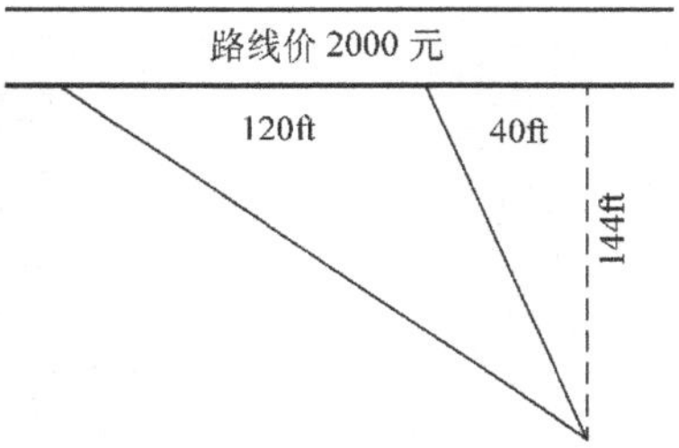

图 8-23 锐角三角形土地情况

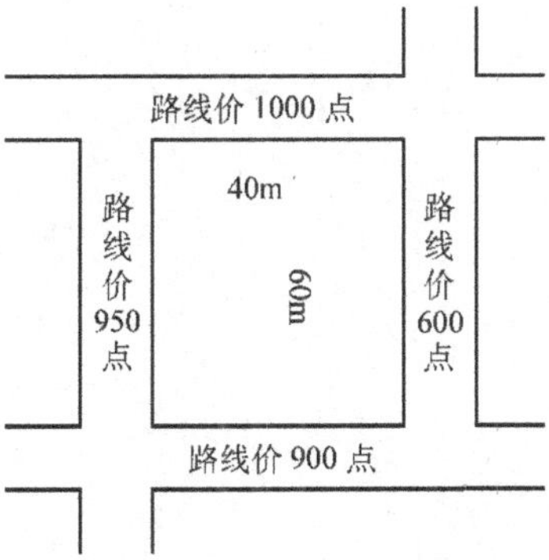

图 8-24 一普通商业用地情况

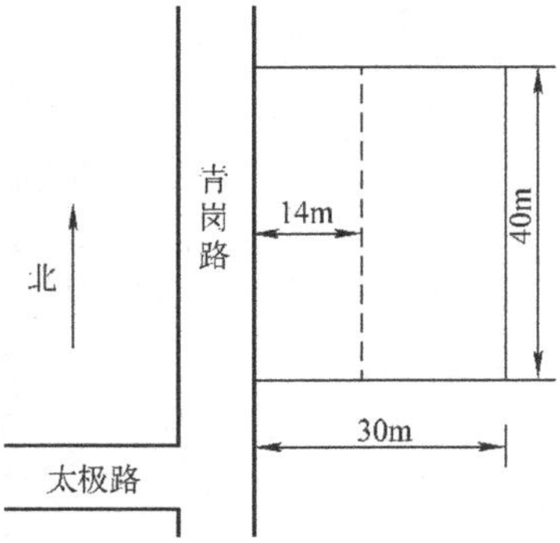

图 8-25 待评估地块位置图

16. 某市城区商业繁华路段上一栋综合楼位于青岗路南段东侧，如图 8-25 所示，西侧下方是太极路，评估对象位于商业用地一级范围内，同时位于住宅用地区片范围内，其后侧是大型的购物广场，周围附近有酒店、宾馆、各类银行以及卫生局、电信局等行政服务单位，距市政府较近，交通便利，区位优越。该栋楼临街宽度为 40m，宗地深度为 30m，其中商业进深为 14m，总用地面积为 1200m²，该楼高 6 层，每层建筑面积均相同。底层为一般商业店面，2～6 层为普通住宅，宗地用途为商住综合用地，土地形状为长方形，土地使用年限为商业 40 年，住宅 70 年。试根据上述资料制定评估该综合楼所属土地总地价的技术路线并评估其价格。

17. 基准地价评估的思路主要有哪些？

18. 高层地价分摊的含义是什么？各种分摊方法的要点是什么？

19. 某幢建筑物的建筑地价为 400 万元，建筑总面积为 3500m²，若甲购买了一套 70m² 的房屋，试按建筑面积平均分摊法计算甲应分摊的地价款。

20. 某座建筑物建筑面积为 20000m²，总的销售收入为 5000 万元，总层数为 30 层，每层建筑面积相同，第 6 层的单方销售价格为 4900 元，该建筑物占用土地的总价格为 1800 万元。试计算第 6 层应分摊的地价款。

9

第九章 房地产估价报告

学习要求

了解房地产估价报告的写作基础、写作原则、形式和构成要素。熟悉房地产估价报告的组成与规范格式。掌握房地产估价报告常见错误的分析方法。

第一节 房地产估价报告概述

前已述及，房地产估价报告是全面、公正、客观、准确地记述估价过程和估价成果的文件，是估价机构履行委托估价合同的“产品”，是相关管理部门评估鉴定估价机构工作质量及资质的重要依据，是估价机构为估价项目承担法律责任的书面文件。因此，掌握房地产估价报告的撰写非常重要，它是房地产估价人员一项很重要的专业技能。能否成为一名合格的房地产估价人员，达到执业要求，估价报告的写作能力是必不可少的检验标准之一。

房地产估价报告质量的高低取决于其内在质量和外在质量两个方面，两者不可偏废。估价结果的准确性、估价依据的充分性、方法选择的正确性、有关参数的合理性，决定了估价报告的内在质量。而估价报告的文字表达水平、文本格式及装订印刷质量等决定了估价报告的外在质量。

撰写好房地产估价报告，不仅要求房地产估价人员具备房地产估价的专业知识以及与房地产估价有关的各类知识，能够了解和分析房地产市场的运行规律，同时还要掌握房地产估价报告的体例特点，灵活运用其写作技巧。

一、房地产估价报告的写作基础

房地产估价报告属于应用文范畴。应用写作主要由“写作主体”、“写作客体”、“写作载体”、“写作受体”四个基本要素构成。学习房地产估价报告的写作，同样要对这四个方面的构成要素有深入的了解，并研究相互之间的关系，融汇贯通，才能写出合格的房地产估价报告。

(一) 房地产估价报告的写作主体

房地产估价报告的写作主体实质上是从事该项业务的房地产估价机构和专业估价人员。

就专业估价人员来说，其在整个写作过程中起着重要的作用。无论是传统的纸笔写作，还是现代的人机对话，一切写作行为都必须由估价人员来具体实施。估价人员要设计写作的主题、目标、结构、框架，科学地加工估价过程中搜集的各类资料，并在写作过程中不断地调整、完善。离开了估价人员，写作就无法进行。此外，房地产估价人员对房地产市场的认知能力、专业经验、职业道德、文字表达能力等，都直接影响写作的质量和报告的客观效果。人的因素是整个房地产估价报告写作系统中最为重要的因素。

房地产估价报告的写作属于专业写作，一份高质量的房地产估价报告，依赖于估价人员良好的综合素质。综合素质的提高，只能在实践中不断积累和提高。以下提出的各项内容只是必须达到的基本要求。

1. 房地产估价人员的知识结构

房地产估价作为一门学科，属于经济分析与技术分析相结合的实用性边缘学科，涉及的专业学科比较庞杂。

(1) 经济学方面　房地产估价人员应当掌握的知识主要包括：①经济学理论基础；②价格理论基础；③投资学；④工程技术经济学；⑤金融、保险知识；⑥会计、统计知识。

(2) 建筑工程技术方面　房地产估价人员应当掌握的基础知识主要包括：①基本建设的一般程序；②建筑构造；③建筑材料；④建筑设备安装工程及装饰工程；⑤工程造价。

(3) 行业管理和建设法律、法规方面　房地产估价人员必须掌握城市规划知识、土地管理和房地产管理知识，以及房地产方面的各项法律、法规、政策规定等。

掌握上述专业知识，即达到了进入房地产估价领域的基础条件。房地产估价人员还必须对本门学科——房地产估价理论与方法有着十分透彻的理解和把握，并达到举一反三、灵活运用的程度。

2. 房地产估价人员的专业经验

撰写房地产估价报告是估价人员在一定经验和知识的基础上产生的一种创造行为。这种创造行为在很大程度体现着估价人员经验和知识的个性特点。二者都是不可缺少的必要条件，专业经验在某些特定条件下甚至比知识更重要。

经验需要在实践中不断总结和积累。一个人经验的获得是在个人、现实生活和社会历史三维背景下形成的。因此，专业经验的积累也就有多种途径，实际动手操作当然是最重要的、必不可少的途径，这就要求每一个执业的估价人员都必须尽可能地动手写作房地产估价报告。同时学习也是积累经验的有效方法，考察和研究估价同行的作品，加强同行之间的交流，从中找出自己可以汲取的内容，可以迅速加强自己的专业能力。

对初学者来说，各种估价报告的基本模式和写作思路，各种估价方法在估价实务中的运用，不同估价目的下的估价思路，各类估价对象的估价特点，以及估价语言的灵活熟练运用等，都是必须迅速积累起来的专业经验。

3. 房地产估价人员的认知能力

房地产估价人员的认知能力是指能否在社会经济活动的大环境中，迅速、正确地评价估价对象的客观价格或价值的思维表现。认知能力来源于写作主体由知识结构、智力结构和观念方法交融而成的综合经验。在现实生活中，不少人也在做房地产估价，但只有房地产估价人员出具的专业估价结论才是法定有效的，除了房地产估价人员本身资格的法律确认外，社会认可的是房地产估价人员所具备的专业认知能力。因此，具备和不断加强对估价对象的认知能力，也是房地产估价人员能够执业的一项基本要求。

房地产估价人员较强的专业认知能力，体现在对估价对象在房地产市场中客观价格或价值的判断和确认。因此，把握房地产市场价格运动规律就成为认知能力中最重要的因素。房地产市场价格变化受多种因素影响，房地产估价人员就要在这种复杂变化的因素中寻找那些主要的影响因素，做到“心中有数”。比如，在绝大多数城市，区位是影响房地产价格最主要的因素，房地产估价人员就必须牢牢地把握所在城市的区位状况，包括当前的环境变动以及未来的规划前景等。同时还要不断地更新和补充新的知识，以提高自己的分析判断能力。

4. 房地产估价人员的职业道德

通常，对写作主体的要求是道德修养，对房地产估价人员的要求则必须是职业道德。房地产估价报告是特定的文体，有其特定的用途，房地产估价人员职业道德水准的高低，将直接影响到估价结论，从而对估价报告的使用者产生巨大的经济和社会影响。《房地产估价规范》（GB/T 50291—1999）（以下简称《估价规范》）对房地产估价人员的职业道德作了明确规定，核心内容是要求估价行为独立、客观、公正，房地产估价人员不得在估价作业中掺杂个人和机构的额外利益。这是每个房地产估价人员都必须做到的，否则，就不具备执业条件。

5. 房地产估价人员的语言文字能力

房地产估价报告是一种指向性非常明确的专业性与职业性的报告文体，也有其特定的语言文字要求。主要有对词义、语句的要求，防止错字、漏字等，另外还有段落、结构安排，文字说明与图表的结合使用，专业术语规范等问题。

（二）房地产估价报告的写作客体

写作客体是独立于写作主体之外的种种客观外在事物。任何生产活动都需要生产资料，写作也需要“生产资料”。房地产估价报告写作的“生产资料”，就是房地产市场及其相关事物，是房地产客观世界。

但是，摆在面前的客观世界，并不都是写作材料，只有被估价人员意识到了的客观事物，才能作为写作材料进入估价报告的写作过程。估价人员掌握的材料越丰富、越具体、越有代表性，对房地产价格的估计、判断就越准确。要写出好的估价报告，必须有充分的材料。

这里包含着两个方面的内容，一方面是客观存在的各种各样的客观材料，另一方面是主观认识的各种各样的认识和感受。这两个方面的内容，存在着有机联系。作者主观方面的认识、感受，是材料积累的核心，有了这个核心，其他方面的材料才能活起来，才能形成作者的写作意图，进入写作过程。否则，其他方面的材料都是松散无序的，发挥不了作用。客观世界的种种材料，是形成和表现作者认识的基石。没有这个基石，作者的认识、感受无法形成，也不会写出好的估价报告来。估价人员在平时就要善于观察、善于发现、善于积累，随时随地地搜集各类资料。

写作材料的积累，主要有“心记”和“笔记”两种。“心记”是积累材料的基本方法，主要强调有目的记忆。也就是要求估价人员大量地观察房地产市场活动，将与估价业务有关的内容，有目的地用大脑记录下来。但是“心记”容易遗忘，在有条件的情况下，应该采取“笔记”。“笔记”的特点是只要不遗失，记录的材料总是存在的，不会凭空消失，不会因时间的推移出现误差。同时，人们在笔记材料时，会自觉不自觉地对记录的材料做初步的加工、整理，又加深了对材料的印象。估价人员要养成随时携带记录本的习惯，记下各种有用的资料和自己的心得。

估价人员“笔记”的材料内容，会比通常的材料记录范围更广，优秀的估价人员和估价机构都会有一个资料系统，记录着各类房地产的交易价格、成本状况、法规政策等。

对客观市场状况不了解，没有市场资料的积累，再高明的估价人员也无法写出合格的估价报告。

（三）房地产估价报告的写作载体

写作载体是指作者进行写作活动的工具以及写作成果的凝聚物，亦即语言文字符号，以及由语言文字符号、篇章结构生成的文章。

生产需要工具，写作也需要工具。有纸化、无纸化写作离不开纸、笔这些直观的工具，作用和意义是勿庸赘言的。更重要的是要了解语言文字作为写作载体的意义。语言是思维的工具、载体，人们认识客观事物，进行思维和交流，都依靠语言。自人类发明了文字，有了写作，便有了口头语言和书面语言的区别。书面语言在口头语言的基础上发展起来，又不同于口头语言。会说话，不一定会写作。一个人必须通过系统的学习，掌握书面语言这套符号系统及其运用，才能学会写作。就像在日常生活中，许多人会说这套房子值多少钱，那块地方该卖什么价，但是不能写出估价报告，这种专业的事情，也只能由专业估价人员来完成。

写作另一个重要载体是在语言文字基础上形成的“篇章结构”和“文体”。篇章结构和文体是在写作实践中逐渐形成的。目前，世界发达国家和地区的估价报告基本上都有了相对固定的篇章结构和文体。

（四）房地产估价报告的写作受体

写作受体是指文章的接受者。房地产估价报告的写作受体主要是估价业务的委托人和估价报告的使用者。也就是说，房地产估价报告的写作受体是特定的，估价报告是专门给这些特定的读者阅读和使用的。对这些读者进行分类，可以分为理想读者和非理想读者，而且非理想读者居多。估价报告的构思和行文安排，必须兼顾这些特点，要让报告的使用者明了报告的内容和结论。合格的房地产估价报告是让那些不懂房地产估价业务的委托人和使用者能够读懂的报告。

虽然房地产估价报告在现实社会经济生活中已经使用得相当广泛，但就整个社会的专业分工来看，房地产估价还是一个相当专业化的行业，了解的人并不多。在中国大陆，房地产估价业务也只是伴随着市场经济的发育，仅仅运行了十几年，相当多的人对此还很陌生。因此，理想的读者就比较少，如果采取其他一些国家和地区的做法，只给委托人提供一份结论性的报告，大多数报告的使用者接受起来会比较困难，一定会找报告的作者问出个所以然来。因此，面对众多的非理想读者，房地产估价人员提交的报告包含技术分析和说明的内容是必要的，所以要求要向估价委托方提供估价技术报告。估价人员可以采取比较、数字、图表、分解、注释等各种表达方式，把想要表达的内容解释清楚，给读者一个清清楚楚的交待。当然，强调估价报告的说明分析，也不是要把估价报告写得拖沓繁杂，而是要以简洁扼要、客观平实的文字，把与估价有联系的情况，如估价对象的形状、性质、特点、构造、用途以及估价的技术路线和分析计算过程等解说清楚。

二、房地产估价报告的写作原则

作为一种特定的写作文体，房地产估价报告有着与其他应用写作不同的特殊要求，有着自身的写作规律。在长期的实践中，房地产估价报告形成了若干基本的写作原则。其中，客观性原则、目标性原则、规范性原则、全面性原则是房地产估价报告写作必须特别把握的根本性原则，要深刻地理解和熟知。

（一）客观性原则

房地产估价报告写作的客观性原则是要求所采用的写作材料、分析过程和最终的估价结论必须客观真实。不能虚构、不能夸大、不能缩小，连写作细节也要经得起客观事实的推敲。

房地产估价报告写作要求客观真实，是由房地产估价报告的咨询、实证和法律性等专业性质所决定的。房地产估价报告来不得半点虚假，在估价报告写作中绝对不允许使用其他文学作品诸如"艺术的真实"等手法。无论委托人使用报告的目的是价格咨询、资产价值确认，还是行政管理、法律诉讼的价格鉴证凭据，都要以客观事实为基础。

首先，估价报告采用的背景资料要真实。估价对象房地产的权益状况、实物状况、区位状况等描述性的材料都必须是客观真实的。这些材料都是最终判断估价对象房地产价格的基础，无论哪一个方面不真实，都会导致最终的估价结果出现偏差。其次，分析性的材料要客观。估价过程中大量采用可以比照参考的价格材料，用这些材料比较分析出估价对象的价格。市场法最重要的是选取可比实例，对这些可比实例虽然可以进行修正、调整，但选择可比实例的条件必须是客观存在和实际发生的。成本法要采用社会平均成本，收益法要采用客观收益等，都是在估价报告写作的客观性原则下进行的。再次，估价结果也必须符合市场的客观状况。虽然估价结论只是一种估计、推测或判断，并不是估价对象现实发生的实际交易价格，但前提是客观合理的价格。如果估价结果与现实客观市场状况偏差太大，就必须重新检验该项估价所采用的材料是否客观真实，可比性怎样，采用的估价方法是否得当，分析测算过程是否合理，作出符合客观现实的调整。

（二）目标性原则

房地产估价报告是受命写作，源于估价委托人某种特定的需要，整个写作过程都有一个明确目标，写作材料的搜集，篇章结构的整合，技术路线的确定，估价结果的说明，都要围绕这个明确的目标进行。也就是说，房地产估价报告的写作，必须把握目标，紧扣主题。

把握估价报告的写作目标，要区分好一般性目标和特定目标两层含义。一般性目标是对所有的房地产估价报告而言，就是价格。因为估价报告研究的都是估价对象的评估价格，所有的写作都是围绕完成最终的评估价格进行的。与估价对象的价格无关的因素在估价报告中体现是没有意义的，而且会冲淡主题，产生歧义。这是估价人员要把握的一个基本原则。

关于特定的目标，则因委托人提出的估价目的不同而不同。现实中，需要进行房地产估价的业务类型很多，因而产生了多种估价目的。对于不同估价目的的估价业务，估价思路会有差别，最终的评估价格也会有差别。同一宗房地产，其正常交易估价得出一个价格水平，而非正常交易（如强制拍卖、企业破产清算等）估价则很可能得出另一个价格水平。所以，估价报告写作还要把握根据估价目的而产生的特定的目标。针对这个特定目标搜集材料，组织估价思路，推导出符合客观事实的估价结论，写出符合目标性明确的估价报告。

（三）规范性原则

房地产估价报告写作的规范性原则，是对估价报告的结构形态而言，即房地产估价报告的篇章结构要程式化，符合统一的要求。

房地产估价报告的体裁结构经历了渐近发展的过程，由最初的“百花齐放”，不断地总结提炼，逐步演化为统一的、相对固定的、程式化的结构。这种程式化的结构体现了长期实践中集体的写作智慧，充分反映了房地产估价报告的写作规律，使得写作过程更为明了，效率更高，也使估价报告的使用者更容易掌握和知晓。《估价规范》规定估价报告的篇章结构包括封面、目录、致委托人函、估价人员声明、估价的假设和限制条件、估价结果报告、估价技术报告、附件八个部分，对每一个部分又做了细化的结构规定。同时也推荐了估价报告的规范格式，而随着《估价规范》的修订，还将不断改进。

（四）全面性原则

房地产估价报告写作的全面性原则，是指估价报告应完整地反映估价所涉及的事实、推理过程和结论，正文内容和附件资料应齐全、配套。

除了上述四项特定的原则之外，作为应用文写作，其他应用文写作的原则对房地产估价报告也同样适用，如文章的逻辑推理性原则、语言简约性原则等，也是需要了解和掌握的。

三、估价报告的形式

估价报告的形式分为口头报告（如专家证词）和书面报告。书面报告按照其格式又可分为表格式报告、自由叙述式报告和混合式报告。

表格式报告是一种相对固定化了的估价报告格式，估价人员只需按表格要求逐项填写即可。如《中华人民共和国城镇土地估价规程》（GB/T18508—2001）中列示的“土地估价报告（表格式）的基本内容”。一般用于评估量大、类型划一和较为简单的估价，特别是大量例行案件，如银行抵押贷款、保险、课税等涉及的房地产估价业务。对于成片多宗房地产的同时估价，且单宗房地产的价值较低时，估价报告也可以采用表格的形式，如旧城区居民房屋拆迁补偿估价。

叙述式报告无固定格式和固定内容，是由估价人员根据估价案件的情况及陈述上的需要而自由撰写的。一般来说，专案案件（如评估过去某一特定时间的房地产价格、房地产投资可行性分析、地区地价研究等）宜采用自由式估价报告书。混合式报告既规定基本固定格式来书写一般事项，又有自由格式部分用来深入分析特殊事项。以叙述方式为主，又结合必要表格的运用。我国《房地产估价规范》和《中华人民共和国城镇土地估价规程》中关于文字式估价报告规范格式的要求虽然存在一定差异，但均属于此类。

四、房地产估价报告的构成要素

一份完整的房地产估价报告通常由八个部分组成（具体内容见后面的介绍）。从房地产估价报告的组成看，估价报告应该记载的内容比较多，按性质进行分类、归纳，大体上可以分为法律依据性要素、描述性要素和分析性要素三大类。

（一）法律依据性要素

房地产估价报告是一种有着特定用途、具有法律效力的专业性报告。在房地产估价报告中法律依据性要素主要包括：委托方、受托方、估价对象权属状况、估价依据、估价目的、估价时点、估价期限、估价人员等。

（1）委托方　包括委托方的全称、法定代表人、办公地址、电话等。如个人委托包括姓名、住址、电话等。

（2）估价机构　包括估价机构的名称、法定代表人、办公地址、估价资格等级等。

（3）估价对象　从存在自然形态上划分，房地产主要分为三大类，即土地、在建工程和建成后的物业。对于土地而言，生地与熟地的价格就有较大的差异。而建成后的物业又分为居住物业、商业物业、工业物业和特殊物业等。不同的物业由于特点不同，影响价格的各种因素及其影响程度也各不相同。因此，明确估价对象为何种房地产，对编写房地产估价报告有着十分重要的作用。

（4）估价对象的权属状况　包括所有权、使用权以及与估价相关的权益等。

（5）估价依据　包括委托协议（评估申请或相关文件）以及有关的法律、法规和与估价相关的资料等。

（6）估价目的　房地产估价报告作为一种经济报告，是与报告使用者的经济利益有着密切关系的。因此，不同的估价目的，不仅影响着估价报告的估价结果，同时也限制了估价报告的使用范围。所以编写房地产估价报告，估价目的必须十分明确。

（7）估价时点　估价时点是写作估价报告需要特别强调的重要因素。由于房地产价格受众多因素的影响，始终处于动态的变化之中。为此，房地产估价报告中的估价时点，就是估价报告的出发点和立足点。有了估价时点这一时间坐标，才使得房地产估价报告结论中的价格，是“此”价格而非“彼”价格。

（8）估价期限　包括估价的作业日期、估价报告的提交日期以及估价报告使用的有效期限等。

（9）估价人员　包括参与估价的项目负责人、估价师和估价员等。

（二）描述性要素

描述性要素是对估价对象本身，以及由房地产估价这一行为而提示的、与之相联系的客观事实的描述。主要包括：

（1）估价对象的具体情况　包括估价对象所处的土地级别或城市类区、占地面积、占地的形状、四至、土地平整程度、地势、地质水文状况、周围环境、基础设施完备程度、规划限制条件、利用现状，以及估价对象的坐落位置、建筑面积、建筑结构、层数、建成年月、使用功能、平面布置、装饰装修、配套设施、使用状况、适应性、利用情况等。

（2）估价对象所处的社会环境　从小的方面而言，是指估价对象所处的区域环境。包括居住小区的环境、服务配套设施、物业管理、交通条件；商业店铺的商业氛围、人气状况；办公物业的工作环境、公共设施、配套服务、交通设施等。从大的方面而言，是指估价对象所处的城市环境。包括城市的自然环境、经济状况、城市建设、投资环境和城市发展趋势等。在描述性要素中，还包括估价对象的照片、图示等，一些需要花费很多文字还难以解释清楚的情况，借助照片和图示能够非常容易地表达出来。

（三）分析性要素

分析性要素是指房地产估价专业人员在估价过程中，分析、测算的基本思路以及所依赖的科学严谨的估价原则、估价程序、估价理论和方法等。其主要内容包括：

（1）估价技术路线　包括本次估价的总体思路及具体分析测算过程中的技术思路。

（2）估价原则　除房地产估价的基本原则外，结合特定的估价目的和特定的估价对象，还包括具体的工作原则。

（3）估价的假设前提及限制条件　房地产估价是为特定目的、对特定房地产在特定时点的客观合理价格或价值的测算和判定。房地产价格由于受多种因素的影响，又处于不断的变化之中。只有将不断运动的事物，放在一个假设的静态环境下，才能加以分析、判断。因此，科学合理的假设前提，对房地产估价人员的估计、推测和判断是非常必要的。

（4）估价方法　包括本次估价所采用的方法以及采用这种方法（或多种方法）的理由，所用估价方法的定义等。

（5）测算过程　包括所采用的基本公式及概要的计算过程。

(6) 相关数据、参数的确定　估价中采用的比准价格、报酬率、收益年限、建筑物的成新率、耐用年限、残值率等以及其他相关数据的确定。

(7) 估价结果的确定　不同的估价方法估算出的结果，是有差异的。即使是采用一种估价方法，在计算求出估价结果的基础上，也应考虑一些不可量化的价格影响因素，对估价结果进行适当的调整或取整，或认定该结果为最终结果。这些均应在估价报告中阐述其确定的理由。

第二节　房地产估价报告的组成与运用举例

《估价规范》中第8.0.2条规定，一份完整的房地产估价报告通常由以下八个部分组成。这八个部分在估价报告中都不可缺少，否则，不仅估价报告不完整，更重要的是会失去估价报告的效力。

一、封面

封面的内容一般应包括：

(1) 标题　指估价报告的名称，如："××市××区××街×号综合楼估价报告"。

(2) 估价项目名称　指该估价项目的全称，通常采用估价对象的名称，如："××市××区××街×号综合楼"。

(3) 委托人　指该估价项目委托人的有关信息，分为单位委托人或个人委托人，如：

单位委托人	个人委托人
委托人全称：×××有限公司	委托人姓名：（略）
法定代表人：（略）	住址：（略）
办公地址：（略）	电话：（略）
电话：（略）	

(4) 估价机构　指受理该估价项目的估价机构的有关信息，如：

估价机构的名称：×××房地产估价事务所

法定代表人：（略）

办公地址：（略）

估价资格等级：（略）

(5) 估价作业日期　即正式接受估价委托的时间至完成估价报告的时间。如："估价作业日期：2007年4月20日至2007年4月30日"

(6) 估价报告编号　指该估价报告在估价机构的编号，如：

"估价报告编号：×××房地产估价事务所估价报告字××××年第××

号”

二、目录

目录通常按前后次序列出估价报告的各个组成部分的名称及其对应的页码，以便委托人或估价报告使用者对估价报告的框架和内容有一个总体了解，并容易找到其感兴趣的内容。如“××市××区××街×号综合楼估价报告”的目录为：

目 录

三、致委托人函

致委托人函是正式地将估价报告呈送给委托人的信件，在不遗漏必要事项的基础上应尽量简洁。其内容一般应包括致函对象、致函正文、致函落款、致函日期等。如：

×××有限公司：

受贵公司委托，本所秉着客观、公正、科学、独立的原则，对由贵公司自建并拥有产权的、位于××市××区××街×号的综合楼（房屋所有权证：房权证R字第××号）进行了市场价格评估，估价时点为2007年4月20日，估价目的为抵押贷款。

本所根据估价目的，遵循估价原则，采用适宜合理的估价方法，在认真分析现有资料的基础上，经过测算，结合估价经验与对影响房地产市场价格的因素进行分析，确定估价对象在市场上有足够的买方和卖方，并且进入市场无障碍的条件下，于估价时点可能实现的市场价值为人民币（大写）壹仟捌佰伍拾万元。

此致！

×××房地产估价事务所

法定代表人：（略）

2007年4月30日

四、估价师声明

《估价规范》中要求该声明通常应包括：估价报告中陈述的事实，是真实的和准确的；估价报告中的分析、意见和结论，是估价人员自己公正的专业分析、意见和结论，但要受估价报告中已说明的假设和限制条件的影响；估价人员与估价报告中的估价对象没有任何（或有已载明的）利益关系，也与有关当事人没有（或有已载明的）个人利害关系和偏见；估价人员依照《估价规范》的规定进行分析，形成意见和结论，撰写本估价报告；估价人员已对（或没有对）估价报告中的估价对象进行了实地查勘；估价人员在估价中没有得到他人的重要专业帮助（如果有例外，应说明提供了重要专业帮助者的姓名、专业背景及其所提供的重要专业帮助的内容）及其他需要声明的事项。举例如下：

估价人员声明

我们郑重声明：

1. 我们在本估价报告中陈述的事实是真实的和准确的。

2. 本估价报告中的分析、意见和结论是我们自己公正的专业分析、意见和结论，但受本估价报告中已说明的假设和限制条件的限制。

3. 我们与本次估价的估价对象没有利害关系，也与有关当事人没有个人利害关系或偏见。

4. 我们依照我国国家标准《房地产估价规范》（GB/T 50291—1999）进行分析，形成意见和结论，撰写本估价报告。

5. 我们已对本估价报告中的估价对象进行了实地勘察，并对勘察的客观性、真实性、公正性承担责任，但我们对估价对象的现场勘察仅限于其外观和使用状况，对被遮盖、未暴露及难以接触到的部分，依据委托方提供的资料进行评估。除非另有协议，我们不承担对估价对象建筑结构质量进行调查的责任。

6. 没有人对本估价报告提供了重要专业帮助。

7. 本估价报告依据了委托方提供的相关资料，委托方对资料的真实性负责。因资料失实造成估价结果有误的，估价机构和估价人员不承担相应的责任。

8. 本报告估价结果仅作为委托方在本次估价目的下使用，不得做其他用途。未经本估价机构和估价人员同意，估价报告不得向委托方及报告审查部门以外的单位及个人提供，凡因委托人使用估价报告不当而引起的后果，估价机构和估价人员不承担相应的责任。

9. 本估价报告的全部或其部分内容不得发表于任何公开媒体上，报告解释权为本评估机构所有。

10. 未来市场变化风险和短期强制处分等因素对抵押价值均产生一定的影

响，本报告未考虑抵押风险，抵押权人在办理抵押事宜时需全面考虑。

估价师签名：（略）

2007 年 4 月 29 日

五、估价的假设和限制条件

应说明估价的假设前提，未经调查无法确认或无法调查确认的资料数据，估价中未考虑的因素和一些特殊处理及其可能的影响，估价报告使用的限制条件等。举例如下：

估价的假设和限制条件

（一）估价假设条件

1. 委托方合法取得土地、房屋权证，并以所确认的房屋用途和土地用途评估估价对象的价值。

2. 本报告以估价对象在估价时点处于完好状态并达到委托方所提供的使用功能为假设前提。

（二）估价限制条件

1. 估价对象能否如期完工，委托方提供的使用功能布局以及设备安装和装修工程方案是否有变，均对估价结果产生一定影响。

2. 估价时点后，估价报告有效期内估价对象的质量及价格标准发生变化，并对估价对象估价价值产生明显影响时，不能直接使用本估价结论。

3. 本次估价结果未考虑国家宏观经济政策发生重大变化以及遇有自然力和其他不可抗力对估价结论的影响。

4. 本次估价未考虑特殊交易方式对评估结论的影响。

六、估价结果报告

一般应包括：委托人、估价机构、估价人员（姓名、职业资格、本人签名盖章）、估价时点、估价对象、价值定义、估价依据、估价原则、估价方法、估价结果、估价作业日期、估价报告有效期、其他。举例如下：

××市××区××街××号综合楼

估价结果报告

（一）委托人：（略）

（二）估价机构：（略）

（三）估价对象

估价对象为位于××市××区××街××号的综合楼，占地 660.44m^2，地势平坦、其形状为不等腰梯形，土地产权性质为出让土地使用权，出让期限从2005年11月18日至2045年11月18日，出让年限为40年。委托方持有《国有土地使用证》。

综合楼为钢筋混凝土框架结构，地下一层、地上八层，建筑面积2971.98m²，由委托方自建，委托方持有《房屋所有权证》。估价对象建成后的使用功能为：地下一层为音乐酒吧，地上一层为用餐大厅，二层为小型宴会厅，三层为高档KTV包房，四层为普通用餐包间，五层为洗浴中心，六、七层为办公用途，八层为客房。估价对象装修所达到的标准，详见委托方提供的相关资料。

目前估价对象已基本完成，已通过竣工验收，内装修与室外道路绿化进入收尾，全部工程总量约完成95%。

(四) 估价目的

为估价对象办理房地产抵押提供价值参考。

(五) 估价时点

2007年4月20日。

(六) 价值定义：采用公开市场价值标准，即本报告评估估价对象目前状况下，于估价时点的市场价格。

(七) 估价依据

1. 委托方与本估价机构签订的房地产估价委托书。
2. 房屋所有权证。
3. 国有土地使用权证。
4. 《中华人民共和国城市房地产管理法》。
5. 《中华人民共和国土地管理法》。
6. 中华人民共和国国家标准《房地产估价规范》(GB/T 50291—1999)。
7. 估价对象现场勘察记录。
8. 委托方提供的与本次估价相关的其他资料。
9. 本估价机构掌握的房地产市场相关资料。

(八) 估价原则

本估价报告在遵循客观、公正、科学、合理的基本原则下，结合估价目的对估价对象进行估价。具体依据如下估价原则：合法原则、最高最佳使用原则、替代原则、估价时点原则。

(九) 估价方法

本估价报告采用市场比较法、收益法和成本法三种方法进行评估，并运用数理统计分析的有关方法，结合估价人员的经验，最终确定估价对象的估价结果。

（十）估价结果

本估价机构根据估价目的，遵循估价原则，按照估价程序，采用科学合理的估价方法，在认真分析现有资料的基础上，经过测算，结合估价经验与对影响房地产市场价格因素的分析，确定估价对象于估价时点可能实现的市场总价为人民币壹仟捌佰伍拾万元。

（十一）估价人员：（略）。

（十二）估价作业日期

2007 年 4 月 20 日至 2007 年 4 月 30 日。

（十三）估价报告应用的有效期

估价报告应用的有效期自完成估价报告之日起原则上为一年，但市场状况变化很大时，估价报告应用的有效期不超过半年。

七、估价技术报告

一般应包括：估价对象分析（详细介绍估价对象的区位、实物和权益状况等估价对象价值的各种影响因素）、市场背景分析（详细说明、分析类似房地产的市场状况）、估价技术路线、最高最佳使用分析（详细说明估价对象的最高最佳使用）、估价方法的选择（详细说明估价的思路和采用的方法及其理由）、估价测算过程（详细说明估价的测算过程，参数选取等）、估价结果的确定（详细说明估价结果及其确定的理由）。举例如下：

××市××区××街××号综合楼估价技术报告

（一）实物权益状况因素分析

估价对象位于××市××区××街××号，为一栋钢筋混凝土框架结构的综合楼。其占地 660.44m^2，土地使用性质为出让土地，出让期限从 2005 年 7 月 18 日至 2045 年 11 月 18 日，出让年限为 40 年。委托方持有《国有土地使用证》。综合楼地下一层、地上八层，建筑面积 2971.98m^2，自 2003 年开始建设。综合楼平面布局为敞开式大厅，可自由分割。估价对象的层高较高，其地下室与第八层均做了内部夹层，为此使用面积有所增加。

依据估价人员实地勘察，估价对象目前主体已经完工，设备安装及管网配套完毕，内装修工程与室外道路绿化进入收尾，已完成的工程量约占总量的 95%。该工程已通过竣工验收，委托方获得《房屋所有权证》。根据委托方提供的资料，估价对象建成后的使用功能为：地下一层为音乐酒吧，地上一层为用餐大厅，二层为小型宴会厅，三层为高档 KTV 包间，四层为普通用餐包间，五层为洗浴中心，六、七层为办公用房，八层为客房。估价对象门前场地较开阔，有 20 个泊车位。

估价对象东侧与××商城为邻，西边隔××街为××洗浴中心，南面为××大厦，北面为停车场。其视野受到影响且距离主干道W路和L路均有一定的距离。

(二) 区位状况因素分析

(1) 区域范围　以估价对象为中心，东至W路、西至S街、北至B街、南至L路所处区域按城市类区划分为一类区，其所占土地为一级地二类区。

(2) 区域特征　估价对象处于大型金融商贸、办公中心区域的边缘地带，沿L路两侧分布着大量的餐馆、酒楼及综合楼、健身俱乐部等商业物业，区域特征较为明显。同时，银行、医院、文化宫等公共服务设施也分布在估价对象周围。

(3) 道路配置　区域内东西向的L路和南北向的W路均为城市主要交通干道，S街、B街均为次级交通道路，整个区域路网发达，路况良好。

(4) 交通设施与接近条件　估价对象所处区域距火车站约3km，距海港约1km，距机场约12km。经过该区域有7路、11路、24路、27路等十余条公交线路，可通达市内各个区域，形成辐射力很强的公共交通网络。

(5) 基础设施　在估价对象所处区域范围内，上下水、电力、煤气、供暖、电信等基础设施配套齐全，市政管网可方便地由近距离接入。

(三) 市场背景分析

近几年，××市的经济运行态势良好，城市建设方面更是成效显著。同时，作为城市建设主力的房地产业也得到了迅速发展。国家有关部门相继出台了一系列有关房地产业的政策措施，对普通居住房地产市场的利好影响显著，而普通居住房地产市场的活跃势必刺激地区的整体经济发展，从而带动商业房地产市场和高级居住房地产市场的活跃与发展。

几年来，××市的经济发展速度和利用外资情况在全国范围内都保持着较高的水平，经济秩序、社会秩序稳定，地方税收一直稳步增长，城市产业结构调整进展顺利，旅游业、金融业等第三产业稳步发展。随着国家宏观经济政策的调整和整个经济发展速度的回升，本市的酒店、餐饮业、写字间等商业型房地产市场的需求将有所增加。

(四) 估价技术路线

根据背景材料可知，估价对象为一栋地下一层、地上八层的钢筋混凝土框架结构的楼房，建筑面积为2971.98m^2，目前已完成建筑工程总量的95%，该建筑物拟作为餐饮、洗浴、客房、娱乐为一体的综合楼使用。由于估价对象地处商业、餐饮业和娱乐业较为聚集的区域，因此，拟使用用途为最高最佳使用。

作为集餐饮、洗浴、客房、娱乐为一体的综合楼，其收益性是显而易见的。因此，可以使用收益法进行评估。同时，在××市地处商业、餐饮业和娱乐业较为聚集的区域，同为钢筋混凝土框架结构、规模相似的物业交易情况较多，所以可以从中选取可比实例，运用市场比较法评估估价对象的价格。另外，估价对象刚刚建成，处在工程收尾阶段，已完成的工程量约占总量的95%，为此可以辅之以成本法。最后结合房地产市场的实际情况，确定各种方法的计算结果在最终估价结果中的权数，得出最终的估价结果（并扣减未完工程量的价值）。

（五）最高最佳使用分析

房地产估价应当以估价对象的最高最佳使用为前提进行估价。最高最佳使用是指法律上允许、技术上可能、经济上可行，经充分合理论证，能使估价对象产生最高价值的使用，本估价对象地处商业、餐饮业和娱乐业较为聚集的区域，本报告中的使用功能为最高最佳使用。

（六）估价方法选用

根据估价对象为收益性物业的特点，以及××市房地产市场中与估价对象类似的房地产交易实例较多的情况，本估价报告选用市场比较法和收益法为主要的估价方法，辅助以成本法。

（七）估价测算过程

1. 市场法

具体估价思路为：在近期房地产市场中选择与估价对象处于同一供求范围内，具有较强相关性、替代性的房地产交易实例，根据估价对象和可比实例的状况，对房地产状况因素、时间因素和交易情况等影响房地产市场价格的因素进行分析比较和修正调整，评估出估价对象的市场价格。

(1) 选择可比实例　经筛选确定A、B、C三个可比实例。

实例A：

位于××区××路，为一栋综合服务楼，钢筋混凝土框架结构，外墙瓷砖革面，室内初装修，配套设施齐全，成新率为十成。成交建筑面积2185.8m^2，成交价格为人民币5867元/m^2（建筑面积），成交日期为2004年1月。

实例B：

位于××区××路南侧，为多层住宅，底部一、二层公建部分，框架结构，外墙瓷砖革面，室内初装修，配套设施齐全，成新率为十成。成交建筑面积2400m^2，成交价格为人民币6000元/m^2（建筑面积），成交日期为2003年6月。

实例C：

位于××区××路北侧，为高层写字楼的裙房部分，钢筋混凝土框架结构，外墙刷彩色涂料，室内初装修，配套设施齐全，成新率为十成。成交建筑面积1800m^2，成交价格为人民币7800元/m^2（建筑面积），成交日期为2003年10月。

(2) 确定可比实例修正系数的依据（略）。

(3) 计算比准价格　详见下表。

可比实例		A	B	C
成交单价/（元/m²）		5867	6000	7800
房地产状况调整	区位状况	100/100	100/90	100/100
	实物状况	100/90	100/102	100/115
交易情况修正		100/100	100/100	100/100
交易日期调整		100/100	100/100	100/100
比准价格/（元/m²）		6520	6540	6780

对调整后的比准价格进行综合平均，估价对象的市场单价为：

$$\frac{6520+6540+6780}{3}\text{元/m}^2\approx 6610\text{ 元/m}^2$$

估价对象于估价时点在完好状态下的市场价格总值为：

$$6610\text{ 元/m}^2\times 2971.98\text{ m}^2=1964\text{ 万元}$$

2. 收益法

具体估价思路：根据估价对象在未来可使用年限（经济收益年限）内使用过程中获得净收益的能力，采用适当的报酬率对估价对象在未来可使用年限（经济收益年限）内各年的净收益进行折现后累加，确定估价对象在估价时点的价值。假设估价对象在未来使用年限内，每年可获得稳定的年净收益，且每年的报酬率保持不变，确定计算公式为：

$$V=\frac{a}{r}\left[1-\frac{1}{(1+r)^n}\right]$$

式中　V——房地产价格；

a——年净收益；

r——报酬率；

n——收益年限。

(1) 确定净收益　在测算估价对象未来各年潜在总收益的基础上，考虑商业物业在使用过程中的正常空置等损失后，实际所能获得的年总收益，扣除其经营过程中为取得营业收入需花费的经营成本、经营费用、财务费用、管理费用、税金和经营者利润后，得出估价对象未来各年的净收益。

由于估价对象的使用功能不同，相应成本扣除项目也有所不同，故本报告分两部分测算净收益。

第一部分：餐厅、音乐酒吧及洗浴中心部分

1) 估算年总收入。

餐厅部分：根据估价对象餐厅部分的营业规模（大小包间 15 个，散桌 25

张)、服务水平及估价对象所处区域同类同档次商业物业的年收入情况，估算估价对象餐厅部分的客观年收入水平约为730万元。

音乐酒吧：估价对象地下一层的音乐酒吧大约可容纳120人，根据××市目前同类型物业的营业状况，按上座率50%计算，年收入约170万元。

洗浴中心：根据委托方提供的收费标准，结合本市同等规模、档次的同类物业的营业状况，客满率按70%计算，年收入约为100万元。

餐厅、音乐酒吧及洗浴中心部分的年收入合计为1000万元。

2) 扣除项目(包括年支出费用及经营者利润)。

营业成本：约为300万元。

营业费用：约为50万元。

房产税：约为10万元。

营业税及其附加：约为55万元。

管理费：约为150万元。

经营者利润：约为250万元。

扣除项目合计为815万元。

3) 净收益。

净收益 = 年总收入 - 扣除项目 = (1000 - 815)万元 = 185万元

第二部分：客房、写字间部分

1) 估算年总收入。

客房部分：估价对象共有标准间7间、套间1间。根据本所掌握的××市目前类似客房的收费情况，确定估价对象客房标准间为人民币228元/天，套间为人民币380元/天，结合本市同类物业的情况，按正常年利用率的60%考虑，每年按360天计算。则客房部分的年经营收入为：(228元/天·间×7间+380元/天·间×1间)×360天×60% =43万元。

写字间部分：根据本市同类物业的收益情况，确定估价对象日租金为2元/m^2，估价对象写字间的可出租面积依委托方提供为580m^2，利用率按××市同类物业正常年利用率65%考虑，每年按360天计算。则写字间部分的年经营收入为：

580m^2×2元/(m^2·天)×360天×65% =25万元

客房、写字间部分年经营收入总额合计约为68万元。

2) 扣除项目(包括年支出费用及经营者利润)。

测算过程(略)。

其结果为：

维修费：约为2万元。

管理费：约为8万元。

经营费：约为20万元。

房产税：约为9万元。

营业税及其附加：约为4万元。

经营者利润：约为10万元。

扣除项目合计为53万元。

3）净收益。

净收益＝年总收入－扣除项目＝（68－43）万元＝25万元

（2）确定报酬率　以目前中国人民银行一年期存款利率为基础，考虑××市同地区同档次酒店业的投资利润率及风险调整值，确定报酬率为7.87%。

（3）确定估价对象的经济收益年限　由于估价对象属商业物业，其经济价值或收益情况受其结构布局、装修标准、设备使用情况等影响较大，在一定的经济收益年限内可以满足消费需要，超过此年限，就应重新投资进行改造。根据××市同类型物业的经济收益年限，本报告确定估价对象的经济收益年限为20年。

（4）测算估价对象的市场价格　将净收益、报酬率和经济收益年限代入计算公式，测算估价对象于估价时点完好状态下的市场价格为：

$$V=\frac{A}{Y}\left[1-\frac{1}{(1+Y)^{n}}\right]=\frac{25\text{万元}}{7.87\%}\times\left[1-\frac{1}{(1+7.87\%)^{20}}\right]=2082\text{万元}$$

3. 成本法

假设在估价时点现有建筑物存在的土地是一块空地，而在同一场所除建筑物以外的状况均维持不变，重新建造与现有建筑物完全相同或具有同等效用的全新状态的建筑物时，所必要的建筑费、其他费用、利息和正常的利税，获得建筑物的重新建筑成本。考虑房屋的实际状态，从而评估其计算价格。

根据估价对象的特点，成本法评估的基本公式为：

评估价格＝土地重新取得价格＋建筑工程费用＋建筑专业费用＋开发配套费用＋管理费＋利息及融资费用＋相关税费＋开发商利润

具体计算过程（略），其各项结果为：

土地重新取得价格：770万元。

建筑工程费用：556万元。

建筑专业费用：13万元。

开发配套费用：30万元。

管理费用：68万元。

利息及融资费用：40万元。

相关税费：93万元。

开发商利润：205万元。

将上述结果代入基本公式，得估价对象于估价时点在完好状态下的评估价格为1775万元。

（八）估价结果确定

根据估价目的及估价对象的特点，结合本市房地产市场的状况，本次估价结果的确定采用加权平均的方法，即市场法和收益法的估价结果所占权值各为35%，成本法的估价结果所占权值为30%。据此，确定估价对象于估价时点在完好状态下的评估价格为：

$$1964\text{万元}\times0.35+2082\text{万元}\times0.35+1775\text{万元}\times0.3=1950\text{万元}$$

由于目前估价对象的完工进度约为总工程量的95%，则估价对象在目前状态下，于估价时点的市场价格为：

$$1950\text{万元}\times95\%=1850\text{万元}$$

八、附件

通常包括估价对象的位置图，四至和周围环境图，土地形状图，建筑平面图，外观和内部照片，项目有关批准文件，产权证明，估价中引用的其他专用文件资料，估价人员和估价机构的资格证明等。

第三节　房地产估价报告常见错误分析

一、估价报告书中的结构内容不完整

在房地产估价实务中，有时估价报告书中的内容不完整，如：

1）缺估价委托方。有时误将房地产所有权人当成委托估价单位而不在估价报告书中加以说明。

2）缺估价受理方。估价报告中无估价机构。

3）缺估价目的。估价报告中没有说明估价目的，或者对估价目的的叙述不准确，如为什么而评估，评估的是什么价格的类型，是什么状态下的评估价格，是生地还是熟地，是现房还是期房。

4）缺估价时点。误将估价日期当作估价时点。

5）估价的主要依据未交代或交代不清。

6）估价对象房地产概况描述不全面、不清楚。如估价对象房地产的产权归属（土地使用权、房屋产权以及他项权利）未交代或交代不清楚，土地的利用现状或开发利用方式未交代，土地使用权的取得方式（行政划拨或有偿出让、转让）未交代，土地使用权的起止日期模糊不清等。

7）估价所采用的技术路线或采用某种估价方法的理由未作必要说明。

8）缺估价技术分析测算过程或专业的估价报告。

9）估价结论和确定最终估价额的理由未交代或交代不清楚。

10）缺少必要的说明。如估价结论的应用范围及有效时间、本次估价依据的前提条件、应用估价结论时的注意事项、外币与人民币的汇率等。

11）缺估价人员及相关情况说明。

12）缺估价日期或与估价时点相混。

13）缺少必要的附件。如土地使用权证、地籍图、四至图、地形图、房屋所有权证书、建筑平面图、估价人员和估价机构证书等。

14）估价结论的金额应同时用大、小写注明，往往容易漏掉大写。

二、容易混淆的专业术语和名词

1. 估价作业日期与估价时点

估价作业日期，说明本次估价的起止年、月、日；而估价时点，是估价结果对应的日期。

2. 单位地价与楼面地价

单位地价，通常是单位土地面积的土地价格；而楼面地价，又称单位建筑面积地价，是平均到每单位建筑面积的土地价格。

楼面地价 = 土地总价/总建筑面积 = 土地单价/容积率

3. 基准地价与标定地价

基准地价是政府对各级土地或均质区段及其商业、住宅、工业等土地利用类型分别评估出的土地使用权平均价格；而标定地价是指一定时期和一定条件下，能代表不同区位、不同用途地价水平的标志性宗地的价格。

4. 建筑密度与容积率

建筑密度又称建筑覆盖率，通常是指一块土地上所有建筑物的基底总面积占该块土地总面积的比例，即建筑密度 = 建筑基地总面积/土地总面积；而容积率是一块土地上建筑物的总建筑面积与该块土地总面积的比值，即容积率 = 总建筑面积/土地总面积。

5. 重置价格和重建价格

重置价格是采用估价时点时的建筑材料、建筑构配件、设备和建筑技术等，按照估价时点时的价格水平，重新建造与估价对象建筑物具有同等效应的新建筑物的正常价格；而重建价格是采用与估价对象建筑物相同的建筑材料、建筑构配件、设备和建筑技术等，按照估价时点时的价格水平，重新建造与估价对象建筑物完全相同的新建筑物的正常价格。

6. 综合资本化率、土地资本化率、建筑物资本化率

综合资本化率是求取房地产价值时应采用的资本化率，这时对应的净收益是土地与建筑物共同产生的净收益；土地资本化率是求取单纯土地的价值时所应采用的资本化率，这时对应的净收益必须是土地所产生的净收益；建筑物资本化率是求取单纯建筑物的价值时所应采用的资本化率，这时对应的净收益必须是建筑物所产生的净收益。

一般情况下，土地资本化率 < 综合资本化率 < 建筑物资本化率。

7. 自然寿命和经济寿命

自然寿命是指建筑物从建成之日起到不堪使用时的年数；而经济寿命是指建筑物从建成之日起预期产生的收入大于运营费用的持续年数。

8. 客观成本与实际成本

实际成本是某个具体的开发商的实际花费；而客观成本是假设开发建造时大多数开发商的正常花费，在估价中要采用客观成本而不是实际成本。

9. 客观收益和实际收益

实际收益是在现状下实际取得的收益，一般来说不能用于估价；而客观收益是排除了实际收益中属于特殊的、偶然的因素之后所能得到的一般正常收益，它才能作为估价的依据。

10. 估价折旧与会计折旧

估价上的折旧注重的是市场价值的真实减损，科学地说不是折旧，而是减价修正；会计上的折旧注重的是原始价值的分摊、补偿或收回。在会计上，C 为资产原值，不随时间的变化而变化；在估价上，C 为重新购建价格，而且是估价时点的，因此估价时点不同，C 的值也不同。

三、语言文字能力欠佳，运用不当

1. 用词不准确

不善于根据内容表达的需要，在众多同义词、近义词中选用最确切的语词，以准确地表现事物的特征和作者要表达的意图。

例如，“这里有可能成为繁华商业区”、“预计这里将成为繁华商业区”和“这里必然会成为繁华商业区”，在以上这三种表达方式中，用词的强度不同，表达的意思也不同。

又如，同样是对房地产公司的销售业绩作出判断，可以在短期内的销售率数据的基础上采用“比较理想”这几个字，也可根据实际情况选择最能准确表达实际情况的其他用词，如“颇为理想”、“令人瞩目”等，但估价报告中不应该用“好得不得了”等口语化的词句。

2. 语义含混不清、模棱两可

表达分寸的词语，比如范围、程度、条件等，在房地产估价报告中都会经常使用，要有客观恰当的把握。不能使用“大概”、“可能”等字样，特别是估价结论，不能模棱两可。例如："估价对象房地产每平方米建筑面积的价格大约在 800 元左右"。"大约"这样的词出现在市场分析中可以的，但在估价结论中是不妥当的。有时估价人员确实不能确定估价结论的具体数据，不妨说："估价对象房地产每平方米建筑面积的价格在 790 ~ 890 元之间。"这样的表述比"大约"要确定得多，毕竟可以确定价格的变动范围。

3. 用词带有较强烈的感情色彩

估价报告用词的褒贬要得当，尽量使用中性词汇，避免采用过于华丽的词藻。

例如，"该公司上下努力、团结奋进、勇于开拓、奋力拼搏，在过去几年中取得了令人瞩目的成绩"，"工人们大干快上，整个工地呈现出一派热气腾腾的景象。"以上估价报告中的类似表述，所述事实不能说与形成估价结论无关，但应该改用比较中性的、冷静的、叙述性的口气。

例如可改为"从财务报告可见，该公司过去几年的经营业绩比较理想"（下面可具体引用财务报告的一些主要指标，如利润、资产负债率等），这样用数据说话，就比简单地用带有感情色彩的评语有说服力。

又如"该地区发展潜力与其他地区相比，不可同日而语"，这样过分褒此贬彼的说法也是不可取的。

4. 用词堆砌、生造，不简练、不标准

有的估价报告连用几个"最高级"来形容估价对象，有的估价报告采用一些非标准的用语或是受港台用语的影响。例如，将"素质"写为"质素"（香港人的习惯用法），或是将动词用做形容词，如"这个小区的价位比附近同档次的小区低，非常吸引"（应为"非常有吸引力"）。

5. 逻辑不严密

估价报告出现自相矛盾的现象，造成逻辑混乱。逻辑混乱的情况主要有：①前后没有照应，如前面说了上座率 70%，后面计算时又没有考虑进去；前面定下的报酬率是 13%，后面又采用 15%。②数据来源没有出处或是有错误，如有的估价报告中的房地产税、营业税的税率错误。③判断推理没有充足的理由，如简单地下结论，却没有充足的理由支持该结论。

6. 出现错别字和漏字，特别是一些容易混淆的字

例如：坐落（不是"座落"）、坐标（不是"座标"）、签订（不是"签定"）、订货（不是"定货"）、好像（不是"好象"）、成分（不是"成份"）、账目（不是"帐目"）、撤销（不是"撤消"）、抵消（不是"抵销"）等。

另外，不要漏字，特别是数字不要缺漏，如将评估结果 200000 写成 20000，写作估价报告时要避免这样的错漏。

还有，在内地不应使用繁体字，使用通用的外文译名而不要自己另造译名。

第四节　房地产估价报告改错举例

要减少或避免房地产估价报告中出现较多的错误，平时就要多研究现有的估价报告，从中发现问题并提出解决办法，使估价人员逐渐掌握估价报告写作方法和技巧，减少错误，为委托者做出高品质的估价报告书。下面通过一个例子分析一下估价报告中常见的错误及修正方法。

【例 9-1】　以下为某一房地产估价报告，请指明其中的错误。

××房地产估价报告书

致委托估价方函（略）

××别墅房地产估价结果报告（略）

××别墅房地产估价技术报告

一、委托估价方

××市恒通房地产开发公司

二、受理估价方

××市房地产估价事务所

三、估价目的

为恒通房地产开发公司对××别墅项目按现状整体转让进行估价

四、估价时点

2002 年 4 月 15 日

五、估价对象概况

（一）××市概况（略）

（二）××别墅项目概况

1. 土地情况

(1) 土地使用权性质：出让土地使用权，1999 年 1 月 6 日取得国有土地使用权证。

(2) 土地总面积 70000m^2。

(3) 用途：别墅及配套设施。

(4) 108 栋别墅，建筑总面积 35285m^2。

其中：一期工程建设 33 栋别墅，建筑面积 10378m^2。

2. 地上物情况

该别墅项目开发分为一、二两期，户型有 A、B、C、D 四型，款式达数十种，主要为二层砖混结构。目前，一期工程 33 栋中已有 24 栋完成全部工程，建筑面积7548m²，另有9栋尚未完工，但主体结构工程已完，装修、设备工程未完，建筑面积2830m²。建筑材料及设备（略）。

六、估价采用的方法和步骤

（一）采用的估价方法为市场比较法、成本法和假设开发法。

（二）分析、比较用上述估价方法求出的结果，然后进行综合处理，最终求得该别墅项目按现状整体转让的价格。

七、估价过程

（一）方法一：房地分别估价

1. 土地估价：采用成本法和市场比较法两种方法进行估价，综合平均得出土地评估价格。

（1）利用成本法进行估价　计算公式为

土地价格＝取得土地费用＋土地开发费用＋土地使用权出让金

根据估价人员实地勘察，在估价时点，城市边缘某地实际取得土地费用为396元/m²，土地开发费用为158元/m²，土地使用权出让金为2770元/m²，则利用成本法对土地进行估价所得土地单价为（396＋158＋2770）元/m²＝3324元/m²。

（2）利用市场比较法进行估价　具体数据见表一、表二。

表一　可比实例调查表

	甲	乙	丙	估价对象
用途	别墅	别墅	别墅	别墅
交易情况	协议	拍卖	招标	协议
交易日期	1996.5	2000.5	2000.5	2002.4
区域因素	五类	四类	六类	五类
个别因素	一般	较好	较差	一般

表二　可比实例修正系数表

	甲	乙	丙
土地单价/（元/m²）	3100	4800	3700
交易情况修正	100/100	100/130	100/110
交易日期修正	110/100	100/100	100/100
区域因素修正	100/100	98/100	98/100
个别因素修正	100/100	96/100	98/100
修正后的单价/（元/m²）	3410	3474	3230

根据测算，上述甲、乙、丙三个交易实例修正后的价格比较接近，故采用算术平均综合出一个价格作为结果：

比准价格 = $(3410+3474+3230)$ 元/m^2 $\div 3=3371$ 元/m^2

成本法与市场比较法的结果相近，故取算术平均值得出：

土地单价 = $(3324+3371)$ 元/m^2 $\div 2=3348$ 元/m^2

(3) 土地估价综合结果

土地总价 = 土地单价 × 土地总面积 = 3348 元/m^2 $\times 70000m^2$ = 234360000 元 = 23436 万元

2. 别墅建筑物估价

别墅建筑物估价采用成本法，以该类别墅的建筑物及相关费用为基础，加上正常的利税，求取该别墅建筑物的重新建造成本。

(1) 重新建造成本　据测算，别墅建筑物的重新建造成本为 3428 元/m^2，包含建筑费（含结构、装修、设备、红线内外市政费）、专业费（8%）、年利率（15%）、利润率（20%）、销售税费（10%）。

(2) 根据建设情况分别求出已完别墅和未完别墅的建筑物重新建造成本

108 栋别墅建筑物全部完工后的评估价格为：

3428 元/m^2 $\times 35285m^2$ = 120957000 元 = 12095.7 万元

根据委托估价方提供的资料和估价人员现场勘察，确定未完的 9 栋别墅建筑物重新建造成本为已完建筑物的 50%，则未完别墅建筑物的重新建造成本为 3428 元/m^2 × 50% = 1714 元/m^2。

(3) 现有别墅建筑物价格

3428 元/m^2 $\times 7548m^2$ + 1714 元/m^2 $\times 2830m^2$ = 30725100 元 = 3072.51 万元

3. 别墅现有房地产价格

23436 万元 + 3072.51 万元 = 26508.51 万元

（二）方法二：别墅项目整体估价

根据假设开发法的思路，先运用市场比较法求取本项目完工后的总楼价，再扣减销售中发生的税费及建筑物未完工部分的价格，便可求得别墅区现有房地产总价格。

1. 别墅总楼价

市场研究分析（略）

根据掌握的市场资料，经综合分析，确定估价对象平均售价为 11200 元/m^2，则本项目完工后的总价为 11200 元/m^2 $\times 35285m^2$ = 395192000 元 = 3951.9 万元

2. 售价税费（含买卖手续费、代理及广告费、营业税及附加、所得税等）

售价税费为项目完工后总楼价的 10%，即 39519.2 万元 × 10% = 3951.9 万元。

3. 建筑物未完工部分的价格

建筑物未完工部分的价格 = 全部完工后别墅建筑物总价格 − 现有别墅建筑

物价格 = 12095.7 万元 - 3072.51 万元 = 9023.19 万元

4. 别墅现有房地产价格

(39519.2 - 3951.9 - 9023.19) 万元 = 26544.11 万元

八、估价结论

以上两种估价思路的估价结果见表三。

表三 两种估价思路的估价结果

估价方法	土地总价值	别墅建筑物总价值	房地产总价值
方法一	23436	3072.51	26508.51
方法二			26544.11
平均值			26526.31

估价结果：别墅现有房地产总价格为 26526.31 万元。

九、附件、说明、其他资料（略）

解：根据房地产估价报告的组成和要求，分析此估价报告，可以发现有如下一些错误和不足：

(1) 没有写明估价依据及估价原则。

(2) 没有写明估价作业起止日期。

(3) 没有估价人员姓名及注册房地产估价人员签名。

(4) 关于土地权属情况介绍不全，即土地使用权如何取得，土地使用费用多少。

(5) 土地使用权年限没有，这一点非常重要。

(6) 缺少对土地的自然状况介绍，如坐落、位置、地形、地势、地质条件、四至以及环境和交通通达程度等。

(7) 对土地开发利用状况未作介绍。

(8) 对项目规划条件介绍不全面。

(9) 利用成本法进行土地估价的计算公式有误，应该包括正常的利税。

(10) 上述计算公式中关于土地取得费用不能采用某宗地的实际数据，应用社会平均成本或者客观成本。

(11) 利用市场比较法进行土地估价的交易实例甲不能用做可比实例，因其交易日期与估价时点相差时间太长。

(12) 在区域因素修正中，乙与丙的分子与分母颠倒，修正出错，且乙与丙的修正系数不恰当。

(13) 在个别因素修正中，乙与丙的分子与分母颠倒，修正出错，且乙与丙的修正系数不恰当。

(14) 对土地估价的综合结果没有作年期修正。

(15) 对建筑物估价中，建筑费一项不应包括红线外的市政费。

（16）方法二中的销售税费不应包括所得税。
（17）销售税费重复计算。
（18）最后的估价结果中总价格应用大写书写。
（19）房地产估价事务所应注明资质并附营业执照，报告书上要盖公章。
（20）提供报告书日期未注明。
（21）估价报告使用应注意的事项应加以说明。
（22）应对估价人员勘察现场情况加以说明。
（23）应说明估价人员与委托单位和待估物业无利害关系。
（24）对建筑物状况的介绍过于简单。
（25）本报告缺少封面、目录、估价人员声明、估价的假设和限制条件。

思考与练习题

1. 房地产估价报告对写作主体和客体有哪些要求？
2. 房地产估价报告的构成要素有哪些？
3. 房地产估价报告的常见错误有哪些？
4. 下列估价结果报告和估价技术报告存在多处错误，请指明其中的 13 处。

××在建工程房地产抵押价值评估报告

封面及目录（略）
致委托方函（略）
估价师声明（略）
估价的假设与限制条件（略）

房地产估价结果报告

一、委托方（略）
二、估价方（略）
三、估价对象
1. 区位状况（略）
2. 实物状况（略）
3. 权益状况（略）
四、估价目的
为委托方以估价对象为抵押物向银行申请抵押贷款提供抵押物市场价值参考。
五、估价时点
2005 年 4 月 18 日。
六、价值定义
本次估价采用公开市场价值标准，即估价结果为估价对象在估价时点时的公开市场的客观合理价值。

七、估价依据（略）

八、估价方法

估价人员进行了实地查勘，通过认真分析所掌握的资料，根据估价对象的特点及估价目的，选用假设开发法、成本法作为本次估价的基础方法，其中假设开发法中开发完成后的价值采用市场法估价。

九、估价结果

经测算，估价对象在估价时点 2005 年 4 月 18 日的客观价值为人民币 4794.52 万元。大写：人民币肆仟柒佰玖拾肆万伍仟贰佰元整。

十、估价人员（略）

十一、估价作业日期

2005 年 4 月 16 日至 2005 年 4 月 22 日。

十二、估价报告应用的有效期（略）

估价技术报告

一、个别因素分析（略）

二、区域因素分析（略）

三、最高最佳使用分析（略）

四、估价方法选用

估价对象为在建工程。估价人员进行了实地查勘，认真分析所掌握的资料，根据估价对象的特点及估价目的，选用假设开发法、成本法作为本次估价的基本方法，其估价技术路线如下：

1）根据《房地产估价规范》，“具有投资开发或再开发潜力的房地产的估价，应选取用假设开发法作为其中的一种估价方法”，因此选用假设开发法作为估价方法之一进行估价。根据假设开发法的思路，可将预计估价对象开发完成后的价值，扣除预计的正常开发成本、管理费用、投资利息、销售税费、开发利润以及购买估价对象应负担的税费，求取估价对象的客观合理价格或价值。

2）估价对象为在建工程，有明确的工程进度和费用投入，因此采用成本法作为估价方法之一。根据成本法的思路，以建造估价对象房地产所需的各项必要费用、应缴纳的税金、正常开发利润之和，求取估价对象的客观合理价格或价值。

3）对以上两种方法测算的价格进行综合处理，最终求取估价对象的总价值和单位价值。

五、估价测算过程

（一）假设开发法分析测算过程

假设开发法是预计估价对象开发完成后的价值，扣除预计的正常开发成本、税费和利润等，以此估算估价对象的客观合理价格或价值的方法。

1. 采用的公式

估价对象价格 = 开发完成后的房地产价值 − 续建开发成本 − 管理费用 − 投资利息 − 销售税费

2. 估价对象开发完成后房地产价值的测算

运用市场法测算估价对象开发完成后的价值。

市场法是将估价对象与在估价时点近期有过交易的类似房地产进行比较。对这些类似房地产的已知价格作适当修正，以此估算估价对象的客观合理价格或价值的方法。

(1) 采用的公式

$$\text{估价对象价格} = \text{可比实例价格} \times \underset{\text{交易情况修正}}{\frac{100}{(\quad)}} \times \underset{\text{交易日期调整}}{\frac{(\quad)}{100}} \times \underset{\text{房地产状况调整}}{\frac{100}{(\quad)}}$$

$$= \text{可比实例价格} \times \frac{\text{正常市场价格}}{\text{实际成交价格}} \times \frac{\text{估价时点价格}}{\text{成交日期价格}} \times \frac{\text{对象状况价格}}{\text{实例状况价格}}$$

(2) 所选可比实例（见表一）

表一 可比实例情况表

比较项目＼可比实例与估价对象	A	B	C	估价对象
项目名称	××苑	××楼	××园	××园
项目坐落	××新村××号	××路××号	××道××号	××大道××号
土地使用权取得方式	出让	出让	出让	出让
土地等级	住宅Ⅳ级	住宅Ⅲ级	住宅Ⅲ级	住宅Ⅳ级
建筑结构	钢混高层	钢混高层	钢混高层	钢混高层
规划用途	住宅	住宅	住宅	住宅
成新状况	十成新	十成新	十成新	
交易情况	正常	正常	正常	
交易日期	2005.3	2005.3	2005.4	
成交价格/（元/m^2）	3100	3100	2960	

(3) 交易情况修正　可比实例A、B、C均属正常交易，交易情况无需修正，交易情况修正系数均为100/100。

(4) 交易日期调整

近期××市房地产市场状况稳定，可比实例A、B、C均属近期交易，交易日期无需调整，调整系数均为100/100。

(5) 房地产状况调整

因权益状况相同，将房地产状况调整分为区域因素和个别因素。

1）区域因素调整。根据可比实例的具体情况，可比实例A、B、C的区域因素略优于估价对象。将区域因素调整的主要内容与估价对象进行打分比较。得到可比实例A、B、C区域因素调整系数分别为：100/101、100/102、100/103（具体比较情况见表二）。

2）个别因素调整。根据可比实例的具体情况，可比实例A、B的个别因素略优于估价对象，可比实例C的个别因素略差于估价对象。将个别因素调整的主要内容与估价对象进行打分比较，得到可比实例A、B、C个别因素调整系数分别为100/102、100/102、100/97（具体比较情况见表二）。

表二 房地产状况调整

房地产状况 \ 可比实例与估价对象		A	B	C	估价对象
区域因素	商服繁华程度	20	21	20	20
	交通条件	21	21	23	20
	环境景观	10	10	10	10
	公共服务配套	10	10	10	10
	发展规划	10	10	10	10
	基础设施	10	10	10	10
	文化娱乐	10	10	10	10
	街道条件	10	10	10	10
	合计	101	102	103	100
个别因素	土地利用程度	20	20	20	20
	临路状况	20	20	20	20
	设施设备	10	10	10	10
	装修状况	10	10	10	10
	平面布置	12	12	9	10
	建筑结构	10	10	10	10
	楼栋朝向	10	10	10	10
	面积大小、形状	10	10	8	10
	合计	102	102	97	100

(6) 比较修正计算 具体见表三。

表三 市场法修正计算表

可比实例	成交价格/(元/m^2)	交易情况修正	交易日期调整	区域因素调整	个别因素调整	比准价格/(元/m^2)
A	3100	100/100	100/100	100/101	100/102	3009
B	3100	100/100	100/100	100/102	100/102	2980
C	2960	100/100	100/100	100/103	100/97	2963

从测算结果来看，三个可比实例的比准价格水平差异不大，因此采用简单算术平均数作为市场法测算结果：

(3009 + 2980 + 2963) 元/m^2 ÷ 3 = 2984 元/m^2

(7) 预计开发完成后的总价值 估价对象规划总建筑面积为 47799.80m^2，其中地下（建筑面积 7979m^2）作为设备用房等，不能对外销售，可销售的建筑面积为 39820.80m^2。故估价对象预计建成后的总价值为：

2984 元/m^2 × 39820.80m^2 = 118825300 元 = 11882.53 万元

3. 续建开发成本的测算

估价对象共4栋，其中编号第28栋总建筑面积为 24578.00m^2（含地下建筑面积 3998.00m^2），第21、22、23栋总建筑面积 23221.80m^2（含地下建筑面积 3981.00m^2）。经现场查勘，第28栋正在进行地下混凝土浇注工程，第21、22、23栋正在进行基础灌注工程。

(1) 续建建筑安装工程费 根据××市造价管理站《关于发布××市建筑安装工程2005年一季度造成价指数的通知》(××建价字［2005］10号，钢混高层住宅楼本期建安造价指标为 873.18～970.2 元/m^2，本次评估取 900 元/m^2。另外，依据以上文件，桩基础的增加值为 80 元/m^2，一般水电安装增加值为 30 元/m^2，消防设备及安装增加值为 10 元/m^2，电梯及安装增加值为 50 元/m^2，则续建工程成本为：

24578.00m^2 × (900 + 30 + 10 + 50) 元/m^2 + 23221.80m^2 × (900 + 80 + 30 + 10 + 50) 元/m^2 = 4917.95 万元

(2) 室外道路管网及绿化等工程费 根据类似住宅的技术经济指标，按用地面积取 30 元/m^2，估价对象用地面积为 23667.00m^2，则室外道路管网及绿化等工程续建成本为：

30 元/m^2 × 23667.00m^2 = 71.00 万元

(3) 估价对象的续建成本合计

4917.95 万元 + 71.00 万元 = 4988.95 万元

4. 管理费用

主要包括工程续建过程中的管理人员工资等必要支出，按市场平均水平取

续建成本的3%，即

$$4988.95\text{ 万元}\times 3\% = 149.67\text{ 万元}$$

5. 销售税费

包括广告宣传费用及营业税等，依据类似项目平均标准，取开发完成后房地产价值的8%，即

$$11882.53\text{ 万元}\times 8\% = 950.60\text{ 万元}$$

6. 开发利润

××置业公司的投资直接成本利润率为15%，续建成本为4988.95万元，开发利润为：

$$4988.95\text{ 万元}\times 15\% = 748.34\text{ 万元}$$

7. 投资者购买待开发房地产应负担的税费

主要包含契税及印花税等，为在建工程价值的4.1%。

8. 运用假设开发法的测算结果

$(11882.23 - 4988.95 - 149.67 - 950.60 - 748.34)$ 万元 $\div (1 + 4.1\%) = 4846.27$ 万元

(二) 成本法分析测算过程

成本法是求取估价对象在估价时点的重置价格或重建价格，扣除折旧，以此估算估价对象的客观合理价格或价值的方法。本估价对象为在建工程，折旧为零。

采用的公式：

估价对象价格 = 土地取得成本 + 开发成本 + 管理费用 + 投资利息 + 销售税费 + 开发利润

1. 土地取得成本

运用基准地价修正法求取估价对象土地价格，并测算相关税费。

土地取得成本单价为1717.18元/m² (计算过程略)

估价对象用地面积为23667.00 m²，则估价对象土地总价为：

$$1717.18\text{ 元/m}^2 \times 23667.00\text{m}^2 = 4064.05\text{ 万元}$$

2. 开发成本

1) 勘察设计等前期工程费及开发建设过程中的税费为39.82万元（计算过程略）。

2) 基础设施配套费。基础设施配套费包括所需的道路、供水、排水、供电、通信、燃气、热力等的建设费。根据××市近期公布的收费项目和收费标准，基础设施配套费为80元/m² (按建筑面积)，则合计为318.57万元。

3) 建筑安装工程费。估价对象已建部分建筑安装工程费为196.62万元。

则估价对象开发成本为：

$$(39.82+318.57+196.62)\text{ 万元}=555.01\text{ 万元}$$

3. 管理费用

管理费用包括开发商的人员工资、办公费、差旅费等。经调查，管理费一般为开发成本的2%～4%，本次评估取其中间值，即按开发成本的3%计取。

$$555.01\text{ 万元}\times3\%=16.65\text{ 万元}$$

4. 投资利息

按正常开发进度，整个项目开发周期为1.5年，假设资金在开发周期内均匀投入。利率取一年期贷款利率5.76%。

$$555.01\text{ 万元}\times[(1+5.76\%)^{1.5/2}-1]=23.81\text{ 万元}$$

5. 销售税费

估价对象尚未进入预售或销售阶段，故不考虑销售税费。

6. 开发利润

经调查，××市同类房地产开发项目的直接成本平均利润为15%，本次评估取利润率15%。

$$555.01\text{ 万元}\times15\%=83.25\text{ 万元}$$

7. 运用成本法的估价结果

$$(4064.05+555.01+16.65+23.81+83.25)\text{ 万元}=4742.77\text{ 万元}$$

六、估价结果确定

运用假设开发法测算的价格为4846.27万元，运用成本法测算的价格为4742.77万元。根据估价目的，确定假设开发法估价结果的权重为50%，成本法估价结果的权重为50%，则估价对象房地产价值为：

$$4846.27\text{ 万元}\times50\%+4742.77\text{ 万元}\times50\%=4792.52\text{ 万元}$$

则估价对象房地产价值为人民币4792.52万元，大写：人民币肆千柒佰玖拾贰万伍千贰佰元整。

附件（略）

参考文献

[1] 中国房地产估价师与房地产经纪人学会．房地产估价理论与方法［M］．北京：中国建筑工业出版社，2006.

[2] 柴强．房地产估价［M］．北京：首都经济贸易大学出版社，2005.

[3] 薛姝．房地产估价［M］．北京：高等教育出版社，2003.

[4] 赵财福，赵小虹．房地产估价［M］．上海：同济大学出版社，2004.

[5] 叶剑平，曲卫东．不动产估价［M］．北京：中国人民大学出版社，2006.

[6] 吴庆玲．房地产价格评估［M］．北京：中国建材工业出版社，2004.

[7] 董藩．房地产估价［M］．大连：东北财经大学出版社，2001.

[8] 赵世强．中国房地产估价师实务手册［M］．北京：中国建材工业出版社，2006.

[9] 陈湘芹，崔东平．房地产估价［M］．北京：化学工业出版社，2005.

[10] 刘长滨，关柯，杨德忱．房地产估价［M］．北京：中国计划出版社，1999.

[11] 李恩辕，杨德忱，房乐德．房地产估价［M］．北京：中国建筑工业出版社，1997.

[12] 王海枚．房地产估价［M］．北京：化学工业出版社，2006.

[13] 中国房地产估价师与房地产经纪人学会．房地产估价案例与分析［M］．北京：中国建筑工业出版社，2006.

[14] 王人己，姚玲珍．房地产估价［M］．上海：上海财经大学出版社，2002.

[15] 周寅康．房地产估价理论、方法、实务［M］．南京：东南大学出版社，2001.

[16] 卢新海．房地产估价理论与实务［M］．上海：复旦大学出版社，2006.

[17] 吴翔华，梁国庆．房地产估价典型案例分析［M］．南京：江苏科学技术出版社，2005.

[18] 李恩辕，杨德忱，等．房地产估价［M］．北京：中国建筑工业出版社，1997.

[19] 聂琦波．全国房地产估价师执业资格考试复习指导［M］．北京：中国建筑工业出版社，2004.

[20] 王家庭．房地产估价［M］．大连：东北财经大学出版社，2004.

[21] 中国国土资源经济研究院，等．最新房地产估价方法、技巧、参数及百例精选［M］．北京：中国统计出版社，2005.

信 息 反 馈 表

尊敬的老师：

您好！感谢您对机械工业出版社的支持和厚爱！为了进一步提高我社教材的出版质量，更好地为我国高等教育发展服务，欢迎您对我社的教材多提宝贵意见和建议。另外，如果您在教学中选用了《房地产估价》（张洪力主编），欢迎您提出修改建议和意见。索取课件的授课教师，请填写下面的信息，发送邮件即可。

一、基本信息

姓名：______ 性别：______ 职称：________ 职务：________

单位：

邮编：______ 地址：______________________________

任教课程：______________________________________

电话：______—________（H）______（O）______

电子邮件：____________________________ 手机：________

二、您对本书的意见和建议（欢迎您指出本书的疏误之处）

三、您对我们的其他意见和建议

请与我们联系：

100037 北京百万庄大街22号

机械工业出版社·高等教育分社 冷彬 收

Tel：010—8837 9720（O），6899 4030（Fax）

E-mail：lb@ mail. machineinfo. gov. cn myceladon@ yeah. net

http：//www. cmpedu. com（机械工业出版社·教材服务网）

http：//www. cmpbook. com（机械工业出版社·门户网）

http：//www. golden- book. com（中国科技金书网·机械工业出版社旗下网站）